Flor María Rodríguez-Arenas

EUGENIO DÍAZ CASTRO:
REALISMO Y SOCIALISMO EN
Manuela. Novela bogotana

෩ - STOCKCERO - ෩

© Flor María Rodríguez-Arenas - 2011
of this edition © Stockcero 2011
1st. Stockcero edition: 2011

ISBN: 978-1-934768-50-1

Library of Congress Control Number: 2011943110

All rights reserved.
This book may not be reproduced, stored in a retrieval system, or transmitted, in whole or in part, in any form or by any means, electronic, mechanical, photocopying, recording, or otherwise, without written permission of Stockcero, Inc.

Set in Linotype Granjon font family typeface
Printed in the United States of America on acid-free paper.

Published by Stockcero, Inc.
3785 N.W. 82nd Avenue
Doral, FL 33166
USA
stockcero@stockcero.com

www.stockcero.com

Flor María Rodríguez-Arenas

Eugenio Díaz Castro:
Realismo y Socialismo en *Manuela. Novela bogotana*

ÍNDICE

Introducción	7
1. José Eugenio Díaz Castro	8
1.1. Familia	9
1.2. Estudios	13
1.3. Informaciones de legitimidad y limpieza de sangre de Don José Eugenio Díaz	46
1.4. Publicaciones	72
2. Los «Prólogos» de *Manuela. Novela bogotana*	74
2.1. La primera parte del «Prólogo» de Vergara y Vergara para *Manuela* en 1858	76
2.2. La segunda parte del «Prólogo» de Vergara y Vergara para *Manuela* en *El Mosaico*	95
2.3. De necrología en 1865 a segundo «Prólogo» de Vergara en la edición de *Manuela* en 1866	108
2.4. Las correcciones hechas a *Manuela* entre 1859 y 1866	121
2.5. José María Vergara y Vergara	171
2.6. Influencia de los Prólogos de Vergara en la crítica	184
3. La literatura en la Nueva Granada	196
3.1. Las novelas neogranadinas a partir de 1845	208
3.2. El contexto político-social de la Nueva Granada	223
3.3. La sociabilidad, los libros y los cambios en el imaginario colectivo neogranadino	232
4. Eugenio Díaz Castro: lecturas, conocimiento e ideología en *Manuela. Novela bogotana*	247
4.1. Teoría de la novela en Balzac, Sue y Dumas	266
4.2. Adscripción de *Manuela* al Realismo de mediados del siglo XIX	272
Conclusiones	293
Bibliografía	301

Introducción

Eugenio Díaz Castro escribió *Manuela* en una época de grandes cambios políticos e ideológicos; con su escritura quizo contribuir a expresar los problemas sociales para ayudar a buscar soluciones. Para él, una de las serias dificultades sociales que existía en la Nueva Granada, era la difícil situación social que vivían las mujeres; hechos que representó mediante su escritura. La sociedad de su época estaba transida por la lucha entre pasado y futuro, entre preservación de lo estatuido y apertura a otras formas de ser, entre tradición y modernidad, entre conservadores y liberales. Vivió con ideas liberales y socialistas, pero fue enterrado y permaneció como conservador casi siglo y medio, por designios de un escritor ultra conservador y paladín de la tradición, que creyó que con su labor aboliría ese quehacer escritural o por lo menos lo asimilaría a sus ideas e ideología.

Vergara y Vergara le ocasionó un gran daño con su intolerancia y su autoadjudicada posición de censor y protector social; investidura con que movilizó sentimientos de altruismo de los lectores al hablar de Díaz Castro como «destituido» y al invitarlos a que adquirieran la novela, para efectuar una obra «piadosa». Al realizar esto, Vergara nunca imaginó que él mismo moriría catorce años después sin hacienda, sin propiedad, sin dinero y sus amigos tendrían que pedir limosna para enterrarlo. No obstante, por la representación que sus amistades efectuaron de él, caracterizándolo entre muchos otros adjetivos como: «alma grande y generosa» (Samper 1885, xviii), y por haber diligenciado la apertura de la Academia de la Lengua en Colombia, sus palabras de censura han cegado a la gran mayoría y han conducido a lecturas equivocadas, lo que indica que la investigación y la crítica de la literatura colombiana tienen problemas.

Manuela, la novela que ha llegado al presente no es el texto que Díaz Castro escribió; no se sabe cuánto le quitaron, cuánto le agregaron; pero la labor intelectual de su autor fue tan sólida y tan fuerte que, a pesar de las mutilaciones y de las alteraciones, las ideas que representó, por las que seguramente se enfrentó a su censor para protegerlas, permanecen y evidencian tanto la ideología liberal y socialista, como la seriedad de sus observaciones, de su estudio y de su escritura.

Los fondos de los archivos de la Nación y de la Universidad del Rosario proveyeron la documentación para contradecir y abatir la construcción escritural que produjo Vergara contra el autor de *Manuela*; la comprensión de la difícil época ideológica en que transcurrió la escritura de la novela y su publicación, más el examen de la prensa periódica del momento aportaron muchos datos que ayudaron a explicar situaciones y a comprender reacciones.

1. José Eugenio Díaz Castro

«Celebro la noticia como amante de las ideas liberales»
Eugenio Díaz Castro

El Iris. Periódico Literario, Dedicado al Bello Sexo (Bogotá) III.14 (abr. 11, 1867): [s.p].

1.1. Familia

Uno de los serios problemas que se halla al indagar quién fue Eugenio Díaz Castro radica en que los únicos datos que se han difundido sobre su vida provienen de los textos que Vergara y Vergara escribió: el prólogo (1858-1859) para *Manuela* y la nota necrológica publicada en 1865, y después convertida en prólogo en 1866; escrito que fue repetido nuevamente en 1867 (ver bibliografía). Incluso la «Nota crítico-biográfica» de Elisa Mujica, que presenta los dos volúmenes con obras del autor que divulgó la Presidencia de la República en 1985, lo único nuevo que aporta para esta biografía es la transcripción de la partida de bautismo de Díaz Castro.

Debido a esta carencia de conocimientos, hasta ahora se posee una visión equivocada del autor, porque al difundir Vergara los pocos detalles de esa vida, los presentó mediante construcciones escriturales y distribuyó la información biográfica jerarquizándola, de modo que las estructuras (enunciativa, modal, cohesiva, argumentativa) de sus textos interactuaran para lograr objetivos; de esta manera escamoteó la realidad produciendo para la posteridad una imagen distorsionada, empobrecida y ficticia del escritor.

Para corregir esas nociones que Vergara ideó y transmitió sobre Díaz Castro se necesita indagar históricamente tanto para ofrecer datos concretos y verídicos sobre la biografía del autor, como para depurarla, despojándola de informaciones falsas. Para realizar esto, aquí se parte del único texto histórico establecido que hasta ahora se conoce: la partida de bautismo del autor de *Manuela*.

> Archivo parroquial de Soacha
> Libro 10 de bautismos
> En ocho de septiembre de 1803 yo Fr. Silvestre Polanco, cura doctrinero. Baptisé, puse óleo y chrisma a un niño de tres días a quien llamé José Eugenio, hijo legítimo de Dn. José Antonio Díaz y Doña Andrea de Castro. Padrinos: el Dn. José Joaquín Ortiz y Doña Gla. Josefa Díaz, a los que advertí el parentesco espiritual y obliga. De que doy fe. Fr. Silvestre Polanco (Díaz Castro 1985, II: 441).[1]

Este documento informa los nombres que recibió el escritor y la fecha exacta de su nacimiento: el 5 de septiembre de 1803;[2] además proporciona los nombres de los padres y los identifica con el título de «Don» / «Doña», así como los de los padrinos, quienes oficiarían como protectores y guías responsables del niño en caso de que los progenitores faltaran: don José Joaquín

---

[1] En esta investigación se respeta la ortografía original de los textos de la época.
[2] Vergara difundió erróneamente como fecha de nacimiento de Díaz Castro el año de 1804 (véase: J. M. V. V. 1865, 90); texto repetido en: (Vergara i Vergara 1866, 165) y (Vergara Vergara 1867: 212).

Ortiz y doña Gla. Josefa Díaz; pero el texto no indica el lugar donde sucedió el nacimiento, sino únicamente que recibió el bautismo en Soacha.

Al recibir los padres y los padrinos en este documento el título de «Don / Doña», significa que ellos eran personajes de la clase social principal del área; ya que al final de los tiempos coloniales, como fueron los años iniciales del siglo XIX en la Nueva Granada, esa forma de tratamiento indicaba un uso referencial que tenía carácter identificador, el cual se daba a muy pocas personas, debido a su pertenencia a los niveles sociales más altos. En esa época no era una manera de tratamiento que se otorgara a individuos de estamentos más bajos, como forma estereotipada de cortesía social, como sucederá ya bien entrada la República, hasta el presente.

Una forma de corroborar la posición social elevada de una familia era el poseer una hacienda, ya que ésta era un «núcleo de poder en territorios destinado a la autosuficiencia» (Villegas 1997, 9). José Antonio Díaz, padre del escritor, era propietario de la hacienda de Puerta Grande en Soacha, posesión que antes se había llamado El Tablón.[3]

En este aspecto hay que recordar que las sociedades durante el Antiguo Régimen estaban jerarquizadas estamental y jerárquicamente (nobles y plebeyos); además la pertenencia a los niveles altos debía conservarse, probarse y mostrarse:

> [N]o es suficiente el acceso o el mantenimiento de un determinado rango, sino que es preciso materializarlo, hacerlo real, visible, mediante su configuración a través de formas apropiadas. El orden estamental se cimenta sobre una estricta correspondencia entre rango y forma. La confusión de las apariencias cuestionará estos presupuestos de diferenciación social, provocando los intentos de restaurar el equilibrio amenazado por parte de las dos máximas instancias de autoridad y coerción: la Iglesia y la Corona (Álvarez-Ossorio 1998-1999, 264-265).

Esto significa que quienes eran de clases altas, considerados nobles, bien por derecho, por privilegio o por circulación interestamental, no sólo debían serlo, sino también demostrarlo mediante los títulos, las posesiones (la educación, el consumo de lo suntuario) y la actuación. Todo esto permitía unirlos como grupo especial y separarlos de los otros que eran considerados inferiores. Pero, a la vez, para este grupo esa representación externa de su posición, al tiempo que se convertía en un instrumento de poder, era una exigencia que les permitía demostrar su preeminencia (véase: Álvarez-Ossorio 1998-1999, 266).

---

3   «[E]n 1774 cuando apareció don Juan Agustín de Umaña, dueño de Cortés desde once años antes, compró Tequendama a Rebollar por la suma de 18.000 patacones; pero éste se reservó El Tablón, que vendió poco después al propietario de El Vínculo don José Suescún Fernández de Heredia, porción que, con el transcurrir del tiempo, se convirtió en la estancia de Puerta Grande, de propiedad de don José Antonio Díaz Ospina, padre de don Eugenio Díaz el celebrado autor de "Manuela" y de "El Rejo de Enlazar". El Tablón lo vendió el señor Díaz Ospina, en 1808, a don José Ignacio Umaña Barragán, nieto de don Juan Agustín, y de nuevo se hizo a su propiedad en 1822» (Pardo Umaña 1946, 152).

Así, la posesión de una hacienda (situación económica) y la forma de tratamiento para los padres («Don / Doña») permite ubicarlos por medio de las genealogías de las familias. De ese modo, se sabe que José Eugenio Díaz Castro proviene de uno de los troncos familiares importantes de Cundinamarca. Sus padres fueron: don José Antonio Díaz Ospina y doña Andrea de Castro Rojas. Del progenitor se conoce que:

> Don José Antonio Díaz Ospina nació en Guasca por los años de 1770. Designado para alférez real del cuarto escuadrón de milicias de caballería del Nuevo Reino de Granada que se formó en julio de 1810 para defensa de la patria mereció por su comportamiento una mención honrosa en el «Diario Político de Santafé de Bogotá». En noviembre de dicho año, siendo feligrés de Soacha, por estar cargado de obligaciones, hubo de renunciar al citado cargo. En 1816 fue multado por don Pablo Morillo, y en 1843 vivía todavía en Soacha. Dueño de la estancia de Puerta Grande, que formaba parte de la hacienda del Tablón.[4] Casó en Fosca el 14 de febrero de 1798 con doña Andrea de Castro Rojas (Restrepo Sáenz et ál. 1993, III: 19).

Mientras que los abuelos paternos de José Eugenio fueron: don Mariano Díaz Machado (1720-1749) y doña María *Manuela* Ospina y Rubiano. El padre de la abuela paterna fue don José Ospina Rodríguez y su madre fue doña Rosa Rubiano Sarmiento. El matrimonio Díaz Ospina contrajo enlace en 1765. Esta pareja tuvo 9 hijos: Ambrosio, José Antonio, José Tiburcio, Vicente, María Luisa, María Josefa, Bárbara de Jesús, Juana María Paulina y María Vicenta.

Los bisabuelos paternos de José Eugenio Díaz fueron don Agustín Díaz y doña Francisca Javiera Machado, quienes fueron designados como: «troncos de la apreciable familia de su apellido en Cundinamarca» (Restrepo Sáenz *et ál.* 1993, III: 16).

La madre del autor de *Manuela*, doña Andrea de Castro Rojas nació en el pueblo de Fosca, al suroriente del Departamento de Cundinamarca, el 6 de febrero de 1783; fue hija legítima de don Juan Antonio de Castro Rey, nacido en Fosca en junio de 1740, y de doña *Manuela* Rojas Rey. Ellos eran primos hermanos; habían contraído matrimonio en Fosca en 1767. Doña Andrea firmó testamento en octubre de 1863 en Bogotá. Los abuelos paternos por parte de la madre del escritor fueron: Manuel Ruiz de Castro y doña *Manuela* Rey Manrique; mientras que los abuelos maternos por parte de la progenitora del escritor fueron: don Juan de Rojas y doña Gabriela Rey Manrique. Las hermanas *Manuela* y Gabriela Rey Manrique, a su vez, fueron hijas de don José Rey Manrique y de doña María de Abersusa, quienes fueron los bisabuelos maternos del autor de *Manuela*.

El matrimonio Díaz Castro tuvo 9 hijos, según el testamento de la madre:

---

4 Según el libro de Pardo Umaña (1946, 152), la Hacienda de El Tablón recibió después el nombre de Hacienda de Puerta Grande (ver nota anterior); no fue una disgregación de terreno, como lo afirmaron en 1993 Restrepo Sáenz y los otros autores.

José Conrado (1801-18??), José Eugenio (1803-1865), Juan José (1808-1877), Juan Antonio (1818-1866), Pedro, Bárbara, Mariana, Carmen (1821-1873) y Martina. El hijo mayor, José Conrado, contrajo enlace con Eugenia Mogollón Chaves, con quien tuvo 6 hijos: Bernardo, Silveria, Andrea, Trinidad, Ignacio y Braulio. Varios de éstos contrajeron matrimonio y tuvieron descendencia (véase: Restrepo Sáenz *et ál.* 1993, III: 20).

ÁRBOL GENEALÓGICO
DE JOSÉ EUGENIO DÍAZ CASTRO

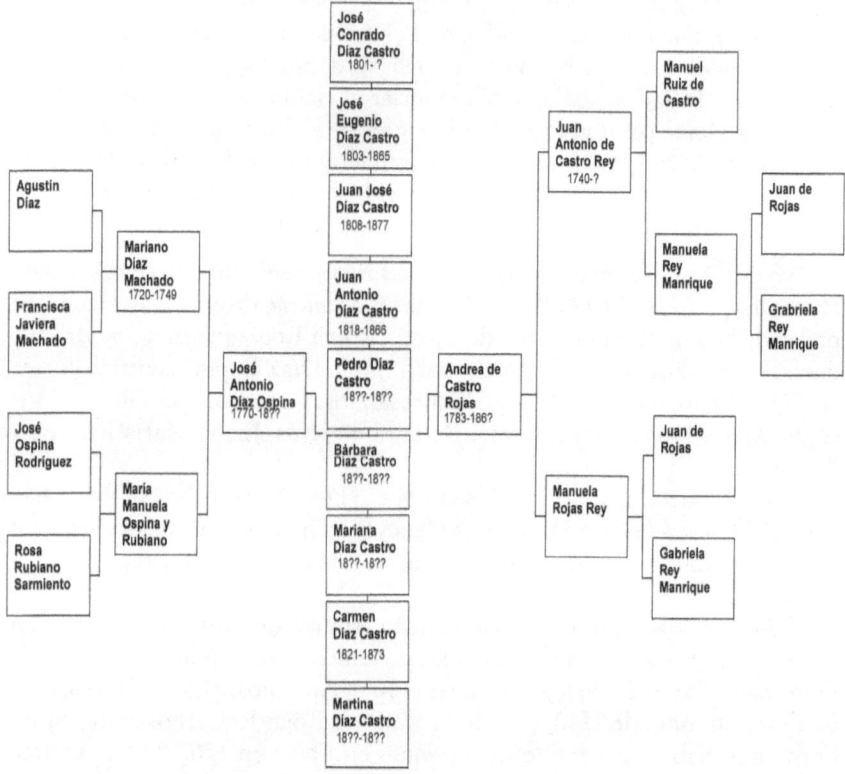

El tercer hijo, Juan José, nació en Soacha y falleció en Bogotá. En 1843 compró una hacienda en Anapoima (Restrepo Sáenz *et ál.* 1993, III: 19). Del cuarto hijo, Juan Antonio, se sabe que nació en Soacha; posteriormente contrajo matrimonio con Amalia Cubillos, quien falleció el 28 de noviembre de 1866. Sus hijos fueron: María, Alejandrina y Roberto. La hija mayor de éste, María contrajo nupcias en 1873 con el general Manuel Briceño Fernández, quien a su vez había sido hijo de don Emigdio Briceño Guzmán y de doña Dolores Fernández Arnero; los esposos Briceño Díaz tuvieron descendencia.

Del quinto hijo, Pedro, lo único que se sabe es que murió a los 90 años en la hacienda de Puerta Grande. La sexta hija, Bárbara, contrajo matrimonio con Pedro José Cubillos y tuvieron hijos. La octava hija, Carmen, nació en Soacha, nunca se casó y falleció en Bogotá. De la séptima hija, Mariana, y de la novena hija, Martina, no se conocen detalles (véase: Restrepo Sáenz *et ál.* 1993, III: 19-20).

Ahora, el padrino de bautismo de José Eugenio Díaz Castro no fue «el escritor José Joaquín Ortiz» como lo afirma Patricia Torres Londoño en la biografía de Díaz Castro en la página web de la Biblioteca Luis Ángel Arango (http://www.banrepcultural.org/blaavirtual/biografias/diazeuge.htm), sino José Joaquín Ortiz Nagle (1767-1842), firmante del acta de Independencia, quien fue enviado prisionero a Puerto Cabello durante el Régimen del Terror. Su hijo, el reconocido escritor del siglo XIX, José Joaquín Ortiz Rojas nació en 1814, once años después de que el autor de *Manuela* recibiera el bautismo.

Además, la madrina en esta ceremonia fue María Josefa Díaz Ospina, tía paterna del autor, quien recibió el bautismo en Guasca el 19 de julio de 1778 y contrajo matrimonio en Bogotá en 1794 con Mariano Acosta Ospina (Restrepo Sáenz *et ál.* 1993, III: 18). En la transcripción de la partida de bautismo de Eugenio Díaz que se ofrece en la edición de las obras de Díaz Castro hecha por la Presidencia de la República, dice: «Gla. Josefa Díaz» (Díaz Castro, 1985, II: 441), nombre que señala un error de lectura del transcriptor. (Véase el certificado de la partida de bautismo de José Eugenio Díaz Castro presentada al Colegio de San Bartolomé).

Así, mediante la propiedad de la hacienda de Puerta Grande, los títulos «Don / Doña» que anteceden a los nombres de los padres y la identidad del padrino de bautismo, José Joaquín Ortiz Nagle, se observa que la familia de José Eugenio Díaz Castro poseía un puesto de privilegio y tenía preeminencia en esa sociedad de finales de la colonia neogranadina; con lo cual, la identidad de Eugenio Díaz Castro comienza a diferenciarse y a adquirir el estatus social que las palabras de Vergara le negaron.

1.2. Estudios

En la Nueva Granada desde la reforma de Moreno y Escandón (1767) hasta la segunda década del siglo XIX, los niveles de estudio para los hombres de los estamentos hegemónicos eran: «Primeras letras y Gramática. Los estudios superiores se concebían desde el grado de Bachiller en Artes o Filosofía. Este título era indispensable para acceder a los estudios de Bachiller en Cánones y Leyes (3 o 4 cursos)» (Soto Arango 2005, 107).[5] Luego se tomaban exámenes para obtener el doctorado. Las áreas de estudio eran: derecho, teología o medicina.

Además, los Colegios Mayores (San Bartolomé y El Rosario en Santafé de Bogotá) estaban facultados para dictar todos los niveles de los estudios superiores hasta el doctorado; pero no podían otorgar títulos. Los colegiales del San Bartolomé debían presentar los exámenes para grado de doctor en la universidad Javeriana y los del Rosario en la de Santo Tomás. Los colegios y las universidades eran regentados por el clero (véase: Soto Arango 1994). «Los estudios se centraron en la formación de abogados y sacerdotes. La población estudiantil hacia 1810, incluyendo los Colegios Mayores del Rosario, San Bartolomé en Santafé, San Francisco en Popayán y las universidades de Mira en Santafé y San Pedro Apóstol en Mompox era de aproximadamente doscientos»[6] (Soto Arango 2005, 109). No todos los que tenían aptitudes para el estudio, podían acceder a él por medio de las instituciones establecidas, ni todos los que poseían los recursos, tenían la capacidad para estudiar en esos establecimientos. Los que llegaban a recibir educación en uno de los Colegios Mayores eran un número considerablemente reducido,[7] y de estos, quienes vestían beca –honor máximo– era un número ínfimo.

Los años de infancia de Eugenio Díaz Castro estuvieron marcados por importantes hechos históricos: el surgimiento del movimiento independentista; el cambio de sistema de gobierno: de la Monarquía a la República; el comienzo de la formación del Estado, el desarrollo y la afirmación de ser neogranadinos, la consolidación de una conciencia política marcada por oposición al estado español, la justificación para entrar en guerra contra España y el comienzo de definición del nuevo Estado. Esta situación política y social que

---

5   Todavía en las últimas décadas del siglo XIX, la educación poseía estas características: «Los hombres comenzaban las carreras universitarias a los catorce años, edad a la que las niñas ya habían completado los estudios. Mientras los hombres estudiaban, matemáticas y física, a las niñas se les enseñaba a contar. Cuando los hombres estudiaban teología dogmática o moral, las niñas estudiaban religión. En fin, la cirugía, la patología, la anatomía, el derecho civil, el derecho de gentes o la economía política, equivalían en los colegios de niñas a las clases de tejido en dos agujas, crochet, bordado en punto de cruz, macramé, hiladillos, encaje de aguja, o bordado en realce» (Guillén de Iriarte 2007).

6   Según Kalmanovitz la población de la Nueva Granada en 1800 era aproximadamente de 940.000 habitantes: «El área en consideración no corresponde a los límites actuales de Colombia. Las provincias de la Nueva Granada en 1800 que tomó Meisel fueron los siguientes. Costa Caribe: Cartagena, Santa Marta, Riohacha. Región central: Pamplona, Socorro, Tunja, Santafé, Casanare, Mariquita y Neiva. Región occidental: Antioquia, Chocó y Popayán. Pasto pertenecía a la Audiencia de Quito, y estaba también la Audiencia de Panamá, pero amabas estaban integradas al Virreinato de la Nueva Granada» (2006, 163).

7   «[E]stos criollos pertenecían al nivel social más alto del virreinato, el cual se adquiría al obtener la categoría de colegial, a la que se ingresaba por medio del sistema de informaciones iniciales. (...) La única reforma de estudios que se llevó a cabo, durante la época colonial en Santafé, fue la del fiscal Moreno y Escandón (1736-1792); pero en ningún momento representó un cambio en el sistema elitista de admisiones. (...) El hecho de haber sido aceptado como colegial, y más si se ingresaba como becario, significaba no sólo tener la vivienda y el estudio gratuitos, sino que además se lograba el reconocimiento de pertenecer a lo más selecto de la sociedad granadina. / Por el contrario, si un estudiante no era aceptado, su exclusión representaba una ofensa social. Por este motivo los rechazados entablaban pleitos contra los Colegios para demostrar que no eran indignos y, más que la reivindicación del ingreso escolar por medio de la beca, reclamaban la reparación del daño social que habían recibido» (Soto Arango 1999, 42-43).

se vivió, afectó directamente a la familia del escritor; ya que José Antonio Díaz Ospina, el progenitor, era Alférez de la Primera Compañía del Cuarto escuadrón del Regimiento de Milicias de Caballería en 1810 (véase: Martínez Garnica y Gutiérrez Ardila 2010, 327). Los patriotas que combatieron buscando la libertad: «ayudaron a la independencia voluntariamente sosteniéndose hasta donde les fue posible, con sus recursos propios» (Scarpetta y Vergara 1879, 726).

A finales de 1811, diversas provincias declararon su independencia absoluta de España. Primero lo hizo Cartagena, luego siguieron Tunja y Antioquia; mientras que Cundinamarca celebró su separación definitiva de España en julio de 1813. Entre 1812 y 1815, el territorio se vio convulsionado por las pugnas entre centralistas y federalistas[8] que sacudieron el nuevo Estado (véase: Konig 1994, 193-195). En 1813, comenzaron las invasiones realistas en distintas partes del territorio, situación que se agravó en 1815, con la llegada a Santa Marta de la expedición «pacificadora»[9] dirigida por Pablo Morillo, que se encargó de perseguir y eliminar a los patriotas que habían participado en el movimiento de Independencia.[10]

Durante el comienzo de la adolescencia de Eugenio Díaz Castro, se dio con total fuerza el régimen del Terror en la Nueva Granada. En esos años, «Cuantos se habían comprometido activamente por la independencia, debían,

---

8   El origen de esta división la narra el general Francisco de Paula Santander, quien en 1810 tenía 18 años de edad: «El señor Miguel Pombo publicó un opúsculo desenvolviendo las ventajas del gobierno federativo de los Estados Unidos del Norte, y la Junta Suprema de Cartagena dirigió una invitación a las provincias de la Nueva Granada convidándolas a adoptar dicho sistema de gobierno. (...) Al ver que entre los hombres ilustrados de nuestro país, habían adoptado el sistema federal los Camilo Torres, Joaquín Camacho, José María Castillo, Fernando Caicedo, Juan Agustín Rocha, Crisanto Valenzuela, Joaquín Malo, Frutos Gutiérrez, José Gregorio Gutiérrez, los tres Pombos, José Manuel Restrepo, Corral, Torices, Rebollo, Real, Niño, Robira, Dávila, Benites, Peña, Plata y otros más, yo fui uno de los que abrazaron sus opiniones, y me uní a la causa nacional que pedía la reunión de un congreso federal. El Sr. Antonio Nariño, bien conocido ya por sus persecuciones desde el año de 1794, y gozando de la reputación que daba a un talento cultivado, servicios a su país, y el conocimiento práctico de Europa, se manifestó contrario a los deseos de las provincias, y empleó todos los medios posibles para hacer triunfar su oposición» (Santander 1838, 8).

9   «La pacificación» o «El terror» fue el nombre que recibió la ofensiva con que Fernando VII quiso recuperar las colonias que España había perdido en 1810. El jefe de dicha expedición fue Pablo Morillo, quien tuvo la convicción de que para doblegar el movimiento independentista era preciso emplear los mismos medios que España había usado en la primera conquista.

10 En estas acciones un numeroso grupo de patriotas, entre ellos la mayoría de los miembros de la intelectualidad letrada neogranadina, fueron eliminados. El historiador José Manuel Restrepo escribió al respecto: «[L]a cuchilla de sus fieros mandatarios ha segado muchas vidas preciosas, para extinguir las luces, enemigas las más terribles del despotismo. (...) en la Nueva Granada, tuvieron el proyecto de sacrificar los hombres más ilustrados, y en efecto asesinaron un gran número. Morillo, sobre todo, tenía el plan, y lo decía, de "que en América sólo debían quedar labradores, artesanos y mineros, que de otro modo y trayendo de España, los empleados, abogados y jueces con muchos misioneros, practicando mucho lo que habían hecho los españoles, al tiempo de la conquista, aquélla conservaría sus colonias". Así han perecido en los cadalsos y en los campos de batalla, en los bosques y en las emigraciones varios de los hombres más ilustres que había cuando comenzó la revolución» (1833, 179-180).

pues, emigrar,[11] ó resolverse á expiar en el patibulo su consagracion a la causa de su patria» (Florentino González en Camacho Carreño 1933, 44). Así, las familias que permanecieron en los lugares donde residían, fueron diezmadas: padres e hijos desaparecieron o fueron perseguidos, encarcelados, exilados o aniquilados; mientras que muchas mujeres y sus hijos fueron exiladas y perdieron sus pertenencias. Uno de los hostigados por el Pacificador fue José Antonio Díaz Ospina, quien como muchos otros patriotas tuvo que pagar «*una multa*[12] o "donación"» en 1816[13] (Restrepo Sáenz y Rivas 1928, 304), tanto por ser hacendado como por haber participado en los hechos de la Independencia. Mientras que su padrino de bautismo, José Joaquín Ortiz Nagle, fue condenado primero a muerte, y luego conmutada la pena por prisión en el Castillo de Puerto Cabello en Venezuela, a donde fue conducido a pie y encadenado con otros intelectuales.[14]

Apoyándose en la represión y en el terror consiguiente, el 28 de abril de 1816 en Madrid, se dictó la real orden de convertir el territorio en virreinato nuevamente; así de «Provincia de Cundinamarca», nombre que había tenido por constitución desde 1812, pasó a llamarse otra vez «Virreinato de la Nueva

---

11   «[L]os emigrados debían decidir si se arrojaban a vagar por los desiertos de Casanare, a ser víctimas de las enfermedades o de las tribus salvajes, o si retrocedían para entregarse en manos de los españoles. (...) Mi pariente Lineros, y mi padre recibieron cada uno un indulto, que les fue remitido de Sogamoso con un expreso; y aquel regresó con su familia a someterse a los españoles. Entregóse a ellos en Sogamoso, y lejos de cumplirle la promesa que tan solemnemente le habían hecho, fue juzgado y ejecutado en Tunja, en unión de Vásquez y otros patriotas distinguidos» (Florentino González en Camacho Carreño 1933, 48-49).

12   «Las cárceles estaban llenas de ciudadanos aguardando a purificarse, operación que se ejecutaba ante un tribunal en que el individuo presentaba pruebas de su fidelidad al rey. La más perentoria consistía en dar una gruesa suma de dinero para el tesoro real, y en las que se diesen reservadamente a los miembros del tribunal. Todo individuo que tenía alguna fortuna, era por lo regular sometido a la purificación. Entre tanto que esto sucedía, el individuo permanecía en la cárcel privado de comunicación, y con un par de grillos» (Florentino González en Camacho Carreño 1933, 57).

13   Morillo dictó un Bando el 6 de junio de 1816, donde «para cortar de raíz los malos hábitos que la desgraciada época de cinco años había impuesto en casi todos los habitantes» del Nuevo Reino (Rodríguez Villa 1908, 72) ordenó entregar armas, libros, caudales, fincas, alhajas, todo tipo de posesiones; además pidió delaciones de seglares, eclesiásticos y militares que hubieran participado en una u otra forma en el movimiento independentista (véase: Bando de Morillo, Santafé 6 de junio de 1816, en Rodríguez Villa 1908, 71-74).

14   «El doctor José Joaquín Ortiz Nagle refería a su hijo, don Juan Francisco Ortiz, que "cuando oyó aquella notificación había derramado lágrimas de alegría, dando gracias a Dios, pues ya a lo menos sabía que no lo mataban". A este benemérito patriota lo seguía a pie su esposa, doña Isabel Rosas. Otro hijo del doctor Ortiz Nagle, el literato don José Joaquín Ortiz, escribe: «A él le tocó la pena de diez años de presidio, que debía sufrir en el castillo de Puerto Cabello. Atados con esposas, de dos en dos, los hicieron emprender el viaje: al doctor Ortiz lo ataron con el señor don Nicolás Tanco". Y agrega: "No les daban descanso; si tenían que pasar un torrente o río, aunque hubiera puente, los hacían pasar por el agua, y posaban en las cárceles del pueblo adonde llegaban". (...) El Oficial Joaquín París, que acababa de perder a su padre en las prisiones del Colegio del Rosario, anotó: "Salimos de Bogotá unos diez y ocho individuos condenados todos a presidio. Ya ni me acuerdo de los nombres de los que íbamos, sino de Vergara (Pedro Ignacio), Niño, Tanco (Nicolás), Pedro Mosquera, Ortiz Nagle, Fernando Mutis, Motta (Manuel de la), Simón Burgos y no sé quiénes más"» (Ibáñez 1952, III: 375).

Granada». El virrey fue Francisco de Montalvo, quien se instaló en Santafé el 27 de marzo de 1817. Éste fue remplazado por Juan Sámano, quien gobernó entre los años de 1818 y 1819, hasta que con el triunfo de la batalla de Boyacá (7 de agosto de 1819) se propició el retorno del control del gobierno a los patriotas.

Durante esa difícil y peligrosa época, para la patria como para la familia, transcurrieron los tres primeros lustros de vida de José Eugenio Díaz Castro. En ese lapso de tiempo, como él mismo afirmó, asistió a la escuela de Casimiro Espinel (Díaz junio 25, 1859: 41); pero además durante los años de represión debió haber recibido educación en casa[15] mediante tutores o familiares –situación normal entre familias acomodadas–. «Muchos de estos estudiantes podrían, de un lado, acceder a los colegios existentes, de otro disponer en su ambiente familiar de tutores, preceptores o viajes de conocimiento» (García 2005, 222).

> ¿Cuándo entraban los alumnos a la universidad? Esta pregunta era para entonces improcedente. La distinción entre educación media y superior no existía, sólo se contemplaba el paso de los estudios de humanidades clásicas -hoy el bachillerato- a los cursos mayores de filosofía y teología. Estos estudios universitarios junto con las humanidades, eran contenidos todos por el Colegio. La idea del bachiller se tenía como una preparación universitaria básica en un todo continuo (Herrán Baquero 1998, 22).

Esto significa que no se puede equiparar la forma de estudio del presente, a la educación que se recibía en los tiempos de finales de la colonia y primeras décadas del siglo XIX, época que interesa en este estudio. Los dos Colegios Mayores, el de San Bartolomé y el del Rosario, rivalizaban como centros de poder social, ya que el pertenecer a sus claustros ofrecía privilegios y movilizaba influencias para los colegiales, que les rendía fruto en el momento de egresar a ejercer funciones dentro de la sociedad, bien como religiosos o bien como civiles.

«[E]l Colegio de San Bartolomé pedía que sus colegiales fueran "españoles", es decir de raza blanca. (...) se estipulaba que los colegiales fueran hijos legítimos». Además eran preferidos los descendientes de los conquistadores, formándose así una nobleza de privilegio (Jaramillo Mejía 1996, 40, 41).

> Para ingresar a los Colegios Mayores de San Bartolomé o del Rosario, los testigos presentados por el aspirante debían someterse a un riguroso interrogatorio relativo a aspectos tales como: el lugar de procedencia, la filiación de los padres y abuelos, la vocación para el estudio, el estado de salud, la lealtad a la Corona y, sobretodo, su condición social. Ésta se determinaba a través de diversos factores, entre ellos la pureza de sangre, los cargos ocupados por sus antecesores, y su condición de noble.

---

15   «Este eclesiástico me recibió en su familia y se dedicó a continuar mi educación, que había sido interrumpida hacía dos años, por consecuencia de la guerra, y de las vicisitudes que ella nos hizo sufrir. Dentro de algunos meses me perfeccioné en la escritura, y aprendí algo de latín, y partí con él para Bogotá con la esperanza de seguir allí mi carrera» (Florentino González en Camacho Carreño 1933, 54).

Si con los documentos aportados y los testimonios brindados, el aspirante no satisfacía, de acuerdo con las autoridades del Colegio, los requisitos exigidos, no era admitido como colegial (Jaramillo Mejía 1996, 51).

Las Informaciones que debían presentar quienes vestían beca, era un proceso de selección establecido para la formación de la clase dirigente, que reproducía la distinción de estados prevaleciente en España. Todavía en 1819, el cuestionario conservaba un alto nivel de exigencia. No sólo se demandaba que el pretendiente a colegial fuera noble, sino también lo debían ser los testigos que certificaban la nobleza del primero. El aspirante debía llevar el título de «don» antes del nombre, ya que debía ser miembro de las familias principales. «Quien, en razón de su origen, no había heredado el título de don, no podía anteponerlo a sus nombres y apellidos. En los padrones de población, por ejemplo, se hacía notar esta particularidad, que también se registra actualmente en los estudios genealógicos» (Jaramillo Mejía 1996, 55).

El aspirante debía ser hijo legítimo, de igual manera, todos los ascendientes; también debía ser oriundo y vecino del lugar de residencia. El ser vecino «se relaciona no sólo con el hecho de provenir de un lugar, sino de poseer casa en ese lugar», «el aspirante propiamente dicho, no era un "vecino" sino un hijo de éste, y sólo adquiría su condición de vecino cuando se independizaba de la casa familiar» (Jaramillo Mejía 1996, 57).

De igual manera, debían probar que «los padres del pretendiente eran blancos, o sea españoles o descendientes de éstos; y también si eran nobles o caballeros y tenidos por tales en los lugares donde eran conocidos» (Jaramillo Mejía 1996, 58). Tampoco debían tener problemas con el Tribunal de la Inquisición ni con la justicia; además debían ejercer oficios que no fueran viles o mecánicos, demostrar la limpieza de sangre,[16] tener buenas costumbres, respetar la religión, haber demostrado dotes académicas y para el estudio, no haber sido expulsados de ningún Colegio y no padecer enfermedad crónica ni contagiosa (véase: Jaramillo Mejía 1996, 171-173). Aspectos que eran respaldados por el padrino y los testigos y verificados por las autoridades del Colegio.

Así, entre la educación recibida bajo la dirección de Casimiro Espinel y

---

16   En esta situación entraba las mezclas de razas, en la Península las provenientes de moros y judíos, y en el Nuevo Mundo se sumaron las razas negras e indias y las mezclas de ellas. Esto se originó: «Tras la persecución de los judíos en 1391, gran parte de ellos consideró como única posibilidad de supervivencia la conversión al cristianismo, bien de forma voluntaria, bien impuesta en muchos de los casos por medio de la fuerza. Después de la conversión, su expectativa de convivencia pacífica con los "cristianos viejos" se cumplió sólo parcialmente. Como consecuencia del derecho eclesiástico, los conversos eran considerados como cristianos, y por ende disfrutaban de la misma condición legal que los "cristianos viejos"; sin embargo, se difundió rápidamente una tendencia excluyente contra ellos en numerosas instituciones españolas. Con el fin de impedirles el acceso a instituciones del poder y del saber, se decretaron los "estatutos de limpieza de sangre". Estos estatutos y las investigaciones genealógicas derivadas de ellos, de hecho, prohibían el acceso a Colegios Mayores, a Órdenes Militares, a Monasterios, a los Cabildos Catedralicios y a la propia Inquisición, a aquellos cristianos a los que se les pudiera comprobar sangre "judía, mora o hereje" en sus antepasados. / Mientras la idea fundamental de la

la obtenida en casa y, cuando la situación social lo permitió, no concluida todavía la época del Terror; pero restablecida una mediana estabilidad social, como ya estaba preparado para continuar estudios superiores[17] (a la edad de 15 años) sus padres comenzaron a reunir las pruebas requeridas para las Informaciones que debían presentar al Rector y a los Consiliarios del Colegio Mayor de San Bartolomé. Al obtenerlas, José Eugenio, aspirante a colegial, las presentó a la Institución y escribió una carta solicitando la admisión e indicando que deseaba vestir la beca de la institución y ser admitido como Colegial (véase la Petición de Eugenio Díaz Castro para vestir beca en el Colegio de San Bartolomé).

Colegio Mayor y Seminario de San Bartolomé – Santafé de Bogotá

---

conversión pretendía solucionar el "problema judío", contradictoriamente ésta se convirtió en una dificultad de mayores dimensiones para la sociedad cristiana en la península ibérica: el nuevo conflicto generó miedo ante los neófitos, ante su ascendencia maculada (linaje) y ante su supuesta "sangre impura". El bautismo se transformó de esta manera no sólo en un ritual superfluo, sino que sufrió un paradójico cambio de significado. En efecto, los conversos eran considerados, tanto en la sociedad ibérica como en el Nuevo Mundo, "impuros de sangre" a diferencia de los "cristianos viejos", de procedencia goda u ibérica según algunos historiadores de la época. Aunque entre los mismos "cristianos viejos" no había claridad sobre su propio origen, sí existía consenso en un aspecto entre los estudiosos (...): por las venas de los "cristianos viejos" fluye sangre "pura" y "limpia"» (Hering Torres 2003-2004, 2).

17   «Antes de llegar allí, es posible que el alumno hubiera recorrido un largo trayecto, recibiendo rudimentos de religión y de las primeras letras de labios de sus padres, para después contar con la ayuda de un preceptor privado, desde donde seguiría a una escuela de primeras letras (...). La enseñanza del latín podía recibirse de manos de un receptor privado (...). Este proceso suponía que se podían recorrer cuatro etapas: enseñanza paterna, a cargo de un preceptor, en una escuela (...), maestro de gramática antes de ingresar al Colegio» (Uribe Ángel 2003, 49).

Al recibir la solicitud, el rector debía convocar a los consiliarios –doctores catedráticos, miembros del Consejo del claustro– para hacer jurar a los testigos, recibir las declaraciones, leerlas al finalizar y hacer que los interrogados las firmaran. Al ser aceptada la solicitud para verificación, el aspirante debía presentar tres testigos que se sometían al interrogatorio establecido por el Colegio. Las respuestas dadas por ellos eran pasadas al Fiscal del Colegio, quien estudiaba las Informaciones, las verificaba, las aceptaba o las rechazaba. Al ser ratificadas, coincidiendo positivamente todas las inspecciones, se entregaban a la más alta autoridad del Colegio para que aprobara las Informaciones; éste comprobaba que el aspirante satisfacía los requisitos exigidos por el establecimiento, aceptaba la solicitud del pretendiente a colegial y lo citaba a la investidura de la beca.

(Archivo General de la Nación, Caja 70, Fondo Colegio Mayor de San Bartolomé, rollo 35, folio 51r)

Transcripción

D. Eugenio Días C.	En esta ciudad de Santafé de Bogotá al 13 de febrero de mil ochocientos diez y nuebe previas las informaciones y demás diligencias de estatuto y acreditación de su Cristiandad, legitimidad y limpieza de sangre. Vistió la Beca de este Colegio Mayor y Real Seminario de San Bartolomé Don Eugenio Díaz hijo legítimo y de legítimo matrimonio de D. José Antonio Díaz y de D. Andrea Castro oriundos de esta ciudad. Apadrinó el D. D. Pablo Francisco Plata, de que doy fe. José Ramón Amaya José María Forero Secretario

Así, cumplidos las exigencias pedidas y presentadas las Informaciones de rigor, la solicitud de Eugenio Díaz Castro fue admitida y el 13 de febrero de 1819,[18] fue llamado a la rectoría del Colegio, lugar en donde el Rector le concedió tanto la entrada al Colegio Mayor de San Bartolomé como el honor de vestir una de las contadas becas de la institución; así se lee en el acta sentada en el libro 70 que contiene el Registro de investidura de beca de Colegiales entre 1804 y 1829.

DR. JOSÉ RAMÓN AMAYA, RECTOR COLEGIO DE SAN BARTOLOMÉ, INVISTIÓ LA BECA A DÍAZ CASTRO

José Ramón Amaya y Camargo
Galería del Colegio Mayor de San Bartolomé - Bogotá
(«Iconografía del Real Colegio Mayor de San Bartolomé» Jaramillo Mejía 1996, [s.p].)

Estos documentos son culturalmente valiosos, porque aportan aspectos importantes, que corroboran la situación familiar elevada de José Eugenio Díaz Castro señalada anteriormente y, a la vez, proporcionan información sobre el autor y su posición intelectual y social en esa incipiente vida republicana. Ya que desde cuando se fundaron los Colegios Mayores: el Colegio de San Bartolomé (1605) y el Colegio de Nuestra Señora del Rosario (1653) en Santafé hasta el final de la segunda década del siglo XIX, estas dos insti-

---

18 El grupo de jóvenes que comenzó a educarse durante esta época pasó a constituir la nueva intelectualidad neogranadina/colombiana; puesto que los intelectuales formados durante la Ilustración: «fueron barridos por la metralla pacificadora entre 1816 y 1819. Los que lograron sobrevivir salieron como sombras declinantes de las prisiones o regresaron para empeñar las armas que les dieron la libertad. Lo que quedaba, entonces, era una sociedad analfabeta que debía sustentar un "Estado analfabeto"» (Ruiz 1990, xxviii).

tuciones fueron los centros más importantes para la educación de la clase noble de la Nueva Granada.[19]

De esa manera, José Antonio Díaz Ospina y Andrea de Castro Rojas, los progenitores, con las Informaciones que presentaron comprobaron que su hijo, José Eugenio Díaz Castro, poseía todos los requisitos que el Colegio exigía: detentaba el título de «Don», era de raza blanca, sus ascendientes por ambas ramas eran blancos/españoles, su familia era distinguida y pertenecía al grupo más selecto de la sociedad; establecieron que él tenía buenas costumbres y que era reputado como poseedor de dotes académicas.[20] Además de que sus padres tenían una posición reconocida (no ejercían ningún oficio considerado vil);[21] también demostraron su limpieza de sangre, acreditaron

---

[19] En el Colegio de San Bartolomé «se reunían estudiantes de todo el Reino y posteriormente su órbita de influencia cubría un espacio más extenso que el del Colegio del Rosario, cuyos colegiales provenían en su mayoría de localidades adscritas al arzobispado de Santafé, las becas se repartían así: tres para Santafé, dos para Tunja y Villa de Leiva, sendas becas para Pamplona, Mérida, Mariquita, Muzo, La Palma, Tocaima e Ibagué, una beca para Remedios, Cáceres y Zaragoza y, finalmente, dos arbitrarias. / A San Bartolomé, entre tanto, acudían colegiales no sólo de este arzobispado sino de otras diócesis e inclusive de lugares más allá de las fronteras del Nuevo Reino, como en Quito, Cusco y Lima. (...) / En principio, los colegiales que egresaban de la institución retornaban a sus lugares de origen a cumplir funciones eclesiásticas o seculares, de acuerdo con la educación recibida. Se vinculaban a los curatos o a los cabildos y no desarrollaban actividades más allá del marco estrictamente local. Empero en Santafé quedaba una selecta minoría que generalmente se vinculaba a la docencia en los Colegios Mayores, al alto clero, al ejercicio del derecho o de las funciones públicas a las cuales tenían acceso los criollos» (Jaramillo Mejía 1996, 78-79).

[20] En 1786, en el Colegio del Rosario se le negó la entrada a José Joaquín Rizo, por las siguientes razones: «Prescindiendo de su calidad –dice el Rector– no es su genio a propósito para vivir en comunidad por ser díscolo, altivo, desobediente, aplicado únicamente al ejercicio de las armas, a pasatiempos y diversiones. A más de esto, es totalmente inepto para las letras, así por falta de talento como de aplicación, de suerte que no da esperanzas de poder servir al Colegio ni al público por esta carrera» (Martini 2004: 305).

[21] «Como se suponía que el estamento noble debía desempeñar ocupaciones al servicio de la Corona, los oficios viles y mecánicos les estaban prohibidos así como los anteriores le estaban reservados. / (...) [L]a diferencia entre los oficios reputados como viles o mecánicos y los que no, era muy sutil. El comercio, cuando se ejercía por mercaderes al por mayor, no se consideraba vil; pero era vil atender una pulpería» (Jaramillo Mejía 1996, 62).

«Oficios viles: El hidalgo típico había asimilado la forma de ser de la rancia nobleza peninsular; por ello despreciaba los oficios mecánicos y manuales, que consideraba viles y que en España realizaban los moros, excelentes cultivadores, artesanos y constructores, y los judíos, que desempeñaban el oficio "vil" del comercio al menudeo y la usura. En América estas últimas labores fueron ejecutadas por mestizos, indios y negros. "...todo lo que significaba trabajo manual, como oficios artesanos y aún las profesiones de maestro de escuela y cirujano, se tenían como propios de las castas de mestizos, pardos y gentes con raza de la tierra». / Los padres y los demás ascendientes de los pretendientes a colegiales del Rosario certificaron, entre otras cosas, "no haber ejercido oficios viles ni bajos", "como zapateros, pintores, etc.", "herreros", "barberos", "no han obtenido oficio vil por donde se les impute infamia o descrédito", "no han tenido oficio bajo prohibido por derecho por las ordenanzas de este reino". / El 6 de diciembre de 1743 el claustro no aprobó las informaciones presentadas por don Andrés Gregorio Coronel, pues los testigos aseguraron "que su abuelo materno tuvo el de público fundidor de campanas... que ni el pretendiente, ni sus padres, ni sus abuelos, sabe hayan tenido los [oficios] lustrosos". / Don Isidro de Pujol y Fajardo fue rechazado también en virtud de que los testigos no estaban muy seguros acerca de si el oficio que desempeñaba su padre en Cartagena –médico y cirujano por el protomedicato– era vil o bajo"» (Guillén de Iriarte 1994, I: 58-59).

su pertenencia a la religión y comprobaron que ninguno de ellos había tenido problemas con el Tribunal de la Inquisición ni con la justicia.

Además, al ser aceptado como colegial José Eugenio Díaz Castro, su familia poseía propiedades en la capital, porque en los documentos se afirma que los padres eran oriundos, vecinos de la ciudad.[22] Lo cual testifican en el acta de investidura tanto los religiosos y doctores: José Ramón Amaya, Rector del Colegio, José María Forero, Secretario de la Institución, y Pablo Francisco Plata,[23] padrino de Eugenio Díaz Castro para el procedimiento de aceptación para vestir la beca, quien era Catedrático de Sagrado y Cánones; es decir uno de los educadores principales del Colegio de San Bartolomé. Asimismo, este religioso patriota, con su protección, ayudó a que él pudiera ingresar al establecimiento, ya que el ser hijo de patriota, en ese momento, era un gran impedimento.[24]

Al revisar los documentos existentes sobre los colegiales que vistieron beca, se observa la manera en que los hechos históricos influían en sus vidas. Así, a partir de julio de 1815 hasta marzo de 1816, los investidos ya no llevaban el título de «Don», sino el de «Ciudadano» (8 estudiantes). Cuando se inició la época de la «Pacificación» dirigida por Morillo (noviembre de 1816-octubre de 1817),[25] el claustro del Colegio fue convertido en cuartel del Tambo y prisión

---

22 El padre había vendido la hacienda Puerta Grande en 1808; la readquirió nuevamente en 1822 (véase: Pardo Umaña 1946, 152).

23 «[E]l sacerdote Pablo Francisco Plata, rector de San Bartolomé y cura de la catedral, publicó en 1816 una novena a la Virgen de los Dolores, cuyo sabor liberacionista se hace evidente cuando hace responsable a "la arbitrariedad de los tiranos" y de la obediencia de "un pueblo ciego y obstinado" a ellos de "la mayor y más cruel parte" de los dolores de la Virgen María. Por eso, termina pidiéndole que, por los dolores que los tiranos le hicieron sufrir, "se compadezca de los pueblos oprimidos, los guíe en la defensa de sus derechos y sea especial protectora de su libertad e independencia" (Tisnés 1971, 532-534). Esta novena fue severamente criticada por el capellán de las tropas de Morillo, José Melgarejo, en el proceso que se abrió contra el P. Plata bajo la reconquista: Melgarejo pidió que el acusado fuera trasladado a España para ser juzgado porque la dedicatoria de la novena era "el mejor comprobante de los sentimientos revolucionarios y afección al gobierno ilegítimo en odio de la soberanía" (Tisnés 1971, 535)» (González 2010).

24 «No debo pasar adelante sin tributar el debido elogio a la conducta, humana, generosa y decente que observó en aquella época el doctor Guerra, (...). A sus esfuerzos se debió el restablecimiento del colegio de San Bartolomé, cuya beca vestí yo en aquel tiempo por su protección; pues en las informaciones que se hacían para obtenerla era necesario, además de la limpieza de sangre y legitimidad, comprobar que el aspirante no pertenecía a familia insurgente. Esto último era imposible para mí, y él se encargó de que mis informaciones se aprobasen por el virrey sin tal formalidad» (Florentino González en Camacho Carreño 1933, 58).

25 «Las letras estaban muertas en esos tiempos aciagos. (...) Fue Rector nominal del Colegio de San Bartolomé a fines de 1817, el doctor José Ramón Amaya, oriundo de Barichara. El edificio del histórico plantel, cuna de mártires y próceres, estaba arruinado; había sido cuartel realista durante dos años. / En ese tiempo desempeñaba la rectoría del Colegio del Rosario don Domingo Tomás de Burgos, presbítero, oriundo de Pamplona. El edificio y las rentas fueron entregados al Ejército real por orden verbal de don Pablo Morillo. Largo fue el litigio que sostuvo el Rector Burgos para obtener la devolución del claustro. En el asunto tuvieron que ver Morillo, el Virrey Montalvo, el Contador Martín de Urdaneta, don Juan Sámano y la Real Audiencia. Burgos abrió aulas de Derecho Canónico y de Derecho Público, cuando los presos políticos fueron trasladados a la cárcel de Corte, situada en la Plaza Mayor y al cuartel del Batallón Tambo» (Ibáñez 1952, 434-435).

donde llevaban a muchos patriotas; sin embargo se hallan registrados como colegiales (4 estudiantes), nuevamente se los designaba con el título de «Don», eran españoles, religiosos profesos e incluso miembros del Tribunal de la Inquisición; es decir, en ese momento, el Colegio se cierra para los neogranadinos, se preservan únicamente sus funciones de preparación de sacerdotes pero sólo para los peninsulares. El hecho de ser criollo y de las clases altas, ya no era una prerrogativa, ahora se castigaba, pues se los asociaba a muchos de ellos con el movimiento independentista; así la educación no era para ellos.

Los admitidos entre noviembre y diciembre de 1817, ya habían obtenido el título de Bachiller, eran sacerdotes profesos o seminaristas, y alguno llegó posteriormente a ocupar cargos administrativos dentro del Colegio (4 estudiantes). Continuaba la situación de represión contra los criollos. A partir de enero de 1818[26] hasta enero de 1819, la situación comenzó a cambiar. Fueron admitidos 22 estudiantes, de ellos 9 no entraron a la institución; 12 eran o bien seminaristas o bien religiosos; mientras que los restantes eran civiles; no obstante el número de colegiales que vistieron beca seguía siendo similar al de antes (véase: Archivo General de la Nación, Caja 70, Fondo Colegio Mayor de San Bartolomé, rollo 35, folios 44r./v-51r.).

Dr. Pablo Francisco Plata, padrino de Eugenio Díaz
para investir la beca

(«Iconografía del Real Colegio Mayor de San Bartolomé» Jaramillo Mejía 1996, [s.p].)

---

26 «El estudio de las ciencias se restableció en 1818, y yo conservé mi carrera de externo en las aulas del colegio de San Bartolomé, pues el edificio principal del colegio estaba ocupado por un batallón llamado del Rey, y no había todavía alumnos internos» (Florentino González en Camacho Carreño 1933, 55).

El 13 de febrero de 1819, José Eugenio Díaz Castro vistió beca del Colegio de San Bartolomé; esto significa que ese día: «De acuerdo con los usos establecidos, el pretendiente debía presentarse con un padrino. En la sala rectoral esperaban los alumnos, vestidos de hopalanda, beca roja y bonete en mano. Bajo un dosel adornado con el retrato del fundador, el padrino o el Rector hacía un breve discurso y terminado éste, era abrazado el nuevo colegial por el Rector, padrino, catedráticos y colegiales» (Romero 1957, 45). Esa vestimenta, también conocida como «hopa» (especie de sotana negra), la beca (franja de material que se pasaba sobre los hombros y llevaba un escudo) y el bonete, a la vez que le daban preeminencia lo distinguían como Colegial[27] ente la comunidad.

Antiguos colegiales[28] de San Bartolomé y el Rosario. Dibujo de Ramón Torres Méndez, ca. 1850. Colección Museo Nacional de Colombia. Reg. 1177.

---

27 «Fundamentalmente dentro de una sociedad en la cual no sólo era necesario "ser" sino, muy especialmente "parecer" el hábito del rosarista –semejante al de cualquier otro Colegio Mayor– era la representación externa más clara de su pertenencia a la comunidad colegial y, por ende, el distintivo que lo obligaba a mantener fuera del claustro el porte mesurado y correcto que debía caracterizarlo. (...) los Colegiales adquirían capote, hopa, beca y bonete de cuatro picos. El capote o manteo, para uso fuera del colegio, era una capa de paño negro sin mangas que se ajustaba al cuello con corchetes; la hopa, una sotana del mismo color, similar a la clerical. Dentro y fuera de la Casa, Colegiales de número, supernumerarios y convictores lucían orgullosamente una beca o estola blanca, cuyos extremos colgaban hacia la espalda, que exhibía la cruz de Calatrava, distintiva de la orden de predicadores cercada del Santo Rosario. El resto de los vestidos debía mantener el recato reiteradamente exigido: Constituciones, Estatutos y Ceremonial vedaban el uso de sedas, de colores llamativos, de drogas, de perfumes, de bucles y de polvos, no sólo porque debilitaban la virilidad, sino porque además, resultaba odioso a la moderación propia de la vida colegial» (Martini, 2004, 315).

28 «[E]l uniforme que utilizaban los colegiales de los antiguos colegios era la "hopa" de color negro con la beca encima; los rosaristas la usaban blanca, los bartolinos roja y los tomistas azul» (Guillén de Iriarte 2007).

Para el 18 de octubre de 1819, fecha de admisión efectiva del joven Eugenio Díaz Castro como Colegial registrado para asistir a las cátedras, las áreas que seguían los estudiantes, según la clasificación que se hizo en las hojas que verificaban la matrícula, eran: Teología, Derecho Canónico, Derecho Civil y Medicina (véase: Archivo General de la Nación, Caja 70, Fondo Colegio Mayor de San Bartolomé, rollo 35, folios 141v.-142r.). El apellido Díaz aparece entre tachaduras, como alumno civilista matriculado de primer año (folio 142r.). El autor de *Manuela*, desde el momento de iniciar, iba a estudiar leyes para ser abogado civil.

Las clases comenzaban en octubre y duraban por espacio de nueve meses. Después se presentaban actos de conclusiones y los educandos salían a vacaciones hasta el siguiente octubre. «Luego que pasaron los actos de conclusiones, que eran las muestras públicas que se daban de los adelantos de los alumnos, salimos del colegio a pasar las vacaciones que duraban tres meses, desde mediados de julio hasta el 18 de octubre» (Florentino González en Camacho Carreño 1933, 73).

En 1820 a pesar de que ya había más estabilidad, la gente no estaba muy segura sobre la situación social. De este modo, el gobierno debió recurrir a la información colectiva por medio de la prensa. Así publicó el siguiente aviso:

> COLEGIOS DE LA CAPITAL
> Aviso a las privincias
> Los colegios de la capital van adelantándose regularmente. Los jóvenes a favor de la seguridad del territorio se dedican al estudio de las ciencias y a la instrucción de las armas. Los padres de familia deben enviar a sus hijos a dichos colegios, con la segura esperanza de que se ponen todos los medios de que la juventud a la vez ofrezca un día en sí misma ciudadanos útiles y buenos soldados *Gazeta de Santafé*. N° 34. 1820 (Santander 1990, I: 7).

Ese mismo año, el gobierno comenzó a reestructurar la educación de la Nueva Granada en diversos niveles; para lograrlo tomó control de los establecimientos de educación, que había regentado la Iglesia durante siglos por disposición de la corona española. Para esto determinó en el «Decreto sobre patronato de los establecimientos literarios» emitido en julio de 1820, que los nombramientos de los directivos y de los catedráticos los decidía el gobierno: «Las cátedras de jurisprudencia, civil y canónico, derecho público, filosofía y gramática, serán provistas por el gobierno del departamento», «El gobierno nombrará al rector, vicerrector y pasante. Los dos primeros durarán tres años y el rector será precisamente ecesiástico, y el último durará un año» (Santander 1990, I: 13). Sin embargo, no eliminó las pruebas de limpieza de sangre de los futuros colegiales, y con ello, la ilegitimidad como barrera para poder estudiar.

El 15 de septiembre de 1820, el Rector, José Ramón Amaya, efectuó la convocatoria de exámenes para que los estudiantes finalizaran el año (folio 142r.). Esta certificación muestra a Díaz Castro terminando el primer año del ciclo de estudios superiores que le concedían la entrada al conocimiento de aspectos útiles y prácticos de gramática (morfología, analogía)[29] de la lengua latina y un poco de la castellana. Del mismo modo, estudió la retórica,[30] para la adquisición del estilo, el cuál era esencial para la argumentación filosófica y la defensa de las ideas. Los exámenes dieron comienzo el 2 de octubre de 1820 (folio 142v.); el acta transcrita informa:

> En este Colegio Mayor y Seminario de San Bartolomé, a dos de octubre de 1820, a punto de dar principio a los exámenes, se congregaron en la sala rectoral los señores Rector Don José Ramón Amaya, Vice-Rector Dr. Salvador Camacho Catedrático de Filosofía, Dr. José Luis Azuola Catedrático de Teología Moral, Dr. Francisco Margallo Catedrático de Teología Dogmática, Dr. Pablo Francisco Plata, de Instituta, Dr. Juan Félix Merizalde de Medicina, Bachiller Juan Nepomuceno Riaño de Mayores, Dr. Francisco de Paula López de Menores, que ante mí el presente Presbítero Secretario se fueron examinando en el orden siguiente.

(Archivo General de la Nación, Caja 70, Fondo Colegio Mayor de San Bartolomé, rollo 35, folio 142v.)

29   «Ordinariamente se dictaban dos horas de clase por la mañana y dos por la tarde. Los sábados se resumía lo tratado durante la semana. "El tiempo de la lección se repartía entre la explicación de reglas gramaticales lectura e interpretación de autores, construcción de oraciones, versión del castellano al latín, composición en prosa o en verso, corrección de estos ejercicios, conocimiento de cantidades, medida de versos y conversión latina" (Rivas 1993: 61)» (Uribe Ángel 2003, 66).

30   «Después del aprendizaje de la gramática seguía el de la retórica, dirigida a la formación del estilo. Ello se lograba a través de un repaso de la gramática, y de ejercicios de imitación y composición de los autores clásicos. (...) [E]n las informaciones para recibir a los

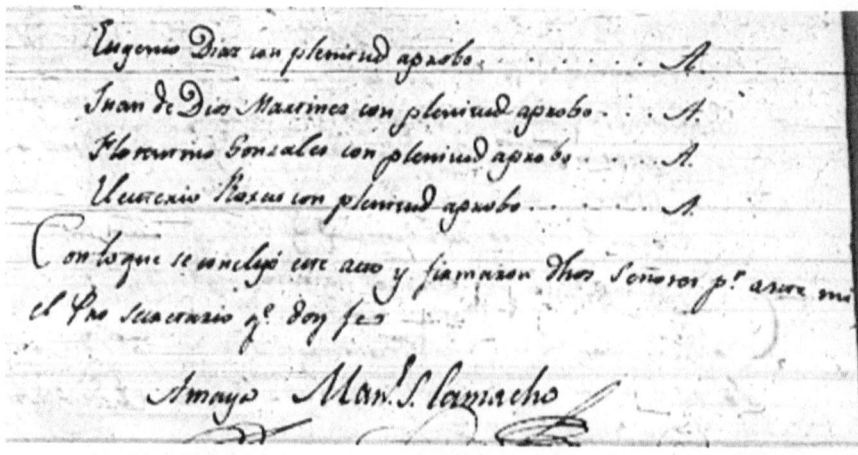

(Archivo General de la Nación, Caja 70, Fondo Colegio Mayor de San Bartolomé, rollo 35, folio 143r.)

Eugenio Díaz demostró conocer plenamente el material que había estudiado durante su primer año en el Colegio, pasando a registrar matrícula para el siguiente. El 18 de octubre de 1820, se dividieron los estudiantes entre colegiales, manteístas y capistas (colegiales que viven en la calle); en el libro de matrícula se los clasificó en teólogos, canonistas, civilistas, médicos, publicistas y filósofos colegiales anuales (30 nombres); entre estos últimos aparece inscrito Eugenio Díaz para su segundo año de estudios (Archivo General de la Nación, Caja 70, Fondo Colegio Mayor de San Bartolomé, rollo 35, folios 145r./v.-146r.). En ese momento, ya se hallaba registrado para comenzar los estudios de filosofía.[31]

En general los estudiantes estaban divididos en *Colegiales* (éstos recibían beca seminaria, real o particular), quienes vivían en la edificación del Colegio, lo que significaba reconocimiento social. Los estudiantes de «segunda clase» por su posición social y racial dudosa eran los manteos o manteístas, no daban Informaciones, por lo que no gozaban de los privilegios de los Colegiales, te-

---

nuevos colegiales, sí se destaca el hecho de que los aspirantes debían haber aprendido correctamente la lengua latina. / Un estilo correcto era básico para la argumentación filosófica, ya que los términos mal empleados conspiraban contra el rigor que debía guardar el silogismo. (...) / A través de la retórica no se trataba solamente de hablar bien, sino de la capacidad de responder adecuadamente para defender un punto de vista. En esa actividad estaban involucradas todas las habilidades de quien exponía, inclusive aquellas condiciones de carácter psicológico que permitían al orador convencer al público. (...) Ese entrenamiento era el fundamento que servía a los estudiantes para defender sus puntos de vista en los actos literarios, y especialmente en las conclusiones, máximo evento de carácter académico que se llevaba a cabo en las instituciones de educación superior» (Uribe Ángel 2003, 66-67).

31 «El plan provisional de estudios diseñado por Moreno y Escandón contemplaba para la facultad de filosofía las siguientes asignaturas: primer año: lógica, aritmética, álgebra, geometría y trigonometría de Wolfio; segundo año: física útil; tercer año: metafísica, ontología o doctrina del ente en general, doctrina del alma racional y teología natural» (Ortiz Rodríguez 2003, 24).

niendo que vivir fuera de la institución; por lo general, su carrera terminaba al nivel de la gramática; muy pocos pasaban a los estudios superiores. Este grupo se distinguió por reclamar en sonados pleitos sus calidades sociales y por tener entrada total o parcial a los estudios superiores. Muchos de ellos permanecían en la ciudad en actividades que eran percibidas como díscolas o de ocio y vagabundeo; también estaban los que regresaban a sus provincias de origen y se desempeñaban como maestros de niños o pequeños funcionarios (véanse: Silva 1992, 178-183; Soto Arango 1993, 127-166; Silva 2002, 40-42).

Para el 26 de octubre de 1820, Francisco de Paula Santander continuó perfeccionando el control sobre la educación en la Nueva Granada. Como egresado del Colegio de San Bartolomé conocía el tipo de enseñanza que se impartía en Bogotá, por eso determinó una «Reforma al plan de Estudios» donde comenzó a revisar y a regular lo que se leía, las etapas de estudios, cuánto tiempo se debía estudiar para alcanzar determinados títulos, la imposibilidad de cursar al mismo tiempo el derecho civil y el canónico, e incluso el tipo de premiación que debían recibir los alumnos destacados. Es decir, por primera vez, el gobierno civil intervenía abiertamente en la educación:

> Considerando que el plan de estudios que se observa en los colegios y establecimientos de la capital y del departamento es muy defectuoso, y no puede producir un gran aprovechamiento: para que éste se consiga y la instrucción pública sea más útil al Estado, en uso del patronato que corresponde al gobierno en tales establecimientos y de las facultades que en él residen, para promover el bien y felicidad general he venido en variar el indicado plan y en acordar el siguiente:
>
> *Artículo 1º* Los tres colegios de esta capital y los establecimientos públicos de igual clase en el departamento, tendrán dos cátedras de latinidad, una de menores y otra de mayores. En la primera, se les enseñará a los niños la gramática castellana, a declinar y conjugar bien las partes de la oración, los géneros y pretéritos y se les darán traducciones por la fábulas de Phedro o Esopo, por las selectas sagradas y profanas, y por el Cornelio Neponte. Cuando los niños estuvieren bastante aprovechados en estas materias, precedido un examen de su suficiencia, pasarán a la clase de mayores, en la que se les enseñará el libro IV y V y la prosodia, se les leerán principios generales de retórica por Quintiliano y se les harán traducir los oficios y oraciones de Cicerón y los poetas latinos, principalmente la *Eneida* y el *Arte poético* de Horacio.
>
> *Artículo 2º* llegado el tiempo de abrirse la clase de filosofía, los niños serán examinados en gramática, latinidad y retórica. Los que resultaren áprobos serán admitidos a la clase y matriculados en ella.

El estudio de filosofía durará tres años precisamente y en el primero, los catedráticos leerán los principios de generales de lógica, por Heinciso (sic), expurgado, la aritmética y geometría. En el segundo año, repetirán la lectura de *Lógica* por el mismo autor, y leerán además, los principios generales de metafísica, la trigonometría, geografía elemental y práctica. El tercer año leerán la moral y los *Derechos del hombre y del ciudadano* por Mably, la física general y especial y la arquitectura militar. En los tres años explicarán también los catedráticos las instituciones retóricas de Quintiliano, haciendo cada año la lectura de cierto número de libros de los que están divididos. Los catedráticos, al final de cada año deberán presentar conclusiones de cada una de las facultades que han leído.

Artículo 3° Graduados en Filosofía, los que la hayan estudiado en los términos y tiempo que se expresa en el artículo anterior, podrán entrar a la clase de derecho civil, de canónico o de teología, como les acomodare. El civil se leerá por Vinio castigado, instruyéndoles el mismo tiempo, a los jóvenes en la historia romana, cuya lectura se les hará por Tito Livio, por Floro, por Rollin, según pareciere más conveniente al catedrático. El canónico se leerá por Selvagio o por Cavalorio con la historia del derecho pontificio por el autor que se juzgare más a propósito por los catedráticos, eligiendo los que con más claridad traten de los límites y extensión de las autoridades espiritual y temporal. En Teología no sólo se tratará de dar a los estudiantes las nociones del dogma y de la moral cristiana, sino que se les leerá la Sagrada Escritura y la Historia del pueblo hebreo y del cristiano. Las cátedras de escritura permanecerán donde estuvieren establecidas.

Artículo 4° El estudio de los derechos civil, canónico y teología, durará sólo tres años, pero no se podrá mezclar una facultad con la otra. El que quisiere graduarse en ambos derechos, concluido el estudio del uno, deberá estudiar dos años del otro y el que aspirare a los grados de derecho y teología estudiará el tiempo que va designado para cada facultad en particular.

Artículo 5° El que hubiere estudiado derecho civil o canónico por el tiempo prescrito, podrá entrar a la clase de derecho público, que deberán estudiar por dos años, los que aspiren al título de abogados y les servirá de práctica. En esta clase, al mismo tiempo que se leyere a los jóvenes los principios de derecho natural y de gentes por los mejores autores, se les darán también nociones de derecho patrio, es decir, de las leyes que rigen, de la forma y constitución del gobierno y de sus reglamentos y disposiciones.

Artículo 6° A los estudiantes, así filósofos como juristas y teólogos, los rectores y catedráticos respectivos les pondrán materias para que formen discursos oratorios y académicos. Los que a juicio del rector y catedráticos hubieren hecho mejor composición, si fueren colegiales, se les premiará con una licencia para dormir más de lo regular o para salir a comer fuera del colegio, y si fueren estudiantes de capa, se les concederá alguna distinción en la clase o licencia por una vez para no asistir a ella. Estas composiciones se repetirán cada mes por lo menos. (...)

Artículo 8º Los catedráticos en los certificados que dieren, deberán expresar bajo juramento, que los estudiantes han oído las lecciones de las materias que dispone este plan. (...) (Santander 1990, I: 21-23).

Estas disposiciones de Francisco de Paula Santander comenzaron a implementaron progresivamente; puesto que éste era un plan tentativo que necesitaba de tiempo para establecerse y para que fuera aceptado por todos los involucrados.

Ahora, en el registro de matrícula del Colegio Mayor de San Bartolomé para el año 1820-1821, se observa que comenzaban a efectuarse modificaciones en la educación; se aceptaban más estudiantes en el establecimiento, había más áreas de enseñanza, la institución ampliaba el número de admitidos; aunque apenan variaran los métodos de enseñanza.

La enseñanza era, por supuesto, muy imperfecta, y todavía se hacía perder el tiempo a los estudiantes en aprender las añejas doctrinas de los peripatéticos, y en disputar como energúmenos en latín, sin llegar nunca a entenderse sobre las causas eficientes y finales, sobre los entes y las sustancias. El silogismo y el epiquerema resonaban en los corredores de los colegios en descompasados gritos, acompañados de fuertes patadas y extrañas contorsiones. El momento de concluir un raciocinio con el retumbante ergo se marcaba siempre por los disputantes con un desaforado grito y una estupenda patada. Me tocó hacer mi estudio de la lógica, la metafísica y la moral de esta manera; y debo confesar que no dejó de contribuir a infundirme afición al estudio la diversión que encontraba en estas disputas. Hablaba bastante bien el latín, y tenía, por consiguiente, facilidad para presentar las sutilezas que rebuscaba en los libros de una manera que desconcertaba a mi contrario, y el más grande placer de un ergotista es poner a su codisputante en tales embarazos» (Florentino González en Camacho Carreño 1933, 72).

Con las nuevas regulaciones, el gobierno de Santander abría la instrucción para todos, al menos en las escuelas de primeras letras; se comenzaba a controlar la educación más avanzada en manos civiles, se limitaba el poder de la Iglesia en el rumbo de la educación, al tiempo que se ampliaban oficialmente los autores, cuyas ideas se estudiarían; además de que los catedráticos de los Colegios Mayores y Universidades se convertían en empleados del gobierno.

Mientras que por ley del 28 de julio de 1821, «El Congreso de la República de Colombia, deseoso de promover la instruccion pública, como uno de los medios mas poderosos y seguros para consolidar la libertad é independencia» suprimió los conventos de regulares (menores) que no tuvieran mínimo «ocho religiosos de misa» y destinó sus edificios para colegios o casas de educación (Colombia 1840, 34).

En medio de los grandes cambios culturales y legales que se producían, el 21 de septiembre de 1821, se hizo la convocatoria en el Colegio de San Bartolomé para comenzar exámenes finales el ocho de octubre. Desde el día señalado, hasta el 19 de noviembre se realizaron 10 sesiones de exámenes debido a la cantidad de alumnos que siguieron los cursos (Archivo General de la Nación, Caja 70, Fondo Colegio Mayor de San Bartolomé, rollo 35, folio 146v./-150r.).

En la tercera sesión, realizada el 12 de octubre, se reunieron el Rector, Dr. José María Esteves, el Dr. Juan de la Cruz Gómez, Catedrático de Derecho Canónico; el Dr. Ángel Ma. De Lastra, sustituto de Derecho Público, y el pasante Bernardo de Francisco para examinar al grupo de filósofos[32] en el que se hallaba Díaz Castro concluyendo su segundo año de estudios; los resultados fueron:

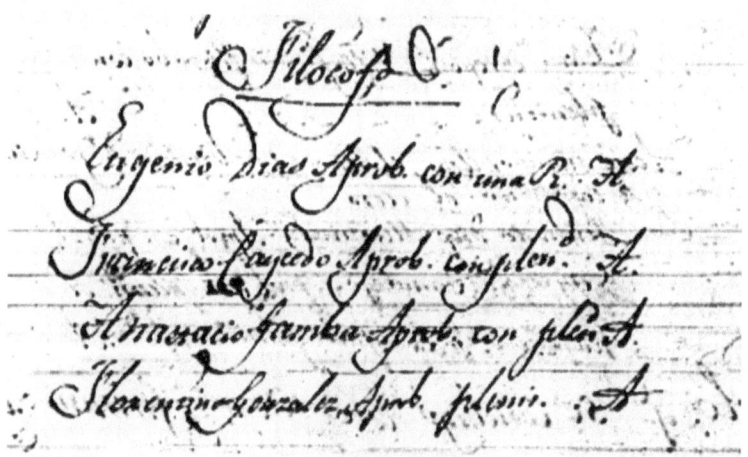

(Archivo General de la Nación, Caja 70, Fondo Colegio Mayor de San Bartolomé, rollo 35, folio 147v.).

---

32 «Así se pasó el primer año de nuestro estudio de filosofía, en el que lo de más provecho que estudiamos fue la lógica de Heinecio, y la aritmética de Wolffio. (...) Debo hacer aquí mención de un incidente que ocurrió cuando empezamos a estudiar la lógica de Heinecio. Era catedrático de teología el doctor Francisco Margallo, eclesiástico de acendrada virtud, pero cuya religiosidad rayaba en fanatismo. Luego que este eclesiástico supo que los libros antiguos que servían para la enseñanza de aquella ciencia no serían el texto de nuestros cursos, y que el hereje Heinecio había de substituirlos, clamó altamente contra

Se observa que Eugenio Díaz Castro aprobó el segundo año con una R. Esta situación se explicó para el Colegio del Rosario:

> La forma de comprobar el grado de conocimiento adquirido por los estudiantes sobre la materia eran los exámenes orales. El proceso se hacía siguiendo la costumbre de la Universidad de Salamanca; el examinado debía presentarse al salón rectoral para sacar los «puntos», lo cual se hacía introduciendo un puntero en tres lugares diferentes del texto sobre el cual se iba a examinar. Estos se anotaban en tres papeletas, el estudiante escogía una de ellas y luego tenía tres días para prepararse. El día señalado para el examen se reunían, además del catedrático de la materia, otros tres catedráticos de la misma facultad, o de otras, presididos por el rector, que en total sumaban cinco, (...) los estudiantes ingresaban por turnos. «Presentándose a examen y sufriéndolo por espacio de un cuarto de hora» (Libro de exámenes, folio 27). Finalizado el tiempo, cada catedrático procedía a calificar con una A para aprobado y una R para reprobado. Si el individuo sacaba tres A pasaba el examen, si sacaba tres R lo reprobaba (Guillén de Iriarte 2006, 109).

Uno de los cuatro miembros de la facultad que evaluaron el examen de filosofía debió haber hallado parte de las respuestas que el estudiante Díaz Castro proporcionó inconclusas o incompletas, por lo cual le confirió una R; pero los otros tres lo aprobaron, razón por la cual recibió A (aprobado) para el año de estudios. Esta situación no era inusual, en las actas se dan casos de colegiales que reprobaron el año y pasaron al curso siguiente a repetir todas las cátedras. Incluso existen entradas de aprobación de alumnos que habían reprobado, pero que no se les marcó R (en el registro del año siguiente se hallaron repitiendo el año); mientras que existen otros que recibieron R R, pero aprobaron el año.

El 18 de octubre de 1821, los estudiantes se dividieron en teólogos, civilistas, médicos, publicistas, filósofos de segundo año (36 nombres), entre estos últimos se halla inscrito Eugenio Díaz para su tercer año como Colegial (Archivo General de la Nación, Caja 70, Fondo Colegio Mayor de San Bartolomé, rollo 35, folios 150r./v.-151 r./v.). En ese registro ya no se indicaron quiénes eran colegiales, manteístas o capistas.

En 1822 el Gobierno decretó varias disposiciones de educación: El 5 de enero se creó una comisión para estudiar y establecer el Plan de Estudios. El 26 de enero se determinó el establecimiento de escuelas normales con el empleo del método de Lancaster en las ciudades de Bogotá, Caracas y Quito. El 30 de enero se ordenó que los réditos de las capellanías que estuviesen vacantes

---

tal medida y suscitó contra ella a todo el clero. El resultado fue que Heinecio fue proscrito ostensiblemente, pero sus principios fueron consignados en el cuaderno de lecciones que nos dictó el catedrático, doctor José María de la Torre y Uribe. El libro se consideró como prohibido; pero por la misma razón fue más leído: es lo que sucede cuando se persiguen los libros» (Florentino González en Camacho Carreño 1933, 73).

debían aplicarse a los Colegios. El 11 de marzo se estableció la admisión de los indígenas en todos los Colegios seminarios; donde para ser recibidos debían saber leer y escribir correctamente. El 17 de mayo se decretó la creación de un Colegio en Tunja. El 8 de septiembre de 1822 se estrenó la sala destinada para la escuela normal de enseñanza mutua en Bogotá. El 9 de octubre de 1822 se creó un Colegio en Medellín (véase: Santander 1990, I: 51-88).

En el Colegio Mayor de San Bartolomé, el 1° de octubre de 1822, se dio comienzo a la serie de 11 sesiones de exámenes finales para los estudiantes del Colegio, las cuales concluyeron el 16 de octubre (Archivo General de la Nación, Caja 70, Fondo Colegio Mayor de San Bartolomé, rollo 35, folios 151 v./156v.).

En la tercera sesión realizada el 3 de octubre de 1822, se reunieron en la sala rectoral del Colegio el Rector Dr. José María Esteves, el Dr. Luis Azuola, Catedrático de Teología y el Dr. Juan de la Cruz Gómez, Catedrático de Cánones para continuar los exámenes finales de los *Colegiales* filósofos, entre de los que se encontraba Eugenio Díaz concluyendo su tercer año de estudios. Las actas firmadas por los catedráticos que examinaron al grupo informan los resultados siguientes:

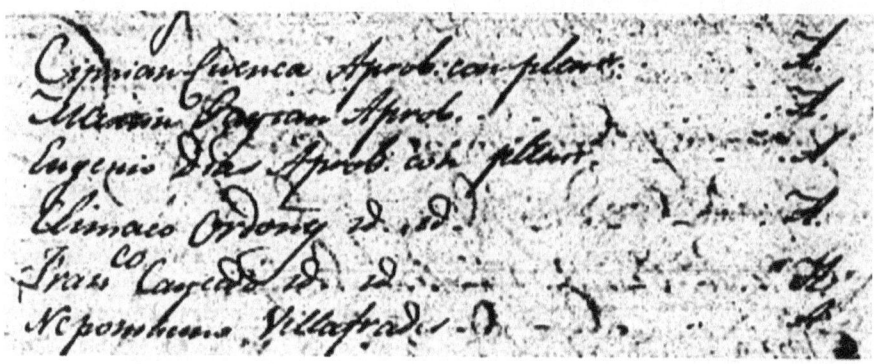

(Archivo General de la Nación, Caja 70, Fondo Colegio Mayor de San Bartolomé, rollo 35, folio 152v.).

Mientras que en la cuarta sesión de exámenes que sucedió el 5 de octubre de ese año se reunieron el Rector y Canónigo prebendado de la Catedral, Dr. José María Esteves, el Dr. Juan de la Cruz Gómez, Catedrático de Sagrado y Cánones y el Dr. José Félix Merizalde para continuar examinando al grupo de compañeros de Eugenio Díaz Castro que habían seguido ese curso de filosofía. Entre ellos se encontraba Florentino González:[33]

---

[33] Florentino González fue uno de los artífices de las reformas políticas liberales, del laissez faire, la democracia representativa, las libertades individuales, la secularización y la educación pública durante el siglo XIX. Sufrió prisión en el castillo de Bocachica en Cartagena durante 18 meses por haber participado en la conspiración septembrina contra Bolívar. Exilado en Caracas regresó al país en 1831 y se vinculó nuevamente a la vida política junto al general Santander. A la edad de 28 años asumió en calidad de titular las cátedras de Derecho Constitucional, Ciencia Administrativa y Derecho Internacional entre 1833 y 1839. Su férrea oposición liberal lo hizo víctima de un atentado de los artesanos contra su vida en 1853. Durante su existencia ocupó distintos cargos públicos: fue

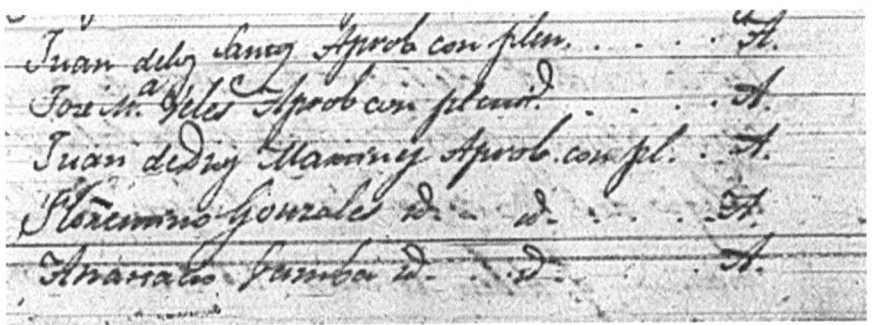

(Archivo General de la Nación, Caja 70, Fondo Colegio Mayor de San Bartolomé, rollo 35, folio 152v.).

En el curso 1821-1822, el segundo año de estudios de filosofía y tercero de Colegial, Díaz Castro, en sus exámenes orales respondió plenamente a todas las preguntas recibiendo aprobado de todos los catedráticos evaluadores. Como se observa, éstos podían variar en número o cambiar de una sesión a la siguiente para examinar las mismas asignaturas.

El 18 de octubre de 1822, los *Colegiales* fueron divididos en canonistas, civilistas, publicistas de primero y de segundo año, médicos, filósofos de tercer año (31 nombres), entre ellos se encontraba inscrito Eugenio Díaz, para estudiar su cuarto año en el Colegio. En ese momento, los alumnos filósofos de primer año fueron inscritos en sección aparte (62 nombres). (Archivo General de la Nación, Caja 70, Fondo Colegio Mayor de San Bartolomé, rollo 35, folio 156r./v.-157r./v.). El numeroso grupo de estudiantes, que iniciaron el curso, indica que se estaban produciendo modificaciones tanto en el sistema de admisiones, como en las asignaturas. «Al cabo de tres años, los estudiantes podían obtener títulos de bachiller, maestro y licenciados» (Guillén de Iriarte 2006, 104). Las disposiciones del 26 de octubre de 1820 comenzaban a ejecutarse.

Al seguir revisando los registros, no se encuentra el nombre de Eugenio Díaz entre los estudiantes examinados para concluir el año 1822-1823, en octubre de 1823 (hay rasgaduras y manchas de tinta en las hojas; además hay secciones completas donde la tinta ha perdido su color y la letra abigarrada impide entender lo anotado) [Folios 158v.-162r.].[34] No obstante, su nombre

Gobernador encargado de Cundinamarca (1836), Diputado de la Cámara de Representantes (1833), Secretario de Hacienda durante la administración de Mosquera (1846) y Procurador General de la Nación (1856-1858). En 1859 aceptó la designación del Presidente Ospina para desempeñar la Legación ante el gobierno de Lima, cargo en el que se posesionó el 7 de marzo de ese año. En 1860 ocupó la Legación de la Nueva Granada en Santiago de Chile. En 1861 se retiró de la vida política y se dedicó a la investigación jurídica, al periodismo y a la cátedra. Ejerció el Derecho en Chile, pero tuvo que obtener el diploma de jurista en la Universidad de Chile, el cual recibió el 5 de septiembre de 1861. En 1867 viajó a la Argentina y en octubre de 1868 fue nombrado catedrático de Derecho constitucional por el gobierno argentino. Murió en Buenos Aires el 12 de enero de 1875 (véase: Duarte French 1982).

34   Durante los años de 1823 y 1824, el capitán Charles Stuart Cochrane viajó por Bogotá dejó un testimonio sobre la educación: «Hay tres colegios (...) están bien situados y su

vuelve a registrarse entre los estudiantes civilistas matriculados el 18 de octubre de 1823. Lo que significa que aprobó el cuarto año de estudios, tiempo en el que adquirió los conocimientos de Filosofía requeridos. De esta manera, dio comienzo sólidamente al quinto año de estudios en Derecho Civil.

> Los cursos de derecho se seguían en el colegio de San Bartolomé, en tres clases. El doctor José Ignacio Márquez presidía una de ellas, en que daba lecciones de derecho constitucional, derecho de gentes, principios de legislación civil y penal, y derecho patrio. Los autores que le sirvieron de texto al principio fueron: El Contrato Social, de Rousseau, El Espíritu de las Leyes de Montesquieu, El Derecho Natural de Gentes de Heinecio, y las Instituciones de Asso y de Manuel (Florentino González en Camacho Carreño 1933, 85).

El 28 de julio de 1824, el Gobierno dictó la ley por la cual pasaba el control del patronato a la República. Estas regulaciones controlaron la elección de los arzobispos y obispos, limitaron el número de prebendas que las catedrales y las iglesias podían tener; arreglaron los límites geográficos de las diócesis, dispusieron de dónde saldrían los gastos de las iglesias; aceptaron o prohibieron la celebración de concilios nacionales y provinciales; aprobaron la fundación de nuevos monasterios u hospitales o los suprimieron; dieron destino a las rentas de las instituciones religiosas, controlaron sus estatutos, arreglaron la inversión de los diezmos o de cualquier otra renta que poseían (véase: Colombia 1840, 237-238). Era el control de la Iglesia por parte del Gobierno, lo que nunca había sucedido desde la implantación de esa institución en época de la conquista.

El 17 de septiembre de 1824, se convocaron los exámenes finales del curso 1823-1824 para comenzar el 1° de octubre siguiente. Se desarrollaron 16 sesiones de pruebas hasta el 15 de octubre de 1824 (Archivo General de la Nación, Caja 70, Fondo Colegio Mayor de San Bartolomé, rollo 35, folio 164r./168v.). En la sesión reunida el 11 de octubre, se examinó al grupo donde se hallaba Eugenio Díaz Castro, quien concluyó con éxito su quinto año de estudios al aprobar con plenitud los exámenes como civilista.[35]

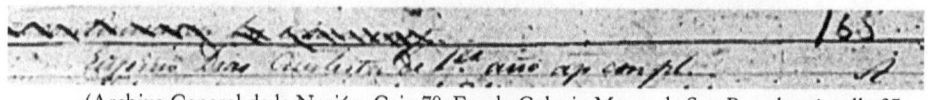

(Archivo General de la Nación, Caja 70, Fondo Colegio Mayor de San Bartolomé, rollo 35, folio 165v.).

---

estructura es fuerte; el de los jesuitas es el principal. La mayoría de los profesores son religiosos, y hay algunos laicos. La juventud se instruye en latín, matemáticas, filosofía natural y moral, y teología» (Cochrane 1825, 12-13). El francés Mollien, que viajó en la misma fecha, concordó: «se enseña en estos establecimientos latín, filosofía, matemáticas y teología. Cuatro horas de trabajo diario se imponen a los alumnos. Al fin del año escolar tienen tres meses de vacaciones» (Mollien 1899, 350).

35 «El Derecho Romano se estudiaba en otra clase, que presidía el doctor Pablo Francisco Plata; y el derecho canónico en una tercera regentada, por el doctor Juan de la Cruz Gómez» (Florentino González en Camacho Carreño 1933, 85).

La educación comenzaba a modificarse gracias a la nueva legislación que se había establecido desde 1820 y que el Congreso de Cúcuta había sancionado a partir de 1821; leyes que se iban precisando a medida que pasaba el tiempo. El 20 de enero de 1824, el gobierno decretó:

> 2° La filosofía se enseñará en castellano y se procurará que vaya desterrándose de las conclusiones públicas y demás actos literarios la forma silogística usada por los peripatéticos, la que tampoco sirve para descubrir la verdad; los argumentos se pondrán en pequeños discursos o en el método académico.
>
> 3ª El derecho público y político de que habrá cátedras se leerá por Lepage, por Constant, y Vattel (Santander 1990, I: 149-150).

Los cambios en los estudios se fueron estableciendo; así en agosto de ese año de 1824, se publicó sobre esas modificaciones:

> Los actos literarios de este año han correspondido a los esfuerzos del gobierno y han manifestado los progresos que la ilustración y los buenos principios hacen en Bogotá. (...) Además de los certámenes de costumbre, sobre teolojía, sagrada escritura, materias médicas y cursos de filosofía y matemáticas, se ha presentado en uno y otro colejio un examen jeneral de clases enteras sobre la constitución de la República, en que con mucho acierto y propiedad han sido esplicadas todas sus disposiciones con los fundamentos en los que se apoyan, dándose respuestas satisfactorias á las dificultades ó cuestiones que se suscitaban. (...) En el Colegio de San Bartolomé, el catedrático de Derecho Público, dr. José Ignacio Marquez presentó al público un cuadro de proposiciones escogidas sobre los elementos de derecho constitucional, que defendió y explicó muy bien su discípulo Ciprián Cuenca. Ellas comprendían los puntos más esenciales sobre la naturaleza, división y límites sobre los poderes, sobre las garantías individuales, la facultad del cuerpo lejislativo para arreglar la disciplina exterior de la iglesia y designar el modo en que deben ser elejidos sus ministros, sobre la inspección del ejecutivo en las propias materias y la intervención del judicial para decidir las contiendas que sobre ellas ocurran (Gaceta de Colombia Trim. 11.147 (ag. 8., 1824): [s.p].

Así se observa la forma en que las disposiciones sobre educación especificadas a partir de 1820 comenzaban a ponerse en práctica cambiando textos, catedráticos y forma de enseñanza. Esta situación llevó a diversos religiosos, como Francisco Margallo, citado anteriormente, a oponerse abiertamente a las nuevas normas, y abusando de su posición atacó y se mofó del gobierno y de los cambios que efectuaba en la educación, como denunció Vicente Azuero, uno de los catedráticos que Margallo zahirió.³⁶

El gobierno también impuso el uso del castellano como lengua de enseñanza en lugar del latín para varias de las nuevas cátedras, pero especialmente para la filosofía (Gaceta de Colombia Tim. 13.171 (ene. 23, 1825): [s.p]).³⁷

---

36 Este religioso emprendió una aguerrida campaña contra los cambios que se implantaban; movilizó a la gente, predicó, impulso los pasquines, se opuso abiertamente a las autoridades; lo reconvinieron, lo amenazaron, pero todo fue inútil como lo denunció Vicente Azuero: «En la cuaresma de 1824 difamó en la iglesia de San Juan de Dios á los representantes del pueblo y con particularidad al ilustre senador dr. Francisco Soto, uno de los mas sabios defensores de las libertades patrias. Este hombre benemérito se quejó al Senado: el Senado escitó á V. E. para que hiciese procesar á aquel faccioso: V. E. dictó las debidas órdenes al Intendente: y el hecho ha quedado impune hasta el dia, á pesar de sus escándalo y notoriedad. V. E. ha llamado repetidísimas veces al mismo eclesiástico para reconvenirlo, para prevenirle su contencion: Los discretos provisores del arzobispado le han hecho iguales prevenciones: han emitido varios decretos contra este y otros predicadores sediciosos conminándolos con las penas establecidas por las leyes; pero todo ha sido ilusorio, el mal ha seguido adelante y cada dia hace ulteriores progresos. El desobediente Margallo ha seguido predicando con el mismo orgullo y altaneria: no se cansa de repetir que no se contiene por ningunos respetos humanos; que es decir, que no obedece ni al gobierno, ni á las leyes, ni á los preceptos de sus prelados. / (...) Su incendiaria y alarmante predicacion en todas las iglesias, pasquines fijados al propio tiempo y en el mismo sentido en diversas partes, como los que han aparecido por dias de fiesta consecutivos en las puertas de la iglesia de Santo Domingo, papeluchos sin un adarme de instruccion ni de sustancia, pero sí mordaces, desvergonzados y groseros, y otras mil circunstancias y ocurrencias de V. E. está al cabo, comprueban estas sospechas. / Desde los años pasados ha manifestado un grande odio al Colejio de San Bartolomé, y ha tomado empeño en difamar á sus superiores, á sus catedráticos y á sus alumnos. No ha tenido otra causa para ello que la liberalidad de los principios que felizmente han desplegado unos y otros y las mejoras útiles que se han hecho en la enseñanza, bajo el inmediato influjo de V. E. que ha estimulado y alentado estos estudios, que ha concurrido tambien a los actos públicos y ha tributado elogios a los adelantamientos. El doctor Margallo renunció furioso la cátedra de teolojía de que estaba encargado, y después ha declamado continuamente contra la supuesta corrupcion de costumbres y las pretendidas doctrinas heréticas é impías que allí se enseñaban» (Azuero 1826, 23-27).

37 Con la oposición y el rechazo a las nuevas normas sobre educación, Margallo contribuía, a su pesar, a difundir entre quienes lo escuchaban, nombres y situaciones que hubiera deseado mantener olvidados, como afirmaron las palabras de Florentino González: «Al mismo tiempo que a los oradores de las cámaras, había que oír a los oradores eclesiásticos en las iglesias; porque era la época de la cuaresma. Desde que un sistema liberal de aduanas empezó a llamar el comercio a nuestros puertos, se importó una multitud de libros de los que había producido la imprenta española en sus intervalos de libertad, y de los que producían las imprentas de París. Entraron en el país promiscuamente los piadosos y los impíos; y desde luego, la predicación empezó a hacer la guerra a los que el clero calificaba como pertenecientes a esta última clase. Siempre he gustado yo de oír a los buenos oradores, y no faltaba nunca a los sermones del Dr. Francisco Margallo, que se distinguía entre los sagrados. Este eclesiástico declaró la guerra a muerte a los libros, y el tema de sus sermones era el perjuicio que causaban a la religión y a la moral. De su boca oí yo los nombres de Voltaire, Rousseau, Raynal, Volney, de los cuales tomaba nota para formarme el catálogo de libros que me había de proporcionar después. Sucede con frecuencia que éste sea el resultado del celo indiscreto de los predicadores; y la experiencia ha demostrado que la boga de una producción literaria está siempre en razón directa del furor con que se la persigue» (Florentino González en Camacho Carreño 1933, 83).

Margallo había realizado lo mismo el año anterior con su ataque a la masonería con sus sermones y el folleto: «El gallo de San Pedro» (junio 23 de 1823), donde reveló parte de los ritos secretos que celebraban en las logias. Este texto había sido una respuesta al ar

En el acta de Matrícula sentada el 18 de octubre de 1824, para el curso 1824-1825, los estudiantes fueron divididos en canonistas, civilistas, publicistas y filósofos. Eugenio Díaz aparece registrado para el que sería su sexto año como colegial para continuar los cursos de Derecho Civil (Archivo General de la Nación, Caja 70, Fondo Colegio Mayor de San Bartolomé, rollo 35, folio 169r.).

En ese año, el catedrático Francisco Soto enseñó el curso de Economía Política por primera vez en el Colegio de San Bartolomé, como una de las modernas áreas de conocimiento que se incorporaba al nuevo saber. Uno de los colegiales que defendió conclusiones públicas a finales de ese curso fue Ezequiel Rojas,[38] quien lo hizo sobre:

> [E]l primer libro de la obra de Juan B. Say. Este ha sido el primer acto de esta clase que se ha presentado en la República. Desde la conquista hasta ahora no habían resonado en nuestros colejios las voces economía política, valores, capitales productivos, é improductivos, productos inmateriales &. &. &. Este acto como todos los demás merecieron el aplauso de los concurrentes, y comprobaron el interés y celo de los preceptores y muy particularmente del rector (Gaceta de Colombia Trim. 16.197 (jul. 24, 1824): [s.p]).

---

tículo «Francmasonería» que había aparecido en el periódico El Patriota N° 29 (25 de mayo de 1823): 227-228, publicación que dirigía Francisco de Paula Santander. Poco después lanzó «El perro de Santo Domingo» (1823), folleto de 24 páginas, contra los libros que consideraba malos, como los que nombró antes Florentino González.

38 Ezequiel Rojas (1803-1873). «A los 25 años de edad se vinculó a la Logia Masónica "Gran Oriente Granadino" que presidía el General Santander. (...) fue de los conspiradores de la noche septembrina en contra de Bolívar, acto por el que fue desterrado a Europa; al conocer la noticia de la muerte de Bolívar, regresó al país por Santa Marta pero la dictadura de Urdaneta lo detuvo, lo encarcelaron en las bóvedas de Bocachica en Cartagena y lo expulsaron de nuevo con rumbo a los Estados Unidos; caído Urdaneta regresó al país (...); fue elegido Representante a la Cámara desde 1832 por la provincia de Tunja hasta 1849, en 1835 fue elegido Presidente de la Cámara de Representantes, nombramiento que se le renovó en 1844, 1845, 1847, y 1848. (...) Apoyó la expulsión de los jesuitas. (...) casi desde el comienzo de su vida profesional se dedicó a la enseñanza, fue directivo del colegio de San Bartolomé, de la Universidad Central y el primer rector elegido de la Universidad Nacional en 1867; redactó los estatutos de los colegios San Bartolomé y Boyacá y dictó clases de economía política, derecho civil, penal y pruebas judiciales; Rojas fue miembro de las Sociedades Democráticas (...). En 1850 viajó a Europa como Encargado de Negocios ante los gobiernos de Francia, Inglaterra y la Santa Sede; regresó al país en 1857, dedicándose a la enseñanza de las doctrinas de Bentham, Say y Tracy; (...) en 1870 llegó al Senado de la República y de inmediato se le eligió Presidente de la corporación y allí volvió a impulsar la idea de construir un canal por el Istmo de Panamá; en 1867 al ver cerrado el Congreso por Mosquera, se convirtió en uno de los principales impulsores del golpe de Estado que dio el General Santos Acosta y que pasó a la historia como la "restauración constitucional"; de 1868 a 1873 se enfrentó ardorosamente con Miguel Antonio Caro alrededor de las tesis del utilitarismo y catolicismo; en 1872 se le nombró Designado a la Presidencia y el 21 de agosto de 1873 falleció (...). Miguel Antonio Caro protestó porque la Iglesia hubiera permitido enterrar a Rojas en el cementerio católico. (...) Rojas fue el inspirador de los Radicales y puede decirse que el primero de ellos, murió cuando el Radicalismo estaba en el Cenit y cuando la estrella de Núñez todavía no comenzaba a brillar y por ello le tocó vivir la más brillante etapa de la libertad en Colombia» (Llano Isaza 2003, 55-61).

El libro de registros de Matrícula y de exámenes presenta, en el folio 169r., el comienzo de inscripción de *Colegiales* y estudiantes del curso 1824-1825. En ese folio aparecen inscritos los nombres de Eugenio Díaz como Civilista de segundo año y más abajo, entre otros, el de Ezequiel Rojas como Publicista de segundo año.

(Archivo General de la Nación, Caja 70, Fondo Colegio Mayor de San Bartolomé, rollo 35, folio 169r.).

La Matrícula de ese curso continúa en los folios 169v.-170r.-170v.-171r., pero en el folio 171r. el nombre de Ezequiel Rojas aparece por segunda vez registrado en el grupo de Economistas, esta vez como Bachiller. En esos folios no se menciona ninguna sesión de exámenes ni hay registro de aprobación o reprobación de los mismos; además, las firmas del Rector y del Secretario se

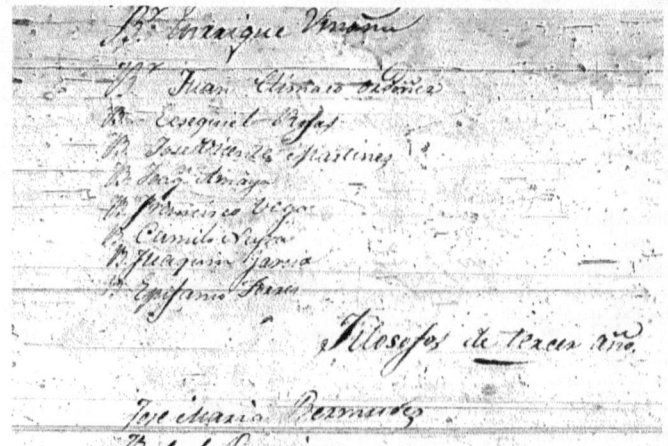

(Archivo General de la Nación, Caja 70, Fondo Colegio Mayor de San Bartolomé, rollo 35, folio 171r.).

presentan al parecer concluyendo la Matrícula al final del folio 170r., con la fecha diciembre 1° de 1824. Luego se observa una lista de nombres de estudiantes sin ninguna clasificación que inicia el folio 170v. Hacia la mitad de ese folio se clasifican los nombres de los alumnos Economistas, enumeración que continúa en el folio 171r. Todos los nombres de estas listas son de Bachilleres. Es decir en esos 4 folios, Ezequiel Rojas aparece sin título y luego ya registrado como Bachiller.

Mientras que inmediatamente después en el folio 171v., se registra que entre los colegiales que defendieron conclusiones de Economía Política estaba por tercera vez el Bachiller Ezequiel Rojas. En seguida se halla escrito: «Todos los Menores de Filosofía y Matriculados de 3er año»; pero tampoco existe ningún registro de exámenes.

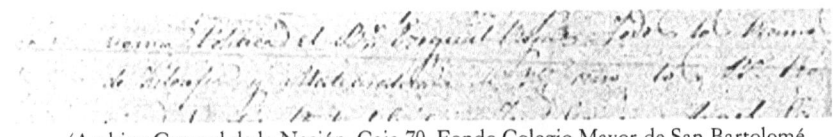

(Archivo General de la Nación, Caja 70, Fondo Colegio Mayor de San Bartolomé, rollo 35, folio 171v.).

Al seguir revisando los registros se observa que en el folio 176r. se inscribe la Matrícula de los colegiales para el curso 1825-1826. Como publicista de tercer año se halla por cuarta vez el Bachiller Ezequiel Rojas en el folio 176v. Mientras que el nombre de Florentino González aparece al comienzo del folio 177v., continuando la lista de alumnos registrados como Médicos de tercer año (folio 177r.), lo cual no tiene sentido, porque Florentino González nunca estudió medicina.

(Archivo General de la Nación, Caja 70, Fondo Colegio Mayor de San Bartolomé, rollo 35, folio 177r.).

Del mismo modo, al final de ese mismo folio bajo la clasificación Economía Política aparece por quinta vez el nombre de Ezequiel Rojas sin título de Bachiller como se observa en la hoja siguiente (folio 177v.).

Estas entradas en el libro de Matrículas y Notas señalan varias situaciones anómalas que no se habían dado antes en el registro. Ezequiel Rojas aparece en la inscripción como Publicista de segundo año y poco después como Economista ya con el título de Bachiller. La discrepancia se presenta por lo que parece ser ausencia de páginas entre lo que el archivo ha denominado folios 170rv. y 171rv. Asimismo, Ezequiel Rojas aparece registrado como que defendió conclusiones de Economía Política; luego vuelve a aparecer como Bachiller en el folio 171v. y nuevamente se ve su nombre como matriculado para el curso 1825-1826 en Economía Política y registrado sin título de Bachiller. Lo mismo sucede con Florentino González, quien aparece inscrito en la Matrícula del curso 1825-1826[39] como Médico de tercer año. Esta serie de confusiones en el registro señalan claramente la pérdida de hojas, además de la

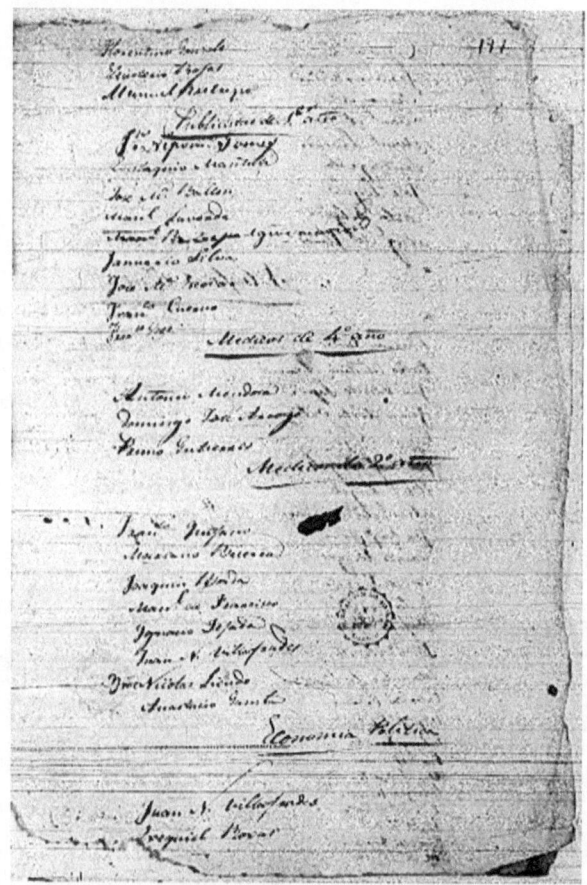

(Archivo General de la Nación, Caja 70, Fondo Colegio Mayor de San Bartolomé, rollo 35, folio 177v.).

---

39   Florentino González concluyó estudios en el curso 1824-1825.

trasposición de ellas cuando se numeraron los folios o cuando se hizo la microfilmación para el material que existe en el Archivo Nacional. Con lo cual se ha perdido noticia de quiénes se inscribieron, quiénes terminaron o reprobaron cátedras o quiénes se graduaron durante 1825 y 1826.

Con estas omisiones y discrepancias en el curso 1824-1825, no se encuentra nuevamente el nombre de Eugenio Díaz Castro, como tampoco los de otros compañeros del mismo curso, como es el caso de Florentino González, cuyo nombre tampoco se incluye entre los matriculados en el año 1824-1825, ni aparece en parte alguna sus notas de exámenes finales para ese curso, como tampoco se lo registra como Bachiller.

Debe señalarse que ese año, el gobierno nacional efectuó un cambio en las leyes para los estudiantes de Derecho canónico y civil, por lo cual ya no aparecen registros de exámenes finales para unos grupos: «No presentaron exámenes los de facultad mayor que se graduaron con dos años de bachilleres en Derecho patrio, en virtud de lo dispuesto por el gobierno (AHUR, libro en que se toma razón de los exámenes anuales en todas las facultades, volumen 122, folio 130 v.)» (Guillén de Iriarte 2006, 295).

Durante 6 años, desde el curso 1819-1820 hasta el curso académico 1824-1825, Eugenio Díaz Castro aparece registrado como Colegial que progresaba en los estudios superiores; terminó completamente todas las cátedras de Filosofía; además entró al tercer año de Derecho Civil, con lo cual cumplió totalmente con los requisitos de la legislación emitida ese año para los estudiantes avanzados de Derecho, por lo cual debió haber recibido mínimo el título de bachiller en Derecho Civil. En este preciso momento de cumplimiento de requisitos para su carrera y de cambio de legislación, es probable que Díaz Castro haya sufrido el accidente que evitó que continuara con sus planes para ser abogado. Con estos documentos como prueba, no se puede seguir afirmando, según las palabras de Vergara, que la educación de Díaz Castro fue incipiente; por el contrario, fue muy avanzada para la época.

Aún más, al hallarse tanto los documentos completos de sus Informaciones para entrar como Colegial al San Bartolomé, archivados entre los documentos de los estudiantes del Colegio del Rosario (Archivo Histórico Universidad del Rosario, volumen 97, folio 488r-495v.), también como su nombre incluido en dos libros que estudian a los alumnos del Colegio Mayor de Nuestra Señora del Rosario, cuyas autoras lo señalan como estudiante rosarista;[40] su presencia en las aulas de este establecimiento indicaría que estuvo allí para complementar sus estudios de Derecho, como era habitual que algunos alumnos lo hicieran. Así lo llevó a cabo uno de los compañeros de Díaz Castro: Florentino González (1805-1875), quien vistió beca el 8 de mayo de 1819 [3 meses después de Eugenio Díaz] (Archivo General de la Nación, Caja 70, Fondo Colegio Mayor de San Bartolomé, rollo 35, folio 52r.).

---

40   Lo mencionan como colegial del Rosario los libros de María Clara Guillén de Iriarte: Nobleza e hidalguía en el Nuevo Reino de Granada. Colegio Mayor de Nuestra Señora del Rosario, 1651-1820. (1994): 1: 88; 2: 747-748, y el de Carmen Ortega Ricaurte: La producción intelectual de los rosaristas, 1800-1899. (2004): xv; 76-78.

Yo asistía a todas las tres clases de derecho en el Colegio de San Bartolomé, y además a la de derecho público en el Colegio del Rosario y a la de derecho canónico de Santo Thomas en el convento de Santo Domingo, que era entonces la universidad. Esto me proporcionó el llenar pronto las formalidades escolares y terminar mi carrera (Florentino González en Camacho Carreño 1933, 85).

Es decir, Florentino González, al estudiar en tres planteles diferentes al mismo tiempo, alcanzó a terminar los estudios siguiendo una práctica antigua: al ser bachiller, fue aprobado para tomar el examen para ser doctor, lo que era denominado «tomar puntos y tener tremenda». «Tomar puntos era sacar de los libros de texto, abiertos al caso, tres lugares o capítulos, de los que el candidato escogía uno para su examen. / Tremenda era el examen rigurosísimo a que se sujetaban para optar el doctorado» (Romero 1957, 52-53). Apenas cumplidos estos requisitos y graduarse Florentino González de doctor, el Gobierno evitó que se siguiera recibiendo el doctorado en esa forma.

Confirmó públicamente que en el artículo 5 del 26 de octubre de 1820 se había estipulado y lo ratificó el 19 de julio de 1825, la disposición que decía: «Exigiendo la ley cuatro años completos de derecho en una clase pública para ser abogado, ha exigido terminantemente que dos de ellos sean de derecho civil patrio, y que se haya obtenido el grado de bachiller en este último; pero no permite que se cuente por cuatro años la asistencia a diversas clases de derecho en dos años naturales o escolares. El ejecutivo encuentra conforme a la ley que con dos años de derecho civil patrio se gradúen de bachilleres los que justifiquen haber asistido a dicha clase, pero no siendo esto bastante para empezar la práctica de abogado, es preciso e indispensable, conforme a dicha ley, que los graduados continúen estudiando otros dos años de derecho de clase pública para poder pasar a practicar los dos años que prescribe el parágrafo 2° del expresado artículo 90 «Educación pública» Gaceta de Colombia 198 (31 de julio de 1825): [s.p]. Sancionada y aclarada públicamente la ley, los requisitos demandados se establecieron, cambiando las tradiciones. De esta manera, primero el accidente y luego la legislación, todo obró en conjunto para que Díaz Castro no concluyera sus estudios y pudiera ejercer como abogado.

Mientras que Florentino González concluyó sus estudios en 1825, como se afirmó en el Papel Periódico Ilustrado: «[E]n 1825 recibió los títulos de bachiller, licenciado y doctor en jurisprudencia» (Anónimo 1887, 111.V: 231). Afirmación que repitió en 1895 Isidoro Laverde Amaya: «obtuvo los grados de Bachiller, Licenciado y Doctor en Jurisprudencia» (Laverde Amaya 1895, 178); y después de él, la han transcrito muchos historiadores, políticos y literatos.

El mismo año en que Díaz Castro dejó de aparecer en los registros de Matrícula y de notas del libro de *Colegiales* del San Bartolomé; sucedió lo mismo con Florentino González, quien concluyó sus estudios en el curso 1824-1825.

Para cuando González tenía 20 años ya había recibido el doctorado. Esta situación era común durante la época. Al comenzar la universidad en la adolescencia, los hombres durante la Colonia y el siglo XIX eran doctores a temprana edad. José María Ángel Gaitán fue Doctor en Derecho también a los 20 años; mientras que Felipe Pérez fue igualmente Doctor en Derecho a los 15 años y a los 16, fue nombrado Secretario de la Legación de la Nueva Granada ante los gobiernos de Ecuador, Perú, Bolivia y Chile. Ezequiel Uricoechea se graduó de Doctor en Medicina en Yale University a los 18 años de edad y José María Samper obtuvo el doctorado en Jurisprudencia también a los 18 años.

Florentino González
Oleo sobre marfil de José María Espinosa.
Colección Museo Nacional de Colombia

Así, Eugenio Díaz Castro, quien siguió en el Colegio Mayor de San Bartolomé los mismos cursos en Gramática, Filosofía y Derecho Civil que tomara Florentino González, estaba muy lejos de ser el hombre inculto que forjaron las palabras de Vergara, al afirmar repetidamente en los prólogos de *Manuela*: «Una escuela de primeras letras i el Colejio de San Bartolomé durante pocos años, han sido sus únicas academias» (Vergara i Vergara 1859, 16); aseveración, que a la luz de las pruebas que se encuentran, se muestra cargada de intenciones.

Por la posición familiar, social y cultural, Eugenio Díaz Castro, con todos los derechos, formaba parte del selecto grupo de jóvenes privilegiados y educados del primer cuarto del siglo XIX. Pero, el peso que se le otorgó a las palabras del prologuista de *Manuela* y el desconocimiento de la realidad que se había vivido en el primer cuarto de ese siglo, hicieron que la posteridad aceptara la noción de que Díaz Castro carecía de educación. Idea de la que hizo eco Germán Colmenares a finales del siglo XX:

> Vergara, como muchos críticos después de él, insistía en la exactitud verista del escritor. Este rango parecía quedar confirmado por la vestimenta misma de Díaz y por una supuesta falta de educación que debía haberse suplido con «los libros que había leído en la naturaleza». Nada de esto podría inducirnos hoy a pensar favorablemente sobre las cualidades literarias de una novela. Pero parecía ser suficiente para alimentar una imaginería del siglo XIX sobre los milagros del oficio literario (Colmenares 1988, 250).

El paso del tiempo, la distancia de la época, el desconocimiento de aspectos culturales e históricos, la ausencia de investigación, el valor que se le da a ciertos nombres, la serie de investigadores, literatos e historiadores que han repetido incansablemente la misma información sin aportar ningún dato nuevo, pero aceptando lo emitido en el pasado, han contribuido a difundir falacias que estigmatizan y desprestigian la historia literaria del siglo XIX, volviéndola fragmentada, caduca, pretérita y sin importancia para las nuevas generaciones.

1.3. Informaciones de legitimidad y limpieza de sangre de Don José Eugenio Díaz

El Interrogatorio de las informaciones

Primera pregunta:
Si conocen al pretendiente, a los padres y a los abuelos del dicho, por parte paterna y materna, y si saben ser estas personas nobles, bien habidas y por tales reputadas.

Segunda pregunta:
Si saben que los padres del pretendiente son hijos legítimos y de legítimo matrimonio de los contenidos en el escrito.

Tercera pregunta:
Si saben que algún ascendiente del pretendiente ha sido penitenciado por el Santo Tribunal de la Inquisición, o real de Justicia.

CUARTA PREGUNTA:
Si saben o han oído decir que algún pariente del dicho ejerza o haya ejercido oficio vil o mecánico.

QUINTA PREGUNTA:
Si saben o han oído decir que algún pariente del pretendiente haya sido manchado con las notas de vil, infame o de mala raza, como judíos, moros, mulatos, mestizos.

SEXTA PREGUNTA:
Si el pretendiente demuestra inclinación a las letras.

SÉPTIMA PREGUNTA:
Si el pretendiente es de buena vida y costumbres, o ha sido expulso de religión o Colegio, o tiene enfermedad habitual o contagiosa.

OCTAVA PREGUNTA:
Si sus ascendientes han sido traidores a la Real Corona: si le comprenden las generales de la Ley.

Después el interrogado debía proporcionar la edad que tenía y afirmar que lo que había dicho era público y notorio, pública voz y fama, y la verdad en fuerza del juramento hecho. Finalmente debía leer lo que había dicho y ratificarlo con la firma (véase: Jaramillo Mejía 1996, 180).

PORTADA DE LAS INFORMACIONES
[Transcripción]

> Informaciones de legitimidad y limpiesa de sangre de Don José Eugenio Dias oriundo de la provincia de Santafé.
>
> Año de 1819
> Rector el Doctor Don José Ramón de Amaya
>
> Secretario Doctor Don Agustín de Herrera

(Archivo Histórico Universidad del Rosario, volumen 97, folio 488r.)

(Archivo Histórico Universidad del Rosario, volumen 97, folio 488r.)
CERTIFICACIÓN DE BAUTISMO DE JOSÉ ANTONIO DÍAZ OSPINA

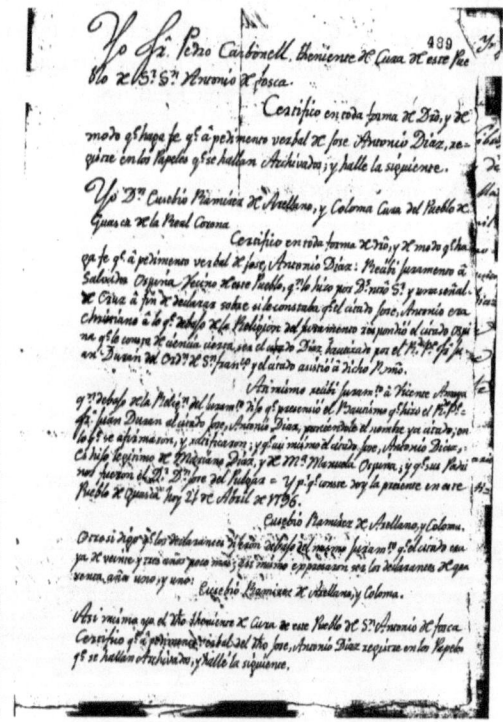

(Archivo Histórico Universidad del Rosario, volumen 97, folio 489r.)

Certificación de bautismo de José Antonio Díaz Ospina
[Transcripción]

Yo Frai Pedro Carbonell, teniente de Cura de este pueblo del Señor San Antonio de Fosca.

Certifico en toda forma de Dño, y de modo que haga fe que a pedimento verbal de José Antonio Diaz, requizé en los papeles que se hallan archivados; y halle lo siguiente.

Yo Don Eusebio Ramírez de Arellano, y Coloma Cura del pueblo de Guasca de la Real Corona.

Certifico en toda forma de Dño. y de modo que haga fe, que a pedimento verbal de José Antonio Diaz. Recibi juramento a Salvador Ospina Vecino de este pueblo, quien lo hizo por Dios Nuestro Señor y una señal de Cruz a fin de declarar sobre si constaba que el citado José Antonio era christiano a lo que debajo de la Religión del juramento respondió el citado Ospina que le consta de ciencia cierta ser el citado Diaz bautizado por el Reverendo padre Frai Juan Duran del orden de San Francisco y el citado asistió a dicho bautismo.

Asi mismo recibi juramento a Vicente Amaya quien debajo de la Religion del juramento dijo que presencio el bautismo que hizo el Reverendo padre Frai Juan Duran al citado Jose Antonio Diaz, poniéndole el nombre ya citado; en lo que se afirmaron, y ratificaron; y que asi mismo el citado Jose Antonio Diaz, es hijo legitimo de Mariano Diaz y de Maria *Manuela* Ospina y que sus padrinos fueron el Doctor Don Jose del Pulgar = Y para que conste doy la presente en este Pueblo de Guasca hoy 21 de Abril de 1796.

Eusebio Ramirez de Arellano, y Coloma.

Asi mismo yo el dicho teniente de Cura de este Pueblo de San Antonio de Fosca certifico que a pedimento verbal de dicho Jose Antonio Diaz requize en los papeles que se hallan Archivados, y halle lo siguiente.

(Archivo Histórico Universidad del Rosario, volumen 97, folio 489r.)

Pedido de José Antonio Díaz para hacer Informaciones sobre su bautizo, para poder contraer matrimonio/ Certificación de matrimonio

(Archivo Histórico Universidad del Rosario, volumen 97, folio 489v.)

Señor Provisor y Vicario General

José, Antonio Diaz Vecino del Pueblo de Soacha ante V. S. paresco y con el mas profundo sentimiento digo: que queriendo contraer matrimonio con una vecina del pueblo de Fosca solicite en el Guasca mi Partida de Bautismo, y por no encontrarse me entrego su Parroco el instrumento que solamente presento, y juro suplicando a V. S. teniéndolo presente se sirva mandar que el dicho Parroco de Fosca proceda a hacer la información necesaria sin poner embarazo por la Fe de Bautismo que así es justicia, mediante la qual

A V. S. pido y suplico se sirva asi proveerlo, y en lo necesario K^c·

José, Antonio Diaz Hospina

                                Jose Joaquín Ramírez

Santafe y enero 12 de 1798

Por presentado el documento que se refiere: se declara ser suficiente para el fin que se expresa: y entregose original con ese pedimento, y Decreto, conque el interesado ocurrirá al Pueblo de Fosca.

Andrade
           Ante mí
           Antonio del Solar
           Nor^v M.E

Todo es cíerto, y genuino como consta de su original. Y asi para que conste lo firmo

                      Frai Pedro Carbonell
                      Religioso Franciscano

Asi mismo Certifico que en los papeles que se hallan Archivados en este Pueblo de San Antonio de Fosca, se hallan las informaciones hechas y su Casamiento, y asentada la Partida en el libro de casamientos de Vecinos. Y asi para que esto pueda convenir lo fírmo.
Frai Pedro Carbonell
                    Religioso Franciscano

(Archivo Histórico Universidad del Rosario, volumen 97, folio 489v.)

Certificado de la partida de bautismo de José Eugenio Díaz Castro

(Archivo Histórico Universidad del Rosario, volumen 97, folio 490r.)

Fray Juan Jose Contreras religioso de Nuestro Señor Padre San Francisco y Cura Ynterino del Pueblo de San Bernardino de Soacha Vr.

Certifico en la mejor forma en que en uno de los libros de esta Santa Yglesia donde se anotan las partidas de Bauptismo de los Vecino a foxas sesenta, y ocho, se halla una del tenor siguiente: "Con ocho de Septiembre de mil ochocientos tres. Yo Fray Silvestre Polanco Cura Doctrinero Bauptise puse Oleo, y Chrisma a un niño de tres días a quien llamé Jose Eugenio hijo legitimo de don Jose Antonio Diaz y de Doña Andrea de Castro. Padrinos el Doctor Don Jose Joaquín Ortis, y Doña Maria Josefa Diaz a los que adverti el parentesco espiritual, y obligaciones. Doy fe.

Fr. Silvestre Polanco :: hay una rúbrica.

Es fiel copia de su original a que me remito en caso necesario y para que conste doy la presente en Soacha á 20 de Septiembre de 1818,,

F. Juan Jose Contreras

(Archivo Histórico Universidad del Rosario, volumen 97, folio 490r.)

Certificado de la partida de bautismo de Andrea de Castro Rojas

(Archivo Histórico Universidad del Rosario, volumen 97, folio 491r.)

Don Josef Bernardo Badillo

Cura doctrinero de este Pueblo de Fosca =

Certifico que en uno de los libros Parroquiales de esta Santa Yglesia a foxas treinta y cinco se halla una partida del tenor siguiente = Con once días del mes de Febrero de mil setecientos ochenta, y tres Baptise, puse oleo y chrisma y di Vendiciones a una niña que nacio el dia seis de dicho mes a quine llame Maria Andrea, es hija legitima de Don Juan Antonio de Castro y de su mujer Doña Manuela Roxas Vecinos de este pueblo. Fue Madrina Catharina Roxas también de este Vecindario a quien adverti el parentesco, y obligación. Doi fe. Doctor Don Xavier de Echeverría = Es fiel copia del original a que en caso necesario me remito, y para que conste doy la presente, que firmo en dicho Pueblo a nueve de mayo de 1798 #

Josef Bernardo Badillo

(Archivo Histórico Universidad del Rosario, volumen 97, folio 491r.)

Certificado de la partida de matrimonio de los esposos Díaz Castro

(Archivo Histórico Universidad del Rosario, volumen 97, folio 492r.)

Don Francisco Antonio Chra Presbitero Domiciliario de este Arzobispado Cura Doctrinero y propio del Pueblo de San Antonio de Fosca

Certifico en forma y de modo que haga fe ante quienes cuantos sea presentada, que en libro tercero de los Parroquiales de esta Santa Yglesia en donde están escritas las partidas de Casamientos de los Vecinos blancos de este Pueblo en foxa veinte y cinco se halla una partida y que en letra es como sigue = = En catorce de Febrero de mil setecientos noventa y ocho Yo el infrascrito Cura de este Pueblo de Fosca presencie el matrimonio que contrajeron in facie el citado Josef Antonio Dias Vecino del Pueblo de Soacha, y Maria Andrea Castro Vecina de este dicho Pueblo, habiendo precedido todo lo dispuesto por el Santo Concilio de Trento. Fueron testigos Aniceto Pardo, Carlos Carrillo, y Manuel Leal. Doy fe = = Josef Bernardo Badillo = = hay una rubrica.

Es fiel copia sacada del original al que en caso necesario me remito, y por ser todo cierto doy esta certificación en este dicho Pueblo de Fosca a diez y nueve de Octubre de mil ochocientos diez y ocho

Francisco Antonio Chra

(Archivo Histórico Universidad del Rosario, volumen 97, folio 492r.)

Petición de Eugenio Díaz Castro para vestir beca en el Colegio de San Bartolomé

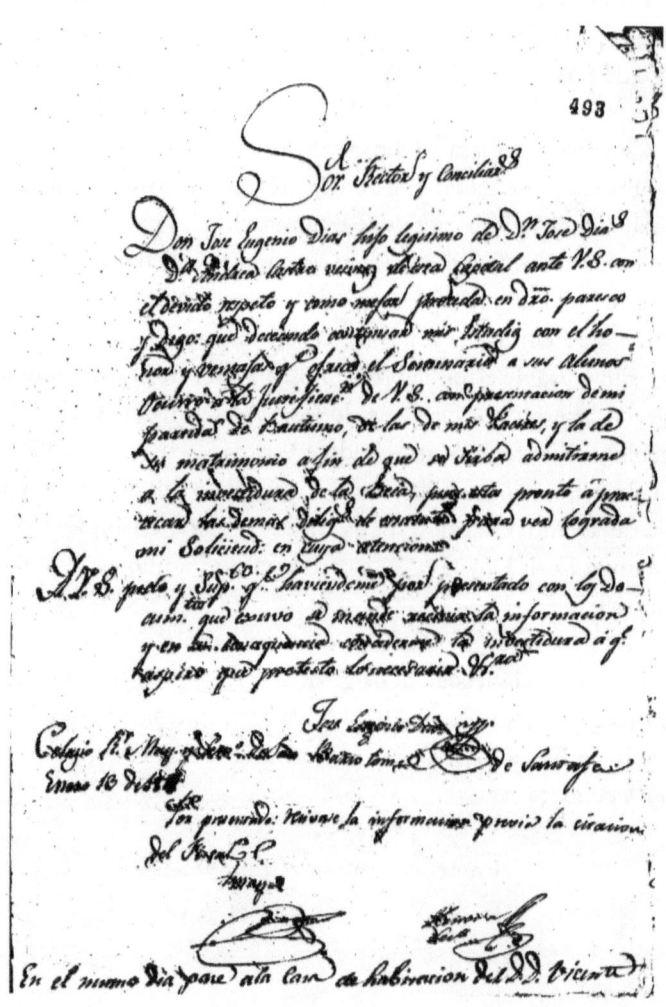

(Archivo Histórico Universidad del Rosario, volumen 97, folio 493r.)

Señor Rector y Conciliarios

Don Jose Eugenio Diaz hijo legitimo de Don Jose Diaz y Doña Andrea Castro vecinos de esta capital ante V. S. con el debido respeto y como mejor proceda en directo parezco y digo: que decidiendo continuar mi estudio con el honor y ventajas que ofrece el seminario a sus alumnos, ocurro a la justificación de V. S. con presentación de mi partida de bautismo, de las de mis padres, y la de su matrimonio a fin de que se sirva admitirme a la de la investidura de la beca; pues estoi pronto a practicar las demás diligencias de estatutos para ver lograda mi solicitud: en cuya atención.

A V. S. pido y suplico que habiéndome previamente presentado con los Documentos que escribo se mande recibir la información, y en su aquiescencia concederme la investidura a que aspiro, que protesto las necesarias Verificaciones.

Jose Eugenio Diaz C

Colegio R Mayor y Seminario de San Bartolome de Santafe

Enero 13 de 1819

Por presentado: revisare la información previa la citación del fiscal

    Amaya   Herrera
                              Secretario

En el mismo dia pase a la casa de habitación del D. D. Vicente

(Archivo Histórico Universidad del Rosario, volumen 97, folio 493r.)

Interrogatorio del primer testigo

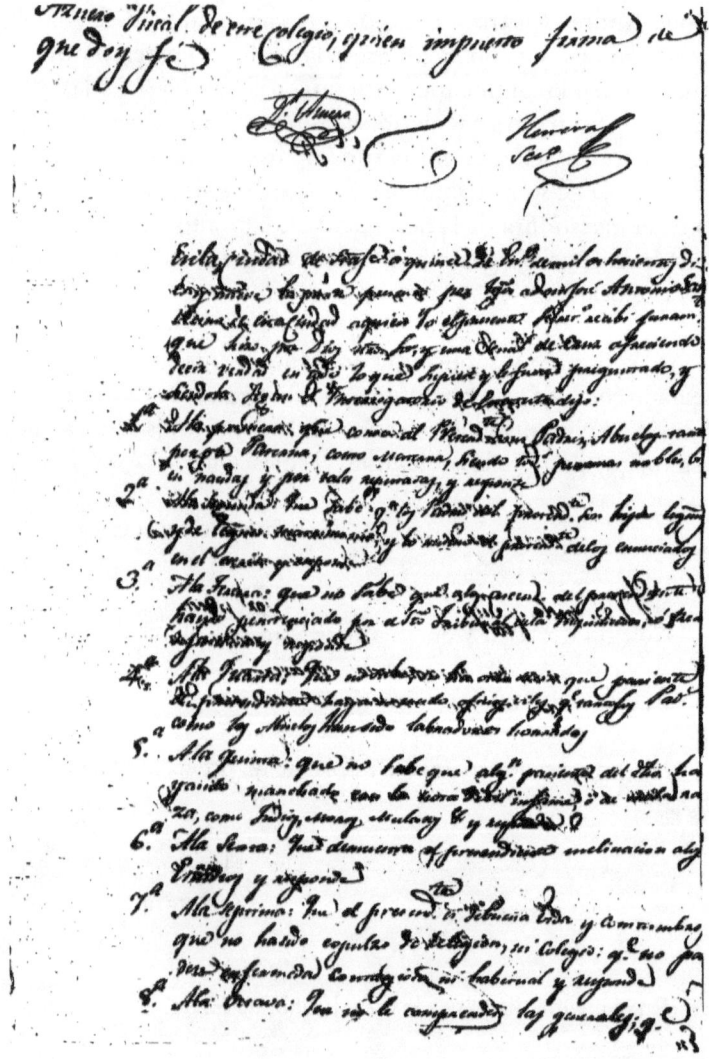

(Archivo histórico Universidad del Rosario, volumen 97, folio 493 v.)

Azuero Fiscal de este Colegio, quien impuesto firma de que doy fe.

Doctor Azuero   A. Herrera
                                          Secretario

En la ciudad de Santafe a quince de enero de mil ochocientos diez y nueve, la parte presento por testigo a Don Jose Antonio Sanchez vecino de esta ciudad, a quien yo el presente Secretario recibi juramento, que hizo por Dios Nuestro Señor y una señal de cruz, ofreciendo decir verdad en todo lo que supiere y le fuere preguntado y diciéndolo segun el interrogatorio de estatuto dijo:

1ª A la primera: que conoce al pretendiente, a sus padres, abuelos, tanto por parte paterna como materna siendo todos personas nobles, bien nacidas, y por tales reputadas, y responde

2ª A la segunda: que sabe que los padres del pretendiente son hijos legítimos y de legítimo matrimonio y lo mismo el pretendiente de los enunciados en el escrito, y responde

3ª A la tercera: que no sabe que algún proceso del pretendiente que haya sido sentenciado por el Santo Tribunal de la Inquisicion, o real justicia, y responde

4ª A la cuarta: que no sabe ni ha oído decir que pariente del pretendiente haya ejercido oficios viles, que tanto los padres como los abuelos han sido labradores honrados

5ª A la quinta: que no sabe que ningún pariente del dicho haya manchado con la nota de vil, infame o de mala raza, como indios, negros mulatos, y responde

6ª A la sexta: que demuestra el pretendiente inclinacion a los estudios, y responde

7ª A la septima: que el pretendiente es de buena vida y costumbres, que no ha sido espulso de Relijion ni Colegio, que no padece enfermedad contagiosa ni habitual y responde

8ª A la octava: Que no le comprenden las generales que

(Archivo histórico Universidad del Rosario, volumen 97, folio 493 v.)

Interrogatorio del segundo testigo

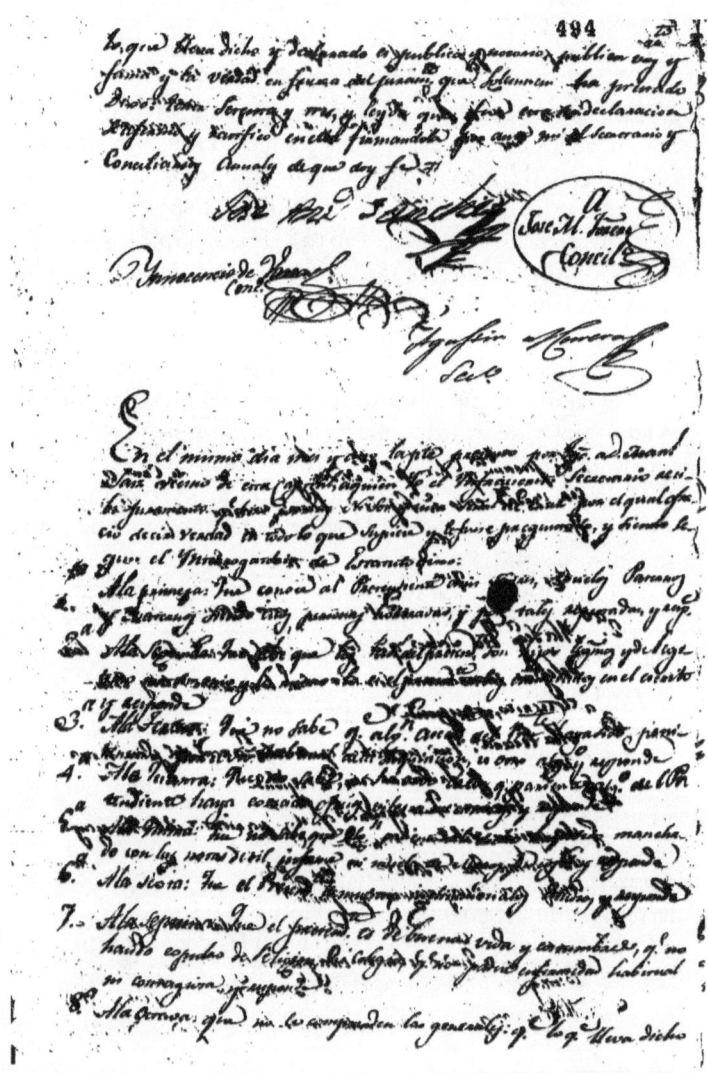

(Archivo histórico Universidad del Rosario, volumen 97, folio 494 r.)

Lo que ha dicho y declarado es publico y notorio y publica voz y fama y la verdad en fuerza del juramento que solemnemente ha jurado. Dijo: tener setenta y tres y leyda que fue esta declaracion reafirmo y ratifico en ella, firmándola ante mi el Secretario y Conciliarios Anuales de que doy fe #

Jose M Sanchez   Jose M. Forero
                           Conciliario
Inocencio de Vergara
Conciliario   Agustin Herrera
                           Secretario

En el mismo dia mes y año la parte presento por testigo a don Manuel Saiz vecino de esta capital a quien yo el infrascrito Secretario recibi juramento que hizo por Dios Nuestro Señor y una señal de Cruz por el qual ofrecio decir verdad en todo lo que supiere y le fuere preguntado y siendo según el Ynterrogatorio de estatuto dijo:

1ª A la primera: que conoce al pretendiente a sus padres, abuelos paternos y maternos, siendo estos personas honradas y por tales reputadas, y responde

2ª A la segunda: que sabe que los padres del pretendiente son hijos lejitimos y de lejitimo matrimonio y lo mismo el pretendiente de los mencionados en el escrito.

3ª A la tercera: que no sabe que algún ascendiente del pretendiente haya sido sentenciado por el Santo Tribunal de la Inquisicion, ni otro alguno. Y responde

4ª A la cuarta: que no sabe o ha oído decir que pariente alguno del pretendiente haya ejercido oficios viles ni mecanicos y responde

5ª A la quinta: que no sabe que algún pariente del dicho haya manchado con las notas de vil, infame ni mancha de negro ni de indio y responde

6ª A la sexta: que el pretendiente demuestra inclinacion a los estudios y responde

7ª A la séptima: que el pretendiente es de buena vida y costumbres y que no ha sido espulso de Religión ni Colegio, que no padece enfermedad habitual ni contagiosa, y responde

8ª A la octava: Que no le comprenden las generales y que lo que lleva dicho

(Archivo histórico Universidad del Rosario, volumen 97, folio 494 r.)

Interrogatorio del tercer testigo

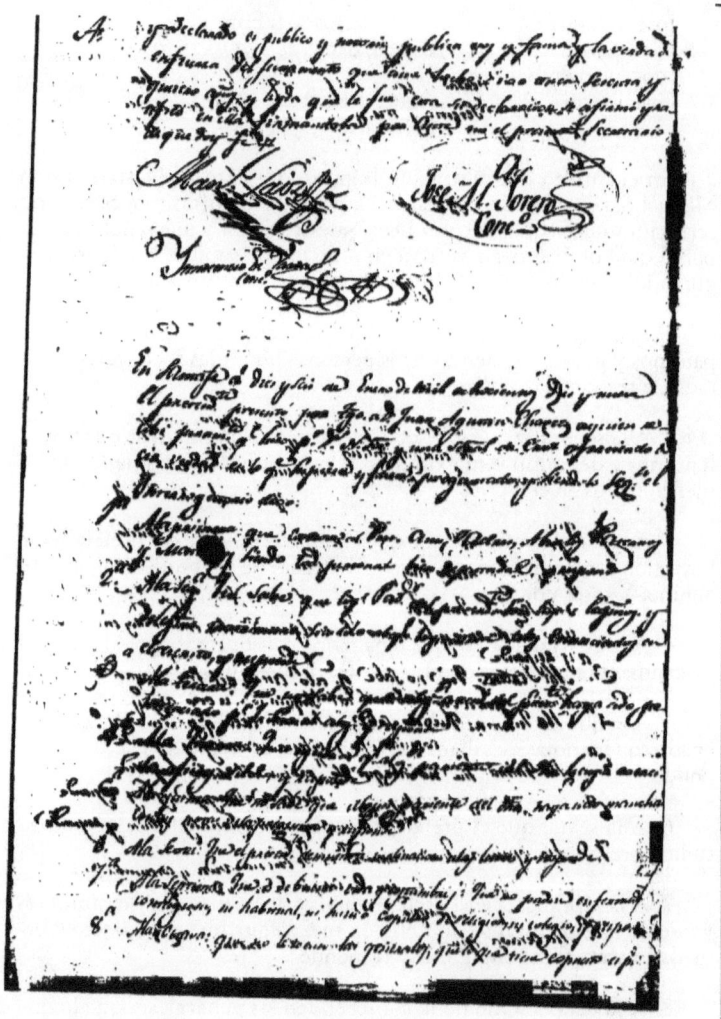

(Archivo histórico Universidad del Rosario, volumen 97, folio 494 v.)

y declarado es publico y notorio, publica voz y fama, y la verdad en fuerza del juramento que tiene hecho. Dijo tener sesenta y quatro años, y leyda que le fue esta declaración se afirmo y ratifico en ella, firmándola por ante mi el presente Secretario de que doy fe #

   Manuel Saiz   Jose M. Forero
               Conciliario
   Inocencio de Vergara
   Conciliario

En Santafe a diez y seis de Enero de mil ochocientos diez y nueve el pretendiente presento por testigo a Don Juan Agustin Chavez, a quien recibi juramento que hizo por Dios Nuestro Señor y una señal de Cruz ofreciendo decir verdad en todo lo que supiere y le fuere preguntado y siendo según el Ynterrogatorio de estatuto dijo:

1ª A la primera: que conoce al pretendiente a sus padres, abuelos paternos y maternos, siendo todos personas bien reputadas, y responde

2ª A la segunda: que sabe que los padres del pretendiente son hijos legitimos y de legitimo matrimonio, siendo el pretendiente hijo legitimo de tales mencionados en el escrito, y responde

3ª A la tercera: que no sabe de algún ascendiente del pretendiente haya sido sentenciado por la Inquisicion, ni otro alguno. Y responde

4ª A la cuarta: que no sabe de que algun pariente del pretendiente haya ejercido oficios viles e y responde

5ª A la quinta: que no sabe que algún pariente del dicho haya sido manchado con notas viles ni infames, y responde

6ª A la sexta: que el pretendiente demuestra inclinación a las letras y responde

7ª A la séptima: que el pretendiente es de buena vida y costumbres; que no padece enfermedad contagiosa o habitual, ni ha sido espulso de Religión ni Colegio, y responde

8ª A la octava: Que no le comprenden las generales y que lo que tiene espuesto es publico

(Archivo histórico Universidad del Rosario, volumen 97, folio 494 v.)

Aprobación del Fiscal y de los Consiliarios

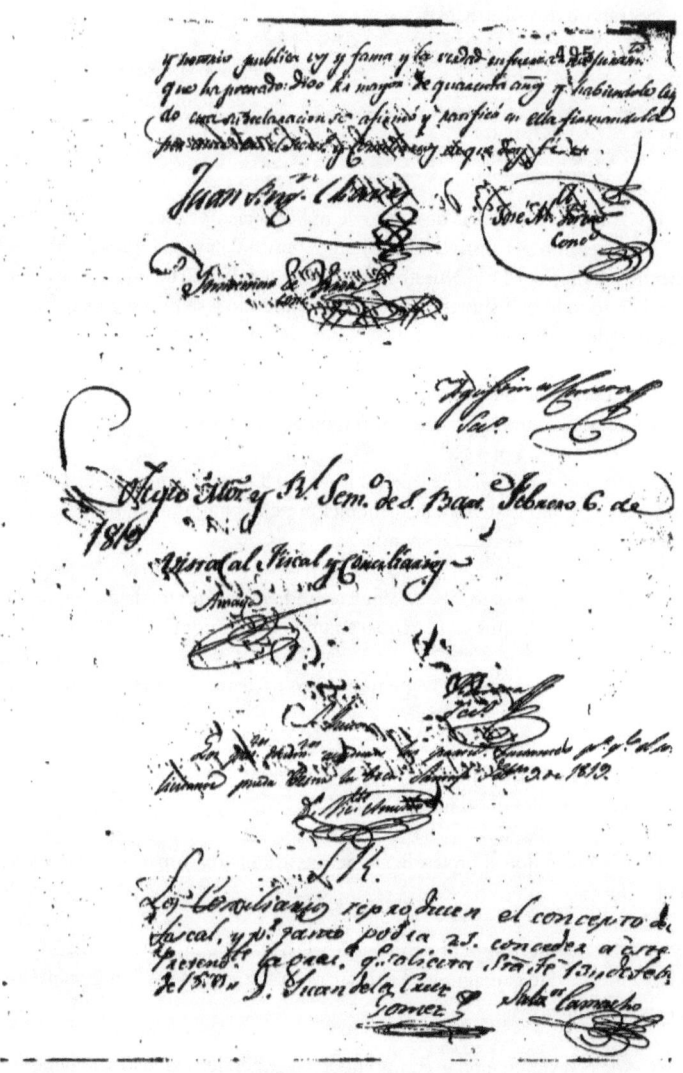

(Archivo histórico Universidad del Rosario, volumen 97, folio 495r.)

y notorio publica voz y fama y la verdad en fuerza del juramento que ha jurado. Dice ser mayor de quarenta años y habiendo leydo esta su declaración se afirmó y ratificó en ella firmándola por ante mi el Secretario y Conciliarios, de que doy fe
#

    Juan Agustin Chavez   Jose Ma. Forero
                                          Conciliario

    Inocencio de Vergara
    Conciliario
    Agustin Herrera
                                  Secretario

    Colegio Mayor y Real Seminario de San Bartolome. Febrero 6 de 1819

    Vista al Fiscal y Conciliarios

        Amaya   A. Herrera
                                          Secretario

    Inocencio de Vergara

    Por los presentes documentos adjuntos aceptamos la petición del interesado para que el dicho pretendiente pueda vestir la beca. Santafe Febrero 9 de 1819

    Dr. Vicente Azuero

    Los Conciliarios reproducen el concepto del Fiscal y por tanto podrá Ud. conceder a este pretendiente la gracia que solicita. Santafé 13 de febrero de 1819.

    Don Juan de la Cruz Gomez   Salvador Camacho

(Archivo histórico Universidad del Rosario, volumen 97, folio 495r.)

Fiscal Vicente Azuero: revisó las Informaciones de Díaz Castro

Vicente Azuero Plata
Ol./l. 67.5 x 54 cms. Anónimo - Museo Nacional - Bogotá

(«Iconografía del Real Colegio Mayor de San Bartolomé» Jaramillo Mejía 1996, [s.p].

Aprobación del Rector del Colegio de San Bartolomé para la investidura de beca de Eugenio Díaz Castro

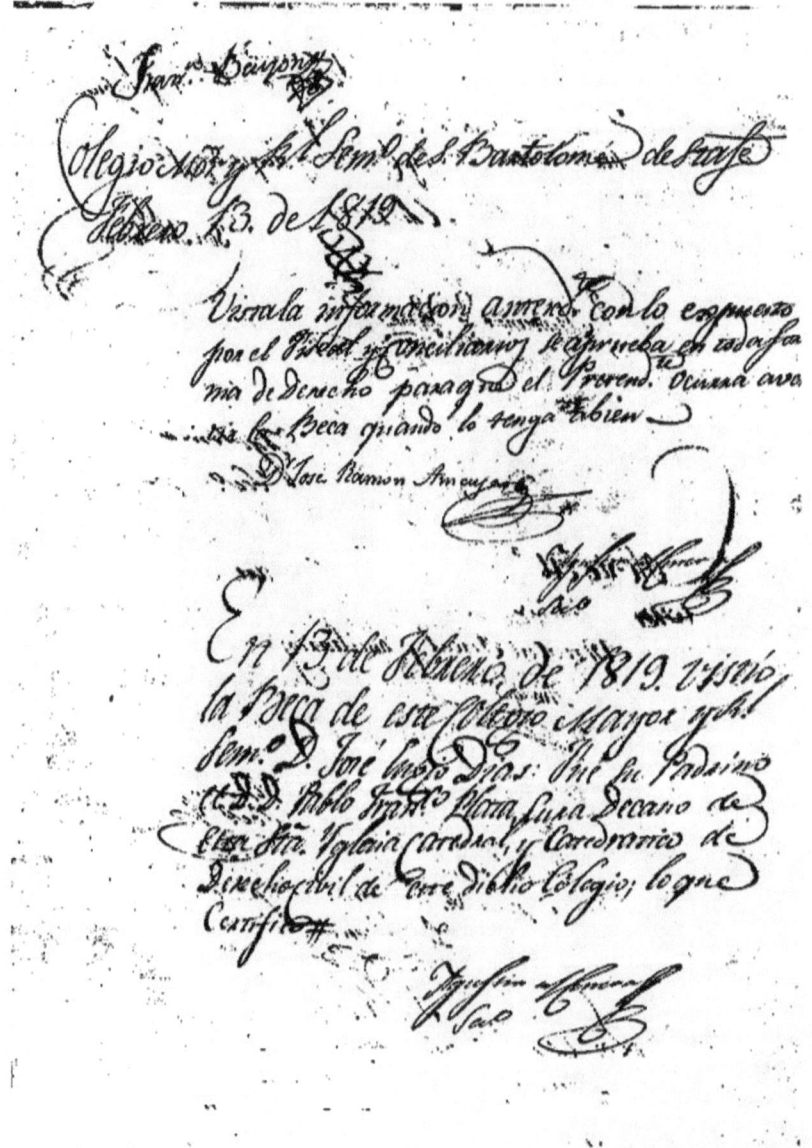

(Archivo histórico Universidad del Rosario, volumen 97, folio 495v.)

Francisco Bayona

Colegio Mayor y Real Seminario de San Bartolomé de Santafe Febrero 13 de 1819

Vista la información anterior por lo espuesto por el Fiscal y Conciliarios se aprueba en toda Forma de derecho para que el pretendiente ocurra a vestir la Beca cuando lo tenga a bien –

    Don Jose Ramón Amaya   Agustin Herrera
                                            Secretario

En 13 de Febrero de 1819 vistio la beca de este Colegio Mayor y Seminario Don Jose Eugenio Dias. Fue su padrino el Doctor Don Pablo Francisco Plata Cura Decano de Nuestra Santa Yglesia Catedral y Catedrático de Derecho Civil de este dicho Colegio, lo que Certifico #

    Agustin Herrera
                    Secretario

(Archivo histórico Universidad del Rosario, volumen 97, folio 495v.)

1.4. Publicaciones

Eugenio Díaz Castro entró en la escena pública como escritor cuando publicó su primera novela, *Una ronda de don Ventura Ahumada*. Anécdota bogotana, en 1858 en Bogotá, cuyo texto salió en la Imprenta de La Nación; establecimiento que estaba situado «en la carrera del Perú, calle 1ª número 26; es decir, en la actual calle 10 entre carrera 8ª y 9ª» (Jiménez Arango, 1965).

En diciembre de 1858, comenzó la publicación de «*Manuela*; Novela Bogotana,[41] orijinal de Eujenio Díaz», en *El Mosaico*, periódico fundado por él y por Vergara. Pero sólo vio la luz una fracción del texto: Capítulo I. La posada de Mal-Abrigo: 3 (ene. 8, 1859): 23-24; 5 (ene. 22, 1859): 39. Capítulo II. La Parroquia: 5 (ene. 22, 1859): 39-40; 6 (ene. 29, 1859): 46-48; Capítulo III. El Cura: 6 (ene. 29, 1859): 48; 7 (feb. 5, 1859): 55-56. Capítulo IV. El lavadero: 8 (feb. 12, 1859): 62-64. Capítulo V. El Trapiche del Retiro: 9 (feb. 19, 1859): 69-72; Capítulo VI. La Lámina: 10 (feb. 26, 1859): 77-80; Capítulo VII. Expedición a la montaña: 11 (mzo. 5, 1859): 87-88; 12 (mzo. 12, 1859): 95-96; 13 (mzo. 19, 1859): 103-104; Capítulo VIII. La casa del ciudadano Dimas: 15 (abr. 2, 1859): 121-122. [Inconclusa].

Al tiempo que publicaba la novela en *El Mosaico* [= A], también difundió otros textos narrativos en la misma publicación periódica, así como en la *Biblioteca de Señoritas* [= B].

Así, en enero de 1859, se difundieron en:

A] «Las fiestas de Monjas-Burgo» (ene. 8, 1859).

B] «El trilladero de la hacienda de Chingatá» (ene. 8, 1859); «El boquerón» (ene. 15, 1859); «A mudar temperamento» (ene. 15, 1859), (ene. 22, 1859), (ene. 29, 1859).

En febrero de 1859:

B] «El viaje de Carlitos a las costas de San Diego a fines de 1858» (feb. 12, 1859), (feb. 19, 1859).

En Marzo de 1859:

B] «Una elección de prior» (mzo. 5, 1859); «Un preceptor de escuela» (mzo. 19, 1859);

En abril de 1859:

---

41 En la constitución de 1832, Cundinamarca pasa a llamarse Provincia de Bogotá. «En la Provincia de Bogotá había cuatro regiones centralizadas en cuatro ciudades y delimitadas dentro de ciertos contornos geopolíticos: Bogotá, desde luego la primera, en la Sabana; Zipaquirá al norte. Chocontá al nordeste y La Mesa al Sur Occidente» (Velandia 2005, 10). En 1855, la Provincia de Bogotá, cuya capital era Bogotá, estaba dividida en 80 distritos parroquiales, uno de los cuales era La Mesa, lugar que es el teatro de los acontecimientos, sobre El Mercado, narrados en *Manuela*, novela de Díaz Castro. Por la ordenanza 19 del 9 de enero de 1856 se legisló: «Las cabeceras de los distritos parroquiales se denominarán según su importancia Ciudades, Villas o Parroquias. Llevarán el nombre de Ciudades las cabeceras de los distritos de Bogotá, Zipaquirá, Chocontá, Guaduas y La Mesa; el de Villas los distritos de Anolaima, Cáqueza, Fómeque, Funza, Fusagasugá, Gachetá, Guatavita, Pacho, La Palma, Nemocón, Ubaté, Villeta; y el de Parroquias las cabeceras de los demás distritos» (Velandia 2005, 24-25). El teatro de la narración de *Manuela* quedaba circunscrito a una parte de la Provincia de Bogotá; de ahí la delimitación geográfica del espacio narrativo que el autor proporcionó en el el título.

B] «El oficial del rei» (abr. 16, 1859).
En mayo de 1859:
A] «Federico i Cintia o la verdadera cuestión de las razas» (mayo 21, 1859).
B] «La ruana» (mayo 21, 1859); «El predicador» (mayo 28, 1859); «De gorra» (mayo 28, 1859);
En junio de 1859:
B] «Mi pluma» (jun. 25, 1859); «Recuerdos ruanísticos» (jun. 25, 1859).
En julio de 1859:
B) «La mujer en la casa» (jul. 9, 1859); «El gorro» (jul. 16, 1859); «Un paseo a Fontibón» (jul. 23, 1859); «Andina» (jul. 30, 1859).
En agosto de 1859:
A] «Modismos del idioma» (ag. 20, 1859).
En octubre de 1859:
A partir de octubre de 1859 hasta abril de 1860 *El Mosaico* presenta el siguiente título: *El Mosaico* al cual está unida *La Biblioteca de Señoritas*.
A-B] «La variedad de los gustos» (oct. 29, 1859) [crítica sobre «La maldición» de M. M. Madiedo].
Enero de 1860:
A-B] «Un muerto resucitado» (ene. 22, 1860).
Febrero de 1860:
A-B] «La hija i el padre. (Anécdota de estos dias)» (feb. 25, 1860).
Abril de 1860:
A-B] «El canei del totumo» (abr. 14, 1860); (abr. 21, 1860).
Noviembre de 1860:
A] «La palma (fragmento de una novela)» (nov. 10, 1860); «María Ticince» (nov. 10, 1860).
Febrero de 1864:
A] «El Trilladero del Vínculo» (feb. 20, 1864).
Póstumamente se publicaron: «*Manuela*; novela orijinal de Eujenio Díaz» (texto completo, con cambio de título, como parte del segundo volumen de una obra colectiva, 1866); «Pioquinta o el valle de Tensa; novela histórica, escrita para *El bogotano*» (1865-1866, incompleta); *El rejo de enlazar* (1873); *Los aguinaldos en Chapinero* (1873), «Bruna la carbonera» (1879-1880). Por primera vez se publicó como libro en 2 volúmenes: *Manuela. Novela de costumbres colombianas* (1889), nuevamente se le modificó el título. También se difundieron: «Historia de la paloma» (1894) y «Un par de pichones» (1971); «Dos haciendas» (1972); «Una cascada nueva en la América del Sur» (1985). En 1985, se hizo la edición en dos volúmenes de *Novelas y cuadros de costumbres,* donde se reunieron las obras de Eugenio Díaz Castro (véase: Rodríguez-Arenas 2006, I (A-L): 336-346).

El 20 de julio de 1872, Manuel Briceño Fernández y José María Quijano

Otero fundaron el periódico *La América* (Silvestre 1883, 315). El 14 de diciembre de ese año, en un aviso sobre las actividades editoriales, los redactores del periódico informaron que tenían en su poder «cuatro novelas de costumbres, inéditas, del señor Eugenio Díaz, el afamado autor de la *Manuela* y de *María Ticince*». De esta manera en la imprenta de *La América* se publicaron *El rejo de enlazar* (1873) y *Los aguinaldos en Chapinero* (1873). El 19 de febrero de 1873, Manuel Briceño contrajo matrimonio con María Díaz Cubillos (Uno de sus contemporáneos 1885, 21), hija de Juan Antonio Díaz Castro, hermano menor de Eugenio Díaz Castro (véase: Restrepo Sáenz *et ál.* 1993, III: 19).

2. Los «Prólogos» de *Manuela*. Novela bogotana

Después de observar la manera en que Vergara escribió una verdad a medias modificando, encubriendo y alterando información relevante para elaborar una construcción de la falta de educación de Eugenio Díaz Castro, se hace necesario analizar el texto completo de los prólogos que el primero escribió para *Manuela*, ya que en ellos se divulgaron todas las concepciones que a lo largo del tiempo se han difundido tanto sobre la identidad del autor como sobre la novela, para comprender tanto la manera en que Vergara estructuró esos textos, como para intentar dilucidar algunas de las motivaciones que lo impulsaron.

Dos años después de haber muerto Eugenio Díaz Castro, Nicolás Pontón explicitó abiertamente la frialdad social hacia la obra del autor de *Manuela*:

> Yo fuí amigo de don Eujenio, por cuya razón pude notar que tenía una gran fecundidad de ideas i sin número de ocurrencias felices, que se le escapaban aun en el trato familiar. Pero, sea por la lentitud de la marcha literaria entre nosotros, que no ha desarrollado completamente su gusto, sea por causas que no acierto a explicarme, el hecho es que don Eujenio con una riqueza de imajinacion como la de que estaba dotado, no hizo todo el ruido que han hecho otros literatos desde su primera presentación en la escena, pudiendo aplicársele a él la siguiente estrofa:
>
> —Dicenme que brotan perlas.
> —Si señor, i son de cobre.
> Mas como las brota un pobre
> No hai quien se agache a cojerlas.
>
> I así es la verdad; preciosidades mui naturales, mui sencillas, sin ficción i con la mayor espontaneidad, produjo de continuo don Eu-

jenio; pero eran mui pocos los que lo admiraban, propiamente hablando, siendo él una notabilidad en el jénero de escritos a que se había dedicado (Pontón 1867, 209).

Es decir, incluso en su corta vida pública, la producción escritural de Díaz Castro sufrió el influjo de los potentes efectos de la información que diseminó Vergara, condicionando efectiva y convincentemente el contexto social y, por tanto, determinando la actitud de los receptores sobre el autor y su obra.

Rafael Maya fue tal vez uno de los primeros en destacar públicamente algunas de las razones de la reacción que ha sufrido la obra de Díaz Castro a través de las épocas:

> ¿A qué puede imputarse semejante indiferencia? En gran parte a la generosa pero ingenua representación que del autor de Manuela hizo Vergara y Vergara, mostrándolo como hombre rústico y desprovisto de ilustración, y aludiendo al traje de campesino que solía vestir. Naturalmente esta estampa popularizada por los textos de literatura y reforzada por críticos demasiado amigos de lo pintoresco perjudicó grandemente a don Eugenio y llegó a creerse que su novela no era más que un relato mazorral, escrito además, en mal castellano (Maya 1982, 265-266).

Para comprender la reacción que describieron las palabras de Maya, en los dos textos que funcionaron como prólogos, que Vergara escribió y que antecedieron a *Manuela*, se prestará atención tanto a la estructuración de la escritura, como a la manera en que distribuyó la información para entender la intencionalidad de su comunicación y lo que realmente dijo. Se señalarán con corchetes cuadrados cada una de las intenciones evidentes que se observan en esos textos para ver tanto la organización textual como el contenido de los mensajes que mezcló e interrelacionó con creencias previas y con características del ambiente, con los cuales involucró a los lectores e influyó en ellos.

2.1. La primera parte del «Prólogo» de Vergara y Vergara para *Manuela* en 1858

El primer Prólogo se publicó en el periódico literario *El Mosaico* como presentación al público del nuevo escritor y de su obra primigenia: *Manuela*. Esa publicación literaria, como parte de un medio de comunicación masivo, funcionaba como un sistema de transmisión de mensajes y de símbolos para los receptores. Los editores se sentían con obligación de «encarrilar la opinión pública», «iluminar a las sociedades», «inocular las ideas de la sociedad progresiva», «trabajar con ahinco para hacer conocer el suelo» patrio y así «despertar [los] corazones jóvenes», como se afirmó en el artículo de apertura de la publicación:

> [E]n ninguna parte mas que en pueblos nacientes como el nuestro, la prensa está llamada a ejercer una alta influencia i a producir injentes resultados. La prensa debe encarrilar la opinión pública, iluminar las sociedades, inoculando en todos los individuos las ideas de una sociedad progresiva. Este es el objeto de los periódicos políticos i relijiosos.
> A los que estamos separados de esa lucha enconada de las pasiones públicas nos toca trabajar con ahinco para hacer conocer el suelo donde recibimos la vida i donde seguirán viviendo nuestros hijos. A nosotros nos toca el elojio de las grandes acciones, la pintura de nuestros usos i costumbres. A nosotros nos toca tambien, aunque indirectamente, despertar esa multitud de corazones jóvenes, llenos de sávia i de vigor, que solo necesitan de una mano que los impulse, para estallar en himnos inmortales, de una palestra en donde puedan recoger guirnaldas vistosisimas [«*El Mosaico*». *El Mosaico* 1.1 (dic. 24, 1858):1].

Como escritores públicos, los editores sentían que sus funciones básicas eran: despertar, guiar, educar, entretener e informar, así como inculcar y persuadir sobre los valores, las creencias y los códigos de comportamiento a los individuos; de esta manera, las estructuras de la sociedad se normalizarían bajo sus puntos de vista y la patria alcanzaría el progreso que ellos deseaban; porque la ignorancia era uno de los mayores problemas que se afrontaban: «[N]uestra patria es totalmente desconocida en su parte material i moral no solo de los estranjeros, que a causa de la ignorancia nos desprecian como a una turba de bárbaros, sino lo que es mas triste, es deconocida de sus mismos moradores» [«*El Mosaico*». *El Mosaico* 1.1 (dic. 24, 1858):1].

Para despertar a la juventud, dar a conocer la tierra, difundir las ideas sobre las funciones que sentían que debía poseer la publicación y para lograr los objetivos que se proponían se organizaron rápidamente distribuyendo las labores para armar los primeros números de la publicación, como informó Vergara:

> Los materiales del primer número de El Mosaico se fueron aprestando en dos días. Borda escribió el prólogo, la *Revista* y las *Fiestas de Cherburgo*. Don Juan Francisco Ortiz un artículo titulado: *Vamos a la ópera*. Marroquín unas redondillas a Cándido Rincon, que un año despues se fué a Roma y murió al regreso. Don José Joaquin Ortiz nos dió su fábula de *Los dos ermitaños*; i yo farfulle *El correista* i un prólogo para *La Manuela*. La Manuela quedaba de repuesto para el segundo número; i Carrasquilla aguardaba para escamucear con sus letrillas (Vergara Vergara 1865, 211).

De este modo, Vergara afirmó 7 años después de escrito y publicado el Prólogo de *Manuela*, el haberlo farfullado, haberlo hecho chapucera o embarulladamente; es decir, según él, el texto donde expuso los principios que regirían desde el primer momento la producción escritural de Díaz Castro lo había hecho en forma rápida y atropellada, desordenadamente y sin cuidado.

Así, en la edición de *El Mosaico* del 24 de diciembre de 1858 (Número 1, pág. 8), última página, último artículo, ocupando un espacio de una columna y media, Vergara dio comienzo a la publicación de la primera parte del Prólogo presentando la novela de Díaz Castro, con las siguientes palabras:

MANUELA
NOVELA ORIGINAL DE EUJENIO DIAZ
PROLOGO

[1] Pueden creerme los que especulen en quinas i en tabaco: la noticia que voi a dar no es del precio a que se vende hoi el kilogramo de aquel artículo en el mercado europeo: I sin embargo, mi noticia es buena!

[2] Existen por ahí, entre los dos millones de granadinos que huellan este suelo paradisiaco, diez, treinta... tal vez un centenar de habitantes que palmoteen con sincera alegría cuando esto lean. Para ellos escribo. Mas no siendo una soberbia especulación lo que anuncio, qué podrá ser? preguntarán algunos.

[3] Es que poseemos ya otra novela nacional.

[4] Nos habremos engañado? El que estas líneas escribe, ¿tendrá el criterio suficiente para juzgarlo? Ai! tal vez, de seguro que nos falta ese criterio: sin disputa, apenas somos alumnos en estas materias i en esos achaques de letras en que nos vemos obligados a hablar como maestros! Pero, sí es seguro que no nos equivocamos.

[5] Las ajitaciones de la política i aun las tentaciones de la vida

no nos arrastran gran cosa, que digamos: tratamos de cumplir nuestros deberes como miembros de una familia, de una religión i de una sociedad: he aquí todo. Mas, a falta de injenio, fué tan pródigo el Señor cuando nos dio amor a las letras, que a ellas están irremisiblemente consagradas las cuatro o seis horas que reinan entre nuestro trabajoso i amargo dia, i las horas en que el cuerpo mortal ya no letras sino descanso solicita. Estudiando diariamente, así, la marcha de nuestra literatura, es que hemos suplido la falta del injenio; así es, que nos hemos puesto, por madrugadores, en posicion de poder asegurar a este centenar de almas que nos escuchan: poseemos ya la novela nacional.

[6] Esto es mucho decir, sin que sea asegurar, que ya está perfeccionado i establecido aquel jénero entre nosotros; pero, cuanto se adelanta. Hoi nos toca el honor de poner prólogo a la tercera muestra; i qué muestra.

El doctor Temis, primera novela que en Bogotá no fue traducida del francés, en la cual leimos, absortos de tanto atrevimiento, los nombres de Bogotá, Monserrate i Fontibon, por ejemplo, en vez de los mui sabidos ya de la Cité, Palais Royal i Versalles...; Ah! cuánto alegró nuestro granadino corazon! El doctor Anjel Gaitan hizo una obra buena, i en nuestro humilde concepto, tres veces buena.

El señor F. Pérez aunque trata asuntos americanos, no esplota, sinembargo, los puramente granadinos. Verdad es que entre Atahualpa i Tisquesusha apenas queda un imperio de por medio: verdad es que aquellos asuntos son también nuestros, puesto que somos i no dejaremos de ser colombianos: mas hai tantas i tan bellas cosas que contar entre las que nos rodean inmediatamente!

Figuraos, mi caro centenar de lectores, nuestras crónicas i ricas tradiciones santafereñas, toscamente bosquejadas en el Carnero; uno de nuestros pueblos campesinos con sus creencias i sus bailes, sus costumbres i sus aventuras, narrados en el purísimo estilo de los pizarros! I quien escribe con esa fecundidad, ¡cuán fácil hallaría la tarea de traducir a su rico castellano los consejos atrapados al pié de los virreyes, i entre los maizales de los Muiscas!

[7] Mas como es cierto que en cualquier órden de cosas i bajo la luz del sol, nungun esfuerzo se emplea que tarde o temprano deje de tener su consecuencia, así los primeros ensayos van produciendo otros, dispertando ánimos dormidos, i ejercitando plumas que tendidas se encontraban. La novela, cuyos borradores han llegado a nuestras manos desde las injeniosísimas de su autor, es un estreno feliz en un jénero completamente virjen. [8] El señor Eujenio Diaz, habitante de una tierra caliente durante mucho (sic) años, entregado

a las rudas taréas de un trapiche, viene a Bogotá cuando ya sus cabellos blanquean i nos presenta en un borrador su manuela, traido bajo su ruana. [9] La orijinalidad, un tino esquisito, una observación juiciosa i una apreciacion rápida i feliz como la de todo el que está iluminado por el Jenio, son las dotes de esta novela eminentemente nacional i provechosa. Tal es el libro que lanzamos, i al cual hemos querido agregar estas incultas líneas, sintiendo que no poseamos ya un nombre capaz de apadrinar, como merece, tan notable obra, i tan laborioso autor.

[10] El objeto que se propone el señor Díaz no es contar simplemente un cuento. De una reunión de hechos históricos pero aislados i majistralmente unidos para ponerlos al servicio de una idea, ha hecho la novela. Su idea, espresada con enérjica frase es mostrar los vicios de nuestra organización política, analizándola para fundarla de abajo para arriba; de la parroquia lejana para la capital; del último eslabon de los tres poderes al primero. Creemos que ha cumplido su deseo i que los jefes del gobierno civil como del eclesiástico, pueden aprender severas i provechosas lecciones en esas pájinas llenas de interes.

Por lo que hace al desempeño, pocos estrenos habran sido mas felices. Es una vistosa naturaleza observada, sorprendida, sacada en daguerrotipo: pintura fiel i original de aquella tierra i costumbres. No se echa ménos ni el viento aromatisado por los naranjos i los chirimoyos, ni el monótono ruido del trapiche, ni la casita del arrendatario, aislada entre el monte. Pájinas hai que son un modelo, algunas que piden lágrimas i ocurrencias que arrancan como a traición i sin que uno se defienda, una sonrisa provocada por la oportuna agudeza.

La muerte de Rosa es de las del primero i segundo caso: el capítulo en que cuenta la historia de la "Lámina" nunca perderá su interes, jamas se leerá a sangre fria.

[11] En suma qué se le podrá tachar al hombre que ha producido i adoptado como texto para sus obras este pensamiento digno de Larra: "Los cuadros de costumbres no se inventan sino se copian?".

[12] No podemos hacer iguales elojios de su estilo; falta que pronto notará el lector, i que disculpará pronto, sin duda, cuando conozca la vida del autor, a quien vamos a hacer conocer con rápidas plumadas. (Continuará). [Vergara i Vergara 24 de diciembre de 1858, 8].

En esta primera entrega del Prólogo que Vergara escribió, se advierten varias intenciones que se han señalado con corchetes cuadrados y que se resumen a continuación: [1] Atraer la atención y el interés hacia el texto al compararlo con la quina y el tabaco, dos de los productos comerciales importantes del momento. [2] nombrar el selecto destinatario de su texto. [3] Anunciar la razón de su escrito. [4] Emplear el tópico de la falsa modestia. [5] Afirmar su imparcialidad. [6] Demostrar sus conocimientos como crítico. [7] Hablar del tipo de texto que era *Manuela*. [8] Presentar al autor. [9] Ratificar ideas antes expresadas. [10] Juzgar la estructura y el contenido de la novela. [11] Vincular la obra con un movimiento literario. [12] Criticar el estilo de la escritura.

Como el Prólogo no concluyó, dejó inconclusas las ideas y el lector quedó tanto con interrogaciones sobre lo explicitado en esa presentación fragmentada de lo que al comienzo se había denominado «la novela nacional», como con tiempo para pensar en lo que se había publicado, que había comenzado muy positivamente, pero había terminado destacando aspectos negativos sobre el autor y la obra. Así se crearon expectativas e incertidumbres sobre lo que no se conocía, ya que la interrupción en la información dificultaba la satisfacción de la curiosidad y producía anticipación.

Al prestar atención más de cerca, en este texto de Vergara, a cada una de las intenciones antes señaladas se observa un plan retórico de escritura formado por recursos escriturales que tienen fuerza perlocutiva sobre los receptores, cuyo objeto es influir alabando y condenado para crear una identidad sociocultural de Díaz Castro y guiar la recepción de la obra, utilizando como elemento principal el carácter de los receptores a los que les dirigía el mensaje. El texto del Prólogo está estructurado con estrategias retóricas de carácter persuasivo, cuya intención era orientar los enunciados hacia una determinada conclusión, para convencer a los receptores de que aceptaran las opiniones que se presentaban y admitieran sin reservas las conclusiones que se explicitaban, para que actuaran en el sentido que se les señalaba a lo largo del texto.

Antes de entrar en cada una de las intenciones que se observan en el Prólogo de Vergara, se debe recordar que desde los tiempos coloniales el estudio de la retórica era parte integral de la educación de los escritores y hombres públicos.[42] De la misma manera en que Eugenio Díaz Castro había estudiado retórica como parte de sus asignaturas como Colegial, posteriormente esta disciplina continuó siendo una fuente de instrucción y aprendizaje

---

42 Barthes escribe sobre Francia y la retórica: «En el siglo XVII y en el XVIII, hasta 1830, dominan los tratados de retórica; estos tratados presentan en general: 1) la retórica paradigmática (las «figuras»), la retórica sintagmática (la "construcción oratoria"); estas dos bisagras son necesarias y complementarias, hasta el punto de que un *digest* comercial de 1806 reúne a los dos retóricos más célebres, Las Figuras, escrito por Dumarsais, y la construcción oratoria, por Du Batteaux. (...) A finales del siglo XVIII, se publican todavía muchos tratados clásicos, absolutamente indiferentes a las conmociones y a las transformaciones revolucionarias (Blair, 1783; Gaillard, 1807: la *Rhétorique des demoiselles*; Fontanier, 1827, reeditado y presentado recientemente por G. Genette). En el siglo XIX la retórica sobrevive sólo artificialmente, bajo la protección de los reglamentos oficiales; el título mismo de los tratados y manuales se altera de una manera significativa: en 1881, F. de Caussade, *Rhétorique et Genres Littéraires*; 1889, Prat, *Elements de Rhétorique et de Littérature*: la literatura paga todavía derechos de aduana a la retórica antes de ahogarla por completo; pero la retórica, agonizante, sufre la competencia de las "psicologías del estilo"» (Barthes [1985] 1993, 115-116).

tanto para la organización del pensamiento, como para la manera de expresarse en la Nueva Granada/Colombia durante el siglo XIX; de ahí que se continuaran publicando diversos textos (manuales) de retórica, puesto que se la consideraba una herramienta importante para la producción del discurso. Entre las obras publicadas en el territorio se encuentran las de Pedro Herrera Espada, 1848;[43] Luciano Díaz, 1859;[44] Eustaquio Palacios en 1870[45] y 1876;[46] José Joaquín Borda, 1876;[47] Francisco Ortiz Barrera, 1878;[48] Lorenzo Marroquín, 1882;[49] José Manuel Marroquín en 1889;[50] Enrique Álvarez Bonilla, 1893;[51] entre otros. A esas publicaciones deben sumarse los textos clásicos que circulaban y los manuales traducidos al castellano, provenientes de España o de otros países de Europa.

Por eso no es de extrañar que Vergara empleara todo un arsenal de estrategias retóricas para persuadir, trazando las directrices de la recepción de la novela y las de la percepción social sobre Díaz Castro. De esta manera, el discurso que contiene el Prólogo está formado por argumentos verdaderos y verosímiles que al ser presentados encadenadamente informan sobre lo que semeja ser la realidad; no obstante, estos argumentos se organizan de tal manera que desinforman, convenciendo a los receptores de lo que se dice. Vergara empleó técnicas retóricas para persuadir; de este modo, empleó razonamientos y lógica de acuerdo a las normas comunicativas y culturales dominantes. Para lograr eso, organizó sus ideas, manejó estrategias escriturales, estableciendo una comunicación que se adaptaba a sus lectores y ofrecía la impresión apropiada y las condiciones favorables para convencer de lo que decía; de ahí que con las pautas compositivas que empleó, produjera un discurso de género epidíctico (*genus demonstrativum*) que movió a creer sobre una 'realidad' que era aparente.

---

43 Pedro Herrera Espada. *Introducción al estudio de la literatura; dedicada a las clases de retórica, arte poética y oratoria*. Bogotá: Imprenta de Cualla, 1848.

44 Luciano Díaz. *Elocuencia del púlpito: o, Instrucciones de oratoria sagrada, dispuestas por un amigo de la juventud*. Bogotá: Imp. de J. A. Cualla, 1859.

45 Eustaquio Palacios. *Elementos de literatura española, que comprenden la gramática, la versificación, la poética y la retórica*. Cali: Imprenta del Autor, Manuel D. Martínez, 1870.

46 Eustaquio Palacios. *Elementos de literatura española, que comprenden la gramática, la versificación, la poética y la retórica*. 4a. ed. corregida. Cali: Imp. del Autor, 1876.

47 José Joaquín Borda. *Lecciones de literatura (retórica, poética)*. Bogotá: Imp. de J. M. Lombana, 1876.

48 Francisco Barrera Ortiz. *Tratado de retórica, oratoria i poética arreglado según los mejores autores para el uso de los estudiantes de literatura*. Bogotá: Imp. del Neo-Granadino, 1856.

49 Lorenzo Marroquín. *Lecciones elementales de retórica y poética*. Bogotá: Imprenta de Medardo Rivas, 1882.

50 José Manuel Marroquín. *Lecciones elementales de retórica y poética*. Bogotá: [Imp. de La Luz], 1889.

51 Enrique Álvarez Bonilla. *Tratado de retórica y poética*. Bogotá: Imprenta de Vapor de Zalamea Hermanos, 1893.

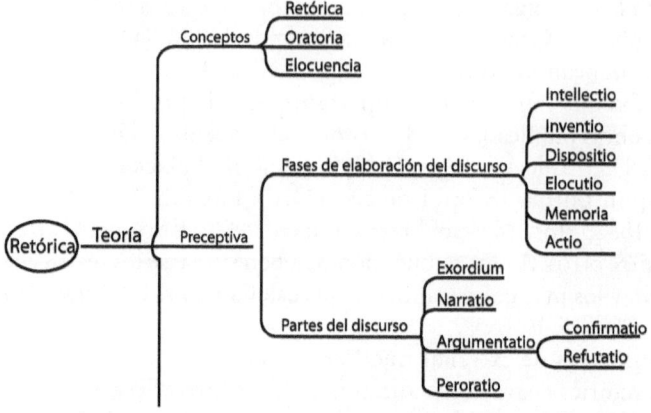

Se considera que la primera parte de la retórica es la *Inventio*. En esta parte se buscan «ideas o argumentos acerca de un tema o un caso preexistentes. (...) es una búsqueda (...) orientada hacia el fin que se propone el orador (creativo) en las circunstancias concretas y contando con el apoyo de los llamados "loci", los lugares» (Spang 1984, 66). Estos lugares aportan información: *quis* (sobre la persona), *quid* (sobre la cosa), *ubi* (sobre el lugar), *quibus auxiliis* (sobre los medios utilizados), *cur* (sobre la causa), *quomodo* (sobre el modo empleado), *quando* (sobre el tiempo) (véase: Spang 1984, 66). Es decir, estos lugares o tópicos servían como guía y ayuda para encontrar argumentos para preparar el discurso.

De este modo, en el Prólogo que Vergara escribió, *quis, ubi, quando*: es la información que gira sobre Díaz Castro. *Quid*: es lo que dice sobre *Manuela*. *Cur*: es el convencer de que lo que dice, es verdad. *Quibuis auxiliis, quomodo*: son las estrategias retóricas de la persuasión que estructuran el discurso sobre el emisor (Vergara), sobre los receptores (los lectores contemporáneos a él y los posteriores), sobre el sujeto (Díaz Castro), sobre el objeto (*Manuela*), y sobre el fin (alcanzar la credibilidad y lograr los objetivos propuestos); estrategias retóricas para convencer mediante el discurso. Al persuadir a los receptores, generó efectos duraderos hacia el autor y su obra; cuyos resultados han perdurado hasta el presente.

Parte de las construcciones mentales y lingüísticas que Vergara empleó en la escritura del Prólogo, la explica Barthes:

> De la *inventio* parten dos grandes vías, una lógica, otra psicológica: *convencer* y *conmover*. Conmover (fidem facere) requiere un apartado lógico o pseudológico que se denomina en conjunto la probatio (dominio de las «pruebas»): mediante el razonamiento, se trata de introducir una violencia justa en el espíritu del oyente, cuyo carácter, las disposiciones psicológicas, no se tienen entonces en

cuenta: las pruebas tienen su fuerza propia. Conmover (*animos impellere*) consiste, por el contrario en pensar el mensaje probatorio no en sí mismo sino según su destino, el humor de quien debe recibirlo, en movilizar pruebas subjetivas, morales. Descendemos inicialmente el largo camino de la *probatio* (convencer), para retornar luego al segundo término de la dicotomía que tomamos como punto de partida *(conmover)* (Barthes [1985] 1993, 123).

Por esto se necesita ver la urdimbre retórica con que Vergara tejió los mensajes del texto que emitió como presentación para *Manuela*; mensajes que dispuso y ordenó organizadamente poniendo en práctica la *Dispositio* (macroestructura textual). En esta parte del proceso retórico entran las partes orationis (las partes del discurso) divididas en *exordio, narratio, argumentatio* (dividida en *probatio* y *refutatio*) y *peroratio* (véase: Lausberg 1975b, I: 238-375).

La *Dispositio* parte de una dicotomía que era ya, en otros términos la de la *Inventio*: *animos impellere* (conmover) / *rem docere* (informar, convencer). El primer término (la apelación a los sentimientos) cubre el *exordio* y el *epílogo*, es decir, las dos partes extremas del discurso. El segundo término (la apelación al hecho, a la razón) cubre la *narratio* (relación de los hechos) y la *confirmatio* (establecimiento de las pruebas o vías de persuasión), es decir las dos partes intermedias del discurso. El orden sintagmático no sigue, pues, el orden paradigmático y nos encontraremos frente a una construcción en quiasma: dos segmentos de «pasional» encuadran un bloque demostrativo:

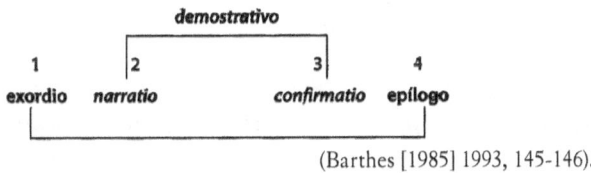

(Barthes [1985] 1993, 145-146).

Así en el discurso retórico aunque mantener la atención del receptor era una constante a lo largo de él, ésta se enfatizaba al principio (para atrapar) y al final (para terminar de convencer), como se observa en la estructura del texto de Vergara y en la distribución de las intenciones que se advierten en él:

[1] La manera de abrir el Prólogo hablando de dos productos comerciales tenía el propósito de despertar la curiosidad de los receptores para suscitar deseos y crear expectativas sobre la novela. Entre 1845 y 1855, los dos productos más importantes de la economía fueron el tabaco y la quina, con ellos «se produjo un flujo de carga que permitió el establecimiento definitivo de la navegación en barcos de vapor por el río Magdalena» (Palacios y Safford

2002, 434). Así, llegaron en 1856, a convertirse en las fuentes de mayor exportación comercial de la época (véase: Pérez 1883, 252, 253); lo cual indicaba que determinadas políticas gubernamentales habían sido eficaces en específicas áreas comerciales, ya que empezaban a hacer visible el país en el mercado internacional. Esta estrategia incorporaba dentro de los receptores al grupo interesado en el comercio y los asuntos exteriores.

Consecuentemente, este principio del texto forma el *Exordio* o apertura reglamentada, en cuyo momento inicial se capta la atención del lector (véase: Barthes [1985] 1993, 147-148). Así la manera de iniciar el Prólogo muestra la intención de Vergara de logar la finalidad de lo que en retórica se denomina *attentum parare* (atraer la atención); es un recurso de escritura, un efecto llamativo, que disponía favorablemente el ánimo de los receptores que podían relacionar el mensaje económico de actualidad con el significado literario que seguía; situación que permitiría que ellos prestaran atención al mensaje, a la vez que atraía su interés (véase: Lausberg 1975b, I: 243-244).

[2] Inmediatamente Vergara pasó a especificar dentro de toda la población de la Nueva Granada al reducido auditorio que tenía en mente, a quienes señalaba expresamente: «Existen por ahí, (...) diez, treinta... tal vez un centenar de habitantes que palmoteen con sincera alegría cuando esto lean. Para ellos escribo». Con este recurso ponía en práctica dos propósitos: delimitaba al destinatario, clarificando que los designados formaban un grupo especial porque eran realmente capaces de comprender lo que él comunicaba. Con estas palabras, cumplía designios retóricos esenciales: obtenía la benevolencia de sus receptores, quienes al saberse claramente aludidos e incluidos, estaban mejor dispuestos a prestar atención a los mensajes emitidos; pero a la vez, ésta era la mejor forma de influir en ellos (véase: Lausberg 1975b, I: 242-243).

[3] Hecho lo anterior, presentó un argumento fuerte: afirmó que había una novela nacional. De esta manera concisa y directa, explicitó el argumento que quería transmitir, al mismo tiempo que hablaba de un asunto importante y nuevo que concernía a la cultura y a las letras neogranadinas. Con esta técnica despertaba emociones en los receptores y los comenzaba a atraer a la causa que explicitaba.

[4] Inmediatamente, empezó a trabajar con la *benevolum parare*: la benevolencia de su auditorio (véase: Lausberg 1975b, I: 249). Para alcanzar esto, efectuó dos preguntas retóricas; una en que utilizó el plural mayestático:[52] «Nos habremos engañado?», y la otra en que interpuso el empleo de la tercera persona impersonal: «El que estas líneas escribe, ¿tendrá el criterio suficiente para juzgarlo?».

La pregunta retórica equivale a efectuar aserciones de signo opuesto «en las interrogaciones de negación sobreentendida se hace uso de la interrogación

---

52 «Cuando una persona habla de sí misma como "nosotros" en vez de "yo" puede deberse en muchos casos a una modesta renuencia a imponer su propia persona a sus oyentes o lectores; esconde su propia opinión o sus acciones detrás de las de otros. Pero esta práctica puede deberse incluso más frecuentemente a un sentido de superioridad, como en el "plural mayestático"» (Jespersen 1992, 193). [Todas las traducciones son nuestras].

directa para negar implícitamente lo mismo que parecemos preguntar, significándose entonces por *qué*, nada, por *quién*, nadie, por *dónde*, en ninguna parte, por *cuándo*, jamás, por *cómo*, de ningún modo, etc.» (Bello 2005, 15). Estas estrategias retóricas por no esperar respuesta tienen la fuerza ilocutiva de las afirmaciones y por tanto proporcionan información que es idéntica a la respuesta. Con ellas, Vergara efectuó un *vituperio* de sí mismo («al enjuiciamiento de la acción como *turpe* corresponde el *officium* del vituperio») (Lausberg 1975b, 110), para mostrarse humilde; hecho que reconfirmó con la aserción de ser apenas: «alumnos en estas materias i en esos achaques de letras en que nos vemos obligados a hablar como maestros!»; recurso que tenía el propósito de atraerse la simpatía de aquellos a los que se dirigía, después de haberles llamado la atención hacia «la virtud de vir bonus que le impone obligatoriamente su profesión» (Lausberg 1975b, I: 250). De este modo, principió a consolidar el recurso de la falsa modestia.

[5] Al continuar mostrándose obligado, incompetente y con poco valor en su propia presentación: «[T]ratamos de cumplir nuestros deberes como miembros de (...) una sociedad: he aquí todo. Mas, a falta de injenio, fué tan pródigo el Señor cuando nos dio amor a las letras, (...) Estudiando diariamente, así, la marcha de nuestra literatura, es que hemos suplido la falta del injenio», solidificó el tópico de la falsa modestia:

> Es el *tópos* de la afectación de modestia, muy extendida en todas las literaturas y considerado psicológicamente eficaz en la oratoria, ya que «hay una inclinación natural de la simpatía hacia el que se encuentra en dificultades» como recordaba Quintiliano (y como saben hoy los expertos de comunicación audiovisual, que hablan de la «identificación» de una parte del público con el personaje poco seguro de sí frente a las cámaras de televisión (Mortara Garavelli 1991, 73).

Así se promovió a sí mismo para ganar completamente la benevolencia del selecto auditorio; de este modo asoció su desmerecimiento a la necesidad social de promover las letras, pero estableció la calidad y el valor de su servicio a la sociedad. «Ha de llamar la atención de que se ha encargado de la causa por motivos morales de peso, y que por tanto no actúa guiado por el interés material, sino como testigo de la verdad y en interés común» (Lausberg 1975b, I: 250).

Después de lograda la buena voluntad de los receptores, Vergara reiteró enfatizando que el texto que presentaba era «la novela nacional», de esta manera, aunque se presentaba limitado como crítico, «el escritor ha de evitar la sospecha de arrogancia; de lo contrario, perderá la simpatía del público» (Lausberg 1975b, I: 251); no ponía en entredicho su competencia sobre el asunto que trataba, con lo cual reforzaba sutilmente su autoridad.

Con todos los recursos anteriores, Vergara se valió de medios seguros para originar un consenso efectivo en el auditorio, que lo llevaba a producir el *pathos* o estado de ánimo duradero en los receptores; con esto solidificaba su posición y comenzaba a dominar «la situación con la finalidad de provocar el afecto intenso favorable a la parte» (Lausberg 1975a, 50).

[6] Inmediatamente pasó a demostrar sus conocimientos como crítico sobre el tema del que hablaba. De este modo anticipó la *Narratio* (comunicación más detallada), ofreciendo una *propositio* («breve resumen de la causa que se va a desarrollar» (Lausberg 1975b, 262): «Hoi nos toca el honor de poner prólogo a la tercera muestra; i qué muestra». Para que tuviera sentido lo que iba a decir y convenciera a los destinatarios, proporcionó pruebas de su conocimiento, hablando de las obras que él consideraba «muestras de novela»: la obra de José María Ángel Gaitán (1819-1851),[53] *El doctor Temis* (1851) fue la primera, porque no había sido traducida del francés y porque en ella se mencionaban nombres de la Nueva Granada. La calificó como: «obra buena, i en nuestro humilde concepto, tres veces buena». En esta afirmación se explicitó una de las características que Vergara consideraba legítimas para que una novela tuviera su voto favorable: debía hablar de asuntos neogranadinos. Aquí discretamente ponderó al autor, con lo cual empleó otro recurso retórico, el elogio, para continuar con la *benivolentia captabitur* (véase: Lausberg 1975b, 252).

Como segunda prueba aportó ya no el título de un texto, sino el nombre de un autor: Felipe Pérez,[54] a quien criticó abiertamente por escribir sobre asuntos americanos y no neogranadinos, en sus novelas de tema peruano: *Atahuallpa* (1856), *Huayna Capac* (1856), *Los Pizarros* (1857), *Jilma o continuación de los Pizarros* (1858), de las cuales mencionó la primera y la última. También

---

53 «Fue hijo del señor Cayo Ángel y de la señora Rosa Gaitán. Nació en Bogotá el 16 de enero de 1819 y murió en la misma ciudad el 23 de diciembre de 1851. Estudió en el colegio de San Bartolomé, y obtuvo el grado y título de doctor en derecho el 11 de octubre de 1839, a la corta edad de veinte años; lo que da a comprender bien claramente su consagración al estudio y su natural talento. (...) apenas graduado, obtuvo el nombramiento de oficial mayor de la Corte Suprema de Justicia, destino que desempeñó hasta poco antes de su muerte» (Laverde Amaya 1895, 32).

54 Felipe Pérez Manosalva (1836-1891) hijo de una familia de pocos recursos. Estudió en el Colegio de Nuestra Señora del Rosario, y en el Colegio del Espíritu Santo, donde recibió el título de doctor en Derecho en 1851, a los 15 años de edad. En 1852 fue nombrado secretario de la Legación de la Nueva Granada ante los gobiernos de Ecuador, Perú, Bolivia y Chile. Debido a su permanencia en esos países y a su interés por la historia, escribió ensayos de historia sobre Ecuador y Perú. Para el momento de la crítica de Vergara, Pérez ya había escrito una serie de novelas históricas inspiradas en personajes de la historia peruana: *Atahualpa, Huayna Cápac, Los Pizarros, Jilma o continuación de los Pizarros*, y un drama: *Gonzalo Pizarro: drama histórico orijinal, en cinco actos i en verso* (1857). Además, había entrado de lleno en la política en 1853 como liberal radical, cuando fue nombrado gobernador de la Provincia de Zipaquirá y al año siguiente, Secretario de Guerra y de Marina en el gobierno de José María Obando. En 1855 había contraído matrimonio con Susana Lleras Triana, hija de Lorenzo María Lleras, su antiguo maestro en el Colegio del Espíritu Santo. También había sido redactor en *El Tiempo*, periódico fundado por José María Samper y Manuel Murillo Toro y había sido uno de los fundadores de *La Biblioteca de Señoritas*, reconocida revista literaria antecesora a *El Mosaico* (véase: Vásquez V., 2004).

había publicado la novela *El caballero de la barba negra* (1858). Para establecer su posición de juez calificado en la valoración de este tipo de texto, Vergara concluyó su breve pero enfático juicio sobre Pérez con estas palabras: «I quien escribe con esa fecundidad, ¡cuán fácil hallaría la tarea de traducir a su rico castellano los consejos atrapados al pié de los virreyes, i entre los maizales de los Muiscas!». En este punto se evidencian otras propiedades que Vergara consideraba esenciales para la novela como género: debía estar escrita en un «rico castellano» y recibir los «consejos atrapados al pié de los virreyes», es tenía que ubicarse bajo la protección de la cultura proveniente de España. De esta manera con Pérez, además de emitir sus ideas de lo que él consideraba que debían ser las características esenciales del género, recurrió otra vez a la estrategia retórica del vituperio, esta vez hacia el novelista, porque no concordaba con el contenido de su ficción.[55]

En este punto hay que anotar que Vergara se erige públicamente como autoridad de la lengua y de literatura y como censor de los escritores, cuando él había escrito hasta ese momento únicamente artículos periodísticos, poesías y textos de costumbres. La única novela que publicó: *Olivos y aceitunos todos son unos* salió en 1868, diez años después de esta crítica; es decir, no tenía las calificaciones ni la experiencia para convertirse en juez de este tipo de escritura.

¿Qué hay detrás de esta postura? Vergara se había educado con jesuitas españoles durante cinco años, con ellos acendró y revigorizó ideas de cultura y tradición por lo español; luego con su pública proclamación ideológica como conservador a comienzos de la década del 50, se hizo fanático defensor e impulsor de todo lo que fuera resguardar la tradición. Además, el 18 de enero de 1858 los jesuitas regresaron nuevamente al país por pedido del entonces Presidente Mariano Ospina Rodríguez y de Antonio Herrán, arzobispo de Bogotá. Lo cual puede haber fortificado la posición ultracatólica y conservadora de Vergara; no obstante, solidificó su posición sobre la inmovilidad cultural y la preservación acrisolada de lo español en el territorio: «Ruego a Dios (...) para que en la comunicacion de los dos pueblos, esta afirme nuestras costumbres españolas, refresque nuestras tradiciones españolas, rectifique los vicios que se han introducido en nuestro idioma español, i lo que es mejor anime nuestro fervor relijioso» (6). Al mismo tiempo que afianzó su ideología política: «El partido conservador, despacioso en su andar, mesurado, inútil para las conspiraciones, relijioso i apegado a sus tradiciones, no es el mismo brillante partido conservador de Francia: es el de España, ménos en su rea-

---

55 La propia concepción que Vergara tenía de su capacidad como crítico literario, se observa en este fragmento de una carta que en 1859 le escribió a su hermano Eladio Vergara, de quien era menor 10 años: «He buscado entre tus papeles la novela del *Boga en Chagres*, y la encontré, faltando el primer pliego. Sin embargo, te la mandaré así para que en ella refresques tus recuerdos y vuelvas a escribirla. Te exijo las siguientes condiciones: mucho sabor local, sucesos públicos, bonita trama aunque no sea muy complicada, estilo sencillo: Dios te guarde de volver a escribir como en *El Mudo*, donde el estilo forzado y la rebusca de palabras quitó mucho mérito a esa novela, que he leído despacio ahora y que tiene bellezas de primer orden y barbaridades como la introducción violenta de los R.R. P.P. que no apruebo» (Vergara y Vergara 1852, 131).

lismo. Nuestras guerras civiles no son los horrorosos i brillantes levantamientos de Paris: son los pronunciamientos de España» (V. V. 1859, 52).[56]

[7] En este apartado entró de lleno en el *a causa* que «consiste en el elogio del punto de vista de la causa propia que trata» (Lausberg 1975b, 254): la novela de Eugenio Díaz Castro. Retóricamente aquí debía mencionar algunos puntos de la causa que fueran especialmente favorables. «La novela, cuyos borradores han llegado a nuestras manos desde las injeniosísimas de su autor, es un estreno feliz en un jénero completamente virjen». Como el fin más general del escrito consistía en *persuadere* (persuadir) al destinatario de la veracidad de lo que decía, Vergara empleó la claridad y la brevedad para hablar de la novela: «estreno feliz», «género virgen»; así la comprensión de estos atributos del texto se hacían fáciles de aceptar y de recordar. Sin embargo, en otros aspectos, la circunstancia de destacar la novedad del género del texto de Díaz Castro era ambigua para determinados círculos de gente culta, para quienes lo recién discurrido o novedoso iba aparejado con marcas negativas; pues era el vulgo el que gustaba de lo nuevo para distraerse. Lo establecido, lo clásico, la norma era lo que debía prevalecer.

[8] Ahora entró de lleno con la *Evidentia*: «descripción viva y detallada» para dar a conocer («elogio, vituperio») de una persona «mediante la descripción personal y la pintura de su comportamiento» (Lausberg 1967, II: 226, 234). «El señor Eugenio Diaz, habitante de una *tierra caliente* durante mucho (sic) años, entregado a las rudas taréas de un trapiche, viene a Bogotá cuando ya sus cabellos blanquean i nos presenta en un borrador su MANUELA, traido bajo su ruana». En la presentación del escritor ante el público lector se observa la importancia que le otorga al lugar donde ha trabajado: «tierra caliente, «rudas taréas de un trapiche»; al emplear estos aspectos de la naturaleza como apertura de la presentación del escritor, los enfatiza para llamar la atención de los receptores hacia ellos, para que efectúen una conexión entre esos rasgos de la naturaleza y el comportamiento del individuo. De esta forma, lo ubicó en un determinado estatus social; pero al mismo tiempo, señaló tanto el modo de vida que había llevado al desempeñar trabajo tosco y alejado de lo intelectual que había ejercido en trapiches, como el tiempo extenso que decía que él había estado realizando esas labores en tierra caliente, situación que lo hacía foráneo a la capital donde llegaba ya longevo. A esto se agregó el énfasis que le otorgó a la indumentaria del autor: ataviado con una ruana. Mención que enfatizaba el principio de diferenciación social que la indumentaria poseía en la época; por un lado hablaba de la capacidad económica y lo destacaba como trabajador de campo; por otro, esta indumentaria señalaba a los draconianos u obandistas (véase: Acosta de Samper 1908, 341).

Vergara en esta parte de la evidencia retórica emplea el vituperio en varios sentidos: los argumento que ofrecía, eran sobre el origen: «tierra caliente»,

---

56   Martínez Silva escribió sobre este aspecto de Vergara: «Ligado a la colonia por sus abuelos, (...) sus afectos estuvieron partidos entre todas las cosas españolas –la religión, la literatura y las costumbres– (...). Quebraba lanza con cualquiera que hablara mal de la madre España» (Martínez Silva 1958, 9).

el tiempo: "muchos años", la ocupación: «rudas tareas de un trapiche», la edad: «sus cabellos blanquean», el estado del escrito: «un borrador», la indumentaria: «la ruana». La representación de aspectos no era una simple selección de rasgos, sino un conjunto de significados que ponían de manifiesto el efecto destacado que deseaba crear en la mente de sus destinatarios; significados que no tendían a imponer una interpretación determinada sino a ensombrecer el juego de interpretaciones que se pudieran producir.

Esas afirmaciones de Vergara son reveladoras de un sistema particular de creencias e incluso de una concepción de mundo (véase: Perelman y Olbrechts-Tyteca 1994, 201), que censuraba desde su determinada posición lo que observaba en Díaz Castro. Así Vergara se convertía en garante de la verdad y juzgaba desde la infalibilidad, desluciendo, ante el selecto círculo de destinatarios, la labor que el escritor había efectuado en *Manuela*, al poner en juego el código de valores aceptado por los destinatarios.

Creada la idea de capacidad, por tanto de superioridad, para ser juez literario, ahora Vergara explicitó otra noción: ser árbitro y mediador social en dos niveles, sobre la posición y la presencia de las personas. La edad, el dinero, la apariencia, el vestido, la actitud eran rasgos que destacaba para particularizar, excluir, oscurecer y silenciar a Díaz Castro, mostrándolo como ocupante de un lugar diferente y alternativo a su presente y a su grupo social; así trabajó con las diferencias espacio-temporales. Habló del tiempo, del pasado («muchos años», «sus cabellos blanquean»), pero también del presente (Bogotá vs. *tierra caliente*-trapiche), con lo que incorporó la noción de distancia en lo que la cercanía volvía visible («bajo su ruana»).

Además de la idea señalada antes por Acosta de Samper sobre el empleo de la ruana como indumentaria distintiva que caracterizaba a los draconianos u obandistas; también estaba de manera muy fuerte señalando esa prenda de vestir como un instrumento de diferenciación social, de prestigio estamental; ya que los pertenecientes a las clases altas debían manifestarlo exteriormente por medio de su apariencia e indumentaria para hacer reconocible su preeminencia. Para Vergara, si Díaz Castro hubiera pertenecido al grupo de los privilegiados, de los intelectuales, habría vestido de otra manera; de ahí que señalara directamente la ruana para marcar la diferenciación social. Con sus palabras determinó la mayor distancia posible entre él y ese hombre que individualizaba como diferente al grupo de sus iguales, ubicándolo entre los advenedizos de los grupos considerados inferiores. Además, con la diferenciación, con la distancia que señalaba la indumentaria, también delimitó lo que traía bajo la ruana: «nos presenta en un borrador su MANUELA». El texto no estaba acabado, era un bosquejo, necesitaba más trabajo para llegar a la forma pulida que se requería para ser difundido públicamente.

[9] Después de lo anterior, entró directamente en la obra, con lo que parecía ser un elogio: «La orijinalidad, un tino esquisito, una observación juiciosa

i una apreciacion rápida i feliz como la de todo el que está iluminado por el Jenio, son las dotes de esta novela eminentemente nacional i provechosa». Con estas palabras, un lector desatento o poco entrenado en las técnicas de escritura, creía en que Vergara tenía buenas intenciones; pero para aquellos que ya habían entendido el *color*[57] de lo dicho anteriormente, se sintieron emocionalmente involucrados en el juicio porque se le había dicho que ese escritor no formaba parte del grupo de ellos, los receptores elegidos, los que podían comprender que la economía, el dinero y la producción intelectual iban juntas.

Por eso, las aserciones sobre la novela tendían a oscurecerse cuando se las pensaba en relación a las intenciones expresadas en [8], porque esas ideas habían dejado una huella de incertidumbre que al no ser la misma en grado, intensidad y claridad entre los destinatarios, éstos pasaban a convertir las afirmaciones de «originalidad», «tino exquisito», «observación juiciosa» y «genio» en nociones indeterminadas y vinculadas al vituperio que Vergara empleaba para presentar a Díaz Castro.

Al continuar con: «Tal es el libro que lanzamos, i al cual hemos querido agregar estas incultas líneas, sintiendo que no poseamos ya un nombre capaz de apadrinar, como merece, tan notable obra, i tan laborioso autor», protestas de inhabilidad y escasa preparación, que Vergara empleó para describirse a sí mismo, eran un retorno al tópico retórico de la falsa modestia, cuya reiteración aquí señala afectación (véase: Curtius 1975, I: 127); finjimiento que se evidencia cuando emplea el "nosotros" para referirse a sí mismo, queriendo representarse indiferenciadamente como individuo para desvanecerse dentro de una colectividad inclusiva; con esta estrategia, Vergara quería mostrarse humilde, pero en realidad agregaba a la afectación anterior, el sentido de superioridad.

Este intercambio del *vituperio* al *elogio* explicita, en buena medida, que el terreno de la censura es el terreno de la paradoja; un aparente absurdo, que una vez desenmarañado habla directamente sobre la propia condición humana y su forma de existencia en la sociedad; censura que provenía de las circunstancias sociales de la época.

[10] Al informar que Díaz Castro «de hechos históricos pero aislados i majistralmente unidos para ponerlos al servicio de una idea, ha hecho la novela», Vergara llamó la atención hacia la estructura e ideología subyacente en el texto y orientó su entendimiento, haciendo que prevalecieran ciertos esquemas interpretativos en los que iban a influir las nociones de «hecho histórico», «disgregación», «reconstrucción». Esta presentación de los datos guió la percepción sobre la novela y puso de relieve aspectos que Vergara deseaba destacar y que iban a ser evidentes para los lectores atentos de la época, pero especialmente para aquéllos que habían participado en los hechos que se mencionaban sutilmente, o para aquéllos que de alguna manera habían sufrido sus efectos.

Esa situación se intensifica al agregar: «Su idea, espresada con enérjica frase es mostrar los vicios de nuestra organización política, analizándola para

---

57   *Color*: «Los antiguos habían llamado color a las interpretaciones favorables a un partido, término que tiene para ellos un sentido peyorativo, debido a que se admite que hay una verdad de los hechos, conocida por el defensor y cuyo color sería una alteración» (Perelman y Olbrechts-Tyteca 1994, 201).

fundarla *de abajo para arriba*; de la parroquia lejana para la capital; del último eslabon de los tres poderes al primero». Al destacar en bastardilla la expresión «*de abajo para arriba*»,[58] efectuó abiertamente una queja contra su presente, en que «el mundo entero est[aba] al revés; los ciegos conduc[ían] a los ciegos, precipitándose todos al abismo; las aves v[olaban] antes de criar alas; el asno toca[ba] el laúd» (Curtius 1975, I: 144). Con el empleo de este tópico del mundo al revés, Vergara llamaba poderosamente la atención, sobre el sentido de lo destacado en bastardilla, al grupo selecto de destinatarios que tenía en mente al escribir el texto, quienes iban a entender que de seguir los mensajes que la novela explicitaba, significaba regresar a la situación política que acababa de pasar y volver a realizar un completo trastorno en la organización política. De esta manera, alertaba sobre el contenido, al tiempo que adscribía la novela con la ideología de insurgencia y de cambio social que se había originado con el gobierno de Obando y que había permitido que las Sociedades Democráticas y el movimiento de los artesanos apoyaran la Revolución de Melo en 1854. Pero al mismo tiempo aludía abiertamente al proceso de insurgencia que se había vivido en el sur del país entre 1849 y 1854 y que se había denominado como los «retozos democráticos», movimiento de protesta social donde los campesinos emplearon la violencia contra los terratenientes esclavistas.

Por eso al agregar: «Creemos que ha cumplido su deseo i que los jefes del gobierno civil como del eclesiástico, pueden aprender severas i provechosas lecciones en esas pájinas llenas de interés», lo que hacía, era destacar totalmente lo contrario de lo que parecían decir sus palabras; ya que de suceder eso, lo que significaba era que los que no estaban preparados: los «guaches», como llamaban a los de ruana (Gaviria Liévano 2002, 105), tuvieran el control. Por eso, los jefes del gobierno civil y los del eclesiástico debían predisponerse contra el mensaje, ya que era cambiar el orden de las cosas que se había restablecido, era regresar a la situación de trascendencia política de la cual apenas se estaba saliendo. Ese fuerte mensaje quedaba escondido entre las estrategias de escritura y de significado; pero para los entendidos, la novela que era como un: «daguerrotipo: pintura fiel i original de aquella tierra i costumbres», debía recibirse con cuidado y prestar atención para evitar que los de abajo llegaran al control y cambiaran la tradición y las costumbres.

Continuó con la descripción de aspectos de la composición y de los temas de la novela que eran retrato fiel de la realidad sociocultural que todos conocían porque se vivía en todos los ámbitos. Enunciados que hacían referencia directa al realismo y a la veracidad con que los problemas sociales (el abuso sexual, laboral, la prostitución, etc.) se representan en el relato.

[11] Efectuado el mensaje anterior, Vergara pasó a adscribir la novela con un movimiento literario que cumplía sus propios planes de encausar la literatura de la Nueva Granada bajo la égida de la literatura de España, la de la preservación de las tradiciones y la de protección de la lengua, como ya lo había

---

58 «De abajo arriba: se usa en sentido material para ponderar un completo trastorno. "Suelo, paredes y techo de abajo a arriba volvamos". Alarcón, *La cueva de Salamanca* 1 (R 20, 85)» (Cuervo 1886, 647).

expresado con la obra de Ángel Gaitán y con Pérez: «En suma qué se le podrá tachar al hombre que ha producido i adoptado como texto para sus obras este pensamiento digno de Larra: "Los cuadros de costumbres no se inventan sino se copian?"». Al nombrar a Larra, Vergara efectuó una falacia de énfasis, cuyo propósito era desviar al lector y llevarlo a pensar lo que él se proponía, así señalaba la dirección que debía encausar la escritura de ficción de la Nueva Granada por el rumbo del costumbrismo[59] al estilo de Larra y de la escritura de la literatura como la que se había establecido en España con el cuadro de costumbres. Pero al mismo tiempo, proyectó su desconocimiento sobre la manera en que evolucionaba la novela como género en Europa.

Para Vergara, «costumbres» era lo que significaba literalmente en el castellano y lo que se hacía en la literatura española desde la década del veinte de ese siglo; no lo que los franceses denominaban con la palabra «moeurs», que conlleva no sólo lo moral sino también lo psicológico en el término, que fue el modelo narrativo de Díaz Castro. De ahí que el primer texto que Vergara publicó en *El Mosaico* en el primer número, después del artículo editorial fuera: «El correista», que abría con las siguientes palabras: «Tipo interesante i azas olvidado de nuestra galería de tipos es el Correista[60]» (Areizipa dic. 24, 1858: 1).[61]

---

[59] Una buena definición de la manera en que los españoles han concebido el costumbrismo se expresa en el siguiente fragmento: «Los estudios sobre el Costumbrismo español del siglo XIX se centran principalmente en las figuras más representativas del género: Mesonero Romanos, Larra y Estébanez Calderón. / Mesonero Romanos, el más popular, adscrito durante su larga existencia a la literatura costumbrista, contribuyó poderosamente a definirla, expuso claramente la estética de tal modalidad y se convirtió en maestro y orientador del costumbrismo más corriente y común de aquel siglo. Por ello sus obras han constituido la base fundamental y preferente para el analisis del cuadro de costumbres y de su significación en el movimiento literario de la época. Estébanez Calderón en sus *Escenas andaluzas*, originó una variedad regional. Larra pasó por alto el pintoresquismo descriptivo para dedicar sus artículos a la sátira político social de mayor trascendencia. El propio Mesonero (I) señala sus diferencias con Larra: "El intento de Fígaro fue principalmente la sátira política contra determinadas épocas y personas. El Curioso Parlante se contuvo siempre en la pintura jovial y sencilla de la sociedad en su estado normal, procurando al descubrirla, corregir con blandura sus defectos" (Alonso Cabeza 1982, 69).

[60] Obsérvese la manera en que Vergara determinaba socio-históricamente al marcar la diferencia social e ironizar sobre las clases sociales y el oficio que desempeñaban, para generalizar sobre un grupo humano: el neivano, al que tipificó como el informante, el que divulgaba todo. Como tal, al reportar, iba a transmitir información, que podía ser negativa sobre o para los involucrados: «Entre los muchos conductores de balija que entran diariamente al trote, al trote largo detrás de una mula cargada, por las calles de Bogotá, el mejor, sin duda es el que trae la valija del Sur; del Sur, ese nido de tempestades políticas, cuyos relámpagos se ven desde Bogotá. El correíta que conduce aquella valija es *neivano*. / Vedlo! Su ruana larga i angosta, su calzoncillo flotante de lienzo, camisa de cándido lienzo gordo como el calzoncillo i su sombrero de paja trenzada anuncian al *calentano*. Pero si os fijais en los rasgos de su fisonomía formalota i vais repasando su cuello largo de prominente *manzana*, sus pies largos i huesosos, sus piernas siempre dobladas como de quien empieza a andar, sus brazos delgados i pronunciados músculos; i si ois el dejo de su voz, precipitada al principio de la frase i languideciendo al final de ella, notareis que viene del *Vaye* que es hijo glorioso de *Yanogrande*. Ese es el neivano; preguntadle por los Ortiz y los Duran, por los Buendía i los Perdomo; puede ser que sea hijo de Carnicerias o vecino de Paicol, y entonces muy bien podreis informaros de los Cabrera y de los Borrero. El los conoce s todos; i en sus respuestas os dirá en qué punto del valle estaba, al tiempo de venirse, cada uno de los quinientos individuos por quienes os informéis» (Areizipa dic. 24, 1858: 1-2).

Para él, las costumbres pintaban «tipos»; es decir, la representación se basaba en la descripción de la función social de quienes ejercían determinadas prácticas. Todorov y Ducrot explicitaron las características de este tipo de representación: «tipos. En ellos los atributos no sólo permanecen idénticos, sino que también son muy escasos y con frecuencia representan el grado superior de una cualidad o un defecto (por ejemplo, el avaro que sólo es avaro, etc.)» (Ducrot y Todorov 1976, 161-262-262). Es decir se hacía una generalización, un estereotipo de alguno(s) que ejercía(n) o efectuaba(n) una determinada práctica social, que servía para ir demarcando clases y lugares, pero especialmente para censurar y ridiculizar desde una posición superior.

Obcecado en su papel de defensor, guía y protector de lo español, limitaba los conocimientos al rechazar aquello con lo que no estuviera de acuerdo, por eso vinculó conscientemente mediante la falacia de énfasis la representación de *Manuela* con el costumbrismo y con las intenciones españolas del movimiento: «el arquetipo es permanente, el contexto histórico dota a estos grandes íconos de un sentido determinado y preciso que incorpora metafóricamente, como tan claramente mostró Panofsky, las preocupaciones esenciales de la época» (Herrero 1978, 348).[62]

---

61   La concepción de la escritura de costumbres que poseía Vergara se corrobora en este pedido que le hizo a su hermano Eladio el 7 de febrero de 1859: «Mándame una descripción de Reyes, negritos y semana santa; aunque no sean sino apuntes para trabajar algunos articulejos. Te he nombrado *agente y colaborador* de mi adorado *Mosaico*, cuyos siete primeros números habrás visto cuando leas ésta. *El Mosaico* ha sido recibido bajo arcos triunfales aquí; el señor Ancízar imprimió mi *Correísta* en *El Tiempo*, diciendo que era una belleza (oído a la caja) y que es digno de Mesonero. ¿Mesonero yo? ¡Voto a Sanes! Aquí no más tenemos 60 suscripciones: espero que juntes 12 en ésa. ¿Qué me mandas? Algo fresco, inspirado, de primer orden, versos o prosa» (Vergara y Vergara 1952, 266-267).

62   Herrero explicó la manera en que Larra, como Fernán Caballero, concebía la cultura española siempre basada en la tradición y en el pasado, idea que era la que Vergara preconizaba e impulsaba: «Ahora bien, parece evidente que en mi concepción del costumbrismo como un fruto del árbol romántico no puede haber lugar para aquellos cuadros de costumbres, como los de Larra, que defienden precisamente esa libertad que Mesonero y Fernán consideran como la diabólica serpiente que envenena la paz de la tradición hispánica. Sin embargo, esa independencia del costumbrismo liberal es ilusoria. En los dos artículos que dedica a la crítica del *Panorama Matritense* de Mesonero (*Panorama Matritense. Cuadros de costumbres de la capital, observados y descritos por el Curioso Parlante*), Larra nos ha explicado cuál es la base teórica de sus cuadros. La civilización del hombre occidental, Larra observa, oscila entre dos momentos de igualdad social. Uno es el imperio romano: en él todos los hombres se igualaban en cuanto que todos eran esclavos de la absoluta autoridad imperial. El otro momento se realizará en un utópico futuro en que los hombres seremos todos iguales porque todos seremos libres. La transición se efectuó por el triunfo del cristianismo que introdujo la idea de la igualdad moral de los hombres y de su libertad espiritual. Pero esa igualdad (y esta idea es la que nos interesa señalar) se realiza por un progresivo crecimiento histórico, por una larga y continua tradición que ha permitido el desarrollo de la libertad en países como Inglaterra y más recientemente Francia, creando los modelos a que deben ajustarse los restantes pueblos, y entre ellos España, en su marcha hacia una futura igualdad y fraternidad universal. La función de sus cuadros será crear un estado de espíritu favorable a la aceptación de costumbres libres. Pero ¿qué es esta concepción sino una visión distinta, opuesta, del mismo gran mito tan claramente percibido por Fernán? El gran árbol de la tradición cubre todas las manifestaciones del costumbrismo. Todas ellas nacen de ese inmenso naranjo romántico que es un símbolo del tiempo que lentamente transmite la herencia del pasado.

La pregunta retórica, que involucró a Larra y los cuadros de costumbres, abría sutilmente con: «¿qué se le podrá tachar[63] al hombre (...)?», estrategia comunicativa que tenía por objetivo enfatizar lo que preguntaba, al afirmar explícitamente lo contrario de lo que parecía decir. Así, había que «tachar al hombre»;[64] palabras con las que imponía a los destinatarios un modo de percibir las cosas, como lo afirma Ducrot: «Si la pregunta retórica pretende forzar al destinatario a reconocer, explícitamente o no, lo que el locutor considera verdadero, es porque le impone la necesidad de responder cuando la respuesta es evidente. De ahí el carácter "restrictivo", "vehemente", que le atribuyen, a menudo, en los manuales de retórica» (1982, 251).

Para Vergara, después de Cervantes, Larra era el modelo de escritura que se debía emular e imponer, como lo especificó en el Prólogo. De él escribió pocos meses después: «Un escritor español que ha producido OBRAS NOTABLES, después del Quijote, un individuo que se llamaba Mariano José de Larra, español por todos cuatro costados» (V i V 1859, 59); además, lo consideraba «más espiritual» que cualquier escritor francés (V i V 1959, 64). Por eso transmitió con intención la palabra «costumbres» de Díaz Castro como descripción de tipologías, de caracteriologías locales diferenciadoras, satíricas y determinantes. No como la traducción de *moeurs* que moralmente llevaba a la denuncia de situaciones sociales para buscar el cambio y mejorar la sociedad, que era lo que buscaba el novelista con *Manuela*. Son dos formas disímiles de concebir la función de la literatura, promovidas por dos movimientos literarios diferentes: la de Vergara, centrada en el pasado español, en la costumbre y anclada en el moribundo Romanticismo europeo, y la de Díaz Castro, imbuida de socialismo y proyectada hacia la renovación social por el Realismo francés.

[12] Vergara ya había persuadido al lector de que existían problemas, ahora lo ratificaba: «No podemos hacer iguales elojios de su estilo; falta que pronto notará el lector, i que disculpará pronto, sin duda, cuando conozca la

---

Pero ese gran movimiento romántico, en el seno del costumbrismo como en el resto de sus manifestaciones históricas, se divide en dos tendencias opuestas, una autoritaria y otra libertaria. Ambas, sin embargo, y por el mero hecho de ensalzar la tradición y la costumbre frente a la razón y el cambio, son básicamente conservadoras. Incluso Larra, que es realmente una excepción en la masa ingente de costumbrismo y pintoresquismo tradicionalista, acepta básicamente las mismas premisas conservadoras. No fue sólo el oportunismo ni el amor a Dolores Armijo lo que lo llevó a ser diputado por Ávila. En la España de la primera mitad del siglo XIX, la fuerza del romanticismo histórico parece haber sido casi omnipotente, y su expresión más profunda me parece encontrarse en esa versión que Fernán nos da del gran organismo romántico: el enorme naranjo que en un utópico patio andaluz preside, en un paraíso de flores y pájaros, la sempiterna repetición de un pasado glorioso, de la vieja tradición hispánica, que el hombre moderno debe absorber, glorificar, y mantener a todo precio, si quiere salvarse de las tentaciones revolucionarias que habían nacido tras los Pirineos» (Herrero 1978, 353-354).

63 «Tachar» en la época tenía la acepción de: «culpar, reprender o notar» (DRAE 1852, 658).

64 «La interrogación que se conoce como retórica no es una petición de información: es una invitación a descartar todas las posibles respuestas discordantes con la afirmación implícita en la pregunta (...) desde este punto de vista, la interrogación es un juicio» (Mortara Garavelli 1991, 151-152).

vida del autor, a quien vamos a hacer conocer con rápidas plumadas». Para afianzar su posición de crítico, empleó un argumento «ad hominem» para arrojar dudas tanto sobre el autor como sobre la novela, induciendo un proceso psicológico de transferencia para provocar una actitud de desaprobación hacia la persona y su escritura. Así identificó explícitamente lo que él señalaba como el problema del texto: «el estilo», pero no explicitó lo que significaba con esto, ya que el Prólogo se interrumpió en ese punto. Así, los lectores tuvieron tiempo para dudar, pensar, transferir y aceptar que lo que el crítico había dicho, era cierto.

Hasta esta parte del texto, las estrategias retóricas que empleó Vergara deliberadamente, tenían como finalidad producir un consenso emocional en los lectores para cambiar o guiar la opinión hacia el texto, y como resultado su valoración y su comportamiento hacia él. Así con la última afirmación sobre la labor escritural de Díaz Castro, aunada a las estrategias gramaticales y retóricas que ya había empleado, disminuyó la novela en esa sociedad de grupos humanos diferenciados y estructurados; además, predispuso a los receptores contra el autor. De esa manera, Vergara fue gradualmente imponiendo su ideología, su visión, sus criterios y sus predilecciones a los receptores; de este modo paulatinamente trabajó sobre los condicionamientos de los intereses de la sociedad, especialmente sobre los de las reducidas capas sociales educadas, para convencerlas. Ellas se encargarían de persuadir a las otras.

2.2. La segunda parte del «Prólogo» de Vergara y Vergara para *Manuela* en *El Mosaico*

En el número dos de *El Mosaico*, del 1º de enero de 1859 (Número 2, pág. 16), publicado ocho días después, concluyó el Prólogo, pero la novela no comenzó a publicarse todavía. No debe olvidarse lo que afirmó Vergara siete años después de los hechos: «La *Manuela* quedaba de repuesto[65] para el segundo número» (Vergara Vergara 1865, 211). Esto significa que los mensajes planeados, presentados mediante estrategias retóricas, y divulgados fragmentada pero estratégicamente en ese texto de presentación, tuvieron mucho más tiempo para permanecer en la mente de los receptores antes de que comenzara a divulgarse *Manuela*, creando más expectativa y aumentando la curiosidad sobre lo que se les había anticipado que era la causa de los problemas tanto del autor como del texto.

Manuela
Novela original de Eujenio Diaz
Prologo
(Continuacion)

---

65 Repuesto: «prevención que se tiene para cuando sea necesario» (DRAE 1852, 605,1)

[13] El señor Diaz cuenta hoi cincuenta i cinco años de edad. Una escuela de primeras letras i el Colejio de San Bartolomé durante pocos años, han sido sus únicas academías. A consecuencia de una molesta accion al pecho tuvo que abandonar los estudios: retirado desde entónces al campo, vivió con su familia en la Hacienda de Puertagrande, perteneciente a su padre. [14] Despues pasó a tierra caliente donde una vez fue mayordómo i otras propietario. [15] De tres años a esta parte es que ha comenzado a escribir sus novelas de las cuales ha visto la luz publica la «Ronda de don Ventura Ahumada». Estas novelas i varios artículos de costumbres han sido escritos en los momentos de que ha podido disponer para su descanso.

[16] Su madre anciana i achacosa, residente en Bogotá, lo necesitaba a su lado; i he aquí la razón por la cual tenemos hoi entre nosotros al señor Díaz. Destituido de intereses i sinembargo honrado, económico i laborioso «la Manuela» es una de las esperanzas que alegran su corazon sencillo i bueno: será un capital que aunque pequeño le dará con qué trabajar. Bajo este punto de vista cuán piadosa será la compra que se haga de su libro! I con cuánto aprecio lo guardará el que lo compre, después que haya saboreado su deliciosa narracion?

[17] Infatigable operario del pensamiento, fecundo como la tierra americana, «La Manuela» no es su única obra: tiene concluidas «Las aventuras de un jeólogo»: suya es «La ronda de don Ventura» que corre impresa: i actualmente está desarrollando el plan de otra novela que probablemente se llamará «Emilia». Ha escrito bellisimos artículos de costumbres, i hoy se busca su colaboración por algunos directores de periódicos. En sus ultimas novelas da mas interes a la trama; [18] porque la sencillez de su alma se retrata en la fácil i sencilla narracion de la «Manuela» por ejemplo. Allí, aunque hai drama, enlace de escenas i desenlace de todos los personajes, no se ostentan las terribles peripecias con que tan sabiamente enloquecen al lector los novelistas actuales. [19] Díaz pertenece en todo a la época de Cervantes: este es su defecto i su virtud. [20] Dijimos que se le disculparían las faltas de su estilo desde que se conociera su vida; i ahora que ya hemos descrito la rápida noticia que antecede, ¿quién se atrevería a inculparle el poco culto que dé a la diosa de este siglo literario, a la *Forma*? [21] Pronto adquirirá esta cualidad secundaria, poseyendo por intuicion las primeras que deben adornar a un escritor. La sociedad que cultiva en Bogotá hace esperar esto: ligado íntimamente con los mui estimados escritores Carrasquilla i Borda, estimado por nuestros literatos renombrados los señores Ortiz, i animado sin cesar por la obligante i bondadosa cortesía con que el señor J. Arboleda lo distingue, el señor Diaz irá

bien lejos. El señor Lázaro Pérez imprimió su «Ronda de don Ventura»: i a Pérez es familiar el mérito: el redactor de la «Biblioteca de señoritas» tan buen juez en materias literarias, ha pedido su cooperacion en el periódico que dirije.

[22] Hemos concluido. No dudamos que el éxito corresponde a nuestras esperanzas: porque, como dijimos en no sé cual otro escrito, el pueblo granadino acata gustoso toda superioridad que sea digna de la suya.

Bogotá, diciembre 14 de 1858.

J. M. Vergara i Vergara (*El Mosaico*, enero 1° de 1859, 16).

Las nuevas intenciones que se observan en la parte del Prólogo que quedaba por presentar son: [13] Reiterar la edad avanzada, para la época, de Díaz Castro y aseverar que el autor era un hombre de poca educación. [14] Enfatizar los oficios que Díaz había realizado. [15] Señalar que el escritor era principiante. [16] Destacar que la escritura de la novela se había efectuado recientemente e informar la razón por la que Díaz Castro se hallaba en Bogotá. [17] Advertir que ya había escrito otros textos. [18] Calificar nuevamente *Manuela*. [19] Enlazar al autor con la tradición española, con Cervantes. [20] Recordar que su estilo tenía fallas. [21] Participar a los lectores que los escritores cultos, mediante su compañía, iban a enseñar y a dirigir a Díaz Castro. [22] Concluir el texto.

Nuevamente esta parte del Prólogo se publicó en la última página del N° 2 de *El Mosaico*, pero esta vez es el penúltimo artículo; ocupó la última mitad de la primera columna y continuó en la primera mitad de la segunda columna. Con la ubicación en la publicación general se observa que Vergara, como editor del periódico, no consideraba tan importante el texto que presentaba.

Al concluir abruptamente, ocho días antes, el Prólogo después de [11] la pregunta retórica que instaba a «tachar» al autor y [12] de aseverar que el estilo de la obra tenía problemas, causados por la vida que había llevado Díaz Castro, se había creado en los receptores una tensión causada por tener que esperar, por la curiosidad, por la certeza de los problemas existentes que ya había aceptado que poseía la novela, como por el misterio que se había instituido al suspender el texto; todo lo cual incrementaba la importancia que se le daba al crítico y a sus palabras y, repercutía en la percepción de la novela y en la de su creador.

El receptor se acercaba, en esta segunda parte, ya convencido de que iba a conocer el enigma que se había anticipado ocho días antes y que había estado esperando a que se resolviera. Ahora tenía una motivación impulsada por la curiosidad de saber aspectos de la vida privada del escritor que pasaban al ámbito de lo público. No obstante, lo personal carecía de importancia para juzgar la escritura.

Así continúa el texto, compuesto en las primeras secciones mediante argumentos «ad hominem», cuya finalidad era la descalificación ideológica, porque la edad, la clase social, la supuesta falta de educación, la familia, los trabajos desempeñados o no, los hábitos de vida eran irrelevantes para evaluar *Manuela* como construcción literaria. No importaba si era cierto o falso lo que decía del escritor, lo que estaba en juego era el valor de la novela.

[13] a) «El señor Diaz cuenta hoi cincuenta i cinco años de edad». Cuando Vergara especificó la extensión de la vida que había vivido hasta ese momento el autor, argumento «ad hominem», lo inscribió en un grupo de edad y de generación que lo articulaba en una categoría social. Habló de Díaz Castro desde su propia edad; es decir proyectó su propia percepción, entrando en el terreno de lo cotidiano y dejó entrever parte de sus pensamientos sobre lo que sentía acerca de la diferencia de edad entre él y el autor (veintiocho años y medio).[66] Ya que si Díaz Castro hubiera sido un hombre de edad semejante a la de él, no habría hecho su caracterización dos veces en el Prólogo: [8] «viene a Bogotá cuando ya sus cabellos blanquean» y nuevamente ahora, posiblemente para destacar ideas de decadencia, deterioro, pasividad, enfermedad. Para la época, el autor de *Manuela* era una persona de edad avanzada, ya al final de la tercera parte de su vida; lo que implicaba que en los destinatarios se iba a producir una mayor proporción de percepciones de limitaciones y de estereotipos sociales sobre el autor.

b) «Una escuela de primeras letras i el Colejio de San Bartolomé durante pocos años, han sido sus únicas academias. A consecuencia de una molesta accion al pecho tuvo que abandonar los estudios: retirado desde entónces al campo, vivió con su familia en la Hacienda de Puerta-grande, perteneciente a su padre» (argumentos «ad hominem» para poner en duda la inteligencia del escritor). En la información que difundía Vergara sobre la edad de Díaz Castro, también ejercía influencia, para determinadas capas de lectores, la aseveración que proporcionaba sobre el reducido nivel de estudios, el no haber recibido educación y el vivir en el campo; todo lo cual predisponía a los receptores contra el anciano que se presentaba como escritor.

Aquí hay que preguntarse, ¿cuál fue la motivación de Vergara para afirmar la noción de la carencia de estudios de Díaz Castro?[67] No podía ser

---

66 Díaz Castro nació el 5 de septiembre de 1803, mientras que Vergara nació el 19 de marzo de 1831.

67 Para 1859, se habían decretado en el territorio dos reorganizaciones masivas sobre Educación: la de Francisco de Santander efectuada entre 1820-1826 y la de Mariano Ospina Rodríguez entre 1842 y 1844. En la primera, por ley del 3 de octubre de 1826, capítulo XXII, artículo 141: «La enseñanza literaria en las universidades se distribuirá en las clases siguientes: 1ª., de literatura y bellas letras; 2ª., de filosofía y ciencias naturales; 3ª., de medicina; 4ª., de jurisprudencia; 5ª., de teología./ Artículo 142. La clase de literatura comprende las cátedras siguientes; una de lengua francesa e inglesa; dos de gramática latina combinada con la castellana; una de lengua griega; una de idioma de los indígenas que prevalezca en cada departamento o que estime más conveniente la dirección o subdirecciones respectivas; una de literatura y bellas letras, y una de historia antigua y moderna y bibliografía» (Santander 1990, III: 417).

«Las cátedras de lenguas francés, inglesa, griega e indígena; literatura, bellas letras, his

por desconocimiento de la época, porque la memoria social sobre la década del veinte del siglo XIX, en el momento de la escritura del Prólogo (casi cuarenta años) todavía no había dejado de existir, como sucede ahora cuando han pasado dos siglos; pero el momento histórico era álgido en luchas ideológicas y divisiones partidistas. En las palabras de Vergara se observa una evidente intención de desprestigio.

La supuesta falta de nivel cultural creaba en los lectores una serie de inconvenientes que Díaz Castro iba a poseer debido a su edad. La presumida carencia de cultura implicaba que el autor era menos realista en cuanto a sus habilidades y limitaciones, y que además, no podía entender que el período posterior de su vida era un momento en el que iba a recoger los frutos de la preparación y de las actividades que había desarrollado en las épocas anteriores. Por tanto, para los que no tenían conocimiento de la preparación cultural del escritor, después de la labor de desinformación de Vergara, no podían esperar mucho de la novela que se les anunciaba.

[14] Al mencionar enseguida: «Despues pasó a tierra caliente donde una vez fue mayordómo i otras propietario» (otro argumento «ad hominem, dirigido contra el autor, para desprestigiarlo entre los miembros de las clases altas; tampoco tiene nada que ver con *Manuela*)», Vergara acentuó, por mencionarlo primero, que entre los trabajos que había desempeñado Díaz Castro, había estado el de «mayordomo»; palabra que en la edición del diccionario de la Real Academia de la Lengua de 1852, presenta como primera acepción: «El criado principal a cuyo cargo está el gobierno económico de alguna casa o hacienda» (p. 446). Con esto, significaba que a pesar de que era hijo de hacendado, que había conocido la superioridad de la posesión de la propiedad, había bajado tanto en la escala social que una vez había tenido que atenerse a un oficio ínfimo y degradante como el de ser criado al servicio de otro que poseía tierra. Esta referencia, regresaba a la idea de ejercer un «trabajo vil», no digno de ciertas capas sociales.[68]

Esa única situación, como la presentó el prologuista, parece negar todas las otras empresas en las que Díaz Castro fue propietario; es como si en los presupuestos ontológicos de estas dos formas de vida, prevaleciera el primero

---

toria literaria y bibliografía, no fueron dictadas, pues el plan de 1829 de Simón Bolívar, revocó el plan de 1826 de Santander. / En 1835 a raíz de haberse declarado vigente el plan de enseñanza de 3 de octubre de 1826, el rector de la Universidad Central le notificó al rector del Rosario, que los cursantes de las clases de filosofía, jurisprudencia, medicina y teología, debían asistir obligatoriamente a oír las lecciones de las lenguas francesa e inglesa y principios de literatura que dictaba el doctor Pedro Herrera Espada en la Universidad Central (Guillén de Iriarte 2008, 101).

Por la ley del 30 de mayo de 1835, artículo 20, Francisco de Paula Santander restableció el Plan de enseñanza pública de 1826 (véase: Guillén de Iriarte 2008, 104).

68 Para los Colegiales pesaban todavía ya bien entrada la cuarta década del siglo los oficios desempeñados tanto por los ascendientes paternos y maternos, esos testimonios sobre el tipo de trabajo ratificaban la condición social de los Colegiales. Los oficios que daban honra seguían siendo «los cargos públicos, sin embargo a medida que avanzaba el siglo iban incrementándose los oficios de mercaderes e industriales, aunque estos últimos constituían la minoría» (Guillén de Iriarte 2008, 66).

y fuera la negación de los otros, pues ellos eran incompatibles (en la mente de Vergara y en la de muchos otros de clases altas).[69] Entonces, todo lo que había dicho de carencias, ausencias y ahora degradaciones en el tipo de trabajo, ya eran un sistema de atributos negativos que se solidificaba alrededor de la percepción de la figura del escritor y emanaba una identificación que ponía en juego unas normas (véase: Perelman y Olbrechts-Tyteca 1994, 317-318).

[15] Por eso, continuó con: «De tres años a esta parte es que ha comenzado a escribir sus novelas (...) Estas novelas i varios artículos de costumbres han sido escritos en los momentos de que ha podido disponer para su descanso» (nuevos argumentos «ad hominem», que atacan la inteligencia del escritor). Esta manera de hablar sobre el poco tiempo y lo reciente de la producción de la escritura de Díaz Castro producen un argumento de reciprocidad que realiza «la asimilación de situaciones considerando que ciertas relaciones son simétricas. Esta introducción de la simetría introduce, evidentemente, dificultades concretas en la aplicación de la regla de justicia» (Perelman y Olbrechts-Tyteca 1994, 343). Esta reciprocidad implica que vida y obra tenían los mismos problemas. De ahí que la sucesión de calificativos se fuera acumulando. A esto se agregaba el poco tiempo que llevaba como escritor: menos de tres años; además, lo había hecho en los tiempos de descanso. Es decir, su escritura no era fruto del raciocinio y de la investigación, sino de la precipitación, de la carencia de tiempo y de oportunidades; Díaz Castro no era un escritor ni serio ni formado.

[16] Realizadas todas estas estrategias de comunicación sobre el autor y su obra, Vergara, pasó a los argumentos «ad populum»: llamados emocionales al auditorio, que no estaban relacionados con lo que se juzgaba. La intención era provocar sentimientos que hicieran adoptar el punto de vista del hablante, para logarlo se podían incluir argumentos «ad misericordiam» y «ad hominem». Vergara debía dar razones para que se leyera una novela que tenía tantos problemas. De este modo comenzó a movilizar emociones y a crear necesidades éticas en los lectores: «madre anciana i achacosa», «lo necesitaba a su lado», «Destituido de intereses i sinembargo honrado, económico i laborioso "la *Manuela*" es una de las esperanzas» (argumento «ad misericordiam», para devaluar aún más la escritura, porque la caridad y los otros sentimientos y acciones de los receptores no incidía en nada con la valoración del proceso intelectual y el producto final que era *Manuela*), «será un capital que aunque pequeño le dará con qué trabajar», «piadosa será la compra que se haga de

---

69   Las informaciones de limpieza de sangre se siguieron exigiendo en los Colegios de San Bartolomé y el Rosario hasta mediados del siglo XIX. «La anterior determinación del gobierno rigió para ambos Colegios de la capital durante todo el periodo estudiado [1826-1842]. Se estableció, además, que el Colegio de Boyacá en Tunja, el Colegio Antioquia en Medellín, y el Colegio de San Simón en Ibagué, tenían la obligación de cumplir con los estatutos del Colegio de San Bartolomé, lo cual se ha podido comprobar por las certificaciones presentadas por ex colegiales de otras instituciones para ingresar al Colegio Mayor del Rosario» (Guillén de Iriarte 2008, 61). La sociedad neogranadina, no obstante los años transcurridos y las circunstancias vividas desde la Independencia, conservaba vivas e incluso practicaba muchas costumbres coloniales.

su libro!». Con esta serie de compromisos morales en que puso a los receptores al movilizar sentimientos de piedad, compasión, altruismo, etc., cuando realizaran el sacrificio de gastar dinero para adquirir la novela, tendrían una ganancia personal que trascendía a lo espiritual; de ahí que la serie de sentimientos que creaba, terminara con un argumento de compensación (véase: Perelman y Olbrechts-Tyteca 1994, 393-395). Vergara necesitaba proclamar la recompensa después de haber empleado la persuasión con los receptores sobre los puntos negativos del texto de Díaz Castro. También al denominar la obra como: «la *Manuela*», con el uso del artículo con el título de la novela, Vergara empleó el decremento del estatus del referente, lo que se sumó a las estrategias comunicativas antecedentes. Esta será la manera en que Vergara siempre se referirá a la novela.

En la sección anterior se debe prestar atención a la forma en que aludió a la progenitora de Díaz Castro: «madre anciana i achacosa», «lo necesitaba a su lado» (argumentos «ad hominem»); enunciados con los que Vergara nuevamente hacía énfasis en la percepción propia que poseía sobre la vejez. Para él, Díaz Castro era anciano, la madre que era casi octogenaria, debía parecerle extremadamente longeva; además al representarla tanto con serias limitaciones físicas (achacosa) como psicosociales (necesitada, dependiente, deteriorada), proyectaba que su percepción de la vejez estaba dentro del senilismo y la estereotipificación negativa de las personas mayores; ya que insinuaba, para el hijo, y destacaba, para la madre, los aspectos más negativos de la senectud, mostrando a través del lenguaje, consciente o inconscientemente, su perspectiva de adulto joven sobre los mayores. Estas representaciones eran una forma de estigmatización proveniente de un miembro de un grupo etario menor que el que le servía de referente con lo que determinaba la conducta de los receptores, porque categorizaba y alejaba socialmente al hijo por medio de la caracterización de la madre.

Expresadas las percepciones sobre la ancianidad como una etapa de edad provecta, Vergara continuó incentivando la idea del ejercicio de la caridad, a la vez que incrementaba los rasgos de precariedad para consolidar una imagen global de Díaz Castro: «Destituido de intereses i sinembargo honrado, económico i laborioso "la *Manuela*" es una de las esperanzas» (argumentos «ad hominem», «será un capital que aunque pequeño le dará con qué trabajar», «piadosa será la compra que se haga de su libro! I con cuánto aprecio lo guardará el que lo compre, después que haya saboreado su deliciosa narracion?» (argumentos «ad misericordiam»). De esta manera prosiguió vinculando relaciones emocionales con los receptores mediante mensajes emanados de estrategias escriturales, cuyo resultado dependía del lado íntimo y afectivo de cada uno de ellos.

Al explicitar: destituido no obstante honrado, frugal si bien trabajador, oponía parejas de palabras que indican que en su forma de pensar eran contrapuestas, pero por alguna razón en su caso eran complementarias, excepto que todas ellas contribuían a activar significados simbólicos que consolidaban e iban estatificando capas de significado de la imagen de Díaz Castro que Vergara deseaba proyectar, producto de la configuración de recursos retóricos que emitía mensajes basados en verdades a medias ambiguamente elaboradas.

[17] Seguidamente el prologuista al expresar: «Infatigable operario del pensamiento, fecundo como la tierra americana», regresó al elogio retórico con la elección de la calificación (epíteto) «infatigable» para el sustantivo «operario»: «el que trabaja en algún oficio u obra de manos» (DRAE 1852, 490), que proporciona nuevamente un sentido general deslucido de Díaz Castro. Vuelto a calificar con la frase: «fecundo como la tierra americana», con la cual Vergara efectuó una comparación de proporcionalidad inversa (mesurable/inconmesurable), donde las argumentaciones anteriormente emitidas influyen en esta evaluación.

Pasó luego a hablar de las obras que Díaz Castro había producido, mencionando otra vez «la *Manuela*»; alusión con la que efectuó un enlace de sucesión, nexo causal, con las obras: «Las aventuras de un jeólogo», «La ronda de don Ventura», de este modo las aproximaba de modo recíproco; es decir, los problemas de una de esas obras, las poseían las otras. Además, exornó con un superlativo («bellísimos) los textos «de costumbres»; por los que, según como está estructurada la escritura del Prólogo, se había producido un efecto, que llevó a que buscaran al escritor para que participara en publicaciones periódicas: «Ha escrito bellisimos artículos de costumbres, i hoy se busca su colaboración por algunos directores de periódicos». Con este tipo de argumento planteó un razonamiento inductivo, con el que intentaba aumentar la creencia de que la escritura de los textos que él denominó de «costumbres» era la causa para que se pidiera la participación de Díaz Castro en otras publicaciones periódicas. Igualmente, agregó: «En sus ultimas novelas da mas interes a la trama», pero no dijo a cuál obra se refería o si realmente había leído en esas pocas semanas el manuscrito del texto que pasó a conocerse después de muerto el autor como *Bruna la carbonera*, que ya estaba escrito junto con *Manuela*, o si lo dijo simplemente como punto de comparación para las afirmaciones que explicitó a continuación.

[18] Vergara prosiguió con un nuevo enunciado que aportaba más rasgos al retrato que ofrecía del escritor: «porque la sencillez de su alma» (argumento «ad hominem»), a la vez que proporcionaba nuevamente su punto de vista sobre la novela: «se retrata en la fácil i sencilla narracion de "la *Manuela*" por ejemplo. Allí, aunque hai drama, enlace de escenas i desenlace de todos los personajes, no se ostentan las terribles peripecias con que tan sabiamente enloquecen al lector los novelistas actuales». Al aportar aspectos del carácter que él asumía en Díaz Castro, que se relacionaban con su aspecto físico, Vergara vinculó su escritura a un conjunto de conocimientos sociales que cul-

turalmente llevaban a un sistema de asunciones generales que algunos grupos sociales utilizaban para juzgar a los individuos por la apariencia. Al asociar esas deducciones a la producción escritural del autor, la minimizaba.

Además, Vergara al evaluar en este punto la novela, guiaba al lector en el sentido que él quería que la narrativa neogranadina tuviera, pero a la vez imponía la relación que ya había hecho con Larra y que en seguida enlazó férreamente con la tradición española, sin importarle que su analogía no tuviera fundamento (lo que él decía, era lo que tenía valor, lo que funcionaba: argumento «ad verecundiam»). Los modelos que Díaz Castro empleó para su novela, estaban fuera de España, estaban en Francia, como se verá más adelante.

Esta posición de Vergara muestra la autoridad con que se había investido: defensor, guía y regulador de la literatura en la sociedad neogranadina; pero a la vez, señala el camino que tomaría en relación con la literatura y la lengua, como lo hizo tres meses después en abril de 1859, cuando a través de dos periódicos: *El Mosaico* y *El Porvenir* abiertamente se presentó ejerciendo esas dos funciones públicamente.

En el primer periódico se manifestó a la vez como censor literario contra Raimundo Bernal por su novela: *Viene por mí y carga con Usted*, y contra Manuel Ancízar[70] (liberal radical), quien bajo el seudónimo Alpha había escrito favorablemente sobre la novela de Bernal: «Desde luego empiezo reconociendo no solo mi incapacidad como crítico, sino que comienzo también confesando que las palabras del noble Alpha son un laurel. / I junto de ese laurel, que es mi improbacion? Menos que nada; pero debo en esta ocasión, como en todas, ser franco hasta martirizarme» (Areizipa 1859, 139). Otra vez empleó el mismo tópico de la falsa modestia, pero cáustica e irónicamente impugnó a Ancízar por las palabras favorables que había dirigido hacia la obra de Bernal. Mientras que fustigó a éste por el tópico, por los personajes, finalmente porque había escrito con modelos diferentes a los que él deseaba ver publicado con el título de novela. Ya se había convertido en juez, jurado y verdugo; de ahí que le dijera al autor públicamente que no publicara otras novelas.[71] La ideología conservadora adquirió con Vergara un bastión contra

---

70 No debe olvidarse que Ancízar, según la carta del 7 de febrero de 1859 que Vergara le dirigió a su hermano Eladio, lo había alabado por uno de sus textos y se lo había republicado en otro periódico. Una de las maneras de agradecer de Vergara fue atacándolo y publicando sus palabras el 25 de abril de 1859. Manuel Ancízar era 20 años mayor que Vergara, doctor en jurisprudencia, Ministro plenipotenciario ante Venezuela, miembro de la Comisión Corográfica, Diplomático sobre límites territoriales ante Ecuador, Chile y Perú, Diplomático y parlamentario en Panamá. Fundador del periódico *El Neogranadino* y cofundador de *El Tiempo*, además de colaborador en otras publicaciones. Éste era el hombre al que atacaba Vergara por haber apoyado a un escritor con el que no estaba de acuerdo.

71 «La idea de la novela está fuera del alcance del mas hábil ojeador. La "novela social" es tan vasta, tan virjen como la América (...). / La novela social, el estudio anatómico de las costumbres contemporáneas es esa América; pasarán siglos i no se habrán llenado todavía sus bellos desiertos! / I es una novela que aspira al nombre de social la de "Viene por mi &.ª"? Hase hecho digna de su título? / Para esto seria menester que el retrato fuera

el que chocaron y se desvanecieron ideales, intenciones y labores completas que promovían una visión de mundo más abierta.

Mientras que en *El Porvenir*, Vergara comenzó una polémica con el liberal Manuel Murillo Toro, expresidente del Estado Soberano de Santander y Senador de la República, que acababa de ser vencido como candidato a la presidencia por el conservador Ospina Rodríguez. En una serie de cartas le recriminó y luego le refutó que hubiera dicho que todo lo malo que había en los neogranadinos provenía del origen español que se tenía culturalmente: «El recinto del Senado es demasiado estrecho: no cabe en él la apostasía de un castellano; es estrecho para oir a un granadino renegando de sus padres. (...) quiero por mi parte, defender también una de las tres cosas que con frecuencia habéis atacado: la relijion católica, la raza latina i la familia cristiana»[72] (véase: V. i V. 1859, 3).

---

irreprochablemente fiel; i si es fiel esa pintura, que es la sociedad de Bogota sino una taberna inmunda? (...) Si ese es el retrato de la primera sociedad, el original es un monstruo indigno de ser delineado por la pluma del señor Bernal. / Si no es novela social, será novela de costumbres: menos todavía. Hoy no hai disculpa para el escritor de este jénero, después que don Eujenio Diaz acerto a reunir en dos renglones i a revelar al vulgo la gran máxima de "los cuadros de costumbres no se inventan: se copian". / I yo no reconozco esas costumbres (...). / Si esa trama es histórica el señor Bernal ha debido despreciarla como indigna de él; si es inventada, ha hecho una injusticia a su mismo corazón, nos la ha hecho a todos amargándonos la vida con la lectura de esas cosas que deprimen el vuelo jeneroso del espíritu inteligente, educado, filósofo i cristiano. / Creo decir una verdad al decir que esa novela esta escrita al servicio de un partido i en contra de otro. (...). La idea de contraponer i contrastar un sacerdote según la lei del Cristo; con otro que carga venenos i puñales hasta debajo del solideo, viene desde la publicación del Judio Errante: los tipos del padre Rodin i del padre Gabriel andan por el suelo. Creo que no hai palabras bastantes para deprimir al mal sacerdote, pero yo obro de otro modo en mis creencias. (...) / No: la novela del señor Bernal no es novela de costumbres! Esas costumbres no son las de mi noble país! / Queda otra parte del examen para este incompetente juez literario, el del estilo; i cansado ya de hablar con dureza, cuando mi lenguaje es lisonjero siempre i afectuoso como mi corazón que todo lo ama i que a nadie odia; cansado, repito, de hablar asi de un compatriota que estimo i en contra del juicio espresado por un hombre que admiro, quisiera empezar ya con esa multitud de palabras afectuosas que yo prodigo porque no tengo otras; pero el señor Bernal andando siempre en busca de tipos atrozes, ha puesto frases en su novela que... mejor es contar una. / (...) Si asi fuera te chupabas tu comunion que te ofrezco! (...). En suma, todos los defectos que en mi opinion, tiene la novela citada, vienen de que el señor Bernal hizo lo que yo he presumido: poner su novela al servicio de una idea de partido. Estimo sinceramente al autor, como estimo a todos los escritores neogranadinos. (...) Bien claro lo dice esto i siempre que he hablado ha sido con elojios. Hoi no lo hago; pero es porque confio que el señor Bernal acojerá cordialmente mis sinceras observaciones i renuncie al proyecto de dar a la luz las dos novelas que anuncia en la pájina 209 vuelta de su libro» (Areizipa 1859, 139-140).

72   En la carta del 27 de abril de 1859, se dirigió a Murillo en estos términos: «Permitid, señor, que siga usando del tratamiento de *vos*. Dios i mi ninguna presuncion saben que no es por empuñar la trompa épica, sino por demostraros mi respeto, i porque vuestra inteligencia reconocida i vuestra alta posición os hacen superior al que os habla, que de ámbas cosas carece. / Me esforzaré no solo en rebatiros, sino en escribir de tal manera que al final de la jornada no tengáis ninguna queja de mi. / Por qué habia de ofenderos? Os estimo, como estimo toda superioridad intelectual, como desdeño toda superioridad física o pecuniaria» (V. i V. 1859, 4). Obsérvese el tono con el que se dirigió a su interlocutor, la falsa modestia que empleó otra vez, la forma de hablarle, la poca importancia que según él, le daba a la falta de dinero de un habitante del lugar, cuando fue una de los aspectos que más destacó en la presentación pública que hizo de Díaz Castro. Afirmaciones que indican todo lo contrario de lo que aseveraba.

Así, el texto del Prólogo fue la presentación oficial de Vergara en la palestra pública como censor, crítico de la novela (sin haber escrito ninguna), guardia y defensor de la cultura española, de la religión, del castellano, de las costumbres; en fin, de todo lo que él consideraba que debía conformar la cultura neogranadina. De ahí que se atribuyera las funciones de protector del pasado y del presente de la «América española»,[73] por lo cual todos los escritores que surgieran, iban a sufrir su juicio y su sentencia.

[19] En este punto del Prólogo, Vergara empezó la *Peroratio*, conocida también como *conclusio* o *epilogus*, que es la parte que constituye el final del texto. Sección que posee una doble finalidad: refrescar la memoria y despertar los efectos. Al escribir «Díaz pertenece en todo a la época de Cervantes: este es su defecto i su virtud». Se vale de una *amplificatio*, recurso que es una afirmación de gran peso que tiene la función de llamar la atención de los oyentes, de persuadirlos y de apelar a sus pasiones. El fundamento de esta técnica se centra en una superioridad, que generalmente es un *loci* o tópico, y forma parte de una red organizada de ideas o pensamiento sancionado por el uso, que se compara con otra para decidir si es pertinente y conveniente (véase: Lausberg 1975a, 51).

Como la *amplificatio* es un medio de la parcialidad, aquí se debe observar de cerca el tipo de táctica oratoria que se evidencia. Al conocer la época y al prestar atención a la estructura y a la escritura de *Manuela* se observa que existe una falta de concordancia entre lo que Vergara afirma en este *loci* y el género, la intencionalidad y el contenido semántico al que se adscribe la novela, como se verá más adelante. En este sentido es un *ductus subtilis* donde lo que dice y su intención de conseguir en el público un efecto contrario es efectivo (véase: Lausberg 1975a, 48); pero a la vez este es un argumento «non causa pro causa» que vincula a Cervantes con Díaz Castro, únicamente

---

73   «Soi americano español y tengo profunda admiración por mis projenitores: soi cristiano i profeso veneración por mi gremio católico: soi padre i esposo i respeto altamente las leyes de la familia inventadas por el cristianismo, i guardadas como un tesoro por el catolicismo. (...) Mi tal cual posición la debo únicamente a que desde mui joven, niño casi, empece a trabajar por las tres cosas que he enunciado, i algunas mas en otro orden. Me declare cristiano i católico en 1851, cuando era moda ser lo contrario. En la misma época, cuando salieron de mi patria *espulsados* por el ciudadano jeneral López i por mis padres jesuitas, yo recordaba en voz alta que a ellos debía mi educación, cosa que me ponía en un predicamento ridículo en frente de la lucida juventud que vos aleccionabais. En el mismo año, cuando una tempestad de ultrajes y de *latigazos* abrumaba a los conservadores, yo reclamé este nombre. Tengo amigos que son parte de mi alma entre las filas que vos presidis dignamente; i delante de ellos, alternando en sus brillantes conversaciones, he dejado conocer mis opiniones *rancias, retrógradas* para un hombre de 28 años. (...) Las simpatías de mis correlijionarios me acompañan desde 1850 porque saben que soi sinceramente su hermano; las de los partidarios contrarios jamas me seguirán porque saben que desde 1850 me he separado, libre i espontáneamente, de sus filas: separado no porque hubiera pertenecido a ellas, sino porque entonces empezaba a vivir en la sociedad e iba a elegir camino para mi vida social. / (...) Amo la España: deseo sinceramente que se realice mi fervoroso deseo de que mi Gobierno i el de la Metrópoli celebren un tratado de amistad i de comercio. Ruego a Dios para que formemos esos lazos, i que, en la comunicación de los dos pueblos, esta afirme nuestras costumbres españolas, rectifique los vicios que se han introducido en nuestro idioma español, i lo que es mejor, anime nuestro fervor relijioso tratando con otro pueblo católico» (V. i V. 1859, 3-6).

porque los dos emplean la misma lengua, pero no por nada más. Así, según Vergara, el autor había tenido buenas intenciones pero pobres resultados con su texto. El efecto era contrario a lo que se esperaba; la escritura de Díaz Castro, según Vergara, era ilógica, ya que tenía aspectos de la época de Cervantes, ése realmente era el problema. ¿A qué se refería? eran ideas negativas y ambiguas que no clarificó, porque esa era su función, confundir y llevar a la aceptación de la precariedad de la escritura del autor; nociones que corroboró con las que seguían a continuación.

[20] «Dijimos que se le disculparían las faltas de su estilo[74] desde que se conociera su vida; i ahora que ya hemos descrito la rápida noticia que antecede, ¿quién se atrevería a inculparle el poco culto que dé a la diosa de este siglo literario, a la Forma?», con estas palabras recogió sucintamente lo que ya había desarrollado a lo largo del Prólogo, pero exponiendo nuevamente lo que Vergara consideraba que era la falla más evidente, para dejar una huella en el ánimo de los destinatarios (véase: Vico 2005, 179). Para él, el problema era el estilo: el lenguaje y la expresión de los pensamientos; aunque no especificó cuál de los dos aspectos.

Si se toma como guía la crítica que le hizo a la novela de Bernal, en el ejemplo que incluyó al juzgar que el problema de ese escritor era el estilo, se refería claramente al lenguaje. Sin embargo, ahora circunscribía la crítica también a la forma de la obra. Aquí hablaba no sólo de la escritura, sino de la expresión, de los contenidos connotados, que dependían de la capacidad interpretativa y de la intención comprendida que el lector diera al texto; además de la manera en que los había estructurado. Lo que significaba que tanto el lenguaje, los mensajes y la estructura que le había dado a la novela no habían sido del gusto y de la aceptación de Vergara: autoridad oficial conservadora, guía, encausador, censor y vigilante del idioma, de la religión, de la cultura y de las costumbres de la Nueva Granada. De esta manera se explicitan las causas del embate que efectúo contra el escritor y su obra: los mensajes y la organización del discurso no fueron de su agrado.

[21] Enseguida afirmó: «Pronto adquirirá esta cualidad secundaria, poseyendo por intuicion las primeras que deben adornar a un escritor. La sociedad que cultiva en Bogotá hace esperar esto». Esto es una estrategia retórica para la conclusión. Con ella, Vergara debía lograr que los receptores fueran favorables a lo que se proponía que era encausar la literatura y la

---

74 «Del estilo. Suelen confundirse generalmente las dos palabras *lenguaje* y *estilo*; sin embargo hay entre ellas notable diferencia, é importa mucho distinguirlas. *Lenguaje* es la coleccion de espresiones con que un autor enuncia sus pensamientos. *Estilo* es el carácter general que á un escrito dan los pensamientos que contiene, las formas bajo las cuales estan presentadas las espresiones que las enuncian y hasta el modo con que estas se hallan combinadas y coordinadas en sus respectivas cláusulas. El lenguaje es, pues, una parte del estilo, uno de sus componentes, y como el lenguaje es bueno, si las espresiones son puras, correctas y propias, síguese de aquí que un escrito puede tener muy buen lenguaje y malísimo estilo, si los pensamientos son malos ó embrollados, las espresiones bajas aunque castizas, los periodos débiles oscuros ó redundantes. Cuando se juzga del estilo de un autor, es preciso tener en cuenta todas las cualidades, ya intrínsecas ya esteriores que constituyen todo escrito» (Gil y Zárate 1842, 70).

cultura por la senda de la tradición, de la religión, del casticismo y de la égida de España. De ahí que hiciera un llamado a otros escritores (Carrasquilla, Borda, los señores Ortiz, J. Arboleda, y Lázaro Pérez), para que ayudaran a este autor descarriado por lo inculto, simple, inexperto y hasta cándido; de esa manera «el señor Diaz ir[í]a bien lejos».

Para un lector descuidado, estas palabras eran una confirmación de lo que parecían ser las buenas intenciones que el prologuista había demostrado desde el comienzo. Así los lectores aceptaron el trabajo que Vergara había hecho para dar a conocer y lanzar a ese escritor bisoño. Pero para ese grupo selecto de destinatarios a los que se dirigía Vergara, era un llamado para que prestaran atención al vituperio que había esparcido a lo largo del Prólogo, así estarían prevenidos contra la escritura de Díaz Castro, mientras que alabarían la habilidad retórica que él había explicitado en ese texto; ésta era la manera de recoger los frutos de su trabajo y de su proselitismo ideológico.

[22] Finalmente cerró el texto con un mensaje cifrado para que lo entendieran los destinatarios, bien de un grupo o del otro. «Hemos concluido. No dudamos que el éxito corresponde a nuestras esperanzas: porque, como dijimos en no sé cual otro escrito, el pueblo granadino acata gustoso toda superioridad que sea digna de la suya»; palabras con las que cerró y concluyó la causa que lo había movido; pero también con la que se había promovido a sí mismo ante los lectores.

Con este Prólogo, Vergara se convirtió en autoridad cultural y se adjudicó el puesto tanto de defensor del castellano, de la religión y de la cultura española, como de restaurador del legado histórico que durante siglos había prevalecido en el territorio; pero que en ese momento del siglo XIX se hallaba en peligro por el avance de la modernidad, los cambios políticos, la primacía de las leyes impuestas por los grupos liberales; además de las influencias francesas en la vida social neogranadina; de ahí que protegiera e impulsara lo que él consideraba, debía ser la literatura que imperara dentro de la sociedad neogranadina.[75] Deseaba frenar la influencia de las lecturas inglesas y francesas que se recibían en la Nueva Granada desde la década del cuarenta de ese siglo. Lecturas e influencias que reprobaba; de ahí que fustigara a los escritores que seguían esos modelos.

Esta estrategia de cierre tenía el objetivo último de ganar la admiración y la gratitud del público receptor. Reconocimiento que se demostraba con el grado de intensidad con que se identificaran con el emisor. Hecho que sucedió, ya que esas palabras estructuradas mediante juegos retóricos, a lo largo de las décadas, marcaron a los críticos e historiadores, porque continuaron regulando la recepción de los mensajes de Díaz Castro; pues posicionó afectivamente a los lectores en contra de la novela y de su autor desde el momento de su lanzamiento.

---

75 Por eso afirmó en sus refutaciones a Murillo Toro: «los pueblos españoles se debilitan porque se *afrancesan* o se *inglesan*, (...). / Nos esforzamos en perder nuestro carácter propio, sustituyéndole un carácter prestado, falso, inadecuado: seducido por la falsa opulencia de una raza mercantil, o por el falso brillo de pueblos sibaritas, i creemos que toda la civilizacion cristiana no consiste sino en esas tristes máquinas» (V. i V. 1859, 65).

2.3. De necrología en 1865 a segundo «Prólogo» de Vergara en la edición de *Manuela* en 1866

Este texto que apareció como «Prólogo» para la edición completa de *Manuela* en 1866, ofrece algunas modificaciones en el tono del prologuista, pero globalmente aunque se publicó con algunas modificaciones de información sobre Díaz Castro, fue más delimitante ideológicamente por las nuevas aseveraciones que ofreció, varias de las cuales eran falacias. Esto fue posible porque el Prólogo anterior ya había establecido los presupuestos con los que se movía la comunidad.

El señor Eujenio Diaz

I

El día 21 de diciembre de 1858 estaba yo en mi cuarto de estudio, en ocupaciones bien ajenas de la literatura, puesto que eran libros de cuentas los que abrían sus pájinas ante mí, cuando tras un golpe que sonó en la puerta i un *adelante!* con que respondí al golpe, se presentó en mi cuarto un hombre de ruana.

En nuestras sencillas costumbres republicanas no se usa portero, que es una comodidad aristocrática, de manera que no hubo quien me anunciara el nombre de mi interlocutor. Por otra parte, la cristiana cordialidad española no exije las fórmulas usadas por el egoismo inglés, para tener el menor número posible de amigos. El individuo que me hacia aquella visita conocia mi nombre, puesto que preguntando por mí había llegado a la puerta de casa, i esto bastaba para él; yo no conocia el suyo, pero era un hombre, i esto me bastaba para que le ofreciera asiento i esperara cortesmente su demanda. En el breve instante dentro del cual nos saludamos i nos sentamos, uno al lado del otro, eché una rápida ojeada por toda la persona de mi visitante. Era un hombre de edad madura: las canas de su cabeza acusaban en el cincuenta a sesenta años; pero su vivaz mirada que atravesaba poderosamente los lentes de sus espejuelos, le daban un aspecto juvenil que contrastaba con su cabeza cana. Venia primorosamente afeitado i aseado. Vestia ruana nueva de bayeton, pantalones de algodon, alpargatas i camisa limpia, pero no traia corbata ni chaqueta.

Este vestido que es el de los hijos del pueblo, no engañaba: se veía sin dificultad que si así vestia era por costumbre campesina; pero su piel blanca, sus manos finas, sus modales corteses, sus palabras dis-

cretas, daban a conocer que era un hombre educado.
—Por acá me manda don Ricardo Carrasquilla, me dijo al sentarse.
—Viene usted de buena parte. I qué órdenes da Ricardo?
—Que me haga amigo con usted. Yo soi Eugenio Díaz.
—Cuente usted, señor don Eujenio, con que la letra está aceptada a la vista, contesté viendo aquel aire apacible, de hombre no solo bondadoso sino honrado, no solo honrado sino inteligente, tres cualidades que se encuentran raras veces reunidas.
—Fuí esta mañana a casa de don Ricardo, continuó él con su franca mirada i su cordial sonrisa, a proponerle que diéramos un periódico literario, i me dijo que viniera a hablar con usted.
—Conque usted... es escritor?
—De costumbres del campo, nada mas.
—Como quien dice: «no tengo mas riqueza que una mina de oro».
—I ya tiene escrito usted algo?
—Sí, señor, aquí traigo la *Manuela*.
—Qué cosa es la Manuela?
—Una coleccion de cuadros de *trapiche*, de *roza de maiz*, la *estanciera*, i otros escritos de esas tierras donde he vivido.
I dicho esto, sacó de debajo de su ruana unos veinte cuadernillos de papel escritos, que puso en mis manos i que yo hojeé, leyendo una línea aquí i otra mas allá.
—Cuándo saldrá el periódico?
—Lo mas pronto posible, dije, al ver que el texto que habia adoptado el escritor era éste:
«Los cuadros de costumbres no se inventan, sino se copian».
—Qué nombre le ponemos?
—Le parece bueno el de El Mosaico?
—Escelente. I cuándo vamos a la imprenta?
—Ahora mismo, le contesté, porque acababa de leer rápidamente esta frase de La Manuela:
«Salió de la cocina una mujer de enaguas azules i camisa blanca, en cuyo rostro brillaban sus ojos bajo sus pobladas cejas como lámparas bajo los arcos de un templo oscuro...».
I nos fuimos en direccion de la imprentilla que estaba montando don José Antonio Cualla, quien aceptó al punto la propuesta que sobre el asunto se le hizo, i nos previnimos para dar el número 1.º el 24 del mismo mes, lo que sucedió como lo habíamos dispuesto. Hé aquí cómo se fundó El Mosaico; i cómo fué su fundador el señor don Eujenio Díaz, que en paz descanse; porque el dia 11 de este mes se nos fué adelante, dejando en periódico una pájina negra, la que conmemora su muerte, i muchas imperecederas, las que contienen sus escritos.
(...)

III

Diaz nació en el pueblo de Soacha en 1804, i pertenecia a una honrada i antigua familia de Bogotá. Hizo sus estudios en el Colejio de San Bartolomé, a donde iba a cursar facultades mayores, en el tiempo en que estudiaban el doctor Florentino González, el doctor Ezequiel Rójas i otros sujetos de esa jeneracion. Un incidente decidió de su destino. Yendo al tiempo a visitar a su familia, cayó su caballo, dandole un golpe terrible en el pecho, que le dejó enfermo por mucho tiempo; por lo cual tuvo que abandonar su Colejio, en donde, al decir de sus contemporáneos, era reputado como mui buen estudiante. Retiróse a vivir en la hacienda de Puertagrande, que era propiedad de su familia. Pasó despúes a *tierra caliente*, donde unas veces fué propietario i otras mayordomo. De 1850 para acá diose a escribir, no porque pensase en publicar sus escritos, sino porque se reveló aunque tarde, enérjicamente su vocación de pintor de costumbres. Con la mirada del injenio, que a semejanza de los anteojos, afina e idealiza los contornos de las figuras, descubrió que esos cuadros campesinos que lo rodeaban, i que se miran por todos como cosa vulgar, eran una rica mina de artículos, porque estaban llenos de poesía. Ademas don Eujenio tenia ideas politicas, ideas mui sensatas, que constituyeron al fin en su cerebro un sistema político acabado. Viendo nuestras costumbres populares, observando los efectos de nuestra anárquica organizacion política, i la lijereza que preside a las deliberaciones de nuestros congresos, redujo su sistema a este formula: «La República se debe: de la parroquia para el Congreso». Con su *Manuela* se proponia mostrar lo vicioso de nuestra organización política, i hacer un cuadro donde los lejisladores vieran los resultados buenos o malos que daban sus leyes en el municipio campesino.

Para pintar esos cuadros necesitaba de pluma, papel i tinta; i en las retiradas haciendas en que vivia ganando apénas lo necesario para sostenerse, no era fácil proporcionarse estos útiles. Para suplir los libros habia leido en la naturaleza; para suplir la pluma, tajó una caña seca de guinea; el vástago de plátano le suministró tinta, i todas las cubiertas de cartas que hubo a la mano se convirtieron en pájinas de su novela.

Con estos útiles i con aquella imajinacion injeniosa i artística trazó cuadros admirables: la *tierra caliente* quedó trasladada al papel, como si se hubiera empleado para ello el daguerrotipo.

Sus novelas carecen de esas peripecias que abundan en la novela del siglo XIX: no tienen mas situaciones dramáticas que las que aparecen en la vida. Sinembargo, agrupa los cuadros que quiere pintar, en derredor de su protagonista, de manera que le resulta una trama interesante aunque sencilla. Nunca *enreda* como A. Dumas; pero siempre describe como Cervantes i. Walter Scott. Su estilo es caluroso i pintoresco, lleno de imájenes de buena lei, graciosas, orijinales; su lenguaje es incorrecto, pero esta exento de galicismos i de neolojismos, porque Diaz no conocía la literatura estranjera.

Escusado es decir que siendo tan injenioso i delicado observador, no dió entrada en sus cuadros a *lo feo i repulsivo*, es decir, a lo inmoral. Por el contrario, un suave tinte de moral cristiana baña sus escritos como la tibia luz crepuscular dora los campos cuando va a ausentarse el sol.

En 1857 tuvo que trasladarse a Bogota a acompañar a su madre enferma i anciana. Por modestia, por costumbre, i aun por no tener de sobra los recursos, no quiso vestir traje cortesano. Se exhibió como escritor, pero de ruana, nunca le dió vergüenza no tener levita. Este traje formaba parte de sus virtudes: una de ellas era la de ser tan riguroso republicano, tan riguroso cristiano, que se iba al *cuaquerismo*. No tomaba vestido cortesano; no toleraba que los domesticos le llamasen amo; no hallaba a nadie inferior a él. No tenia embarazo ninguno, ni se mostraba encojido cuando hablaba con personas de alta posicion; en cambio no tenia orgullo ni manifestaba desden o tosca familiaridad cuando hablaba con un criado. Eran para él literal i prácticamente iguales todos los hombres. Era fervoroso creyente de los dogmas de la Iglesia Católica con todo el dulce i tierno apego de las almas honradas i de los espíritus rectos; pero sin la intolerancia de las almas incultas o malas. Su programa en política era conservador; i a pesar de ser tan perfecto republicano, o mejor dicho, por las misma razon de ser republicano perfecto, no aceptaba la democracia anárquica En sus amistades era constante i delicado, sin imponer ni aceptar pretensiones, sin cultivar cumplimientos, sin cambiar nunca lo cordial por lo familiar.

Tal era el hombre que conocí entónces como escritor de la bellísima novela que empezó a salir en EL MOSAICO, i que no siguió publicándose porque don *Eujenio* no queria poner en limpio los confusos borradores. Rogábale yo que lo hiciera; i él tomaba papel para obedecer; pero en el acto sentia el convite que la pluma hacia a la imajinacion; i en lugar de copiar i pulir la novela que tenia por delante, improvisaba otra no ménos larga, no menos injeniosa, no ménos rica. Ya había publicado *Una ronda de don Ventura Ahumada*, i luego escribió *El rejo de enlazar*, *Las fiestas de Chapinero i las Aventuras de un jeólogo*, tres novelas de no menor mérito. Cuando empezó a publicar *la Manuela* me decia don Julio Arboleda que era una novela admirable, i en prueba de ello, repetía de memoria, acompañando la narracion con la mímica que en él se indica, este trozo tomado del capítulo 1.°:

«Iba el lector en un pasaje interesante de su lectura, cuando fue interrumpido por Rosa, la que poniendo un pié en el estremo de la barbacoa, levantó el otro con destreza i ajilidad para alcanzar a cortar un pedazo de carne de la pieza que colgaba de una vara suspendida con cuerdas del techo, i con la necesaria interposicion de totumas i tarros que garantizan de ratones. Si al viajero habia parecido Rosa, dándole posada, una mujer bondadosa, ahora, suspendida en un pie de la punta de una barbacoa, los brazos alzados i el cuerpo lanzado en el aire, advirtió que era elegante, i en aquella postura i recordando que estaba ocupada en su servicio, le pareció el ánjel del socorro».

O bien esta otra observacion social:

«Son los *chiribicos*, dijo Rosa, despues de examinar los dobleces de la sabana.

—I que se hace con ellos? preguntó don Demóstenes.

—Con los chiribicos i con don Tadeo, el tinterillo, no hai remedio que valga».

En los años de 1859 i 1860 dió a luz la mayor parte de sus artículos. En la "Biblioteca de señoritas", cuyo culto redactor, el señor Eustacio Santamaría, le puso un pequeño sueldo, i en EL MOSAICO, salieron los siguientes:

A mudar temperamento – El Boqueron – El trilladero de la hacienda de Chingatá – El viaje de Carlitos a las grutas de San Diego. Una eleccion de prior – Un preceptor de escuela – Una cascada nueva. Un recuerdo del doctor Melendro – La Ruana – El Predicador – De gorra – Mi pluma – La mujer en la casa – Un paseo a Fontibon – Las fiestas de Monjasburgo – Federico i Cintia – Modismos del idioma – La variedad de los gustos – Un muerto resucitado – La hija i el padre. El canei del Totumo – La Palma – Maria Ticince o los pescadores del Funza i El Trilladero de la hacienda de El Vínculo, que fue el último artículo que escribió, i salio en EL MOSAICO hace uno (sic) año. Entre estos artículos i otros cuyos nombres no puedo recordar por ahora, hai algunos escelentes, pinturas de primer órden, siempre grandes por la verdad i la maestría, i siempre rebajadas por el lenguaje incorrecto. Si el señor Diaz hubiera poseído el lenguaje, como poseia injenio, hubiera figurado en la primera linea de los escritores castellanos.

IV

Una enfermedad crónica, incurable i dolorosa, le postró en cama desde 1861. En ella sobrellevó con resignacion sus dolores, sin mas consuelo que su pluma, de que hacia uso sin cesar en su lecho, aunque sus achaques no le dejaban casi ni la posibilidad física de escribir, por lo cual tenia que escribir acostado. En todo el tiempo de su prueba i su martirio, escribió algunas de las novelas que dejamos apuntadas, i algunos artículos sueltos que, como sus novelas, yacen inéditos.

Últimamente, desde el mes de marzo, las horas de su vida, que habian corrido mansas i silenciosas, comenzaron a precipitarse, al acercarse la de la muerte, como las calladas ondas del Funza al acercarse a la catarata. Los primeros dias de abril los pasó en el último dolor; el 11 comenzó su agonia por la mañana, i al empezar la tarde, entregó su alma a Dios.

Todos sus amigos i admiradores concurrieron aflijidos a alzar sobre sus hombros el féretro en que, vestido de un hábito de franciscano, descalzos los pies, la cara apacible i serena, yacía el injenioso escritor don Eujenio Diaz, cuyo cuerpo está ya entregado a esta tierra en la que siempre vivirá su memoria.

        Bogotá, abril 13 de 1865.
        José María Vergara Vergara
        (Vergara Vergara 1866, 163-168)

Vergara publicó este texto originalmente como artículo necrológico, en *El Mosaico* bajo el título «El señor Eujenio Diaz», el 15 de abril de 1865 (V. V. 1865, 89-91) a cuatro días de muerto el autor. Como necrología se presentaban las circunstancias y el detalle gráfico de la muerte, junto a un retrato biográfico que intentaba en algunos aspectos ser autorizado o al menos fidedigno, y animado por anécdotas. En este tipo de escrito «la muerte y la vida se aúnan en la forma de un buen estructurado obituario, y demuestran la potencia y el atractivo de un antiguo arte periodístico» (Starck 2006, x).

El texto está dividido en cuatro secciones: la primera recuenta el momento en que Eugenio Díaz Castro y Vergara se conocieron, las causas y las consecuencias. Esta sección era necesaria para Vergara, porque con ella restablecía los argumentos de autoridad en que fundamentaba el escrito, a la vez que se instituía como individuo de prestigio intelectual. Del mismo modo, se mostraba en planos diferentes socialmente a Díaz Castro por la indumentaria y por la edad.

La segunda sección promete hablar después de quien fuera el Impresor que aceptó la idea de la publicación de *El Mosaico* y explicita cómo se estructuró el primer número (aparte citado y comentado anteriormente). El tercer apartado presenta la biografía de Díaz Castro ofreciendo datos que no se habían difundido antes sobre el autor. Mientras que la cuarta sección, bastante breve, recuenta noticias sobre la enfermedad que postró al autor en la cama, los días anteriores a la muerte, el momento del fallecimiento y algunos pormenores de la manera como fue enterrado.

Explícitamente en el texto necrológico, Vergara repitió aspectos ya difundidos en el Prólogo de *El Mosaico*, modificando algunos; también proporcionó información nueva sobre Díaz Castro. Comenzó afirmando que el autor de *Manuela* y él se habían conocido el 21 de diciembre de 1858; pero esa fecha específica señala una falla de memoria del escritor de la necrología, ya que el primer Prólogo concluyó con la fecha del 14 de diciembre de 1858; lo que significa que se conocieron en la primera quincena del diciembre de ese año; por tanto, para 1865, el momento de la escritura de este texto, Vergara se guiaba por sus recuerdos y no por los hechos, que hubiera podido verificar al revisar en *El Mosaico* de 1858.

La información nueva que proporcionó sobre el autor, giraba sobre varios puntos: En la sección I: 1) dio el reconocimiento a la parte que Díaz Castro tuvo como ideólogo fundador de *El Mosaico*: Eugenio Díaz Castro, quien ya había hablado con Ricardo Carrasquilla sobre la fundación de un periódico literario, por recomendación de éste, llegó a donde Vergara para tratar el tema. Para tal motivo ya traía veinte cuadernillos de papel redactados, donde estaban *Manuela* y otros escritos, inspirados en lugares donde él había vivido. Cuando Vergara hacía una rapidísima revisión del material, según éste, Díaz Castro lo instaba sobre el nombre del futuro periódico, y sobre el inicio de funcionamiento. Al observar Vergara el tipo de material que le había proporcionado el escritor, tomó la determinación de comenzar el periódico; por lo cual, salieron inmediatamente los dos para la imprenta que estaba montando José Antonio Cualla, y acordaron con él el lanzamiento de *El Mosaico* para el 24 de diciembre de ese año. Vergara comunicó por primera vez de esta manera que Díaz Castro había sido el (socio ideólogo) fundador y él (el socio impulsador) en la creación de uno de los periódicos literarios trascendentes de mediados del siglo XIX.

2) En la sección III, declaró más datos sobre la vida personal de Díaz Castro: provenía de una antigua y noble familia; con esta nueva información le restituyó parte de la identidad social que le había quitado en 1858; sin embargo, como en el primer apartado ya había marcado la diferencia social y de edad con el escritor, el significado de la información de la familia de Díaz Castro es casi nula, pasa desapercibida, porque se le da más peso a la diferencia de identidad social, marcada por la edad y la vestimenta, que suponen las palabras de Vergara y la valoración que ellas implican.

Del mismo modo, amplió el tiempo en que el autor de *Manuela* había ejercido la escritura, aseverando que lo había hecho desde 1850, con lo cual extendió el lapso temporal que éste había cultivado el oficio; periodo que había establecido en el primer Prólogo. Además, hizo afirmaciones enfáticas sobre el escritor: aseveró que «su programa en política era conservador», que era católico y buen hijo, pero sin medios económicos; por tal razón, como no había tenido libros había observado su entorno; así la naturaleza había sido la fuente de su inspiración. Igualmente, para poder escribir sus composiciones había tenido que ser recursivo, porque era muy pobre, y había tenido que valerse de cosas naturales y de objetos que había transformado para *poder* conservar sus ideas.

En esas declaraciones entró en el dominio de la identidad y de lo cotidiano de la vida personal del escritor; eran aserciones que evitaban el peso de la prueba; como no había bases para ponerlas en duda, se convertían en verdades que debían aceptarse. Al afirmar que «su programa en política era conservador», presentó una generalización que no se respaldaba con evidencia y que contradecía la afirmación que había efectuado Díaz Castro públicamente en 1849 y 1859, de ser *«amante de las ideas liberales»* (véase: Díaz junio 25 de 1859, 41-42) [énfasis agregado].

Además, en la manera en que Vergara explicitó: «su programa en política era conservador» existe la ambigüedad: ¿hablaba del programa político de partido? (conservador vs. liberal) o ¿de la orientación general que ordenaba el pensamiento del autor sobre la política en general? (era cauto y desconfiado en política, por la experiencias adquiridas)[76] o ¿sobre su conservadora actuación en la política? (no empleaba sus ideas sólidas en inútiles discusiones, como no lo hizo públicamente sobre sus diferencias con Vergara sobre la publicación de *Manuela*). Como se observa, Vergara emitió una expresión que

---

76 El 15 de marzo de 1850, se leía en la sección Remitido del periódico *El Patriota Imparcial* de Bogotá lo siguiente: «En un catálogo no tan reducido como me habian dicho, encontré un nombre de las mismas silabas i letras del mio. Esto me mueve a manifestar por medio de la imprenta, que ese individuo no soi yo. Nunca me he enrolado en esta clase de sociedades, ni he condecorado mi persona con cintas, tocardas, jesuses, ni otros emblemas significativos de bandos. Una larga experiencia me ha enseñado que la sangre que se derrama en la Nueva Granada para que suban a los puestos nuestros padrinos, prohombres, o candidatos es infructuosamente perdida, porque lo mismo, con cortas excepciones (excepciones que no valen la pena del sacrificio de la vida) mandan todos los partidos; i para el que vive del sudor de su frente en un retiro, donde las plantas no crecen por influencias de Palacio, lo mismo es que mande el candidato A que el candidato B, siendo un ciudadano que merezca aceptacion entre las mayorías. De otra manera, sin embargo, pensaba yo con respecto a la intentada invasion Flores, en cuyo tiempo me hallaba alistado en la 4a. compañia del batallon guardia nacional de Ambalema». / Verdad es que la expresada lista insertada en el número 24 de La Civilizacion", al contrario de lo asegurado por algunos impresos, es extensa, i en gran parte compuesta de hombres de valer por su patriotismo, capacidad, i haberes; pero, renunciando de este honor declaro, "que ni por mi ni por apoderado me he hecho inscribir en ella". Tal vez puede suceder que alguno de mi mismo nombre sea el que figura en la citada lista; y en el último caso, para evitar equivocaciones, en adelante me firmaré,

Eugenio Díaz Castro / Junca, febrero 13 de 1850» (Díaz Castro 1850, III) [fue reimpresa en Díaz Castro 1985, II: 449, sin la información editorial original].

tiene más de un significado que da lugar a varias posibles interpretaciones diferentes, las cuales no deben entenderse como matices de un valor único. Vergara manejaba la retórica; dentro de ésta, la *ambiguitas* nace de la oscuridad que permite la opción entre dos o más sentidos y se emplea en el género deliberativo para causar la equivocación.

Esa ambivalencia debe resolverse a partir tanto de la afirmación pública que Díaz Castro efectuó en la prensa sobre sus ideas políticas liberales; como con las denuncias que los personajes efectúan en el mundo narrativo de *Manuela*: las demandas de justicia que pronuncia una y otra vez *Manuela*; la censura a la destrucción que ejercen las capas altas sobre los «ciudadanos», refrendando la tradición; la ideología de los parlamentos que emiten: *Manuela*, Pía, Rosa, Doña Patrocinio, Dimas, Dámaso, Juanita, Melchora, la Lámina, y otros muchos. Esta labor no proviene de la pluma de un escritor partidario de mantener la tradición y de frenar las reformas.

Regresando al texto de Vergara, cuando afirmó que por su pobreza, el autor «para suplir los libros había leído en la naturaleza», emitió un argumento que no es verdadero, pero que parece serlo, con el que persuadía a los lectores sobre la ausencia de lecturas, por tanto de conocimientos del escritor. De este modo, semejó valorarlo, cuando en realidad realizó un nuevo ataque personal contra él, enfatizando el desconocimiento, por tanto, la incompetencia que, según él, poseía. Si era un autor conservador ¿por qué lo atacaba? ¿por qué se ensañó contra él? No debe olvidarse la polémica-ataque de Vergara contra Manuel Murillo Toro en 1859, donde declaró:

> En el mismo año, cuando una tempestad de ultrajes i de *latigazos*[77] abrumaba a los conservadores, yo reclamé este nombre. (...) Las simpatías de mis correlijionarios me acompañan desde 1850 porque saben que soi sinceramente su hermano; las de los partidos contrarios jamas me seguirán porque saben que desde 1850 me he separado, libre i espontáneamente, de sus filas: separado, no porque hubiera pertenecido a ellas, sino pórque entónces empezaba a vivir en la sociedad e iba a elegir camino para mi vida social (V. i V. 1859, 5).

3) Prosigue asegurando que las carencias que había padecido el autor eran las que habían hecho que su escritura fuera elemental, aunque interesante; por eso sus novelas carecían de peripecias y de situaciones dramáticas. Aseveró que Díaz Castro describía como Cervantes y Walter Scott; además desconocía la literatura extranjera, por tanto no enredaba las narraciones como lo hacía A. Dumas. Del mismo modo, no había relatado nada desagradable, perverso o sicalíptico. Así, Vergara emitió una serie de argumentaciones que guiaban la interpretación del receptor; porque eran un conjunto de actividades mentales hechas desde la autoridad, que presentaba por encadenamiento. Con ellas produjo una visión de los hechos que el lector o bien porque no tenía

---

77 Esta es una alusión directa a los «retozos democráticos», cuando el pueblo se levantó contra los terratenientes esclavistas y los azotó con el perrero o el zurriago

conocimiento de base, no podía juzgar; o bien no podía diferenciar y tenía que aceptar. Eran verdades a medias, falacias y analogías sin fundamento, por tanto falsas, con las que aparentó ofrecer declaraciones verdaderas sobre la vida y la obra de Díaz Castro; con las que condicionó a los lectores sobre el autor y la obra.

4) Incluso cuando efectuó argumentos con proposiciones verdaderas, como cuando aseguró: que Díaz Castro era rigurosamente republicano como lo era cristiano; que en una época en que imperaba la marcada división de clases sociales, no consentía en que quienes le servían, lo llamaran amo, porque para él no había gente inferior; pero tampoco consentía la democracia anárquica; encadenó con esas proposiciones, argumentos que estaban marcados por la objeción: Ante gente de alta posición «No tenia embarazo ninguno, ni se mostraba encojido», razonamiento que afectaba lo dicho anteriormente; ya que implicaba que Díaz Castro no comprendía su posición social, pues en la sociedad decimonónica tan estratificada cada uno debía ocupar un sitio, y actuar adecuadamente.

5) Al hablar de las obras que produjo Díaz Castro, también las marcó negativamente: Lo que había escrito de *Manuela* eran «confusos borradores», por eso no se había publicado completamente en 1859. Empezaba textos nuevos, empleando en ellos el tiempo, pero esas obras estaban «siempre rebajadas por el lenguaje incorrecto». Es decir, el autor no terminaba lo que empezaba; además perdía el tiempo, porque la escritura que perseguía requería una especial forma de conocimiento proporcionada por el estudio, la práctica y la reelaboración lingüística, aspectos de los que carecía o no tenía competencia para realizarlos.

6) La sección IV, sección necrológica dedicada especialmente al suceso que acababa de suceder: la noticia de la muerte del autor, es completamente informativa. En este apartado, Vergara comunicó que Díaz Castro había estado postrado en cama casi cinco años, pero a pesar de su enfermedad continuaba escribiendo y al morir había dejado producción inédita. Su salud se había agravado desde marzo, y había entrado en agonía el 11 de abril por la mañana, día en que murió al comenzar la tarde. Los amigos habían llevado el féretro en hombros y en el momento de descender a la tierra su cara era apacible y serena; además estaba vestido con un hábito de franciscano e iba descalzo.

Como la muerte en la cultura judeo-cristiana es el suceso más importante de la vida, porque es la terminación de la existencia, las palabras de Vergara describen la manera en que murió Díaz Castro, muestran la reunión en torno al moribundo primero, y luego al difunto, el ceremonial y la solidaridad de los amigos, el cortejo; cierra con la descripción de la expresión final de la fisonomía del escritor cuando descendió a la tierra.

El tono de este texto necrológico es menos dogmático que el del Prólogo de *El Mosaico*. El escrito proporciona más información personal sobre Díaz

Castro y se nota un acercamiento menos retórico; no obstante existen proyecciones de fantasmas pretéritos que se destacan en la lectura, como los ya señalados en la información nueva y en la reiteración de las carencias y las deficiencias de educación, de dinero y de escritura; además de la apariencia. Aunque el necrologista se muestra involucrado en el acontecimiento ocurrido (el deceso), más que en su auto-asignada labor de guardián y defensor de la tradición, de la cultura española y del castellano, las imágenes interiores y la cadena de deseos e imposiciones con los que normalizaba y controlaba la cultura neogranadina, en general y la narrativa, en particular son evidentes y persistentes en el texto.

Debido a la cercanía de la muerte, se observa que hay un poco más de tacto en la presentación de los aspectos personales y familiares del escritor. El ejercicio de egolatría que Vergara realizó en el primer texto no es tan axiomático en éste; sin embargo se sigue presentando como la autoridad, como el que detenta la verdad, el defensor e incluso como el guardián de las tradiciones. A pesar de que pareciera querer ser favorable, existen las marcas negativas, las aseveraciones falaces, las analogías falsas que producen una carga en contra del autor que acababa de fallecer.

Ahora, los aspectos de información que Vergara repitió en este texto y que ya había tratado en el Prólogo inicial, deben observarse detenidamente:

a) La educación del autor. Mientras que en 1858, había afirmado que Díaz Castro había estado en «el Colejio de San Bartolomé durante pocos años»; ahora amplió la información: «Hizo sus estudios en el Colejio de San Bartolomé, a donde iba a cursar facultades mayores, (...). Un incidente decidió de su destino. (...) cayó su caballo, dandole un golpe terrible en el pecho, que le dejó enfermo por mucho tiempo; por lo cual tuvo que abandonar su Colejio, en donde, al decir de sus contemporáneos, era reputado como mui buen estudiante». En esta información se observa la intencionalidad del escritor de la necrología de influir en sus receptores. El empleo de los verbos «iba», «era» en el pretérito imperfecto, le indicaba al receptor cómo debía escuchar y entender el mensaje que se emitía.[78] Así, no importa que haya dicho que «hizo sus estudios» y que era «buen estudiante», lo que importa, era lo que destacaba en el texto: *iba a cursar*; es decir: no cursó, no estudió. Vergara jugó con la percepción que los receptores entendían en el aspecto del tiempo verbal; así continuó significando circunstancias negativas sobre Díaz Castro.

b) Vergara volvió a hacer énfasis en la apariencia física del escritor, en el

---

[78] «La diferencia entre *canta* y *cantaba* no consiste en que a la información (semántica) "cantar" añadamos en un caso la información "en el presente" y en el segundo "en el pasado". En expresiones como "canta" y "cantaba", y sólo sobre la base de los tiempos, no aprendemos absolutamente nada sobre el Tiempo del [verbo] "cantar". Los tiempos presente e imperfecto (y los correspondientes en otros idiomas) nos están informado más bien sobre el modo como tenemos que escuchar. Nos dicen si el "cantar" va a ser comentado o narrado. Para el oyente es importante. Reaccionará de forma distinta de un caso a otro. El "cantar" comentado exige una determinada postura, actitud inmediata: una opinión, una valoración, una enmienda o cosa pareja. Si el "cantar" es, empero, 'sólo' narrado, no se impone adoptar una postura; puede ser aplazada o se puede, sencillamente, no adoptar ninguna. (...) Con ello la situación comunicativa queda marcada *cualitativamente*» (Wienrich 1964, 76).

momento en que lo había visto por primera vez: era «un hombre de ruana», «hombre de edad madura: las canas de su cabeza acusaban en el cincuenta a sesenta años», «vivaz mirada que atravesaba poderosamente los lentes de sus espejuelos, le daban un aspecto juvenil que contrastaba con su cabeza cana. Venia primorosamente afeitado i aseado. Vestia ruana nueva de bayeton, pantalones de algodon, alpargatas i camisa limpia, pero no traia corbata ni chaqueta».

Aunque Vergara presentó una descripción de la fisonomía del escritor con un rostro de mirada expresiva y juvenil que contrastaba con la edad madura que poseía y que se explicitaba en las canas; la constante mención al color del pelo, al semblante del escritor, a su piel blanca, señalaba la manera en que en la sociedad estratificada de la Nueva Granada se tomaban decisiones sobre los individuos basadas en el exterior de la persona. Los rasgos de la cara, del cuerpo, del pelo, el vestido, la presentación externa, el comportamiento en sociedad se empleaban más para agrupar que para individualizar; explicita cómo estaban intrincadas culturalmente las ideas de la fisiognomía,[79] arte de identificar a las personas basándose en la apariencia; ideas que Vergara explicita en estos textos, en donde existe la intención manifiesta de mostrar a Díaz Castro especificándolo por la edad y la indumentaria.

El hecho de que alguien no vista de acuerdo a un modelo establecido por una clase social y para ella significa que habita otro lugar en el mundo, que pertenece a un mundo diferente al del que impone la forma de vestir. Vergara como autoerigido defensor de la cultura española y de sus costumbres y formado dentro de una clase social exigía que los miembros de ese estamento social se identificaran en aspectos exteriores como era la indumentaria: el intelectual, el escritor debía «vestir traje cortesano», «levita» en lugar de ruana de bayetón, «pantalón de paño» en vez de pantalón de algodón, «zapatos» o «botas», no alpargatas; lo mismo que camisa con «corbata» y «chaqueta». Es decir, marcaba la diferencia e imponía su autoridad sobre la forma de vestir de una clase y de una posición social para ejercer la escritura, como forma de prestigio;[80] de esta manera en la sociedad, todos debían saber y aprender lo que tenían que hacer en cada situación; se debía respetar la tradición, para preservar la cultura.

---

79 La fisiognomía o la comprensión de las características psicológicas y de la personalidad según la apariencia externa de los individuos existía ya desde la época de los clásicos griegos; fue variando y adaptándose con el tiempo, pero a finales del siglo XVIII recuperó gran fuerza con los estudios de Johann Caspar Lavater (1740-1801) y se difundió por las culturas europeas, reviviendo viejas ideas sobre cómo juzgar a la gente por la apariencia. Presente en todas las épocas, se fortaleció en el siglo XIX y llega hasta el presente. Véase una reseña de su manifestación en España en Caro Baroja (1988, 169-194).

80 «El niño, el adulto imita los actos que han resultado certeros y que ha visto realizar con éxito por las personas en quien tiene confianza y que tienen una autoridad sobre él. El acto se impone desde fuera, desde arriba, aunque sea un acto exclusivamente biológico relativo al cuerpo. La persona adopta la serie de movimientos de que se compone el acto, ejecutado ante él o con él, por los demás. / Es precisamente esa idea de prestigio de la persona la que hace el acto ordenado, autorizado y probado en relación con la persona imitadora, donde se encuentra el elemento social. En el acto imitado se da un elemento psicológico y un elemento biológico» (Mauss 1979, 340).

> La moda divide y agrupa, gobierna de manera estable aquello que tiende a transformarse, ordena los impulsos desordenados. (...) la moda trabaja sobre los deseos para hacer aceptar no ya el sentido inmutable de una comunidad adaptada a la crueldad de las leyes naturales, sino a las leyes crueles de la sociedad; trabaja sobre la fantasía para conducir a la realidad (Abruzzese 2010, 19).

Esta imposición de la forma de vestir indica la necesidad que sentía Vergara como miembro de un grupo específico, de señalar que había que poseer ciertos comportamientos para ser reconocido y aceptado como parte de un estamento social. Aún más, no es únicamente la indumentaria lo que destaca; en el escritor enfatizó que a pesar de «su piel blanca, sus manos finas, sus modales corteses, sus palabras discretas, [que] daban a conocer que era un hombre educado», vestía «como los hijos del pueblo», «de ruana» y no le daba «vergüenza no tener levita»; es decir, su indumentaria no le proporcionaba una distinción social.

Encerrada entre comentarios de carencia, de indiferencia a los preceptos sociales, a la tradición se halla la afirmación de que Díaz Castro era un hombre educado; testimonio que pasa desapercibido por la manera en que ha destacado la forma de vestir. Para Vergara, miembro de la sociedad tradicional y garante de ella, el vestido indicaba el estamento, la ocupación, el rango y garantizaba la consistencia social; de ahí que criticara el «cuaquerismo» de Díaz Castro por no «tomar vestido cortesano». Para este escritor, la indumentaria era puramente funcional y no una manera de delimitar su identidad.

c) Otra afirmación que repitió Vergara fue: «Pasó después a *tierra caliente*, donde unas veces fué propietario i otras mayordomo». Pero esta vez lo hizo con una diferencia sustancial con la efectuada en el Prólogo de 1858 de *El Mosaico*. Inicialmente sólo una vez había ejercido el cargo de mayordomo, lo cual ya era denigrante porque había sido un criado al servicio de otro, había ejercido un oficio vil. Ahora, ya la aseveración determina que había estado al servicio de otros un número indeterminado de veces; lo cual para una porción de esa cerrada sociedad decimonónica neogranadina era inadecuado e inconciliable con los conceptos sociales que los estamentos altos manejaban. Con este incremento en la indeterminación señalada por el artículo «unas» ratificó la aseveración emitida en 1858 y consolidó alrededor del escritor el sistema de carencias y degradaciones que lo identificarían y estigmatizarían a través del tiempo (véase: Perelman y Olbrechts-Tyteca 1994, 317-318).

d) De igual manera hizo al hablar nuevamente sobre los problemas de la escritura del autor. Mientras que en 1858, la falta se hallaba en el estilo, Vergara diferenció en este texto entre estilo y lenguaje y afirmó: «Su estilo es caluroso i pintoresco, lleno de imájenes de buena lei, graciosas, orijinales; su lenguaje es incorrecto, pero esta exento de galicismos i de neologismos». Seis años después de haber escrito que el problema esencial de Díaz Castro era el estilo; en este escrito valoró las imágenes, el tono, los pensamientos, la coherencia para emitir los mensajes. No obstante, dos veces en el texto criticó el lenguaje: «Incorrecto», sus obras «siempre rebajadas por el lenguaje incorrecto. Si el señor Diaz hubiera poseido el lenguaje, como poseia injenio, hubiera figurado en la primera linea de los escritores castellanos».

El cerrar la sección del texto que hablaba sobre la producción escritural de Díaz Castro con este juicio de valor, sin proporcionar ninguna prueba, la aseveración hablaba más del sujeto enunciante, Vergara, que del autor de *Manuela*; ya que con esas proposiciones lo que hizo Vergara, fue proyectar sobre la obra sus propios deseos e imposiciones; porque en 1865, él todavía no había publicado ninguna novela, y faltaban aún dos años más para que publicara su *Historia de la literatura*. De este modo, lo que hizo, fue emitir juicios de valor, que al no tener que probar o demostrar, convertían en imposición sus valoraciones, tuvieran base o no. Evaluaciones que al reforzarse, repetirse e imponerse, como lo hizo con la edad, la vestimenta, el trabajo, el estudio, la escritura (estilo, primero; lenguaje, después) de Díaz Castro, muestran en realidad los prejuicios que lo movían y que impregnaban su forma de pensar. Obsesiones que imponía sin importar las consecuencias que causara (véase en este sentido el testimonio de Samper, su amigo cercano [Samper 1885, xiii-xxix]).

2.4. Las correcciones hechas a *Manuela* entre 1859 y 1866

Debido a estos ataques sobre su estilo de escritura, muerto el autor y los manuscritos de *Manuela* desaparecidos, quedan únicamente los textos que se publicaron en los periódicos, durante la vida de Eugenio Díaz Castro, como testimonio de su escritura, del estilo y de las potencialidades, de las limitaciones, del caudal de conocimientos que poseía, de su manera de aprehender los temas y de la capacidad de explicación y de elaboración que de los hechos efectuaba como escritor. Sólo esos textos preservados por la imprenta para la historia son los que pueden dar testimonio de la forma en que el autor elaboraba los materiales, estructuraba las operaciones críticas y artísticas y, según su erudición, sus intereses y de acuerdo a sus circunstancias personales y sociales, producía el discurso.

Para logar vislumbrar parte de lo anterior, aquí se observarán los cambios que se encuentran en los capítulos de *Manuela* publicados en *El Mosaico* con los de la edición de 1866. Estando vivo Díaz Castro, las modificaciones que se hicieron a la escritura del texto que se publicó en *El Mosaico*, él mismo las efectuó; o si fueron sugeridas por otro, él las aprobó para que pasaran a la imprenta; ya que únicamente él, como autor, sabía lo que había querido emitir cuando elaboró su texto.

Esta vuelta a la obra mostrará los intereses que poseía y deseaba transmitir, lo que buscaba; es decir, permitirá manifestar en la labor escritural de Díaz Castro algo del proceso de creación, a la vez que producirá nuevas iluminaciones que autorizarán a establecer si las afirmaciones que Vergara emitió a lo largo de 8 años, entre 1858 y 1866, y el desprecio recalcitrante que se observa en la acritud con que Martínez Silva expresó sus palabras, tenían justificación.

En este acercamiento se tiene en cuenta que los estudios que realizó Díaz Castro fueron de Derecho civil, bajo el plan de estudios establecido por Moreno y Escandón proveniente de la Colonia,[81] y con algunas modificaciones leves con el inicial de Santander, que cambió radicalmente en 1826,[82] año en que ya no se inscribió como Colegial. Mientras que Vergara había pasado por la segunda gran reforma educativa que había establecido Ospina Rodríguez, quien entre 1842 y 1845 modificó el plan de estudios que se venía aplicando desde 1826, y en 1847 reglamentó los estudios de los Colegios Mayores y las universidades. Con estas reformas, la influencia del clero regresó a la educación superior y estableció una severa disciplina a los estudiantes; además, el enfoque en los estudios que realizó Vergara fue en lenguas y literatura.

Díaz Castro, para los estudios que realizó, aprendió y manejó muy bien el latín; ya que ese era el idioma en que se leían y estudiaban los textos. Su empleo del castellano era el código consensuado de entendimiento de las normas cultas de su momento; es decir, poseía un código lingüístico medular mucho más elevado que el de la mayoría de sus coterráneos; en su majeo, sabía la diferencia de subsistemas más concretos de variedades geográficas dialectales, en los que incidían presiones sociolingüísticas (no sólo del castellano, sino de las lenguas indígenas de la región), que la gente a su alrededor empleaba en los lugares donde él vivía; lo cual se evidencia en la representación de la manera de hablar de los personajes de diferentes clases. Además, tenía una clara conciencia, según los modelos narrativos e ideológicos que seguía, de lo que quería efectuar; de ahí que tuviera en cuenta los requerimientos del pensamiento contemporáneo en el campo de la discusión social y política al que se adscribía. Uno de los resultados de la revolución política europea y del pensamiento social consiguiente fue volver la ficción más realista, más de acuerdo a la realidad; se debía representar la vida en sus aspectos; dentro de esto se incluía el lenguaje que se empleaba en la realidad.

Así, Díaz Castro, gracias a sus estudios y a sus lecturas, poseía y empleaba

---

81 Los estudios de gramática, como ya se vio, giraban alrededor del latín y del manejo de la retórica; luego estudiaban filosofía y leyes o medicina (según la especialización), en cursos (cada año de estudios se denominaba «curso») que les daba el título de bachiller, e inmediatamente quedaban capacitados para tomar el examen para ser doctor; es decir: para «tomar puntos y tener tremenda», como se mencionó antes para Florentino González.

82 Los estudios de derecho teología y medicina continuaban siendo los básicos para esas generaciones. «Los niveles se centraron en tres años de colegio, tres de bachillerato, de 5 a 6 para una carrera profesional y dos de doctorado, el cual era obligatorio para ejercer la profesión» (Soto Arango 2005, 112).

un sistema de recursos lingüísticos variados extraídos de inventarios extensos, en cuya selección actuaban sus propios criterios de preferencia situacional, social y geográfica, que manejaba según el caso. Aunque no trabajó durante su vida con la estructura de la lengua castellana (como lo hizo Vergara), en sus labores relacionadas con el agro y con su administración, observó y distinguió las variaciones de la norma de lenguaje. Conocía muy bien la diferencia de la variedad de usos de la lengua según la situación comunicativa (lo culto, lo coloquial, lo vulgar); las variantes que correspondían al estilo según el interlocutor (lenguaje familiar, formal, lengua de uso, lengua literaria); según el espacio geográfico (regionalismos, localismos) o histórico (variaciones que había sufrido la lengua en las diferentes épocas); es decir, tenía conciencia de los niveles de lengua que se empleaban y los representó en el mundo ficcional que creó. Era un gran lector y estaba al corriente de la situación cultural que sucedía en países de Europa, como de la manera en que repercutían en las situaciones sociales (culturales y políticas) en la Nueva Granada.

El Mosaico	La edición de 1866
«*Manuela*. Novela bogotana. Orijinal, por Eujenio Diaz»	«*Manuela*. Novela original de Eujenio Diaz»
Capítulo I La posada de Mal-Abrigo	
sofocada mula (p. 23)	jadeante mula (p. 169)
mamá (p. 24)	madre (p. 172)

Aquí se debe señalar que en el prólogo de presentación que escribió Vergara para la novela, la denominó: «*Manuela*. Novela original de Eujenio Diaz», escindiendo el título original, en que el autor había demarcado el área geográfica que le servía de referencia para su narración. Esta temprana omisión/modificación de Vergara es sintomática de lo que se hará, después de fallecido el autor, no sólo con el título (se lo varía arbitrariamente dos veces en 1866 y en 1889), sino con el mismo texto, como se observará más adelante; hecho que Martínez Silva difundió (1879: 386 // 1958, 27).

El primer capítulo de «*Manuela*. Novela bogotana. Orijinal, por Eujenio Diaz» ocupa la página 23 y casi completamente la página 24 de *El Mosaico*. Mientras que en la edición de 1866, se halla entre las páginas 169, 170, 171, 172, 173, 174 y hasta un poco más de la mitad de la página 175. En esta emisión de la novela completa se hicieron dos modificaciones, que anuncian a un corrector que busca minucias. Pero en esas variaciones ya se comienza a indicar el autoritarismo y el tipo de cambio que se efectuará: vocabulario de uso preferencial por parte del corrector. Esta clase de alteración señala la imposición de un estilo que no es el del autor.

Este capítulo que abre la novela explicita abiertamente el estilo[83] de Díaz Castro, la manera en que estructuró su narración, la verosimilitud que le dio, el empleo del lenguaje que retrata los usos de la época, donde se marca tanto el uso que hacían los hablantes cultos como los rasgos de las variedades periféricas de las formas de habla popular pertenecientes a la región que le sirvió de referente para el mundo narrativo («La casa es corta, pero se acomodarán como se pueda. *Entren para más adentro*»); elección que señala la exigencia de aplicación de criterios de selección e inserción en el corpus de la norma para mostrar la forma de hablar de los habitantes de la región que representaba; de esta manera aplicaba las normas del Realismo francés a su narración. Del mismo modo, en el capítulo se explicita la consolidación literaria que poseía, en la que transmitió tanto su ideología como sus concepciones interiores del mundo exterior y su voluntad de expresarlas a los lectores. De ahí que su empleo de la lengua tenga marcas de elementos endógenos como exógenos, que eran comprendidos por los lectores según el conocimiento, la experiencia y la intención con la que se acercaran al texto.

Capítulo II La Parroquia	
por colgar de una viga (p. 40)	porque cuelgan de una viga (p. 175)
dos puertas de la sala de que hemos hablado antes, que (p. 40)	dos puertas de la sala, que (p. 176)
con traje hasta el propio suelo (p. 40)	con traje que bajaba hasta el suelo (p. 177)
cuyo conjunto de primores era una visión enteramente milagrosa: tal era (p. 40)	conjunto de primores, visión enteramente milagrosa, era (p. 177)
se paró (p. 40)	se puso de pié (p. 177)
El señor (p. 40)	El caballero (p. 177)

---

83   Para Roland Barthes, el estilo está ligado íntimamente a la mitología personal y secreta del escritor; por tanto está fuera del pacto que une al autor con la sociedad: «Nadie puede, sin preparación, insertar su libertad de escritor en la opacidad de la lengua, porque a través de ella está toda la Historia, completa y unida al modo de una Naturaleza. (...) La lengua está más acá de la Literatura. El estilo casi más allá: imágenes, elocución, léxico, nacen del cuerpo y del pasado del escritor y poco a poco se transforman en los automatismos de su arte. Así, bajo el nombre de estilo, se forma un lenguaje autárquico (...),

mandaba a la clientela amarrar (p. 40)	mandaba amarrar (p. 177)
—El diamante se encuentra en los desiertos: así resplandece U. entre las breñas mi señora. —Es que le parece, caballero, respondió la señorita Clotilde, que era ella la misma que en la posada habia mencionado Rosa, como que venía al lugar a oír la misa; cosa que solía hacer una vez en cada trimestre. —Cómo es para habitar U. en estos desciertos? le dijo el caballero. —Porque vivo en la hacienda con mi padre (p. 40)	—Como es que habita usted en estos desiertos? le dijo el caballero. (p. 177) —Porque vivo en la hacienda con mi padre, respondió Clotilde, que era la misma que en la posada habia sido nombrada por Rosa (p. 177).
por el consuelo que allí (p. 46)	por el hechizo que allí (p. 178)
a predicar en el Gólgota (p. 47)	a predicar en la Judea (p. 178)
dirijian sus ojos contra el forastero, quien por su gran saco blanco (p. 47)	dirijian los ojos al forastero, quien por su gran frac blanco (p. 178)
que un rico por la puerta del cielo (p. 47)	que un rico en el reino de los cielos (p. 178)
las palabras que se siguieron (p. 47)	las palabras que siguieron (p. 178)
igualdad i fraternidad, pues con ese pendon (p. 47)	igualdad, fraternidad, pues con aquel pendon (p. 178)
i unos impresos (p. 47)	i unos papeles (p. 179)
Leiganos, su mercé los papeles (p. 47)	Leiganos su merced los papeles (p. 179)
a romper el sobre a las Gacetas (p. 47)	a romper las cubiertas de las gacetas (pg. 179)

donde se instalan de una vez por todas, los grandes temas verbales de su existencia. Sea cual fuere su refinamiento, el estilo siempre tiene algo en bruto: es una forma sin objetivo, el producto de un empuje, no de una intención, es como la dimensión vertical y solitaria del pensamiento. Sus referencias se hallan en el nivel de una biología o de un pasado, no de una Historia: es la "cosa" del escritor, su esplendor y su prisión, su soledad. Indiferente y transparente a la sociedad, caminar cerrado de la persona, no es de ningún modo el producto de una elección, de una reflexión sobre la Literatura» (Barthes 2005, 18-19).

tan selecta filarmonía (p. 47)	tan selecta armonía (p. 180)
se paraban, se mudaban de asiento en asiento (p. 47)	se ponían de pie, mudaban de asiento (p. 180)
ni a los puños (p. 47)	ni a los puñetazos (p. 180)
embozado hasta los ojos con el canto de su ruana (p. 47)	embozado hasta los ojos con su ruana (p. 180)
por el alfandoque (p. 48)	al alfandoque (p. 181)
parado en un rincón (p. 48)	de pié en un rincón (p. 181)
por ahí (p. 48)	por aquí (p. 181)
flexible andar (p. 48)	airoso andar (p. 181)
derramando una mirada rápida sobre él, de esas de envidiarse aun por los menos interesados en la lid (p. 48)	derramando sobre él una mirada rápida (p. 181)
ya por sus bolsillos (p. 48)	por sus bolsillos (p. 181)
los comentarios i el criterio (p. 48)	los comentarios (p. 181)
sacudon (p. 48)	sacudimiento (p. 181)
abrirle (p. 48)	abrir (p. 182)
convendría (p. 48)	convenia (p. 182)
suavizaron el trastorno (p. 48)	calmaron el trastorno (p. 182)
sacudon (p. 48)	sacudimiento (p. 182)

El capítulo II ocupa una columna y media de la página 39, la página 40 completa del número 5, continúa casi al final de la página 46 del número 6 y va hasta la mitad de la segunda columna de la página 48 del mismo número de *El Mosaico*. Mientras que en la edición de 1866, termina la página 175, se extiende por las páginas 176, 177, 178, 179, 180, 181 y va hasta un poco más de la mitad de la página 182. En esta publicación se encuentran 33 cambios, en 27 de los cuales el corrector impone su estilo, llegando no sólo a sobrecorregir (hace prevalecer sus preferencias estilísticas y personales), sino a ultracorregir (cambia lo correcto). Ejemplos de sobrecorrección, cuando remplazó «El señor» por «El caballero», o «se paraban» por «se ponían de pié»; también cuando modificó «suavizaron» por «calmaron» o «por ahí» por «por aquí», igualmente «embozado hasta los ojos con el canto de su ruana» (canto = "extremidad, punta, esquina o remate de algo. Canto de mesa, de vestido") por «embozado hasta los ojos con su ruana» o «convendría» por «convenía», etc.

Es ultracorrección cuando sustituyó «impresos» (libros o edictos salidos de la imprenta) por «papeles» o «sacudón» ("sacudida rápida y brusca"), por «sacudimiento» ("acción y efecto de sacudir") o «desafíos a los puños» (puño = "la mano cerrada") por «desafíos a los puñetazos» (puñetazo = "golpe que se da con el puño de la mano"); también cuando cambió «comentarios y criterio» y elimina «criterio» ("el juicio, el discernimiento").

De igual modo, es ultracorrección cuando los personajes del campo no pronuncian bien los verbos, pero en cambio articulan en forma completa las palabras «su merced», forma de tratamiento que indica respeto y se emplea en las zonas de Cundinamarca y Boyacá: «Leiganos su merced los papeles». La competencia cultural del corrector citadino no tuvo en cuenta el tipo de personaje campesino que emitía esas palabras e impuso una pronunciación correcta en la forma de tratamiento, que no está de acuerdo con la enunciación del verbo.

En los cambios o eliminación de voces, el corrector precisó la voz narrativa, limpiándola de usos del lenguaje, que no eran error como en: «dirijian sus ojos contra el forastero», donde contra significa hacia; modificó usos de vocablos que se iban imponiendo («filarmonía»[84] por «armonía), que

---

[84] Por asociación con «filarmónica», sociedad que se fundó en la capital, pero que pronto se extendió por diversas regiones del territorio en asociaciones subsidiarias. A sus reuniones se les hizo constante publicidad en los periódicos de la época. «La Sociedad Filarmónica se creó a fines de 1846 para satisfacer las nuevas necesidades de la ciudad. Se trataba de una especie de club musical en el que participaban músicos y espectadores. Una parte de los miembros de la Sociedad, los músicos, constituía la orquesta. La Sociedad organizaba los conciertos y financiaba los instrumentos y la importación de nueva música. El primer concierto dado por la orquesta de la Sociedad Filarmónica lo fue en noviembre de 1846 [anunciado en el periódico *El Día*, 8 de noviembre de 184]. el último lo fue en 1857. (...) La Filarmónica centralizó los esfuerzos musicales de la ciudad y concentró las posibilidades financieras de los entusiastas de la música. Significó el paso de las pequeñas orquestas y de los "cuartetos" a la "orquesta sinfónica"; del "salón" a la sala de conciertos; del patronazgo privado individual al patronazgo privado estamental. Reunió en una misma institución mediadora prácticamente a toda la elite ilustrada que hasta ahora se hallaba dispersa en los tradicionales "salones" y que ya no cabía en ellos.

muestran la información cultural que poseía el autor. Al mismo tiempo, eliminó oraciones descriptivas propias del estilo del autor. Al hacer esto, el corrector mostró la mentalidad predominante en las clases altas, a las que se adscribía y a quienes quería complacer; es un prejuicio ideológico derivado de su condición social lo que marca su manera de escribir, donde muestra la no pertenencia ni deseo de asociación con el mundo representado. Mientras que Díaz Castro escribía para un destinatario general, del pueblo (no necesariamente lector), con una determinada concepción social y económica (por la temática y los protagonistas de lo relatado); Vergara se dirigió a lectores específicos de clase alta, de ahí la imposición de su estilo sobre el del autor.

El corrector también suprimió parlamentos de Demóstenes donde el per-

---

En los conciertos de la Filarmónica, se reunían la vieja y la nueva generación de esta elite, y no sin conflictos: los "viejos" veían con recelo la actividad dinámica y transformadora de los "jóvenes" y sus deseos de construir una vida social y cultural más plena en Santafé» (Duarte y Rodríguez 1991, [s.p]). «Un vistazo al repertorio presentado en conciertos por la Sociedad Filarmónica de Bogotá (1846-1857) revela que las obras de mayor virtuosismo fueron reservadas para el concierto público y pago. Allí se escucharon las oberturas, arias y dúos operáticos, las fantasías pianísticas y los valses de concierto de mayor envergadura» (VVAA 2005, [s.p]).

En el periódico *El Duende* se publicó el siguiente texto: «Haga U. saber al público que el 31 de octubre último tuvo la sociedad filarmónica su primer ensayo en unas hermosas cuadrillas y en una brillante obertura, que electrizaron no solo mi corazon sino el de todos los circunstantes, haciéndonos desear una larga duracion á tan útil establecimiento: que dichas piezas fueron ejecutadas por mas de treinta profesores y aficionados, á quienes debemos suplicar con toda la instancia posible, que continúen asistiendo con toda puntualidad á los ensayos y funciones sucesivos. Haga tambien la advertencia de que la suscripción á dicha sociedad está abierta a todos los sujetos decentes que tengan á bien suscribirse, y que está del todo cerrada para los que vayan con ánimo de introducir allí el desórden, sea conversando ó riendo durante la ejecucion, sea fumando ó cometiendo otros actos descorteses que tanto incomodan á la generalidad de las jentes y que sin embargo son tan comunes en nuestra pobre capital. Diga que quien se suscriba debe consignar la cuota de cinco pesos en manos del Sr. Andres Santamaría, y resolverse á dar otra muy módica que se necesita para sostener la sociedad con alguna decencia, dando, si fuere posible, siquiera un peso á cada uno de aquellos ejecutantes que viven de su instrumento. Y agregue que todas estas noticias las tiene recibidas por buen conducto, y que quien se las transmite piensa que de algo nos podra servir el sostener la Sociedad (...)» (Un filarmónico filólogo 1846, 7).

«[C]on la presencia del mismo Ancízar, un grupo connotado de intelectuales civiles se encargó de crear una sociabilidad que distinguiera y diferenciara a aquellos hombres que se autoconsideraban iguales entre los superiores. La Sociedad Protectora del Teatro y la Sociedad Filarmónica surgieron de los miembros de la recién fundada Logia Estrella del Tequendama, en 1849. Una revisión de sus reglamentos deja entrever el deseo de halagar las "conductas intachables" y sancionar cuanto se considerara señales de mal gusto. Desde esas sociedades artísticas, sus directivos —miembros a la vez de la logia mencionada— imponían a los artistas y al público las reglas del que cabía definir, en su momento, como el buen gusto burgués. Se seleccionaban las piezas que podían ejecutarse y eran vigilados los ensayos. Desde los precios de las entradas hasta la exigencia del por entonces novedoso *frac*, había una sutil o explícita exclusión de los demás. Así quedaban señalados determinados lugares e instituciones como los nichos de convivencia exclusiva de aquellos que, según palabras del cronista Cordovez Moure, detentaban una "honrosa posición social". Este grupo de intelectuales civiles de raigambre liberal, que tuvo protagonismo a mediados del siglo pasado en la Nueva Granada, tenía previsto imponer modos de vida, convenciones, reglas, requisitos de ingreso, estatutos, vigilancia de comportamientos, cuanto podía insinuar distancia, exclusivismo, honra específica de ciertos individuos» (Loaiza Cano 1998, 212-213).

sonaje expresaba locuacidad y palabras lisonjeras donjuanescas. Este es un uso de la lengua que depende del interlocutor y de la situación comunicativa; registro que determina el tipo de personaje que Díaz Castro quería mostrar. Con los recortes que efectuó el corrector conformó a Demóstenes con un modelo de personaje de clase alta que tenía en mente; referente que no era el mismo que poseía el autor;[85] ya que para Díaz Castro este personaje era hablador, oportunista y donjuanesco.

EDIFICIO DE LA SOCIEDAD FILARMONICA

Igualmente, cuando Vergara descartó las palabras que hacían alusión a situaciones históricas reales como «Gólgota» (que José María Samper había empleado en un discurso político, por el cual los miembros del partido liberal radical habían recibido esa denominación), la modificación señala claramente a un corrector que está imponiendo su ideología sobre la del autor. Éstas y otras palabras y parlamentos de este tipo son importantes porque indican tanto los modelos narrativos que Díaz Castro tuvo en mente, como la ideología política que poseía. Esas exclusiones revelan en la sustitución del estilo, la intención del corrector y la imposición de su ideología, mutilando del texto la del autor, con lo cual Marroquín, Carrasquilla y Vergara (especialmente éste último, según las afirmaciones de Martínez Silva (véase: 1879: 386 // 1958, 26-27), se convertían en coautores en la sombra o "negros literarios" (escribieron la obra

---

85   «Todo acto de lenguaje, cualquiera sea su dimensión, nace, vive y toma sentido en una situación de comunicación. No existe acto de lenguaje fuera del contexto, como se afirma a veces, al menos en lo que concierne a su significación. Recíprocamente no se puede dar cuenta de un acto de lenguaje si no se da cuenta paralelamente de la situación en la cual se inscribe» (Charaudeau 2006, 39). Con los recortes discursivos, el corrector cambió el acto de lenguaje modificando la situación.

de otro por expropiación o por contrato). De este modo, al borrar secciones originales del texto, que a ellos no les era conveniente, pudieron adscribir al autor, ya muerto, a un sistema de pensamiento que no compartía.

Capítulo III El Cura

fué el saludo, i la iniciativa, tal como competía a las dos personas (p. 48)	se saludaron con la cortesía propia de las dos personas (p. 183)
los raptos de su imajinacion (p. 55)	su imaginación (p. 183)
i ran! ran! (p. 56)	i zis! zas! (p. 184)
mi señor cura (p. 56)	señor cura (p. 184)
verdad! (p. 56)	no es verdad? (p. 184)
fraternicemos, mi cura (p. 56)	fraternicemos, señor (p. 185)
en la otra (p. 56)	en otra (p. 185)
flor lacre (p. 56)	flor encarnada (p. 186)

El capítulo III comienza en la segunda mitad de la segunda columna de la página 48 del número 6, pasa al segundo tercio de la segunda columna de la página 55, prosigue en la página 56 del número 7 y termina al comienzo de la página 62 (cuatro líneas) del número 8 de *El Mosaico*. Mientras que en la edición de 1866, el capítulo empieza en la segunda mitad de la página 182, sigue en las páginas 183, 184, 185, y ocupa las dos terceras partes de la página 186; en esta publicación se presentan 8 cambios.

El corrector abrevió dos parlamentos de Demóstenes, quitándole el empleo de apelaciones al interlocutor, propias del habla coloquial escogida como variedad de uso de situación: «mi señor cura», «mi cura». Ese registro del lenguaje tiene un fin interpersonal[86] que se emplea para demostrar cercanía con el interlocutor, muchas veces condescendencia, variedad coloquial resultante de la intención del emisor (en este caso, el tipo de personaje representado). El corrector al eliminar esas marcas de coloquialismo del personaje, continuó depurando la imagen y diferenciándolo de la representación que

---

86 «Quizá, este mayor fin interpersonal o, si se prefiere, comunicativo socializador (de mayor «comunión fática») podría dar razón de la mayor "implicación emotiva" (...) también de grado de confianza y, es evidente, que la confianza entre los interlocutores favorece que afloren con naturalidad las emociones y eso que se ha llamado (mayor) expresividad» (Briz 2010, 126).

había efectuado el autor. Igualmente, impuso su propio uso del léxico al eliminar vocablos o expresiones, para cambiarlas por otros que indican exactamente lo mismo: «¡zis! zas!», «flor encarnada».

<table>
<tr><td colspan="2" align="center">Capítulo IV El lavadero</td></tr>
<tr><td>los golpes i el canto (p. 62)</td><td>los golpes (p. 187)</td></tr>
<tr><td>la honda azul, matizada por la espuma de jabon, (p. 62)</td><td>las hondas azules matizadas por la espuma de jabon (p. 187)</td></tr>
<tr><td>hojas de seis a nueve varas de largo, formaban la cúpula de aquel soberbio templo de la naturaleza de una altura colosal (p. 62)</td><td>hojas formaban la cúpula de aquel soberbio templo de la naturaleza (p. 187)</td></tr>
<tr><td>zancudos voraces (p. 62)</td><td>voraces zancudos (p. 188)</td></tr>
<tr><td>huir o molestarse por razón del traje tan de confianza para los montes (p. 62)</td><td>huir o avergonzarse por razón del traje tan de confianza que llevaba (p. 188)</td></tr>
<tr><td>Mas tuvo la dicha de entender el cazador (p. 62)</td><td>Mas el cazador tuvo la dicha de notar (p. 188)</td></tr>
<tr><td>no pierden las esperanzas nunca (p. 62)</td><td>no pierden nunca las esperanzas (p. 188)</td></tr>
<tr><td>i yo (p. 62)</td><td>yo (p. 189)</td></tr>
<tr><td>la honda cristalina (p. 63)</td><td>las hondas cristalinas (p. 189)</td></tr>
<tr><td>piedra escupida por su boca (p. 63)</td><td>piedra después de haber escupido en ella (p. 189)</td></tr>
<tr><td>un perro (p. 63)</td><td>el perro (p. 190)</td></tr>
<tr><td>de seda lacre (p. 63)</td><td>de seda (p. 190)</td></tr>
<tr><td>pañolon lacre (p. 63)</td><td>pañolon encarnado (p. 190)</td></tr>
<tr><td>mi hermana. Era bella, graciosa e insinuante: la suave ondulación del carruaje mentia la dicha del paraíso, en ese tiempo en que no aparecian en todo el mundo sino dos corazones solos (p. 63)</td><td>mi hermana (p. 190)</td></tr>
</table>

a su incognita casera (p. 63)	a su casera (p. 191)
sosteniéndose parada (p. 63)	manteniéndose parada (p. 191)
es Ambalema el uno (p. 64)	Ambalema es uno de ellos (p. 191)
i formas, que al favor de su preciosa ropa, dejaban percibir como era ella, como Dios la habia hecho; pues *Manuela* no usaba de arte para abultar, para trasponer ni para disminuir las posiciones de su cuerpo; así es que D. Demóstenes inteligente en dibujo quería sacar un cuerpo modelo que hacia tiempo que deseaba. La fina camisa también le permitia trazar un elegante anverso de *Manuela*, que por su juventud i por el clima ostentaba el garbo, i la gracia de la naturaleza juvenil (p. 64)	i formas, que a favor de su escasa ropa se dejaban percibir como eran, como Dios las habia hecho (p. 191)

El capítulo IV ocupa las páginas 62, 63 y la primera columna de la página 64 del número 8 de *El Mosaico*; mientras que en la edición de 1866, comienza en el último cuarto de la página 186, sigue en la páginas 187, 188, 189, 190, 191, y concluye en el tercer cuarto de la página 192. En esta publicación se hicieron 18 modificaciones.

La mayoría de las variaciones son producto de la sobrecorrección, como cuando «la honda azul, matizada por la espuma de jabon» pasa al plural: «las hondas azules matizadas por la espuma de jabon» o en «zancudos voraces», cambia la posición del adjetivo: «voraces zancudos», cambiando la percepción para el receptor; de igual manera al modificar «un perro» por «el perro» o cuando en «de seda lacre» prescinde del adjetivo: «de seda» o con «la honda cristalina» que pasa al plural: «las hondas cristalinas»; también al modificar «pañolon lacre» por en «pañolon encarnado» (al corrector no le gustaba el uso del adjetivo «lacre» que había empleado el autor; puesto que lo eliminó dos veces) o «sosteniéndose parada» por «manteniéndose parada», entre otros. Mientras que se produce la ultracorrección en los «golpes i el canto» cuando se presenta finalmente en 1866: «los golpes», excluyendo la segunda parte; ya que la voz narrativa dice que Demóstenes comprende el significado de las palabras y oye tanto los golpes como la melodía que producen los sonidos.

Al eliminar «incógnita» junto a casera se limpió la imagen de Demóstenes, quien con esa palabra del narrador se lo señalaba como curiosidad e interesado en saber sobre la joven; de igual modo, al reducir las descripciones que emitió la voz narrativa sobre aspectos de la naturaleza se impuso un estilo propio. Al eliminar tanto la descripción de la joven de Estados Unidos que recordaba Demóstenes, como las observaciones que éste efectuó en estilo indirecto sobre el físico de *Manuela*, información que transmitía el narrador, como antes se señaló, prosiguió limpiando la representación del personaje y la alejó de la que el autor tenía en mente: adinerado, galanteador, conquistador, burlador.

Capítulo V El Trapiche del Retiro

entre las quebraduras de un terreno (p. 69)	en las quiebras de un terreno (p. 192)
de manera de no ser discernibles (p. 69)	de tal manera que no son discernibles (p. 192)
Era Juanita la hija de don Nicacio (p. 69)	Era Juanita, la hija de don Cosme (p. 193)
La señorita (p. 69)	i era la señorita (p. 193)
ni de los ardidos (p. 69)	ni de los quemados (p. 193)
estúpida lascivia (p. 69)	estúpido libertinaje (p. 193)
criando con cuidado, escesivos en los momentos lúcidos para sufrir el hambre i el descuido de largas horas (p. 69)	criando con esmero (p. 193)
miedo... no sé, china (p. 69)	miedo... no sé (p. 194)
una por una. —Con que el remedio del italiano: "cojile li pulgi, abrili boqui, i catili morti? —Cabal... pero la carta, china (p. 70)	una por una. —Pero la carta... (p. 195)

árboles, saco la carta i se la leyó a Juanita; i decía (p. 70)	árboles, oyó Juanita leer lo siguiente (p. 195)
poder ofrecerle la oblacion (p. 70)	poder tributarle homenajes (p. 195)
—Que no es nada, mi negra (p. 70)	—Que no es nada (p. 195)
—Adios de Alonso (p. 70)	—Adios el otro (p. 195)
de un dia para otro, i derrotas de un poseedor, que vale mucho para la gloria de un imbécil (p. 70)	de un dia para otro (p. 196)
—Injuriarte? china... (p. 70)	—Injuriarte? (p. 195)
—Estás afectada (p. 70)	—Estás conmovida (p. 195)
sendas enmarañadas, en que nuestros arrendatarios suelen poner lo que llaman trampa de lazo, i vuelve a ser cojida: Dispénsame por mis temores i por lo mucho que deseo tu dicha (p. 70)	sendas enmarañadas, de una de las trampas de lazo que ponen nuestros arrendatarios, i vuelve a ser cojida (p. 196)
cadena tan eficaz como la de la tierra, i asi en un mundo como el que yo tengo, porque ¿qué hacen? (p. 71)	cadena tan poderosa como la de la tierra (p.196)
como les arrendamos la potencia jerminante de cria, de frutos para responder al instinto de la propia conservacion (p. 71)	como les arrendamos la tierra que les da el sustento (p. 196)
proteccionismo al proletario (p. 71	proteccion al proletario (p. 196)
desde la otra semana? (p. 71)	desde la semana entrante (p. 196)

en vísperas (p. 71)	en vísperas de pararse (p. 196)
—Que escriben, mi negra (p. 71)	—Que escriben... (p. 196)
—Con que nos guardaran los que quieren nuestras garantías de mujeres (p. 71)	—Con que respetaran nuestras garantías de mujeres (p. 196)
a favor de las jóvenes, pues allí hai castigos para el hombre que abusa de la credulidad febril de una jóven apasionada, por solo el testimonio de la interesada (p. 71)	a favor de las jóvenes (p. 197)
que nos traten (p. 71)	que nos trataran (p. 197)
como nos trata don Cosme? (p. 71)	como nos trata don Diego? (p. 197)
la mania de saludar (p. 71)	el resabio de saludar (p. 197
como a las chiquitas (p. 71)	como a las chicas (p. 197)
Pía, tan célebre (p. 71)	Pía tan graciosa (p. 198)
hasta donde podia. Pero me lo crees, Juanita, que estas muchachas buenas mozas les sirven para aliciente de procurarse peones?... es decir de carnaza de hacer plata? (p. 71)	hasta donde podía (p. 198)
pero en don Cosme se hace mas notable porque (p. 71)	pero en algunos se hace mas notable, porque (p. 198)
i de proteccionismo (p. 71)	i de proteccion (p. 198)
negociado de la carta (p. 71)	negocio de la carta (p. 198)
no se habla, boba? (p. 71)	no se habla (p. 198)

—Pues lo borramos i adelante.

—Pues lo borramos i adelante.

"pero si esto no fuese sino una declaración amorosa, i si U. lograse encender una pasion en mi, ha pensado U. el asunto por todos sus cuatro costados?
—Ahora déjame a mi, dijo Juanita, que quiero ponerle una cosa, i cojiendo la pluma escribió i borró, aclaró i por último leyó:
"Figúrese U, señor D. Demóstenes, a la pobre Clotilde, antes tranquila, pensando en sus flores i sus aves, i que sin saber cuando ni a que hora vuela su imajinacion como esas nuves que al principio de los inviernos pasan sobre los valles del Magdalena para venir a acumularse sobre la cordillera oriental i desatarse luego en torrentes i tempestades. Figúresela U. ya loca de amor, como la rueda de agua de los trapiches. Figúrese U. que despues de algún tiempo no paró en la desamparada viudez, ni en el encierro i sujecion del matrimonio sino que los amoríos terminan por un armisticio, como guerras de revolución: esto último, que es seguramente lo mejor, es igual para U. que para mi?... El hecho solo de haber soportado una campaña de amores, de castos amores se entiende ¿no es un demérito para el concepto de los nuevos licitadores?... Las cargas todas del matrimonio gravitarian por igual sobre U. que sobre la pobre Clotilde?
—Magnífico, dijo Clotilde, i ahora quiero que le agreguemos otra cosa. "La mujer al casarse hace lo de la oruga; depositar un vistoso i brillante ideal en un encierro, cambiar su vida por vidas nuevas.

Correjida i enmedada la carta (p. 198)

Pero siquiera obtiene el justo premio? A los tres ó cuatro años de casada no es en ocasiones ménos ajonjeada que el perro de caceria, que la escopeta ó que el caballo? Es la esposa progresivamente mas querida cuantas mas perfecciones pierde en su destino, asi como es mas benemérito el soldado mientras mas afeado se halle su rostro por las cicatrices de los combates?
"Pero si yo me hubiese adelantado en conjeturas, i no fuese sino pura i neta amistad la iniciativa de U, soi de parecer que U. ha debido escribir a mi padre con la misma fecha, i aun todavía hai tiempo, pues de la amistad de U. se honrara toda mi familia. Soi de U. atenta servidora—Clotilde".
Leyo Juanita la carta, i corregida, i enmendada que fue (pp. 71-72)

—Es verdad, negra (p. 72)	—Es verdad (p. 198)
sarnoso, buchon i bubiento (p. 72)	sarnoso, barrigudo i lleno de bubas (p. 198)

El capítulo V, de mayor extensión que los anteriores, ocupa 6 líneas del final de la primera columna y toda la segunda columna de la página 69, las páginas 70, 71 y columna y media de la página 72 del número 9 de *El Mosaico*. En la edición de 1866, el capítulo comienza en el último cuarto de la página 192, prosigue en las páginas 193, 194, 195, 196, 197, 198, 199 y concluye en el primer tercio de la página 200.

En este capítulo se observan cambios significativos en la edición de 1866. En esta publicación se efectuaron 38 variaciones, de las cuales 17 son producto tanto de la sobrecorrección como de la ultracorrección, como cuando modificaron: «entre las quebraduras de un terreno» por «en las quiebras de un terreno» o «ni de los ardidos» por «ni de los quemados»; lo mismo que: «estúpida lascivia» por «estúpido libertinaje» o «—Adios de Alonso» (expresión) por «—Adios el otro» o «—Estás afectada» por «—Estás conmovida», asimismo «negocio» en lugar de «negociado» («usado como sustantivo vale lo mismo que negocio») y otros.

Eliminaron los apelativos coloquiales entre los personajes de clases altas: «china», «mi negra», «boba», como si todos ellos fueran miembros de un grupo totalmente homogéneo. Díaz Castro mostró en el capítulo anterior la manera en que Demóstenes trataba al cura, con mayor razón, en éste iba a marcar la manera de tratamiento familiar entre las dos amigas. El corrector hizo lo mismo al eliminar dichos populares que circulaban en diversos países: "cojile li pulgi, abrili boqui, i catili morti?», que señalaban la forma en que se difundían situaciones que eran de algún modo significativas y que mostraban el conocimiento que poseían determinadas capas sociales.

Al eliminar expresiones que prolongaban la misma idea o enunciaban exceso de emoción, como en el parlamento de Juanita, cuando excluyeron: «Dispénsame por mis temores i por lo mucho que deseo tu dicha», eliminaron un registro de lenguaje cuyo fin es interpersonal. Es una depuración de la imagen para conformar a los miembros de la clase alta como grupo diferenciado y uniforme. Sin embargo, en esas sustituciones no se tuvo en cuenta la limitada educación que recibían las mujeres y el lugar geográfico aislado donde estaban insertos esos personajes, que era lo que representaba Díaz Castro. De ahí la manera en que esos personajes expresaban ideas con redundancias, circunloquios, giros y locuciones innecesarios, excesos del mismo tipo de nexo conjuntivo (propio de la oralidad) y con subordinación sintáctica excesiva que dificulta y oscurece el contenido, producto de la inhabilidad de precisión y claridad que se adquiere con el conocimiento y la experiencia. Estos personajes femeninos no podían expresarse igual que Demóstenes; eso lo sabía el autor y fue lo que representó claramente en estos apartados, según las reglas narrativas del Realismo.

El corrector también cambió los nombres de los personajes; el padre de Juanita era Nicasio en la edición de *El Mosaico*. A este personaje, ahora llamado Cosme, le eliminó los dichos de crueldad y de cinismo sobre lo que los hacendados hacían con los trabajadores. Asimismo, descartó palabras como «proteccionismo»: "política económica que dificulta la entrada en un país de productos extranjeros que hacen competencia con los nacionales", empleada por Díaz Castro dos veces en este capítulo. Circunstancia que había sido uno de los aspectos políticos candentes desde 1848, cuando el gobierno determinó no poner impuesto en las importaciones de manufacturas extranjeras o librecambio, con lo cual comenzó la escisión y el descontento de los artesanos; insatisfacción que posteriormente llevó al ascenso de Melo al gobierno en 1854. Lo que ocasionó una coalición de las élites que lo removió del poder y condenó a prisión, a destierro y a la muerte a los artesanos involucrados. Hechos que seguían vivos en la mente de los trabajadores de todas las regiones, punto de referencia temporal central del mundo narrativo de Díaz Castro, que a la vez señala la ideología y su adscripción con un grupo de planteamientos ideológicos que no eran los del corrector.

Del mismo modo, prescindió de las denuncias que Clotilde y Juanita efectuaron sobre el trato que los hombres les daban a las mujeres. Al excluir los parlamentos donde estos dos personajes denunciaban tanto lo que los hacendados perpetraban con las trapicheras, como el trato que las mujeres en general recibían de los hombres, suprimió una parte vital del quehacer literario de Díaz Castro, quien como autor representaba, por medio de los personajes femeninos, las circunstancias sociales que afectaban las vidas de las mujeres para impulsar reformas. Como hombre entendía y reconocía las desigualdades de los géneros y los cambios que se debían realizar hacia las mujeres y su puesto en la sociedad para mejorar la nación.

En los parlamentos que fueron eliminados, Díaz Castro mostraba las lecturas efectuadas sobre acontecimientos sociales europeos, especialmente franceses; pero a la vez, su adhesión a puntos ideológicos esenciales presentados por un grupo de intelectuales que no eran conservadores. Con esos textos eliminados y con la labor que todavía se observa en la novela, se convierte en un punto de partida temprano e importante en el tratamiento que como autor le otorga en la ficción a la lucha contra las formas de patriarcado y sexismo en la situación de los géneros en la sociedad neogranadina/colombiana.

Así cuando el corrector o los correctores prescindieron en este capítulo de los parlamentos de Clotilde y de Juanita sobre las mujeres, explicitaron una posición ideológica opuesta a la de Díaz Castro cuando estructuró a los personajes femeninos y efectuó un retrato de sus subjetividades y valores; representación, que exhibía un cambio de percepción sobre la situación social de las mujeres. Este autor hizo un esfuerzo para trascender las concepciones sexuales establecidas en la sociedad, a partir de un sentido de justicia, surgido de su comprensión de la situación social, de sus lecturas y producto de su ideología socialista,[87] doctrina que se había difundido en la Nueva Granada y que se expresa en *Manuela*.

De esta manera, Juanita y Clotilde informaban los avances sociales que las mujeres habían alcanzado en otros lugares: «allí hai castigos para el hombre que abusa de la credulidad febril de una jóven apasionada, por solo el testimonio de la interesada»; por eso, los personajes denunciaban lo que

---

[87] Charles Fourier relacionó el avance de la sociedad con la situación de las mujeres: «Los progresos sociales y los cambios de fases históricas se producen en razón del progreso de las mujeres hacia la libertad, y las decadencias del orden social se operan en función de la limitación de la libertad de las mujeres» (Fourier 1808, 180).

«Charles Fourier formula la utopía de una sociedad nueva poniendo la emancipación de las mujeres como una condición del progreso social y por tanto de la felicidad del conjunto de la humanidad: "Los progresos sociales y los cambios de periodo se efectúan en razón del progreso de las mujeres hacia la libertad; y las decadencias de orden social se operan en razón del descenso de la libertad de las mujeres". Tesis fourierista célebre resumida unas líneas más adelante: "la extensión de los privilegios de las mujeres es el principio general de todo progreso social". No es posible pensar en una emancipación real, si las mujeres como categoría social que puede soñar la igualdad entre los sexos, son dejadas de lado o marginadas. / Este planteamiento resulta distintivo de la utopía de Fourier respecto a otros proyectos anticipadores. Fourier afirma con toda claridad y asume sin ambages que son los hombres los que tienen necesidad de la libertad de las mujeres, que su felicidad depende de eso y la felicidad de las naciones también. Se impone una interpretación instrumental de esta figura de la emancipación» (Muñoz Redón 2008, 78-79).

hacían los hacendados. Aquí es la hija del hacendado conservador, la que efectúa la denuncia sobre lo que los dueños de tierras hacen con las trabajadoras: «Pero me lo crees, Juanita, que estas muchachas buenas mozas les sirven para aliciente de procurarse peones?... es decir de carnaza de hacer plata?».

Asimismo, tanto Clotilde como Juanita razonaban y acusaban a los hombres de clases altas sobre lo que sucedía con las mujeres en el círculo al que pertenecían: «Pero siquiera obtiene el justo premio? A los tres ó cuatro años de casada no es en ocasiones ménos ajonjeada que el perro de caceria, que la escopeta ó que el caballo? Es la esposa progresivamente mas querida cuantas mas perfecciones pierde en su destino, asi como es mas benemérito el soldado mientras mas afeado se halle su rostro por las cicatrices de los combates?».

Por eso en la carta que Clotilde y Juanita escribieron en este capítulo, le demandaban a Demóstenes, a la vez que lo criticaban: «Pero si yo me hubiese adelantado en conjeturas, i no fuese sino pura i neta amistad la iniciativa de U, soi de parecer que U. ha debido escribir a mi padre con la misma fecha, i aun todavía hai tiempo, pues de la amistad de U. se honrara toda mi familia». Con esas palabras le pedían respeto y lo llamaban al orden sobre lo que había hecho al escribir un mensaje ambiguo que podía ser malinterpretado. Carta que se sabría posteriormente que no era seria, porque Demóstenes la había escrito movido por el despecho de no tener noticias de la novia bogotana. Pero, dentro del mundo narrativo, de haber sido creída, habría causado los mismos problemas en Clotilde, que los que había tenido Juanita con Anselmo. Circunstancia que Juanita entreveía cuando escribió, según su entendimiento, su habilidad y su cultura:

> Figúrese U, señor D. Demóstenes, a la pobre Clotilde, antes tranquila, pensando en sus flores i sus aves, i que sin saber cuando ni a que hora vuela su imajinacion como esas nuves que al principio de los inviernos pasan sobre los valles del Magdalena para venir a acumularse sobre la cordillera oriental i desatarse luego en torrentes i tempestades. Figúresela U. ya loca de amor, como la rueda de agua de los trapiches. Figúrese U. que despues de algún tiempo no paró en la desamparada viudez, ni en el encierro i sujecion del matrimonio sino que los amoríos terminan por un armisticio, como guerras de revolución: esto último, que es seguramente lo mejor, es igual para U. que para mi?... El hecho solo de haber soportado una campaña de amores, de castos amores se entiende ¿no es un demérito para el concepto de los nuevos licitadores?... Las cargas todas del matrimonio gravitarian por igual sobre U. que sobre la pobre Clotilde?

Es decir: Uds. los hombres, por pasar el tiempo, galantean sin tener seriedad; causan problemas, después desaparecen sin darle importancia al caos y a los daños que han ocasionado. Pero la mujer siempre pierde, porque a ella se le exige que su comportamiento no dé lugar a la duda. Así que después de engañada, es abandonada, porque la decepción y el engaño de ella, crea la duda en cualquier otro pretendiente.

No debe olvidarse que Clotilde y Juanita, personajes que representaba Díaz Castro, debían ser una cercana imagen de mujeres de la época, que aunque con algunos medios económicos, habían recibido la precaria educación que se daba a las mujeres; además, al vivir en lugares remotos en medio de trabajadores incultos, no tenían la sociabilidad necesaria para adquirir la habilidad para expresarse con concisión y claridad. De ese modo, el corrector, al eliminar los parlamentos y la carta, no sólo siguió exhibiendo una ideología contraria a la del autor, sino que no tuvo en cuenta las diferencias que éste quería transmitir, que iban en consonancia con sus demandas de mejorar la posición social de las mujeres. De esa manera, al excluir esas secciones, impuso su punto de vista y acalló la voz de Díaz Castro y las denuncias que emitía (véase más adelante la situación social en la Nueva Granada a partir de la década del 40 del siglo XIX).

La posición de Díaz Castro sobre la posición de la mujer no era única en la Nueva Granada;[88] en 1848, Ulpiano González, bajo el seudónimo Juancho Blanco, había escrito en «Costumbres. Educación de la mujer»:

> En una palabra, ganamos en moralidad a la par que en civilización; i la educación de los dos sexos sigue hoy, a pesar de los inconvenientes i de las preocupaciones que aun nos quedan, una marcha que en vano querrian atajar trabas ni reglamentos.
>
> La mujer recobra sus derechos, porque se ve como el hombre adornada de cabeza para pensar; penetra con osada planta en el templo de la sabiduría de que ántes se le vedaba la entrada por desgracia; i tributando el debido culto a las ciencias i a las artes, obra la regeneracion de una sociedad envilezida por los que la descubrieron tan solo para dominarla (Blanco 1848, 10).

Mientras que en 1850, Próspero Pereira Gamba, como Director del Instituto Democrático de Neiva, también había expresado sus pensamientos sobre la posición social de las mujeres:

> Puesto que la mujer no es nuestra sierva, debemos empeñarnos para que desaparezcan esas anomalías chocantes con que las leyes i las costumbres han querido envilecer su condición. Empecemos de hoy en adelante a educar para la sociedad a esta compañera del hombre, único lazo que nos liga a la tierra i sin el cual la ecsistencia nos parecería insoportable. De esta manera conseguiremos que deje de ser

---

88 En 1852, el librero francés Simonnot difundió en Bogotá un texto sobre el socialismo que hablaba de Saint-Simón, Fourier, Leroux, Blanc, Cabet, Vidal y Proudhon; libro que se divulgó por diversos países de Sur América. Véase más adelante sobre este tema en la Nueva Granada.

esclava i no pase su vida triste i solitaria entregada a las faenas domesticas o a la austeridad de las devociones. Entonces ella hara libremente lo que el hombre hace: ejercerá su soberanía i cumplirá a su vez las comisiones del pueblo: tomará una parte activa en los negocios políticos, morales i civiles de la sociedad; porque no hai justicia en que la mujer lleve solo las cargas i no disfrute de los derechos; que pase desapercibida de los negocios de su patria i vea con indiferencia el Gobierno, la Constitucion i las leyes.

¿Por qué la mujer en la Nueva Granada no ha de ser tan libre como el hombre? Porque es mas débil, se nos contestará; pero esto depende de que hace millares de años que se le ha dado una educación erronea que la mantiene aislada i sujeta. Emancípese la mujer i todo será diverso. Veremos entonces a la sierva convertida en criatura digna del mundo (Pereira Gamba 1850, 50-51).

Además, en 1853, en la constitución de la Provincia de Vélez «se otorg[ó] el voto a las mujeres y el derecho a ser elegidas para cargos públicos» (Gómez Serrano 2001, 73). Obviamente esa decisión tuvo detractores en diversos puntos de la Nueva Granada. Entre las voces que se levantaron en oposición estaba la de Emiro Kastos, seudónimo de Juan de Dios Restrepo, quien reaccionó de esta manera:

> Creemos que la disposición que hace á las mujeres electores y elegibles, emanó más bien de un sentimiento de galantería que de un pensamiento político. La mujer llevaría á la urna electoral la opinión de su marido, de su padre, de su hermano ó de su amante, con lo cual se conseguirían más boletas pero no más votos. Estamos seguros de que ellas no harán uso de semejante derecho, y si lo hicieran, nada ganaría la política, aunque sí perderían mucho las costumbres.
> Si nuestras bellas lectoras no lo han por enojo, diremos cuatro palabras sobre su carácter; señalaremos de donde viene su desgracia en la sociedad y el destino que en nuestro humilde concepto están llamadas á cumplir en este valle de lágrimas.
> Al juntarse dos hombres comúnmente tratan de negocios ó de política; dos mujeres reunidas por lo regular hablan de pesares, si son viejas, si jóvenes, de amor. En el hombre predominan los intereses, en la mujer los sentimientos. (...) La vida pública no es su elemento. Quédense, pues, en la casa, calmando con sus dulces sonrisas y sus cuidados afectuosos los desengaños y sinsabores que llevamos de la calle: quédense, como las sacerdotisas en el santuario, manteniendo encendido el fuego celeste de los afectos y formando en medio de los ardores de la vida un oasis fresco y risueño donde repose tranquilo el corazón. Quédense allí; y déjennos á nosotros el placer de

hacer presidentes ó dictadores, de intrigar en las elecciones, de insultarnos en los Congresos, de mentir en los periódicos y de matarnos fraternalmente en nuestras contiendas civiles.

El socialismo, casi siempre generoso en sus aspiraciones, pero impotente ó absurdo en sus medios, ha querido dar á las mujeres otros destinos que los que la naturaleza les señala. Por todas partes encontramos, ya en las doctrinas de los discípulos de San Simón, ya en las novelas de Eugenio Sue, alegatos elocuentes en favor de lo que ellos llaman la independencia, la emancipación de la mujer. Confesamos humildemente que no entendemos lo que estas frases significan. Lo que sí comprendemos es, que hay en el mundo miserias sin remedio, desigualdades forzosas, males inevitables. La mujer estará siempre bajo el imperio del hombre, porque dígase lo que se quiera, el débil jamás podrá emanciparse del dominio del fuerte. La naturaleza, que no incurre en contradicciones como el hombre, jamás da pésima en cuestiones de lógica: ella no pone la fuerza en unas manos y el poder en otras. Pero la educación corrige los instintos bozales de la fuerza é inspira al hombre sumisión voluntaria á la debilidad, respeto caballeroso por la mujer. Dése á nuestros jóvenes buena educación, enséñeseles modales y cortesanía, impídaseles adquirir vicios groseros y entonces la suerte de nuestras mujeres mejorará notablemente (Kastos 1859, 134-137).

De este modo, para Restrepo las costumbres debían mantenerse: la educación para el hombre, la ignorancia, la sujeción y el interior de la casa para la mujer. Pero Díaz Castro, imbuido de sus lecturas socialistas,[89] consideraba que se debía mejorar la situación de las mujeres en la sociedad; de ahí el propósito de su escritura y las denuncias que los personajes femeninos hicieron en ese mundo de ficción. Afortunadamente, fueron tan numerosas las situaciones que expuso en *Manuela*, que sobre la mala intención del corrector o de los correctores primó el imaginario social de la época y con él la inhabilidad masculina para observar la opresión femenina, evitándose así que la cuchilla de los censores-editores eliminara muchas de las circunstancias representadas que había efectuado el autor.

Capítulo VI La Lámina	
la comodidad posible (p. 78)	la comodidad apetecible (p. 200)
barranco tapizado (p. 78)	barranco alfombrado (p. 200)

---

89 «Al sansimonismo le corresponde el mérito de haber inaugurado realmente y de haber desarrollado el feminismo, pues puede decirse que es consustancial a su doctrina y a su acción. Saint-Simon le daba a la mujer el lugar más importante en la existencia social. En la sociedad pacífica con que él soñaba, y que había de sustituir a las civilizaciones militares, era tan necesario suprimir la explotación de la mujer por el hombre, como poner fin a la de los obreros por los patronos o la de los pueblos por los conquistadores» (Picard 2005, 312).

el segundo tomo de mi Telémaco (p. 78)	el segundo tomo de mi Ivanhoe (p. 201)
podriamos pedirlo (p. 78)	podríamos pedírselo (p. 201)
no tan paso (p. 78)	no tan pasito (p. 201)
comprometida, en cuanto a algunas sospechas por un libro (p. 78)	comprometida, a causa de algunas sospechas (p. 201)
—Un Telémaco? —Con una lámina iluminada casualmente (p. 78)	—Un Ivanhoe? —Con una lámina iluminada (p. 201)
i en parte como embaldosadas de grabados de trajes parisienses (p. 78)	i en parte cubiertas de grabados de modas (p. 201)
no sea que se juzgue (p. 78)	no sea que usted juzgue (p. 201)
yo no le he comprado (p. 78)	no ha sido comprado por mí (p. 201)
no se confie U, (p. 78)	no se fie usted (p. 201)
—El? dije yo tirándome a caer (p. 78)	—El? dije yo, a punto de caerme (p. 201)
de D. Ciriaco el padre de U. (p. 79)	de don Cosme, el padre de usted (p. 203)
lo que me hacia (p. 79)	lo que hacia (p. 203)
judías de los tiempos de Moises (p. 79)	judías de los tiempos antiguos (p. 203)
del tifo (p. 79)	con tifo (p. 204)
como nuestro compatriota Ricaurte (p. 79)	como el señor Ricaurte (p. 204)
canton de... (p. 79)	canton de Cáqueza (p. 204)
en el acto. Era un esbirro de la Inquisicion (p. 79)	en el acto (p. 205)
un atado de ropa (p. 79)	un lio de ropa (p. 205)

de quien esperar (p. 79)	de quien esperar algo (p. 205)
fue uno el Telémaco (p. 79)	uno fue el Ivanhoe (p. 205)
el primer personaje, doble para dos catástrofes, era un impostor (p. 80)	el primer personaje era un impostor (p. 205)
dos denuncios sobre mi vida; pero su desgracia (p. 80)	dos denuncios de vital importancia; su desgracia (p. 205)
con un blanco pañuelo de olan (p. 80)	con un pañuelo de batista (p. 205)
yo coji mi Telemaco (p. 80)	yo coji mi Ivanhoe (p. 206)
i por la tarde se fue Juanita con su querido padre a ocultarse en la Soledad (p. 80)	por la tarde se fue Clotilde con su padre, i Juanita se quedo en la Soledad (p. 206)

El capítulo VI comienza al final de la segunda columna de la página 77, sigue en las páginas 78, 79 y termina al final de la primera columna de la página 80 del número 10 de *El Mosaico*. En la edición de 1866, el capítulo se halla en el segundo tercio de la página 200, continúa en las páginas 201, 202, 203, 204, 205, y llega hasta la mitad de la página 206. En este texto existen 27 modificaciones, de las cuales 22 son resultado tanto de la sobrecorrección como de la ultracorrección, como: «la comodidad apetecible», «barranco alfombrado», «podríamos pedírselo», «no tan pasito», «en parte cubiertas de grabados de modas», «no sea que usted juzgue», «no ha sido comprado por mí», «no se fie usted», «judías de los tiempos antiguos», «con tifo», «como el señor Ricaurte», «un lio de ropa» y otros.

El corrector continuó ejerciendo su tiranía al delimitar el marco de la narración determinando áreas específicas de la región que no había querido especificar el autor, para que no se pudieran adscribir a un marco específico de comportamiento de un lugar: «canton de Cáqueza». También eliminó los coloquialismos del registro de habla situacional normal de la pronunciación del personaje como: «dije yo tirándome a caer», modificado por: «dije yo, a punto de caerme», o «lo que me hacia» por «lo que hacia», cambiando nuevamente la intención de Díaz Castro.

En la labor de edición se siguieron normalizando los nombres de los personajes; en este capítulo en *El Mosaico*, el padre de Juanita se llama Ciriaco. La mano de Vergara se observa nuevamente en la exclusión de: «Era un esbirro de la Inquisicion». Como defensor de lo español y de la tradición, para él era una aberración que un personaje femenino y más, uno cuya representación era la de una prostituta, hablara en contra de la Iglesia, sus miembros y sus instituciones. De esta manera, eliminaba una marca de la posición general pública de rechazo hacia la Iglesia a lo largo de la historia.

Con los cambios nuevamente se observa la ideología y las intenciones del corrector. El título del libro que se hallaba en poder de la Lámina, pero que pertenecía a Juanita, en *El Mosaico* era el segundo volumen de «Telémaco» *Las aventuras de Telémaco, Hijo de Ulises* de François de Salignac de La Mothe Fénelon (1651-1715), Obispo de Cambrai. La obra es una utopía que critica el absolutismo de Luis XIV, cuya moraleja política prevé la expulsión del tirano cuando el pueblo oprimido se subleva; situación que es una de las intenciones del mundo narrativo de *Manuela* y que era sintomática de la forma en que los personajes femeninos lectores como Juanita y la Lámina se adscribían a la corriente de pensamiento que solicitaba los cambios sociales. Sin embargo, al ser cambiado por *Ivanhoe*, novela de Walter Scott, se las representó como simples lectoras de novelas para pasar el tiempo, ocupación que era ridiculizada y combatida en diversos círculos. De la misma forma, al variar el título del libro se hizo énfasis en la fallida historia de amor entre Demóstenes y *Manuela*, desviando al lector del propósito que tuvo Díaz Castro al crear ese mundo de ficción.

Este es un capítulo de tema difícil de representación en la Nueva Granada del siglo XIX, donde se emitían leyes para detener, castigar y recluir a las prostitutas, cuya vida trataban de cambiar disciplinariamente para que abandonaran la mala vida y el camino de perdición. En julio de 1828, Buenaventura Ahumada, jefe de Policía de Bogotá, le había informado al Intendente: «También ha sido uno de mis principales objetos el cumplimiento del artículo 21, i tengo la satisfacción de haber arrancado de la inmoralidad i el escándalo ciento diez mujeres que hacian comercio publico é infame, las que he destinado al servicio de algunas familias que puedan asegurarles subsistencia i sujeción» (Gaceta de Colombia 365 [3 ag., 1828]: [3]).

Como se observa, se penalizaba a la mujer por un problema social que radicaba en el hombre; tanto por el control que socialmente se imponía sobre las mujeres, para mantener en la sujeción doméstica; como también por el oscurantismo causado por la ignorancia de la sociedad, que dejaba a la mujer sin educación y sin medios para defenderse; y, obviamente, por el papel activo en todos los niveles que los hombres tenían en la prostitución femenina.

Se legislaba contra el mal social que iba en contra de «la decencia pública y buenas costumbres», para «eliminar esas reprobadas prácticas de desenfreno y libertinaje», sancionando a los hombres y a las mujeres que contribuían a promoverla: «De los alcahuetes i de los que corrompen» (Pombo 1845, 200). No obstante, en la práctica eran únicamente las mujeres sometidas a esa vida, quienes sufrían las vejaciones y el castigo.

Así cuando en Europa comenzaron a tomarse medidas de higiene por los serios problemas de violencia y enfermedad, allá la sociedad se preguntaba: «¿La prostitucion debe tolerarse ó deben establecerse leyes para su desaparicion? He aquí un motivo de fuerte controversia, que en algún tiempo ha existido, que tantas disensiones ha provocado y que ya parece resuelto en la actualidad» (Sobrado 1847, 117). En la Nueva Granada limitadamente junto a las ideas socialistas que hablaban de la erradicación de la prostitución, del pauperismo, de los derechos de todos, etc., entraron también los impresos que portaban noticias de los sucesos sociales, de las causas que los producían y de las soluciones que se intentaban en otras partes del universo.

Así gradualmente se fueron oyendo voces que pedían soluciones a problemas entronizados culturalmente; no obstante, la tendencia de la sociedad a ocultar problemas sociales detrás de la tradición y a condenar con la religión, esas vidas femeninas desordenadas; con lo cual además de excluirlas de la vida social, se las recluía por considerarlas seres carentes de racionalidad superior e incapacitadas para tomar decisiones sobre su propio comportamiento. Muchas de estas mujeres eran de extracción muy humilde, habían caído en esa vida siendo niñas, carecían de instrucción y un número muy grande de ellas estaba compuesto por jóvenes que habían sido seducidas y luego abandonadas por el hombre.

En el capítulo, la Lámina le insinúa a Juanita medios para solucionar los problemas de higiene o de mal ejemplo que las mujeres que vivían solas, sin tener precauciones de orden y limpieza en sus viviendas o que recibían hombres, causaban en la sociedad:

> U, puede comprometer a su papa, a que les arriende esas tiendas a algunos artesanos; aunque tenga que rebajarles, o a que las meta al cuerpo de la casa para almacenes, o para algunos parientes pobres, es seguro que se acaba el tifo en casa de U. I todavia no eso solo, sino las malas consecuencias de lo que las criadas i las niñas vean u oigan,.. o piensen acerca de nosotras (Diaz 1859, 79).

En la voz del personaje se explicita la aceptación de la existencia del problema y la necesidad de hallar medidas para corregir y mejorar el entorno familiar mediante las acciones internas de cada dueño de domicilio, para que arrendara las tiendas efectuando un escrutinio efectivo de los nuevos habitantes. Entre darlo a las mujeres que tenían este tipo de vida, era preferible alquilarlos a los artesanos o a los parientes pobres, e incluso era mejor eliminar esos recintos[90] cerrándolos e incorporándolos a las casas. Esto significaba clausurar la puerta de la tienda que daba a la calle y abrir una interna que comu-

---

90 Tres descripciones de esos locales, las dejaron los viajeros extranjeros: el sueco Gosselman escribió: «La mayor parte de los grandes comerciantes tienen sus tiendas en las calles centrales, y ellas sólo poseen como ventanas la propia puerta, por lo que son bastante oscuras y llenas de humo de cigarrillo, el mismo que expulsa el tendero sentado en un estante, con los brazos cruzados. Es la postura de un negligente colombiano que satura de humo su local» (Gosselman 1981, 289). Lo mismo hizo el inglés Cochrane, quien explicó un poco más: «Las tiendas están a derecha e izquierda de la entrada principal de las casas; para este propósito, el primer piso de la construcción es sacrificado. La parte de la vi

nicara al patio de la casa.

De esta manera, este capítulo expone una circunstancia social que se relacionaba con la situación de las mujeres; la cual empezaba a tener trascendencia en otros lugares, pero que en la Nueva Granada apenas se le prestaba atención; de ahí la intención de Díaz Castro al incluir este capítulo en su novela, realidad que relacionaba diferentes clases sociales.[91]

Capítulo VII Expedición a la montaña	
que tuvieron entre sí (p. 87)	que tuvieron con ellos (p. 206)
i unas manos como estampadas (p. 88)	i unas manos al parecer estampadas (p. 207)
por el presente como por el pasado (p. 88)	por lo presente como por lo pasado (p. 207
de las ventajas que reportarian en separarse del catolicismo (p. 88)	de las ventajas que sacarian los indios de separarse del catolicismo (p. 208)
de aterrar, acariciaba (p. 88)	de aterrar embelesaba (p. 208)
devolvernos (p. 88)	volvernos (p. 208)
que no se le enrostra sino (p. 95)	a la que no se enrostra sino (p. 208)
un ruido estrepitoso por entre las ramas de los estupendos árboles (p. 95)	oyó un ruido estrepitoso por entre las ramas de los estupendos árboles (p. 208)
terribles saltos (p. 95)	prodigiosos saltos (p. 208)

vienda de la familia se halla en el segundo piso y las ventanas de esas habitaciones están sobre las tiendas» (Cochrane 1825, 32). Incluso en 1897 la situación no había cambiado mucho, Sobre Bogotá, el viajero suizo Ernst Röethlisberger, quien había contraído nupcias en Berna, Suiza en 1888 con Inés Ancízar Samper, hija de Manuel Ancízar y Agripina Samper, escribió: «La vida en las calles es muy animada, ya por el hecho de que los comercios se hallan abiertos a la vía pública por una o dos puertas muy anchas. Las tiendas y almacenes de pequeña o mediana categoría carecen de escaparates, de manera que una parte de su actividad se desarrolla en la calle misma (1963, 74).

91   Véase el artículo: «La prostitución, el "oficio" oculto de la cotidianidad en Manuela de Eugenio Díaz Castro» (Sánchez Vargas 2011), estudio de esta situación social en la novela, que muestra cómo el problema se hallaba en todos los estratos y ámbitos sociales y el hombre lo generaba. Al mismo tiempo, que señala la manera en que en Manuela se especifican las modificaciones culturales que la industrialización empezaba a causar, para lo cual se requería de una mejor legislación para frenar la ilegalidad y el abuso.

quitar las tapas en una especie de olletas (p. 95)	quitarles las tapas a unas como olletas (p. 209)
de no oirles siquiera su ruido (p. 95)	que no se alcanzaba siquiera a oir su ruido (p. 209).
tuvieron en hacerles gesticulaciones, i en echar (p. 95)	tuvieron para hacerles gesticulaciones, i para echar (p. 209)
lentitud en que (p. 95)	lentitud con que (p. 109)
los fósforos (p. 95)	los fulminantes (p. 209)
cojia la pierna herida en los brazos (p. 95)	se cojia la pierna herida con las manos (p. 209)
copa de un balso real (p. 95)	cumbre de un balso real (p. 209)
pero no fue así (p. 95)	pero fue en vano (p. 209)
se esportan del alto Magdalena todos los frutos (p. 95)	se esportan todos los frutos del alto Magdalena (p. 209).
estremecimiento (p. 95).	estremecimiento, gracias a la configuracion de la horqueta (p. 209).
era compasivo verdaderamente (p. 95)	era verdaderamente compasivo (p. 209)
semejante a nuestra especie (p. 95)	semejante a los de nuestra especie (p. 209)
de la lana i pies (p. 95)	de la lana (p. 210)
canuto (p. 96)	cañuto (p. 210)
fósforos (p. 96)	fulminantes (p. 210)
habia ofrecido (p. 96)	habia dicho (p. 210)
una voz que ya espresaba palabras (p. 103)	una voz ya inteligible (p. 211)
seguia (p. 103)	siguió (p. 211)

se hallaba embebido en una especie de rodeo (p. 103)	se hallaba Elias, a quien halló colgado de un pie. (p. 211)
una pilastra (p. 103)	una piedra (p. 211)
por el aire (p. 103)	en el aire (p. 212)
estaban asidos (p. 103)	estaban entrelazados (p. 212)
preparadas de intento (p. 103)	enredadas de intento p. 212)
favor de bajar. —Yo ni lo piense... Hasta la oración que se hayan retirado todos mis enemigos. —I que enemigos son esos? (p. 104)	favor de bajar ?... I cuales son los enemigos que... (p. 212)
—I cómo es para hallarte en este oficio? (p. 104)	—I cómo es que te hallas en este oficio? (p. 213)

El capítulo VII comienza en la mitad de la segunda columna de la página 87 y termina antes de la mitad de la segunda columna de la página 88 del número 11; prosigue en la mitad de la primera columna de la página 95 y continúa hasta la mitad de la primera columna de la página 96 del número 12; reanuda en la segunda mitad de la primera columna de la página 103, y se extiende hasta el final de la primera columna de la página 104 del número 13 de *El Mosaico*. En la edición de 1866 el capítulo se encuentra en la segunda mitad de la página 206, prosigue en las páginas 207, 208, 209, 210, 211, 212, 213 y termina en las tres primeras líneas de la páginas 214. En este texto se encuentran 34 cambios; de los cuales 30 son resultado tanto de la sobrecorrección como de la ultracorrección, como: «que tuvieron con ellos», «unas manos al parecer estampadas», «por lo presente como por lo pasado», «de las ventajas que sacarian los indios de separarse del catolicismo»,[92] «a la que no se enrostra sino», «volvernos», «prodigiosos saltos», «quitarles las tapas a unas como olletas», «cumbre de un balso real», «piedra», «cañuto» y otras.

Como en los capítulos anteriores, en éste se precisó el uso de algún vocablo como: «fulminantes»; también se indicó más claramente la parte que ejecuta la acción como en: «cojia la pierna herida con las manos»; o se modificó la estructura gramatical de la oración: «—I cómo es que te hallas en este oficio?». No obstante se pasó a la ultracorrección cuando se eliminó todo un parlamento de Pía: «—Yo ni lo piense... Hasta la oración que se hayan re-

---

[92] Véase el artículo: «La visibilidad de lo indígena o la independencia de pensamiento de Eugenio Díaz Castro en *Manuela* (1858)» (Neira, 2011), donde se estudia el conocimiento y el pensamiento de Díaz Castro sobre los indígenas y el tratamiento que recibían en el área de la Provincia de Bogotá.

tirado todos mis enemigos», dejando sin antecedente la pregunta que emite Demóstenes: «—I que enemigos son esos?».

Capítulo VIII La casa del ciudadano Dimas

Don Demóstenes i sus dos compañeros habian llegado a la casa de ñor Dímas, atraidos por los gritos de la guardiana Pía. Aquella era una de las estancias mas separadas de la cabecera del distrito, colocada en una falda del gran bosque que ciñe la cordillera oriental de los Andes por la parte del occidente.

No consistia el establecimiento de ñor Dímas, sino en una pequeña labranza de ménos de una fanegada, en la cual se hallaba una roza de maiz del tamaño de una cuartilla, esto es, el área que se siembra con una medida de média arroba de semilla de maiz. Tambien había unas pocas matas de plátano guineo, i un cuadro alfombrado con las plantas bejucosas que producen las ahuyamas, batatas i calabazas. Lo demás era rastrojo, esto es, un enjambre de arbustos i bejucadas que se levantan a reponer los árboles que han caido a los golpes de los machetes i del hacha. Los costados de este hueco de la montaña se veian como cercados por los troncos de los botundos i cedros, que parecian desafiar las herramientas que habian dado en tierra con los miembros de sus familias.

A poco andar dieron los cazadores con la casa de un ciudadano. Estaba medio oculta entre cinco matas de aji, cuatro de café i otras cuatro de fique, sombreadas por un árbol de curo y tres papayos. El edificio de cuatro varas de alto hasta su misma cúspide estaba dividido en dos departamentos: el primero no tenia pared, i pudiera tenerse por el átrio, corredor ó portales si se quiere. En él se veía la piedra de moler, un tarro de guadua con guarapo, dos machetes de rozar i un azadon, entre muchos despojos de maíz que los estancieros llaman *arnero*.

En contorno del establecimiento de que hablamos no habia mas que la casa de un vecino llamado Juan Solano, que estaba a tres cuartos de legua, por la cual pasaba la senda del establecimiento del ciudadano Dímas, marcada por debajo del eterno bosque o montaña, como se denomina por los vecinos.

La casa, que llaman rancho los estancieros pobres, era una enramada cubierta de palmicha, sumamente aplanada de techo, dividida en dos departamentos por medio de un tabique de palma, elemento de que se componian las cuatro paredes de este cuarto, llamado el aposento por sus moradores; éste no pasaba de siete varas de largo. La otra mitad del edificio gozaba de la plena luz del dia, no teniendo pared ninguna; servia de comedor, sala, granero i cocina; i aquí estaba colocado el fogon, notable a la verdad por la sencillez de la fábrica, que no consistia mas que en la buena colocacion de tres piedras areniscas de poco tamaño. La piedra de moler, que era un guijarro de cinco arrobas de peso, estaba al lado suspendida sobre una tijera de tres palos de corazon, a una altura proporcionada para que la molendera funcionase de pié. Un grueso tarro de guadua de cinco cañutos estaba amarrado del mas ancho de los estantillos de la enramada, de cuyo fondo se levantaban por minutos ruidos sordos a manera de truenos, siendo éstos efecto de la fermentación del guarapo que allí estaba envasado. Una troje de maiz estaba formada en uno de los ángulos con tarimas o atajadizos de guadua picada. Dos machetes, un hacha i dos azadones estaban colgados al lado de la troje. (p. 214)

En el aposento habia dos barbacoas en forma de camas; la una de varitas de resino, i la otra de guadua picada, debajo de las cuales estaban instaladas dos cluecas, i algunas viandas i trastos mas o menos necesarios. Una cruz de ramo, o de hojas de cogollo de palma i dos láminas de santos, la una de la Virjen del Rosario, i la otra anónima por su vejez, hacian lo que llaman altar las jentes pobres de las estancias, del cual parece que no hacian uso los propietarios. En el patio se levantaba un papayo de altura prodijiosa, ostentando debajo del paraguas de sus hojas, un capitel erizado en contorno de sus sabrosas frutas. Una vara que se alzaba del centro de las espinosas hojas del cactus que da las fibras que llamamos fique, como una azucena de en medio de una taza, blanqueando con sus fibras espirales, hacia un contraste admirable con la columna vejetal que presidia las decoraciones. Cuatro matas de café i otras tantas de aji ostentaban sus frutos maduros junto a los verdes i a las flores, que cedian al peso de los racimos. El solitario desmonte estaba regado por un chorro que murmuraba debajo de las bejucadas i ramas con un rumor venerable como el de la pila principal de un convento, i cruzado por una senda apenas hollada por la planta de dos mujeres que acudian a lavar o a cargar agua.

D. Demóstenes era culto i moderado i recordando todo lo que se necesitaba en la ciudad para entrar a las casas, se quedo parado en el pequeño patio.

—Entre para mas adentro, le dijo Pía... que aquí está mi mama.

Dio D. Demóstenes unos pasos i vió en la puerta de la pieza, que era la segunda parte del edificio, a una mujer recostada sobre un monton de maíz en tusa, desgranado una mazorcas, i con un pié estendido sobre el que se veía una hoja de agraz, que le cubría una úlcera del tamaño de un real, i que ocho días antes era del tamaño de un peso fuerte. Esta enfermedad, que se llama vegijon en tierra caliente, es común en los paises humedos, gredosos i salitrosos, sobre todo feraces para sementeras i rastrojos.

Dos personajes conversaban en el rancho de que hemos hablado, mientras que otras dos habian bajado al chorro o pequeña quebrada, i eran la dueña de la casa, llamada Melchora, i el huésped de la señora Patrocinio. La señora Melchora tenia cuarenta años, pero representaba cincuenta, era alta, delgada, de tez macilenta i ojos apagados, rodeados de manchas oscuras; estaba desgranando maiz cerca de la troje, con un pié estirado, sobre el cual estaban estendidas algunas hojas de higuerilla blanca, i se quejaba de cuando en cuando.

—I de que padece usted? le dijo don Demóstenes.

—Del vejigon, mi caballero. Es una enfermedad que comienza por una ampolla, a veces del tamaño de un cuartillo, i si no se cruza con unas puntadas de seda carmesí, al dia siguiente está del tamaño de un real, i al otro dia del de una peseta, i al otro dia del de un peso fuerte, i así va creciendo hasta que le da la vuelta al tobillo o a la planta del pié.

Es enfermedad de la tierra caliente. Gracias al señor cura, que me vino a ver el martes i me dejo remedios i me regalo con qué comprar unas velas i média libra de azúcar.

—I qué remedio le dió?

—Me dejó unos papelitos con unos polvitos paras tomar en una cucharada de agua, uno todos los dias, i me dijo que me bañara con el agua del bejuco que llaman agraz. Pero como a ratos tango que caminar, porque ya su merced verá que la pobreza no da campo para estarse una guardada...

—Pobreza? con tierras tan fértiles i exuberantes?

—I qué hacemos con ellas?

—Cómo qué hacemos con ellas? Descuajar todos estos montes i sembrar plantaciones para la esportacion, como café, añil, cacao, algodon i vainilla; i no sembrar maiz esclusivamente como hacen ustedes.

—Mui bueno seria todo eso; pero la pobreza no nos deja hacer nada, i que como no hai caminos ahí se quedaria todo botado; i no es eso solo, sino que los dueños de tierras nos perseguirian. Es bueno que con lo poco que alcanzamos a tener, a medio descuido ya nos están (p. 215) echando de la estancia, haciéndonos perder todo el trabajo ¿qué seria si nos vieran con labranzas de añil, de café i de todo eso?

—Dígame usted, señora, todos los arrendatarios están tan miserables como usted?

—Hai algunos que tienen un palito de platanal, i hasta el completo de seis bestiecitas; pero esos viven en guerra abierta con los patrones, porque no habiendo documento de arriendo, el dueño de la tierra aprieta por su lado, i el arrendatario trata de escapar al abrigo de los montes, del secreto i de la astucia.

La primera obligacion es ir al trabajo el arrendatario, o mandar al hijo o a la hija; i los que se van hallando con platica se tratan de escapar mandando un jornalero, que no sirve de nada, i de esto resultan los pleitos, que son eternos. Mi comadre Estefanía i mi madrina Patricia son tan pobres como yo i padecen como si fueran esclavas. No conoce usted a Rosa? pregúntele usted lo que es ser arrendataria, cuando la vaya a visitar.

—No obstante, un gobierno libre da proteccion....

—Bonita proteccion! A mi hermanito lo cojieron en el mercado para recluta, i murió lleno de piojos en el hospital; i las contribuciones que no vagan, ya del Cabildo, ya del Gobierno grande de Bogotá! Mui buena me parece la proteccion! I esta pata que me duele que es un primor! Madre mia i señora de la Salud!

—No hai educacion gratuita en el distrito?

—No sé qué será lo que su merced dice.

—La escuela, la enseñanza pública.

—El señor cura es el que enseña a siete muchachos en la casa; pero yo tendré mucho cuidado de que no me vaya a cojer el menorcito, porque es el que desyerba, i el que *lorea* cuando se enferma la hermana. I que un pobre lo que gana con aprender a leer es que lo planten de juez i lo frieguen los gamonales.

A este tiempo dieron las gallinas un revoloteo en el barzal, se aparecieron asustadas, i la estanciera dejó ir a los aires este grito con todas sus fuerzas:

—*Uuuuupi! uuuuupi!*

D. Demóstenes saludo a la mujer con cariño i se sento del lado de afuera, sobre un banco pequeño que le arrimo Pía, i entro en conversacion con aquella infeliz dueña de casa.

Pía se inclinó sobre una especie de nido, que colgaba debajo de una mata de plátano, a acariciar un chiquillo, i cumplir con una obligacion de la naturaleza, que algunas se dispensan de hacer por sí mismas, sin disculpa legal; i en el acto, desatándose la honda, que para bajarse de su trono se había atado en la cintura, se volvió a gritar i a luchar con la oposicion.

D. Demóstenes conversó algunos minutos con la casera, que se llamaba Melchora, i la vio que con el ademan de susto, volvió a repetir el upi que el mismo había oído a su feliz llegada.

—Qué significa esta palabra *upi*, que no recuerdo haberla visto ni en el diccionario ni en la gramática de Salvá?

—Que vuelva a gritar *upi*, por segunda ocasión?

—No, señora, que qué quiere decir upi?

—Que tenemos tres gallinas i el zorro no nos las deja parar, i que para espantarlo le gritamos asina.

—I por qué no lo mata ustedes?

—Ñor Elías ha cojido ya dos zorros i tres ulumanes, u un huron, pero ni por esas el daño pára, porque como que es el Judas que los aumenta tanto.

—Qué significa la palabra *upi*, que no la he visto yo en ninguno de los diccionarios?

—Como las gallinas se asustan cuando sienten al animal...

—Qué animal?

—El huron, el tigrito i el ulamá, que todos comen gallina, i ya no vale ponerles trampa porque están resabiados.

A este tiempo se apareció el cura, que era el que había espantado las gallinas al abrir i cerrar las talanqueras de la puerta de la estancita, oficio en que se gastan cinco minutos por lo ménos.
—Con que tanto bueno por aquí. Dijo al entrar al patio el venerable párroco.

El que espantó las gallinas fué el Cura, abriendo la puerta de talanqueras del lado de la senda, i no dilató en presentarse en el patio diciendo: Ave Maria! él, como se ha visto, habia desistido de acompañar a don Demóstenes.
—Adelante, señor Cura, que por aquí estoi yo, le contestó éste.
—Me alegro infinito; pero estraño que usted hubiese venido a dar por estos lados.

—Por aquí medio perdidos, dijo D. Demóstenes.

—Perdido, señor Cura, perdido.

—Luego el vaquiano?
—Se le iban mojando los papeles, señor cura.
—Pero yo no perdí por entero el talento, contestó ñor Elías, porque yo sé que siguiendo la corriente de las quebradas de para abajo, derechito sale uno a los caminos reales. ¿Perderme yo?... Esa si no era de ahí. ¡Con que he durado hasta dos días siguiendo el oso... Lo que sí me paso fue mi compañero Lías, me cojió en una trampa; pero no le hace, que arrieros somos i en el camino nos toparemos.
—I qué mataron? les preguntó el cura.

—Con un baquiano tan selecto? En eso hai algo de incomprensible. I bien ¿qué halló usted de particular en su correría de la montaña?

—Oh! cargados de pabas aburridas, i de las otras i de yátaros, i otros pájaros habriamos venido si un bejuco no me hubiera hecho perder la caja de los fósforos; pero traemos un prisionero, aborijen de las montañas, que ahora será educado en la vida civilizada... Ayacucho, pasa aquí!

—Plantas preciosas, señor Cura. Vea usted la zarzaparrilla, la castaña, el zapote de monte i el incienso; ademas dos pavas i un zambito. (p. 216). Ayacucho, pase usted acá.

Ayacucho se presentó ante el amable párroco con su hijo adoptivo sobre la espalda, el cual abriendo otra vez los ojos conoció la segunda persona civilizada, de tantas que se le esperaba ver en su nueva clase de vida. El cura lo acarició, i se compadeció mucho de él, a pesar de las esperanzas de su porvenir dichoso, i le dijo al cazador.

—I la madre?

—Quedó muerta entre las selvas.

—Con que huerfanito... Pobre no sabe él lo que vale una madre... I tan parecidos a la raza humana!

—No me diga, señor cura. Me ha costado lágrimas, la (p. 121) separación de esta criatura del seno maternal; i han precedido circunstancias que la sábia naturaleza tan delicadas en el ramo de maternidad, que me han afligido demasiado. I esos montes tan elevados i oscuros, i los monumentos de los indios. Oh! todo me ha consternado; i ahora la casa de un ciudadano...

—De una ciudadana, dirá U; porque aquí quien manda es Melchora.

—I el marido no manda, pues?

—Es que en esto de marido hai aquí su mas i su ménos.

—Matrimonio civil?

—Si, señor, así lo han entendido ellos, i así están todos los matrimonio de mi feligresía, con mui pocas escepciones. Así lo han llegado a poner las influencias dominantes, i yo no concibo las ventajas. El matrimonio católico como estaba ántes, sostenido por las autoridades, aplaudido por los escritores, halagado por los hacendados, daba por resultado abundancia de familia, con todos los medios de educacion, de respeto, de mutua proteccion, i de sucesion visible i notoria de las familias. Daba tambien dicho matri-

No ve usted, señor Cura, con qué inocencia tan anjelical se ha acomodado en las lanas de Ayacucho, en lugar del regazo de la madre? Pobre criatura! Yo soi el verdugo de su madre; pero eso sí, allá en el monte hice mi protesta de abolir la pena de muerte para los zambos. Qué hermosa semejanza la de una madre mujer i una madre zamba! Yo he llorado de lástima, señor Cura.

monio católico las ventajas de la salud, de la paz i de la cooperacion de sociedad tan útil en economía. Pero hoy todo se ha trastornado! todo! todo!
—I quién lo ha trastornado así?
—Las ideas.
—Las ideas de quiénes, señor cura?
—No sé, señor: lo que le puedo decir es que hoy en los pueblos en que se da cooperacion al matrimonio católico i se le defiendes sus garantías, se ven largas familias como en el estado patriarcal, la salud, la robustez i los buenos hábitos.
—En dónde es eso, señor cura?
—De pronto le citare a SanJil, a los pueblos de Garagoa, Barichara i otros, que despúes cuando me acuerde se los diré. Aquí en mi parroquia ya nadie se casa, i el estado de familia es de lo mas triste. Si no hubiera importacion de jente de otras familias no habria quien les trabajara a los hacendados.
—I como fué para venir por aquí el señor cura?
—Yo visito las chozas donde hai enfermos todas las semanas, por hacer ejercicio a pié, i por tomar razon de sus males espirituales y corporales...

Vamos a ver qué tal está Melchora.

—Ahora veamos cómo anda la casera de males

—Mui mejorada con los remedios de sumercé ¡Dios le dé la gloria i le dé mas!

—Bien, con la ayuda de Dios i los remedios del señor Cura, respondió Melchora con admirable tranquilidad.

—Pues bien el casamiento, el casamiento.

—I qué ha habido de mi empeño?

—Eso está medio trabajoso, señor cura.
—Por qué?
—Por que *él* como que no quiere

—Que se lo he dicho varias veces, i se ha hecho sordo. A mi me parece que él no está por esas.

—Entónces, separarse.

—Pues entonces hai que separarse.

—Entónces nos morimos de hambre, señor cura, porque bien que mal él es quien roza i el que ayuda a la desierba, i el que le coje las goteras a la casa i pone sus trampas para aliviar la casa con la carnecita de venado, o de cafuche, o de oso hormiguero o de lo que se puede.

—Tambien es trabajoso, señor Cura; porque ya sumerced verá que él es el que roza i desyerba, i pone sus lazos para adquirir la carnecita.

—Pero la vida eterna? El ejemplo a la familia de U...? ahora que casándose ustedes puede Dimas sujetar la familia, que no anden todos a su lei, con libertad para hacer mal a los ciudadanos, i sin conocimiento de sus deberes para hacer el bien, ni para no dañar siquiera. Escolástico, casado, podria sujetar estos muchachos.
(Continuará) (p.122).

—Pero la salvacion del alma está primero que todo, i Dios no falta con su misericordia, ni la tierra de la Nueva Granada se niega a sustentar al que tiene manos. I que yo no encuentro obstáculo ninguno para este matrimonio. Qué ha dicho de lo que le propuse el otro dia? (p. 217).

El fragmento del capítulo VIII que se publicó comienza en la segunda mitad de la primera columna de la página 121, prosigue en la segunda columna de la misma página, y abarca dos tercios de la primera columna de la página 122 del número 15 de *El Mosaico*. En la edición de 1866, el capítulo empieza en la segunda mitad de la página 214, continúa en las páginas 215, 216 y concluye en el primer tercio de la página 217. Sin embargo, en esa edición, el capítulo total continuó y concluyó en el segundo tercio de la página 221, casi cuatro páginas más adelante.

Aunque el título y los temas del mundo narrativo presentado en los capítulos anteriores continúan, del capítulo de *El Mosaico* pasaron pocas situaciones o puntos de referencia a la edición de 1866. Al observar las descripciones pormenorizadas y autorizadas que abren el capítulo en 1866, se puede afirmar que son obra de Díaz Castro, tanto por el conocimiento de la región que se observa en ellas, como por el estilo de las descripciones que se hallan en los primeros capítulos, el cual es muy similar. Pero por las diferencias que se hallan entre el texto de *El Mosaico* y la edición de la novela completa, se piensa que algo muy fuerte motivó al autor para no seguir proporcionando el material a la imprenta.

Vergara explicó, en la necrología que escribió en 1865, por qué *Manuela* no se había terminado de divulgar en *El Mosaico*: «no siguió publicándose porque don Eujenio no queria poner en limpio los confusos borradores. Rogábale yo que lo hiciera; i él tomaba papel para obedecer; pero en el acto sentia el convite que la pluma hacia a la imajinacion; i en lugar de copiar i pulir la novela que tenia por delante, improvisaba otra no ménos larga, no menos injeniosa, no ménos rica». A esto Martínez Silva agregó 14 años después, en su cáustica crítica contra Díaz Castro: «la narración estaba interrumpida a cada paso por disertaciones trivialísimas sobre política y moral» (Martínez Silva, 1879: 386 // 1958, 27).

En los siete primeros capítulos de la novela, ya se han visto las modificaciones que sufrió el texto después de muerto el autor: un número muy reducido de precisiones de significado, trabajo que era normal que efectuara un corrector dedicado a cazar gazapos para mejorar la presentación del texto que se iba a publicar. Pero al lado de esto, priman las numerosas enmiendas por imposición del estilo del corrector, además por la mala intención que se evidencia en la continua exclusión de pasajes que señalaban tanto la ideología del autor, como aquellos que eran parte del plan narrativo y del modelo literario del mundo ficcional; asimismo, la eliminación de los registros de habla de los diferentes personajes, marcas del Realismo en la representación narrativa.

En este capítulo, la sección que presentaba el diálogo entre el Cura y Demóstenes sobre la situación de Melchora y su «matrimonio civil», como denominó el primero la vida marital sin sacramento religioso entre ella y Dimas, era una situación candente socialmente en la Nueva Granada. En el diálogo, los parlamentos en los que el Cura lamentaba:

> El matrimonio católico como estaba ántes, sostenido por las autoridades, aplaudido por los escritores, halagado por los hacendados, daba por resultado abundancia de familia, con todos los medios de educacion, de respeto, de mutua proteccion, i de sucesion visible i notoria de las familias. (...) en los pueblos en que se da cooperacion al matrimonio católico i se le defiendes sus garantías, se ven largas familias como en el estado patriarcal, la salud, la robustez i los buenos hábitos.

Enunciados que exponían una serie de situaciones que mostraban las aberraciones de la tradición, condonadas e impulsadas por la Iglesia en beneficio de los terratenientes; quienes por el uso de la tierra encadenaban a su servicio a familias completas por generaciones; tanto por el poder social que tenía la Iglesia, que influía poderosamente en vida, como cuando se contemplaba lo que venía después de la muerte. Este punto enlazaba con la lucha que sostuvieron las clases altas en contra de la manumisión de los esclavos, que también se debatía con encarnizamiento.[93]

De ahí que el personaje continuara en otro parlamento: «las ideas» habían cambiado y todo se había trastornado: «Aquí en mi parroquia ya nadie se casa, i el estado de familia es de lo mas triste. Si no hubiera importacion de jente de otras familias no habria quien les trabajara a los hacendados». Esos enunciados explicitan la intención de representación que tenía el autor con este personaje. Imagen que no es la que se produce en la edición de 1866, donde el sacerdote Ramírez es un modelo que tiene difícil parangón en la novelística del XIX. En este aspecto se observa otra mutilación que se le hizo al texto original de la novela; exclusión que concuerda tanto con las intenciones de Vergara como con su ideología conservadora.

En esta postura del corrector se expone abiertamente otra de las situaciones sociales que tenía dividida a la Nueva Granada: el problema de la separación de la Iglesia y el Estado, que durante los años de 1849 a 1855 dio origen a una serie de disposiciones liberales gubernamentales entre las que se instituía, además de la libertad para los esclavos (que ya se había legislado en 1821, pero que el poder de los terratenientes y de la tradición habían impedido) y la eliminación del patronato que había establecido el poderío de la Iglesia desde los tiempos de la conquista, se establecía el matrimonio civil (1851/1853) y el divorcio vincular (1853). Disposiciones liberales que habían suscitado además de abiertas manifestaciones públicas de rechazo, una nutrida serie de réplicas y oposiciones tanto en el púlpito,[94] como por medio de la prensa y de la imprenta con la publicación de opúsculos y folletos.

---

93   Véase el texto: «Esclavitud esta apoyada en los libros sagrados» (Biblioteca Nacional de Colombia, fpineda_803_fol712), firmado en Cali en 1847 por el presbítero Gregorio Camacho y por miembros de las familias: Borrero, Barona, Caicedo, Cuero Caicedo, Holguín, Espinosa, González, Escobar, Tello, Martínez, Sinisterra, Fernández de Córdoba, Isaacs y Vergara.

94   El Papa Pio IX dirigió la *Alocución Acerbissimum* el 27 septiembre 1852, para hablar sobre la legislación que se había decretado en la Nueva Granada para separar la Iglesia y el Estado. Sobre el matrimonio civil expuso: «decreto por el cual, despreciando completamente la dignidad, la santidad y el misterio del Sacramento del Matrimonio, y desvirtuando con crasa ignorancia su institución y naturaleza con menosprecio de la potestad que pertenece á la Iglesia sobre los Sacramentos, se proponía, siguiendo las opiniones de los herejes ya condenadas y sin hacer caso de la doctrina de la Iglesia católica, que no se tuviera el matrimonio sino como un contrato civil, sancionando en diversos casos el divorcio propiamente dicho, y sometiendo por último todas las causas matrimoniales al conocimiento y jurisdicción de los tribunales legos. No hay entre los católicos quien pueda ignorar que el matrimonio es verdadera y propiamente uno de los siete Sacramentos de la ley evangélica instituidos por Nuestro Señor Jesucristo; por lo cual no puede darse entre los fieles matrimonio que no sea al mismo tiempo un Sacramento: que entre cris

Así, el que Demóstenes hiciera preguntas escuetas donde no se involucraba, pero que impulsara a que el personaje del Cura expusiera ideas sobre esa candente situación religiosa que había persistido por años en la sociedad, que tenía que ver con la separación de la Iglesia y el Estado, no era del agrado de Vergara, porque para él la tradición y las costumbres debían preservarse; además para él ningún personaje que representara a un religioso debía ser negativo, como le había reclamado a su hermano Eladio en 1852 en el fragmento antes citado.

Del mismo modo, en la parte de la novela que se publicó en *El Mosaico* se muestra la situación de Pía como ejemplo de la violencia que sufrían las niñas y las jóvenes a manos de terratenientes, mayordomos y trabajadores en las haciendas de clima cálido del centro oriente de Cundinamarca, cuando las familias para cubrir las deudas, debían enviar a las hijas a trabajar forzadamente en las plantaciones y en la labores de la hacienda, cuyo resultado era la violación, la consiguiente maternidad y los trabajos en los que se veían a tan temprana edad: «Pía se inclinó sobre una especie de nido, que colgaba debajo de una mata de plátano, a acariciar un chiquillo, i cumplir con una obligacion de la naturaleza, que algunas se dispensan de hacer por sí mismas, sin disculpa legal» (además de la denuncia, a Vergara no le debió agradar el hecho de que el personaje alimentara al bebé frente al visitante). De esta manera los capítulos V: «El Trapiche de El Retiro», VIII: «La casa de un ciudadano», XVI: «El asilo en la montaña» y XXIII: «El angelito» desarrollan las condiciones que las niñas y las jovencitas vivían en ese entorno. Realidad que era parte de la situación social que expone y critica el mundo narrativo de *Manuela*.

La exposición de las ideas que ya se han mostrado que fueron eliminadas, y de otras tantas que debió haber efectuado Díaz Castro en su texto, basadas en concepciones liberales y socialistas tuvo que haber sido parte de la situación que seguramente enfrentó a los dos fundadores de *El Mosaico*, lo cual llevó al autor de *Manuela* a tomar la decisión de suspender la publicación del texto y de no «obedecer», a Vergara, a difundir su novela con cambios radicales, lo que llevó a efecto mientras vivió. A su muerte, vinieron las mutilaciones, las alteraciones y los posibles agregados que Vergara efectuó en esa narración para eliminar la ideología del autor y para que coincidiera con lo que él quería que fuera la literatura; además para que se creyera que procedía de la pluma de un autor «conservador», como lo calificó en el artículo necrológico.

Eugenio Díaz Castro era un hombre que había nacido al principio del siglo, había visto, oído, experimentado y sufrido desde niño los sucesos de las guerras de Independencia, los de la represión de la época del Terror, las

---

tianos la unión del hombre y la mujer fuera del Sacramento, cualesquiera que sean las formalidades civiles y legales que se establezcan, no puede ser otra cosa que un concubinato vergonzoso y funesto, que tantas veces ha condenado la Iglesia. De aquí se deduce evidentemente que el Sacramento no puede separarse del orden conyugal y que á la potestad de la Iglesia pertenece exclusivamente arreglar todo lo que por cualquier título concierne al matrimonio» (Restrepo 1885, 659-660).

guerras entre federalistas y centralistas, la divisiones ideológicas por la formación de los partidos liberal y conservador desde finales de la década del 40, así como los estragos causados por las guerras civiles de 1851; pero especialmente los de las contiendas civiles de 1854, cuyas evocaciones y secuelas sociales representó en *Manuela*.

Poseía una sólida educación recibida en el Colegio Mayor de San Bartolomé, donde había cursado los requisitos para ser bachiller en Derecho Civil y, al parecer, también estudió en el Colegio Mayor de Nuestra Señora del Rosario; había recibido en su momento una educación sólida. Sobre esa base prosiguió sus lecturas; hecho que se observa en los autores y libros a los que se hizo referencia en el mundo narrativo de *Manuela* y en la forma en que representó los temas que quería transmitir, los cuales se observan directamente en la parte de la novela que se publicó en *El Mosaico*. Las lecturas y la meditación de los hechos sociales que ocurrían, le permitieron incrementar sus conocimientos, llegar a una comprensión del pasado de la Nueva Granada y así vislumbrar las posibilidades del futuro si se corregían muchos de los problemas sociales que existían; pero especialmente si se respetaba y se educaba a los ciudadanos.

A pesar de las intenciones que guiaron la pluma de Vergara para escribir el Prólogo de *El Mosaico* y el artículo necrológico de 1865, que se convierte en el Prólogo de la edición de la novela en 1866, y del rechazo que estos textos le ocasionaron en el cerrado y reducido círculo intelectual capitalino, conformado por generaciones más jóvenes, en esas mismas palabras de Vergara se observa la personalidad de Eugenio Díaz Castro:

> Vestia ruana nueva de bayeton, pantalones de algodon, alpargatas i camisa limpia, pero no traia corbata ni chaqueta.
> Este vestido que es el de los hijos del pueblo, no engañaba: se veía sin dificultad que si así vestia era por costumbre campesina; pero su piel blanca, sus manos finas, sus modales corteses, sus palabras discretas, daban a conocer que era un hombre educado.
> (...)
> Por modestia, por costumbre, (...) no quiso vestir traje cortesano. Se exhibió como escritor, pero de ruana, nunca le dió vergüenza no tener levita. Este traje formaba parte de sus virtudes: una de ellas era la de ser tan riguroso republicano, tan riguroso cristiano, que se iba al cuaquerismo. No tomaba vestido cortesano; no toleraba que los domesticos le llamasen amo; no hallaba a nadie inferior a él. No tenia embarazo ninguno, ni se mostraba encojido cuando hablaba con personas de alta posicion; en cambio no tenia orgullo ni manifestaba desden o tosca familiaridad cuando hablaba con un criado. Eran para él literal i prácticamente iguales todos los hombres (V. V. 1865, 89-90).

Díaz Castro sabía quién era y lo manifestaba con su comportamiento: «no quiso vestir traje cortesano. Se exhibió como escritor, pero de ruana». El concepto que tenía de sí mismo determinaba las iniciativas que tomaba, las aspiraciones que poseía y las metas que se proponía; así como su interrelación con los demás: «–Fuí esta mañana a casa de don Ricardo, continuó él con su franca mirada i su cordial sonrisa, a proponerle que diéramos un periódico literario» (V. V. 1865, 89). No tenía que demostrarle ni explicarle nada a nadie, de ahí que no hubiera refutado a Vergara cuando escribió en 1858, que poseía una precaria educación. Vestía como quería; no le sobraba el dinero, pero no era indigente como lo insinuó Vergara en el primer prólogo. Estaba convencido de lo que hacía y sabía que su apariencia era una manera de exteriorizar su ideología: «Eran para él literal i prácticamente iguales todos los hombres»; además tenía clara conciencia de la motivación que lo guiaba y de lo que quería transmitir con su novela. No era inferior a nadie, por eso: «No tenia embarazo ninguno, ni se mostraba encojido cuando hablaba con personas de alta posición»; por la misma razón no le «obedeció» a Vergara, veintiocho años y medio menor que él, cuando éste le dijo que eliminara lo que él y otros calificaron como «disertaciones trivialísimas sobre política y moral»; porque para él esa era la parte importante de su trabajo; era lo que deseaba transmitir.

Sus modelos narrativos eran los que se habían impuesto desde la década del cuarenta de ese siglo en la Nueva Granada: los autores socialistas y los novelistas franceses, que fueron seguidos por un grupo de escritores liberales. El escritor francés socialista Eugène Sue compuso *Los misterios de París*, novela que sirvió como uno de los modelos narrativos para *Manuela* (como se verá más adelante). La crítica social de la novela de Sue, explicitada por medio del narrador o de los personajes, hizo que Umberto Eco escribiera:

> [L]a acción se interrumpe muchas veces para dar paso a largos discursos, peroraciones moralistas y propuestas «revolucionarias» (que son solo reformistas, naturalmente). A medida que se aproxima el desenlace (que, sin embargo, se aplaza siempre porque el público pide que la historia dure lo más posible), las peroraciones se tornan cada vez más espesas llegando a los límites de lo insoportable. / Pero el libro es así, hay que tomarlo en conjunto. La peroración también forma parte de la intriga. Si el libro, como dice acertadamente Bory, es un melodrama, las peroraciones son las canciones. Por esto, las ediciones resumidas (y hasta ahora solo se leían éstas), al suprimir los llamamientos y los discursos, han empobrecido y desfigurado la obra, aunque le daban mayor fluidez (Eco 1970, 14).

De ahí que la ideología de Díaz Castro chocara con la de Vergara, declarado conservador y decidido defensor de España y de lo español, quien quería preservar la tradición, resguardar las costumbres y consideraba que:

«El cultivo de la literatura francesa nos matará al fin. Debemos buscar por la literatura española el camino de la nuestra, hasta encontrar nuestra verdadera expresión nacional» (Vergara y Vergara 1867, 531); además imponía su propia concepción de la literatura, lo cual le hacía rechazar las innovaciones literarias y los cambios de escuela que se producían en otros ámbitos y que se establecían. Por tal motivo, cualquier parlamento o comentario que tuviera una denuncia, fue calificado de «disertación trivialísima»; así la censura ideológica conservadora[95] se escondió detrás de la estilística. Como conocedor de la retórica, desinformó sobre su tiránico acto de censura y para no ser penalizado por la posterioridad afirmó que Díaz Castro no sabía escribir, que su problema era el estilo.

En Francia a principios de la década del 40 del siglo XIX, los críticos explicitaban que había surgido un cambio peligroso en la literatura, creado por el exceso de verdad, que empleaba un método de observación sin ideales o sin poesía, que recontaba cada aspecto y cada sentimiento sin que se pensara si valía la pena realizar esas observaciones. Para ellos, se había llegado a una observación incesante que reducía el mundo a una estéril realidad y esto se re-

---

95 La clase de ataques y de propaganda en contra de los cambios que ocurrían en la época se encuentra en el siguiente artículo: «El partido socialista, en que aparecen afiliados los miembros del Gobierno, o mas bien, que ellos promueven i capitanean, no se contenta con presentarse humilde implorando la tolerancia, sino que se presenta soberbio queriendo echar por tierra la relijion Católica, que es su natural i poderosa antagonista; i ya canta el triunfo, confiando en la paciencia i .sufrimiento de los pueblos, en la pusilanimidad de muchos, i en el egoísmo de- otros tantos. La siguiente canción, que fué cantada en las calles de esta capital durante las orjías que en ciertas noches del año pasado tuvieron lugar, es hoi el embeleso de los socialistas de la Mesa, en donde se canta con aplauso de todos los rojos. Como ella dá una lijera idea de los deseos mas ardientes que hoi animan al socialismo granadino en esta parte de lo que llamamos la República; vamos a publicar tan insolente produccion:
EL MATACHIN. Queremos la democrácia / i queremos libertad, / Pretendemos igualdad / i sostenemos teocrácia. / Esta infame aristocracia / De que estamos ya cansados, / Los fueros representados / Están en un arlequin, / *Caiga pronto el matachín / De los habitos morados.* /// Del partido liberal / Vencerán las opiniones, / Ya ganó las elecciones / Mas no remedia esto el mal: / En Granada lo fatal / Consiste en ser conservador / Ciertos hombres *ordenados* / Que marchan a cierto fin / *Caiga pronto el matachín / De los habitos morados.* /// Libertad el mundo entona / i van cayendo los solios, / Que caigan tambien los oleos / El bonete i la corona; / A los pueblos abandona / La idea de estar obligados / A mantener tonsurados / Que hablan con Dios en latin / *Caiga pronto el matachín / De los habitos morados.* /// Ya no son, como ántes, zotes, / Los que viven en la tierra, / El infierno ya no aterra / Ni agradan los monigotes, / En vez de darnos azotes / Como en los tiempos pasados / Cantemos alborozados / Con pandereta i violin / *Caiga pronto el matachín / De los habitos morados.* /// El pueblo no necesita / Para con Dios medianeros, / Si es que ha de costar dineros / La proteccion infinita, / Por eso entusiasta grita / Con acentos esforzados / No mas, no mas tonsurados / Ni concilio Tridentin, / *Caiga pronto el matachín / De los habitos morados.* /// No mas primicias, señor, / A los diezmos sepultura / I que coma cada cura / De su trabajo i sudor, / Miéntras tanto con fervor / Los pechos entusiasmados / Cantemos todos aunados / Nuestro eterno retintín / *Caiga pronto el matachín / De los habitos morados.* /// Las órdenes monacales, / Los ayunos, los silicios, / Los sacerdotes ejipcios, / Los augures i vestales / Son cosas todas iguales: / Los pueblos civilizados / No encuentran diferenciados / Al cristiano i al muslin, / *Caiga pronto el matachín / De los habitos morados*» (Anónimo. «Una muestra de la fraternidad socialista». El Día XII.782 (ene. 11, 1851): 2).

presentaba en el modo llano y directo de escribir (Véase: Cohen y Prendergast 1995, 28).

Del mismo modo, años después cuando Vergara criticó a Díaz Castro tanto por no darle «culto a la diosa del siglo: La Forma», como por su falta de conocimiento –sus problemas de estilo–, impugnaba tanto el Realismo, tendencia literaria, que éste había aplicado en la creación de su mundo novelístico, como su ideología socialista. Vergara admiraba la descripción costumbrista de quienes ejercían determinadas prácticas sociales: los «tipos»; lo cual no era lo que el autor de *Manuela* había realizado; de ahí que criticara, rechazara y censurara su escritura.

La representación de la realidad directa, despojada de lirismo, característica del Realismo en Francia, era la que le interesaba a Díaz Castro; por eso, como ciudadano, como novelista y como crítico expresara sus pensamientos sobre el estado de la sociedad y abogara por los cambios. Por la representación de la realidad, es que los personajes de todas las clases en la novela, desde los que se reúnen, no bien llegado Demóstenes a la Parroquia, y le solicitan: «Léiganos sumercé»,[96] hasta Clotilde y Juanita; y con mayor razón *Manuela*, estén politizados y se interesen por la política, protesten y se indignen porque las situaciones los afectan directamente; son portavoces de la situación social que expone las jerarquías de las clases, y muestran cómo la explotación continuaba a pesar de las leyes que se dictaban; las cuales beneficiaban a unos pocos, pero por falta de educación de la mayoría, los más vivos, como Tadeo, las manipulaban en beneficio propio.

Al hacer el cotejo de los capítulos publicados en *El Mosaico* con los de la edición de 1866, se observa que los hilos narrativos y las intenciones esbozadas

---

96   Esta situación de interés de las capas campesinas por lo que sucedía en la política la describió Manuel Ancízar al comentar en uno de sus viajes, como secretario de Agustín Codazzi en la Comisión Corográfica, cuando representó la siguiente escena en las cercanías de Ocaña: «Luego que se andan tres leguas se encuentra una casita, despues de la cual no hai refujio cómodo hasta llegar al pueblo. Habítala una mujer anciana, bondadosa i amiga de saber lo que pasa en el mundo, conociéndolo a su modo por las relaciones de arrieros que allí hacen posada, i por algun viaje a la capital en dias de fiestas i procesiones. Sirviónos el brevísimo almuerzo en platos de barro sobre una barbacoita de cañas, que alternativamente era mesa, estrado i cama, pues no habia otra cosa; i miéntras lo despachábamos, sentados en sacos de café, con el acompañamiento de dos perros nada tímidos para pedir i aun cojer lo que tardábamos en darles:
    —¿Cómo no ha ido a Ocaña, le pregunté, a ver la Semana-Santa i las procesiones?
    —No voi, señor, porque ya no está como en otro tiempo. Ahora hai mucha jente vocabularia que no piensa sino en hacer daño a la relijion, como dicen que lo han hecho en Bogotá.
    —De véras? yo no he sabido nada.
    —Sí señor, dijo la patrona con aire despreciativo: sí han hecho. Dizque han quitado las procesiones para no ver a Dios en la calle, i van a quitar los curas, i van a poner una lei para que los hombres puedan mudar de mujer cada cinco años. (Aludía a la proyectada lei de matrimonio civil!).
    —¡Sopla! Quién le ha contado eso?
    —Puuú? Aunque una viva por acá sembrando reptiles i cuidando sus animalitos, una sabe lo que pasa en este Gobierno que hai ora. Pero mejor es no hablar» (Ancízar 1853, 437-438).

desde el comienzo son los mismos a lo largo de la novela. Con el capítulo «La Lámina» que pareciera no tener conexión con la trama central, situación que se aplica a otros capítulos como: «La octava de Corpus» y «El angelito», se comprueba que la intención de Díaz Castro era ofrecer un abanico de circunstancias que mostrara la realidad social de las mujeres en la Nueva Granada, cuyo hilo conductor central lo explicitó el diálogo sostenido entre Rosa y Demóstenes en la Posada del Mal-abrigo: «–I en la parroquia, hai algo que sirva? / –Ave María! Pues la niña *Manuela*... que es lo que hai que ver!» (Diaz 1859, 24).

Vergara modificó la novela, eliminado los fragmentos que se relacionaban tanto con la ideología socialista del autor, como con diversos aspectos del Realismo como tendencia literaria y agregando pasajes para que pareciera que era una creción de la pluma de un escritor «conservador»; de ahí la afirmación de Martínez Silva: «Vergara, que refundió el capítulo La muerte de Rosa, y arregló el desenlace, conservando el estilo de don Eugenio» (1879: 386 // 1958, 26-27). Muerto Díaz Castro, quien se había negado a continuar publicando «*Manuela*. Novela bogotana», muy seguramente porque no aceptó excluir de su labor escritural lo que Vergara le censuraba, tanto como lo que muy posiblemente con toda arbitrariedad le quería imponer, éste ya no tuvo impedimento alguno para difundir el texto con todas las modificaciones y agregados que quiso. Mutilado el texto, lo mismo que el título, limpio de casi todo lo que fuera en contra de sus ideas políticas, religiosas y literarias, a la vez que adaptando secciones, Vergara incluyó al final del segundo tomo de *Museo de cuadros de costumbres y variedades* (1866), su versión del trabajo intelectual de Díaz Castro; así salió como texto completo: «*Manuela*. Novela original de Eujenio Diaz».

Hay que destacar que en su intento por erradicar la ideología socialista del universo ficcional de *Manuela*, Vergara se quedó corto; no eliminó todo lo que hubiera querido, porque le habría tocado reconstruir el mundo representado, y reescribir la novela, y él no tenía habilidad como novelista (véanse los comentarios que hicieron al respecto sus propios amigos Carrasquilla y Marroquín, difundidos por Martínez Silva [1958, 26] y lo que dijo Quijano Otero [1975, 98]). Del mismo modo, él, que se había convertido en juez, jurado y verdugo de los escritores que no poseían su ideología, nunca imaginó que desde España lo iban a evaluar como regular por aquello en lo que se consideraba superior. Menéndez Pelayo efectuó una fuerte afirmación sobre su débil manejo del lenguaje (1894, lxxix); valoración que si hubiese imaginado, le habría herido mortalmente su amor propio.

Hechas las alteraciones, y sin importar que el autor hubiera afirmado públicamente en 1859: «*ser amante de las ideas liberales*» (Díaz junio 25 de 1859, 41-42) [énfasis agregado], Vergara incluso declaró en forma ambigua sobre el autor en la edición de 1866: «Su programa en política era conservador», con lo cual, para todos los desconocedores del trabajo intelectual que había efectuado Díaz Castro y de lo que había querido transmitir, lo ideologizó como conservador. Posiblemente para Vergara, ésta era tanto una forma de resarcimiento (personal), como de ganancia (para el partido); a la vez que servía para acallar cualquier rumor que pudiera existir por la interrupción de la publicación de la novela.

¿Cuál fue la posición de la familia de Díaz Castro al respecto? Las familias estaban divididas políticamente en la época;[97] tampoco ha quedado ninguna información sobre el tipo de relación que Díaz Castro haya sostenido con sus familiares; aunque para el momento de publicación de la novela total, había por lo menos tres hermanos vivos. Ellos, al parecer, no sintieron que les concerniera directamente lo que había difundido Vergara sobre la falta de educación del autor mientras él vivía, puesto que ninguno se preocupó en desmentirlo; menos lo hicieron estando muerto.[98] Lo único que ha pasado a la historia es la relación de una de las sobrinas (matrimonio) con el reconocido conservador y director de la Imprenta La América.[99]

Si en *Manuela* quedan marcas evidentes de las arbitrariedades ideológicas y de todo tipo que se cometieron en la «corrección y edición» del texto, hay que preguntarse: ¿qué suerte corrieron en este proceso de «purgación, limpieza y asimilación ideológica» los textos que quedaron manuscritos como *El rejo de enlazar* y las otras novelas, que permanecieron en manos de los familiares de Díaz Castro?

La ambigüedad que impulsó Vergara sobre la ideología política de Díaz Castro, lo ayudó a cubrir las mutilaciones y las variaciones que le hizo a la novela. Esa afirmación imprecisa y vaga muy bien pudo facultar a bien intencionados miembros de la familia o a amigos a efectuar lo mismo que había hecho Vergara 9 años atrás. Además, ellos pasaron esos textos (¿sin aumentar nada, sin excluir nada, sin alterar nada?) a «un estimable amigo suyo, cuyos vastos conocimientos le hacen acreedor a la justa fama de que goza» para que efectuara el trabajo de corrección (véase: http://www.banrepcultural.org/book/export/html/23241). ¿Cuántas manos «corrigieron», cuánto se eliminó, cuánto se modificó, cuánto se agregó a esos textos que se publicaron posteriormente para que coincidieran con la ideología conservadora y el costumbrismo y así pudieran ser difundidas como propaganda de un partido?

---

97 Según palabras de Ignacia Vergara de Vergara, madre de José María Vergara, entre 1845-1854 su hijo mayor Eladio era «rojo como el diantre», mientras que otro de sus hijos, Ladislao era «conservador como nada»; ella declaró hallarse «entre dos extremos» (véase: Samper Ortega 1931, 54). Hasta los hermanos Vergara estaban divididos polarizadamente por la situación política del medio siglo.

98 Juan Antonio Paulino Díaz Castro (1818-1866), hermano menor (10 años) que el autor de *Manuela*, también presentó Informaciones de limpieza de sangre para vestir beca del Colegio Mayor de San Bartolomé en noviembre de 1836 (véase: Archivo histórico Universidad del Rosario, volumen 97, folios 496-499). Su hija, María Díaz Cubillos, contrajo matrimonio en 1873 con Manuel Briceño.

99 Dos de los libros de Díaz Castro se publicaron en 1873 (9 años después de muerto) en la imprenta que dirigía Manuel Briceño (1849-1885), reconocido miembro del partido conservador, quien se había casado ese año con María Díaz Cubillos, una de las sobrinas del autor. Esta relación de la sobrina por parte de matrimonio casi una década después de muerto Díaz Castro, no indica que él haya sido conservador.

Aquí surgen otras preguntas: Díaz Castro, escritor que se enfrentó abiertamente a Vergara, que impidió los cambios en su texto interrumpiendo la circulación de *Manuela* y tampoco entregó los originales, ni de esa ni de las otras novelas que ya había concluido, para publicar mientras estuvo vivo (casi siete años más), tanto para defender sus ideas como para proteger su labor intelectual, al tiempo que salvaguardaba una obra ¿iba a escribir otras que eran completamente opuestas en ideología?, ¿Se puede tener un cambio ideológico tan drástico en tan poco tiempo sobre los problemas sociales y las causas que los originaban?

El cambio en esas obras es tan evidente que ya en el siglo XIX, Isidoro Laverde Amaya expresó sobre *El rejo de enlazar*: «Creemos también conducente señalar la circunstancia de que todos los personajes de la novela son buenos y simpáticos, –cosa no común en escritos de este género– y el desenlace agradable» (1890, 62-63).

2.5. José María Vergara y Vergara

José María Vergara y Vergara
José María Vergara y Vergara (en Julio C. Vergara y Vergara 1952, 286a).

¿Quién era el prologuista? ¿Por qué se le dio tanto peso a sus palabras? José María Vergara (1831-1872) fue el sexto de diez hijos[100] de Ignacio Manuel Vergara Santa María y de Ignacia Vergara Nates. Vergara afirmó que había estado en la escuela de doña Cerbeleona para aprender a leer y luego en la de Rafael Villoria[101] para aprender a escribir (en: Samper Ortega 1931, 88-89).

---

100 Los hermanos fueron: Eladio (1821-1888), María Josefa (1823-1825), Dolores (1824-1892), María Francisca (1826-1891), Ladislao (1828-1896), Isidro Calixto (1833-?), Rafael (1836-1873), José Antonio (1839-1899), María de la Concepción (1841-?) (Julio C. Vergara 1952, 121-128).

101 Carlos Martínez Silva escribió una de las biografías más extensas que se conoce de Vergara en 1879. Este texto se ha reproducido en cada una de las ediciones de la *Historia de la literatura en Nueva Granada* del primero. Ese recuento difunde diversos errores, como: «Aprendió José María Vergara a leer y a escribir con el bondadoso señor don Rafael Villoria, a cuya escuela entró en 1830. De allí pasó al Colegio de Nuestra Señora del Rosario, donde permaneció sólo seis meses» (Martínez Silva 1958, 12). En estas líneas se hallan tres imprecisiones, una de ellas muy seria: el afirmar que Vergara antes de haber nacido ya estaba estudiando; las otras, el aprendizaje que hizo con el maestro Villoria y el tiempo que estuvo en el claustro del Colegio del Rosario.

Colegios. Quince días donde don Ulpiano González; tres meses en el Colegio del Rosario; seis años en el Seminario de los jesuitas; un año de San Bartolomé; y un año en clases particulares. Total ocho años, tres meses y quince días, durante los cuales aprendí a no poder ser comerciante» (en: Samper Ortega 1931, 89).

Aunque Vergara haya escrito que estuvo «seis años en el Seminario de los jesuitas»; realmente estudió con ellos cinco años. La comunidad regresó al país en 1844;[102] llegaron el 18 de junio de 1844 a Bogotá:

JESUITAS

El 18 del corriente por la noche han hecho, su entrada á Bogotá diez padres Jesuitas, a saber, siete sacerdotes y tres coadjutores; los siete restantes quedaron en Guaduas enfermos y anoche han llegado. El pueblo les ha hecho demostraciones de mucho aprecio y grande ha sido el júbilo con que fueron recibidos. Han sido visitados por todas las personas notables de la ciudad, y ellos han cumplido con hacerlo tambien á cada uno de los miembros de la administración y autoridades de la provincia. Su trato y conversacion, sus modales agradables, la pureza de su idioma, y la compostura y moderación de sus semblantes, descubren en ellos al hombre virtuoso y civilizado. Todos son españoles. Luego que se restablezcan de las enfermedades consiguientes al tránsito por el Magdalena, empezarán a ejercer su ministerio apostólico y no dudamos que entonces se aumentarán las simpatías que han adquirido. Entre tanto los felicitamos por su llegada á este país á donde han sido llamados por los altos poderes de la nación, y por todos los hombres que desean se aumenten en la Nueva Granada los elementos de órden y de moralidad [Anónimo. «Jesuitas». *El Día* (23 de junio de 1844): 1-2].

El 30 de agosto de 1844, el Secretario del Interior, Mariano Ospina Rodríguez, difundió un decreto firmado por Pedro Alcántara Herrán, Presidente de la Nueva Granada, donde se autorizaba a los jesuitas para que establecieran un colegio de misiones en la ciudad de Bogotá (Rejistro Oficial 1844, 82-83); pero únicamente en 1845, «dieron principio a las tareas escolásticas con 90 alumnos externos el día 14 de abril» (Pérez 1896, 80); pero salieron del país expulsado el 16 de mayo de 1850.

Entre 1844 y 1847, la educación recibió atención del gobierno, como ya se señaló. En 1847, Rufino Cuervo, Vicepresidente del país, difundió en los

---

102 El rechazo que se le tenía a los miembros de la Compañía de Jesús se expresa en este anuncio: «Parece que pronto tendrémos entre nosotros a los jesuitas; esos varones santos que han de remediar todos nuestros males, llenándonos de plata, que es a lo que se ha reducido el bienestar positivo en esta tierra.- Sabemos que por una casa de Havre se han facturado 18 bultos de esta especie, en el bergantin francés Gustavo Eduardo, i que en todo este mes se efectuará la importación por esta aduana nacional» [Anónimo. *El Samario* (Santa Marta) (9 de febrero de 1844): 4].

Estatutos Universitarios de la Nueva Granada tanto la manera en que estaba dividida la educación desde la infancia hasta los estudios superiores. En el decreto informaba sobre el número y el lugar de las universidades, los ramos de estudio, el orden en que se debían seguir y el tipo de cursos que debía haber en las diferentes escuelas; así como la manera en que se debía enseñar y los años que duraban las carreras.[103]

103 Los estatutos estipulaban: «Art. 1.° La educacion pública que recibe la jeneralidad de los granadinos es intelectual i moral cristiana: la primera tiene diferentes grados i organizacion; la segunda es jeneral i uniforme en todos los establecimientos de enseñanza, desde la escuela primaria hasta la universidad. / A los alumnos internos de los establecimientos literarios se proporciona una buena educacion física, dejando a la capacidad i discrecion del jefe de cada establecimiento la eleccion de los preceptos hijiénicos i ejercicios jimnásticos mas adecuados segun el clima i las circunstancias de las localidades.

Art. 2.° Los grados de la educacion intelectual son los siguientes: instruccion popular o primaria, instruccion jeneral, Instruccion especial, e instruccion superior. / La instruccion popular o primaria comprende las primeras letras, en los términos prevenidos por disposiciones separadas.

La instruccion jeneral comprende la literatura i la filosofía. / La instruccion especial comprende las ciencias eclesiásticas para los que se dedican a la iglesia; el arte militar i la ciencia de la guerra para los que sigan la carrera de las armas; i las ciencias naturales, físicas i matemáticas en sus diferentes aplicaciones, para los que se destinan a profesiones conexionadas con estos ramos. / La instruccion superior comprende las ciencias médicas i la jurisprudencia» (Cuervo 1847, 1).

«Art.4. ° Hai en la Nueva Granada tres Universidades, a saber: la del primer distrito, que comprende las provincias de Antioquia, Bogotá, Casanare, Mariquita, Neiva, Pamplona, Socorro, Tunja i Velez, i los territorios de San Martin i Guanácas, su capital Bogotá: la del segundo distrito, que comprende las provincias de Cartajena, Mompox, Panamá, Riohacha, Santamarta, Veráguas i los territorios del Darien, Bocas del Toro, Goajira i San Andres, su capital Cartajena; i la del tercer distrito, que comprende las provincias de Barbacoas, Buenaventura, Cauca, Chocó, Pasto, Popayan i Túquerres i el territorio del Caquetá, su capital Popayan» (Cuervo 1847, 2).

«Art. 112. Para la enseñanza de los diferentes ramos que forman la instruccion universitaria hai cinco escuelas, a saber: de literatura i filosofía: de jurisprudencia, de medicina, de ciencias eclesiásticas; i de ciencias naturales, físicas i matemáticas. / Hai escuela de literatura i filosofía en las Universidades, en los Seminarios conciliares, en los Colejios provinciales, i en los particulares sujetos al réjimen universitario.

En las Universidades hai escuelas de jurisprudencia. / En la Universidad de Bogotá hai escuela de medicina. / La escuela de ciencias eclesiáticas está incorporada a los Seminarios conciliares en que puede establecerse a juicio del Prelado diocesano sujetándose al réjimen universitario, todo con aprobacion del Director jeneral. / La escuela de ciencias naturales, físicas i matemáticas existe total i parcialmente en las Universidades, i tambien en los Colejios provinciales en que las cámaras de provincia disponen la enseñanza de alguno o algunos de los ramos que las componen conforme a este decreto» (Cuervo 1847, 21-22).

«De la escuela de literatura. / Art. 113. Los ramos de enseñanza de la escuela de literatura i filosofía se dividen en las siguientes séries compuestas de diversos cursos. / SÉRIE DE BELLAS LETRAS. / 1er curso.-Idioma patrio; 2.° Retórica, poética i oratoria. / SÉRIE DE IDIOMAS. / 1er curso.-Analojía i sintaxis latina i traduccion de prosa latina: 2.° Sintaxis i prosodia latina i traduccion de poetas latinos: 3.° Gramática francesa i traduccion de autores franceses; i 4.° Gramática inglesa i traduccion de autores ingleses.
SÉRIE DE ELEMENTOS DE MATEMATICAS / 1er curso.-Aritmética; 2.° Aljebra i jeometría elemental; 3.° Trigonometría: i jeometría práctica. / SÉRIE DE FILOSOFÍA INTELECTUAL / 1 er curso.-Lójica i sicolojia 2.° Teodisea i moral. / SÉRIE DE FÍSI

Cuando Vergara comenzó sus estudios con esos religiosos, tenía 14 años.[104]

CA / Curso único. -Fisica elemental, cronolojia, cosmografía, jeografía jeneral i jeografía especial de la América.

Art. 114. Los doce cursos expresados en el artículo anterior se hacen en seis años. A las juntas de administracíon, inspeccion i gobierno en las Universidades, a los Prelados diocesanos en los Seminarios conciliares, i a las juntas directivas en los colejios provinciales i particulares, corresponde fijar los cursos que de las diferentes séries expresadas han de dictarse en cada uno de los seis años, con tal de que no se invierta el órden de cursos establecido en cada série. Así, por ejemplo, no puede determinarse que en un año se estudie el curso de áljebra i jeometría elemental ántes que la aritmética; o la gramática francesa ántes que la latina; pero sí puede disponerse por ejemplo que se estudien en un año idioma patrio i aritmética.

Art. 115. A los cursantes de último año de literatura i filosofía se dan lecciones de dibujo lineal dos veces por semana, i se les ejercita en la práctica de composiciones en lengua española, escojiéndose para ello, no asuntos abstractos, sino descripciones de objetos materiales i aun de morales que estén a su alcance. Estas composiciones deben estar escritas de puño i letra de su autor a fin de que los cursantes se ejerciten tambien en la caligrafía.

Art. 116. La enseñanza de la aritmética debe ir acompañada precisamente de ejercicios mercantiles, como teneduría de libros, cambios &, sin olvidar tampoco la contabilidad rural.

Art. 117. Si en algun establecimiento literario no puede enseñarse, por cualquier motivo, sino la lengua inglesa, o la francesa, se enseña en lugar de una de las dos, la historia antigua, griega i romana; pero el estudio de uno de estos idiomas es indispensable para obtener el grado en literatura i filosofía.

De la escuela de jurisprudencia. / Art. 118. Los ramos de enseñanza de la escuela de jurisprudencia se dividen en tres séries correspondientes / a los tres grados académicos de la facultad. / SÉRIE DE Bachiller / 1er curso.-Derecho romano; 2.º Economía política i Estadística; 3.º Derecho penal i legislacion militar; i 4.º Legislacion fiscal i comercial de la República. / SÉRIE DEL LICENCIADO / 1er curso.-Ciencia administrativa i pruebas judiciales; 2.º Derecho de jentes; 3. º Derecho constitucional i político administrativo; i 4.º Derecho civil patrio. / SÉRIE DEL DOCTOR / 1er curso. -Derecho romano comparado con el patrio; 2.º Derecho público eclesiástico e instituciones canónicas; 3.º Procedimientos i práctica civil; i 4,º Procedimientos i práctica criminal. / Las materias de cada série deben estudiarse en dos años.

Art. 122. En el curso de Derecho de gentes se comprende del estudio de los actos diplomáticos mas importantes de Europa, a juicio del profesor, como los de Wesfalia, Utrech, Versalles i Viena; los tratados de la Nueva Granada con naciones extranjeras, las leyes que arreglan las funciones de los ministros diplomáticos i consulares de la República, i las relativas a navegacion i corso.

Art. 123. El curso de Derecho público eclesiástico e instituciones canónicas se contrae al estudio de las fuentes e historia compendiada del Derecho eclesiástico, i de las relaciones del Estado con la Iglesia: de las Instituciones del Derecho, se estudia. íntegramente el libro 1.º comprendiendo en él la parte constitutiva de la Iglesia: del segundo se estudia solamente lo relativo al matrimonio i beneficios; i del tercero el procedimiento especial en causas canónicas. El curso termina con el estudio de las leyes patrias sobre patronato i disciplina de la Iglesia granadina.

Art. 124. Los catedráticos de práctica i procedimiento instruyen a sus discípulos en los modelos o formularios de los actos judiciales mas importantes, los ejercitan en la actuacion práctica de los procesos, les dán lecciones de oratoria forense, cada uno según la materia que enseña» (Cuervo 1847, 22-25).

Además había escuelas de Medicina (Series de Bachiller, Licenciado y Doctor; cada serie debía estudiarse en dos años), Ciencias Eclesiásticas (series de Bachiller [dos años], Licenciado [uno o más años] y Doctor [1 año]), Cánones (series de Bachiller [dos años] y Licenciado [1 año]), Ciencias naturales, Física y Matemáticas (véase: Cuervo 1847, 25-29).

[104] Antes de Martínez Silva, José Joaquín Borda había difundido en *El Hogar* (1868) una biografía de Vergara, que luego reimprimió sin variaciones después de la muerte de éste

Según los decretos de educación y los de expulsión de los jesuitas, más las afirmaciones de Borda en 1872 (ver más abajo), Vergara durante los cinco años que estudió con los jesuitas no cumplió con la instrucción general que comprendía la literatura i la filosofía, porque sus maestros fueron expulsados del país antes de que él pudiera terminar los estudios básicos. Así que cuando difundió en su breve autobiografía «seis años en el Seminario de los jesuitas», empleó una falacia, es decir una argumentación falsa que se funda en la ambigüedad del lenguaje. Los seis años a los que se refirió, fueron los que los jesuitas permanecieron en Bogotá desde su llegada en junio del 1844 hasta la nueva expulsión en mayo del 1850; mas no el número de años en que estudió con ellos;[105] ya que cuando fueron proscritos y cesaron los estudios en el Se-

en *El Mosaico* (1872). En esos textos, el amigo contribuyó con desinformación a crear la vida pública de Vergara; ya que da la impresión de que desde niño estudió con los jesuitas: «El 19 de marzo de 1831 nació en Bogotá i muy jóven fué puesto al cuidado de los Reverendos Padres de la Compañía de Jesús, que a la sazon dirijian el Seminario Conciliar. / Educados allí bajo el mismo techo, en las mismas clases i bajo los mismos directores, podemos dar fe de su consagracion al estudio i de su conducta ejemplar, como tambien de sus rápidos progresos en los estudios. (...) Cuando la borrasca vino a cernerse sobre aquella pacífica morada de la juventud estudiosa i los Padres fueron lanzados a otra tierra, Vergara pasó a Popayan. Regresó poco despues de Popayan i redacto, en asocio del señor Rafael Pombo, un periódico literario i político titulado *La Siesta*. / El año de 1853 volvio al Cauca, año feliz para Vergara, que en plena juventud tenia cuanto podia desear con el espíritu i con el corazon! En ese año recibió al pié de los altares la mano de Satúria Balcázar, de Satúria la dulce i modesta joven que fué madre de sus hijos i a quien llorosos sus numerosos amigos acompañamos al sepulcro en los primeros dias de este año. / En aquella época redacto con los señores Eustaquio i Francisco Urrutia, un periódico político titulado *El Sur* i sirvió la Secretaría de la gobernacion de Popayan. La República entera se hallaba incediaba (sic) en una guerra contra la dictadura militar. / El Obispo de aquella ciudad, señor Pedro Antonio Tórres le llamo por colaborador en la obra de reorganizar el Seminario, i Vergara, que nunca ha podido negar sus servicios a la juventud, se prestó en cuerpo i alma a tan útil empresa i se encargó de enseñar español, latin, griego i caligrafía. / A fines de 1856 asistió como diputado a la legislatura del Cauca i en el año siguiente fue jefe político de Popayan, como también Vicerrector de la Universidad del Cauca» (Borda 1868, 379), (Borda 1872, 65).

105 Mientras que Julio C. Vergara y Vergara, nieto de Eladio Vergara, escribió tomando de los anteriores y modificando para que hubiera una continuidad que nunca existió. Compárense las variaciones entre lo que informa tanto sobre los estudios en el Colegio del Rosario, como sobre los estudios con los jesuitas años antes de que llegaran a la Nueva Granada; lo mismo que acerca del tiempo en el Colegio de San Bartolomé, cuando en la época mencionada ni Vergara estudió ahí, ni los jesuitas dirigían el plantel. Así mismo, lo que difundió acerca de haber recibido la colegiatura de la institución, cuando apenas cursaba estudios en el Seminario; y al final, lo que afirmó sobre las Secretarías y el ser diputado a la legislatura, cuya fuente de información fue Borda: «Después de cursar las primeras letras en la escuela de don Rafael Villoria (1839), entró, apenas adolescente, al Colegio del Rosario, en el que sólo estuvo 6 meses; y luego, en 1842, al Seminario menor hasta 1845, en que se incorporó al Colegio de San Bartolomé, regentado por los jesuitas. En este Colegio continuó sus estudios: el 11 de marzo de 1846 el arzobispo Mosquera le concedió la Colegiatura fundada por el arzobispo señor Quiñones. Además de las clases ordinarias siguió don José María una especial de Literatura castellana abierta por el P. Fernández, porque el plan de estudios no comprendía sino un curso de gramática. (...). / Con el propósito de establecer un negocio de intercambio comercial, pasó al Cauca a mediados de 1850. Hizo una correría por los pueblos cercanos a Buga y luego fue a Popayán, en donde permaneció algunos meses: sabemos que allí se encontraba de marzo a mayo de 1851. Desalentado por el mal éxito de sus negocios. / En Bogotá comenzó su

minario menor, Vergara había estudiado cinco años con los miembros de la Compañía de Jesús.[106] Sin embargo, por la manera en que se presenta la falacia, parece que hubiera cumplido los requisitos básicos, lo cual no era cierto; por lo menos en el lapso de la apertura del centro de estudios hasta el momento de la expulsión en 1850. De ahí que necesitara «un año de San Bartolomé» posteriormente para terminar esos estudios.[107] Martínez Silva describió estas clases como de retórica y poética[108] (1958, 13), año con el que

    carrera literaria con el periódico *La Siesta*, que redactó en unión de don Rafael Pombo. Se publicaron 13 números (20 de julio a 3 de noviembre de 1852). / En 1853 volvió a Popayán, llevado por el amor de doña Saturia Balcázar, a quien había conocido en su primer viaje y a la que recibió por esposa a principios de 1854 (febrero 12). (...)/ Después de su matrimonio don José María se estableció en Popayán. Haciéndose eco de la indignación que despertó en el país la dictadura militar de Melo (abril a diciembre de 1854) compuso una canción en honor del general López (...). / En 1854 y 55 aceptó las Secretarías de la Gobernación de Popayán, primero la de Hacienda y luego la de Gobierno. Con la colaboración de su hermano Eladio redactó *El Sur*, periódico oficial de ideas liberales (cuatro números: agosto 5 a septiembre 20 de 1854), fundado para combatir la dictadura de Melo, y que en 1856 atacaba la administración de don Mariano Ospina: salió hasta el número 21 el mes de agosto. Colaboró don José María en *La Matricaria*, periódico de la juventud (12 números: marzo a junio de 1855). / Llamado por el Obispo de Popayán, señor Pedro Antonio Torres para colaborar en la reorganización del Seminario, escribió las constituciones de ese colegio y se encargó de dictar las clases de latín, griego castellano y caligrafía. / Fue jefe político de Popayán, vicerrector de la Universidad del Cauca y a fines de 1856 asistió como diputado a la legislatura de dicho Estado (9) [J. J. Borda Noticia sobre don José María Vergara y Vergara. 1868] (Julio C. Vergara 1952, 260-264).

106   De esos años, uno de sus condiscípulos escribió: «Entre tanto los colegios de Bogotá, Medellin y Popayan recibían en su seno lo mas florido de la juventud granadina. El de Bogotá se había abierto en una casa particular; pero el 31 de julio de 1845 el señor arzobispo usando de sus ámplias facultades concedidas por el Concilio Tridentino sobre esta materia y la que le concedía en la república el art. 110 del decreto del 20 de diciembre de 1844 celebró con el superior Pablo Torrella un contrato, por el cual la compañía quedó encargada del Seminario menor. (...) Los jesuitas escogiendo los jóvenes, separándolos según sus edades, instruyéndolos a todos y formándoles el corazón para las virtudes privadas y públicas realizaron el tema puesto años hacia por el arzobispo á la entrada del Seminario: *Initio sapientiae es timor Domini*. La base de la instrucción era la lengua latina dividida en tres cursos y acompañada del Español, del Francés, del Inglés, del Italiano, del Griego, de la oratoria, la poesía, la escritura, el dibujo y la música. Estos estudios ocupaban por lo regular cinco años: los tres siguientes estaban destinados al estudio de la historia, la filosofía y las matemáticas» (Borda 1872, II: 194-195).

107   Martínez Silva sobre esa parte de la vida de Vergara escribió: «En esos sus primeros estudios fueron escasos los adelantamientos, ya porque de niño fuese Vergara poco aplicado y le gustase más pasarse largas temporadas en "Casablanca", ya porque los métodos de enseñanza entonces practicados fuesen más propios para entrabar su inquieta y voluble imaginación que para aficionarle a las asperezas del estudio. Su educación literaria escolar empezó y terminó en el colegio que los padres jesuitas, infatigables apóstoles de la virtud y de la ciencia, fundaron en esta ciudad desde el año de 1844 y que conservaron hasta su expulsión, durante la administración liberal del general López. Vergara permaneció por seis años al lado de aquellos inimitables institutores, cuyo mejor elogio lo forman siempre los hombres que salen de sus escuelas. Condiscípulos de Vergara fueron en aquella época, entre otros que sepamos, Carlos Holguín, Sergio Camargo, Antonio y José Joaquín Borda, Diego Fallón, Mario Valenzuela, Benjamín Pereira Gamba» (Martínez Silva 1958, 12).

108   Martínez Silva, interesado en presentar la vida de Vergara de la mejor manera posible, lo representó como si se hubiera graduado de la universidad: «Del colegio de los jesuitas pasó a la universidad central, donde completó el curso de retórica y poética, en el cual

concluye los estudios básicos. De esta situación proviene la afirmación que efectuó uno de los académicos de la lengua cuando afirmó que Vergara no había asistido a la universidad (véase: García Prada 1971, 98).

Cuando cerró el Seminario, Vergara viajó a Popayán donde estuvo unos meses; allí «Quisieron darme rejo en 1850 por godo» (en: Samper Ortega 1931, 89). Mientras que sobre su vida hasta 1859, cuando publicó el Prólogo de *Manuela*, Vergara escribió sobre sí mismo:

> Carrera pública. Secretario de Hacienda y luego de Gobierno en 1854 y 1855 en Popayán. Legislador provincial y jefe político. Catedrático en el Seminario y Vicerrector de la Universidad: [109] todo esto pasó en Popayán. No hice nada bueno en todo eso; pero lo peor que hice en esa época fue admitir un desafío; enseñar gramática griega; botar al Secretario de la Universidad por un balcón, a causa de que me enfadaba; hacer un mal negocio con Sergio Arboleda, y comprar una mula resabiada que me iba matando. Congresista en 1858 y 1859; Legislador del Estado de Cundinamarca en 1859, y luego Secretario de gobierno en el mismo año. No hice nada bueno. Me acuerdo con gusto de que me escapé con maña para no firmar la Constitución de 1858, y de que salvé la vida de un hombre (en: Samper Ortega 1931, 89).

En sus estudios con los jesuitas, Vergara aprendió a comunicar empleando argumentos con fines persuasivos; pero algunos de esos argumentos no eran lógicos sino en apariencia; se valía de enunciados que no eran ni verdades ni mentiras absolutas sino relativas, de pseudoargumentos, que facilitaban o provocaban error, porque inducía creencias y actitudes en los lectores, y así manipulaba la recepción para lograr sus objetivos.

En 1857, el gobierno había pasado a ser dirigido por el conservador Mariano Ospina Rodríguez, quien fue uno de los propiciadores de que los jesuitas regresaran al país, lo cual sucedió en enero de 1858. Estas circunstancias políticas e ideológicas solidificaron su posición de pilar defensor de la religión, la lengua y las costumbres legada por España, por lo cual emprendió desde la prensa una cerrada ofensiva contra el avance de las ideas liberales que se había originado en la sociedad.

---

fue aprobado con plenitud después de un brillante examen que le hicieron, entre otros, el Ilustrísimo señor Arzobispo Mosquera y el doctor Rufino Cuervo. Terminada su carrera universitaria, permaneció Vergara un año más en Bogotá con clases particulares» (Martínez Silva 1958, 13). El examen al que se refirió, eran las conclusiones que se hacían cada año a todos los estudiantes, en el que diversos profesores de la institución interrogaban a los educandos.

109 La Universidad del Cauca no existía en la década del cincuenta del siglo XIX. «[L]a expedición de la ley nacional de 15 de mayo de 1850, eliminó las universidades y estableció colegios de enseñanza secundaria y profesional lo que duró hasta 1855 cuando se traspasó a las provincias el sostenimiento de los establecimientos educativos, que llevó a que la Universidad cambiara su nombre por el de "Colegio Provincial" lo que duraría hasta 1858 cuando se denominó "Colegio Mayor"» (Valencia Llano 1993, 30). Para 1858, Vergara estaba de regreso en Bogotá.

Poseía la convicción de saber la lengua y poder manejarla mejor que muchos. Censuró a Díaz Castro en el Prólogo para la novela en diciembre de 1858 y en marzo de 1859, como antes se señaló, desafió al entonces Senador de la República Manuel Murillo Toro, reconocido liberal y político versado en lides públicas, quien era mayor que él tres lustros, con las siguientes palabras:

> Os invito a que dejeis la tribuna i paseeis con vuestras palabras a la prensa. Quiero leer en ese magnífico estilo español que poseeis, si es cierto que (...). Me esforzaré no solo en rebatiros, sino en escribir de tal manera que al fin de la jornada no tengais ninguna queja de mí (4). Decis en vuestro artículo escrito majistralmente, *pues que trabajo me ha costado acertar con algun sofisma, o conocer en dónde están ciertos puntos falsos de partida* (8).
> Antes de concluir repetiré que vuestro escrito me dará material para algunos, porque habeis amontonado hechos que debo examinar, i porque yo, adversario de buena fe, *tomaré argumento* (9) *por argumento* para no dejar nada sin que yo trate de responder lo mejor que pueda i Dios mediante (10) [Énfasis agregado].

Vergara entendía la práctica argumentativa, sabía que empleada estratégicamente en el escrito influía en la interacción en la comunicación de los individuos en la sociedad; de ahí que en sus palabras expresara confianza en su competencia comunicativa, porque entendía que partía de niveles de conocimientos y de manejo de verdades plausibles que pocos poseían, y tenía la certeza de que conociendo la historia de los hechos, la circunstancias de su presente y la composición de su auditorio iba a persuadir a muchos con las estrategias retóricas que empleara en su escritura. De ahí que encontrara a los adversarios en el campo del impreso o los atrajera a él, porque el tiempo y la habilidad le permitían adaptar el discurso del enemigo a su auditorio: «En la argumentación, lo importante no está en saber lo que el mismo orador considera verdadero o convincente, sino cuál es la opinión de aquellos a los que va dirigida la argumentación. (...) El buen orador, aquel que tiene mucho ascendiente sobre los demás, parece animarse con el ambiente del auditorio» (Perelman y Olbrechts-Tyteca 1994, 61).

Por eso, lo primero que hacía, como lo expresó en el fragmento antes citado, era entender el conocimiento lingüístico y filosófico de su enemigo ideológico: buscaba los argumentos que estructuraban su discurso, destacaba los sofismas o falacias y como se lo dijo a Murillo Toro, rebatía «argumento por agumento», pero siempre vinculando las premisas y la conclusión con las intenciones y la adhesión del auditorio para el que escribía. En este caso específico no era Murillo Toro, sino los sectores conservadores de la sociedad en todos los niveles.

Ese conocimiento lo facultaba para escribir argumentos de este tipo: «No estrañeis, señor, que yo me esfuerce en defender a los conquistadores: desde el principio os dije que esta era una cuestión de familia, i no habeis querido creerlo» (Areizipa 1859, 35). Este enunciado está compuesto por partes de una conclusión que se usan para probar otra diferente. Con él, estableció un vínculo directo entre el pasado y su presente, para relacionar al auditorio que le interesaba, que no era la sociedad en general. Pero de la inclusión de esa otra parte se encargarían la Iglesia y las instituciones.

Vergara fue autor de la *Historia de la literatura en Nueva Granada: desde la conquista hasta la independencia, 1538-1820* (1867),[110] junto con algunas novelas, dramas, escritos costumbristas, artículos polémicos y poesías. En 1868 publicó su novela *Olivos y aceitunos todos son unos, novela de costumbres políticas*.[111]

> El excesivo trabajo intelectual y la pena profunda que embargaba su espíritu, le ocasionaron una gravísima enfermedad. Para conseguir el restablecimiento de su salud, algunos amigos lograron que el Presidente, general Santos Gutiérrez, le diera un puesto diplomático en Europa. Nombrado Secretario de la Legación de Colombia[112] en Inglaterra y Francia, salió don José María de Bogotá en julio de 1869.[113]
>
> Poco antes había publicado *Versos en borrador, colección de poesías*. (...)

---

110 En 1894, Marcelino Menéndez y Pelayo escribió: «Don José María Vergara y Vergara, varón digno de buena memoria, cristiano y simpático ingenio, prosista ameno e investigador diligente, aunque muy dado a la improvisación ligera en todas materias, publicó en 1867, una *Historia de la literatura en Nueva Granada*, desde la conquista hasta la Independencia (1538-1820), obrita digna de aprecio como primer ensayo y punto de partida para investigaciones ulteriores. En sus páginas se encuentran noticias de casi todos los autores que florecieron en el Nuevo Reino antes de 1820; pero es un libro que ha de consultarse con cautela, porque abunda en errores de hecho» (Menéndez Pelayo 1894, i).

111 Martínez Silva difundió las siguientes ideas sobre su amigo Vergara en cuanto a su habilidad para escribir ficción: «Por ese entonces y aun de mucho tiempo atrás hablaba frecuentemente a sus amigos de una novela que tenia inédita, titulada Mercedes. Era obra que había tomado muy a pechos, y miraba como cosa transitoria todo lo que emprendiera mientras no diese cima a aquella empresa. Sin embargo, los fragmentos que leyó a Marroquín y a Carrasquilla no tenían, según ellos, el mérito que hubieran debido tener para absorber tan gran parte de su atención. Vergara no podía entonces escribir novela, porque aún no se había afiliado a escuela alguna. Poco después dio con Trueba y Fernán Caballero, de quienes se hizo ciego adorador, imitador y aun a veces afortunado rival» (Martínez Silva 1958, 26).

112 En 1871 sostuvo una fuerte polémica con Ezequiel Rojas y Aníbal Galindo sobre el liberalismo. En medio de la cuestión escribió: «No digáis que soy ingrato al partido liberal que me nombró Secretario de la Legación. Decir eso es, en primer lugar, mezquino; en segundo, no fue el partido liberal el que me nombró, sino el Gobierno de mi patria; en tercero: no he atacado a los liberales, aunque alguna vez los he defendido... En cuarto lugar, a mí no se me dió el destino por favor: mi trabajo de la fundación del *Archivo Nacional* valió algo más que lo que gané en los sueldos, como me lo dijeron por escrito varios liberales (...). [*El Bien Público* julio 26 de 1871]» (Julio C. Vergara 1952, 284).

113 En los últimos años de su vida, Vergara escribió sobre sus ideas políticas: «Yo soy y he sido conservador; es decir, mis ideas son completamente conservadoras, están en pugna con el programa liberal. Este título de conservador lo llevé con orgullo y decisión... hasta el día que mi partido amontonó presos, hizo o toleró el 7 de marzo (se refiere a la forma inicua en que fueron acribillados los presos políticos el 7 de marzo de 1861), y demostró,

Cerca de dos años estuvo don José María ausente de la patria; viajó por Francia, Italia, España, Inglaterra y Bélgica, a donde lo llevó el deseo de conocer al afamado novelista Enrique Conscience. (...) En abril del año siguiente, 1871 se encontraba de nuevo en Bogotá. (...) En España había contraído relaciones con Hartzenbusch, Trueba, Campoamor, Selgas, Castelar, etc., y había recibido un diploma de académico correspondiente de la Real Academia de la Lengua. Obtuvo de aquella corporación el acuerdo de 24 de noviembre de 1870, que autorizó la creación, en los países hispanoamericanos, de Academias correspondientes de la Española, y trajo las credenciales para fundar la Academia Colombiana de la Lengua, de la cual fue primer director hasta su muerte (1872) (Julio C. Vergara 1952, 281-282).

No obstante la aseveración del biógrafo, la Academia «no quedó definitivamente establecida sino hasta el 6 de agosto de 1872, aniversario de la fundación de Bogotá, cinco meses después de morir Vergara» (García Prada 1971, 99).

José María Samper, uno de sus amigos cercanos, publicó las siguientes afirmaciones sobre él después de su muerte:

> Como político ni había hecho estudios ni tenía ideas claras y lógicas; lo que como tal tenía era solamente una mezcla de patriotismo y espíritu de partido, de amor al prójimo y espíritu de contradicción oposicionista, de ideas añejas y aspiraciones modernas, de anhelos progresistas y culto por las viejas tradiciones.
> Por eso cuando obraba o escribía como político aparecía contradictorio y descontentaba tanto a los liberales como a los conservadores; y como tenía el instinto de la polémica y una marcada inclinación a la sátira, la contradicción y la burla, que llamaré *volteriana* (sin ningún sentido antirreligioso ni filosófico), se granjeaba enemigos como polemista, aún entre los mismos cuya causa deseaba defender (Samper 1885, xviii).
> Desconocía casi todas las ciencias y ni sus creencias ni sus ideas eran razonadas. Unas y otras le venían del sentimiento. No comprendía la libertad moderna ni el progreso democrático, pero los sentía y amaba. El instinto era su ciencia y el amor su criterio. Era profundamente religioso y creyente, y lo era hasta el fanatismo (inofensivo) y a las veces hasta la superstición sentimental. (...)
> Su cabeza era conservadora y su corazón Gólgota (como nos llamaban aquí a los radicales); y era católico, ortodoxo por la fe, las creencias de la infancia, la educación, los recuerdos y afectos de familia, al propio tiempo que volteriano en literatura, si así puedo ex-

---

vociferando contra la exposición de Manizales, que no quería la paz, sino la guerra. Yo, como buen conservador, era y soy esencialmente pacífico y humanitario, porque soy cristiano y católico. Me separé, pues, de mi partido, mas no para agregarme a otro. (...). [H]oy que se lleva el nombre de conservador con recato y entre las sombras, lo reclamo, lo llevo y lo llevaré como una honra y trabajaré en pro de sus benéficas doctrinas» (Julio C. Vergara 1952, 286).

presarme, por su ingenio burlón y epigramático, su inquietud de espíritu y su tendencia a la crítica de todo.
(...) Su estilo era una mezcla de imitaciones, en que Fernán Caballero, Trueba y Selgas y Carrasco estaban barajados con Alejando Dumas, Víctor Hugo y Enrique Conscience.
Conocía a fondo la lengua castellana, y sin embargo prodigaba los galicismos, así en el giro como en las palabras. Escribía francés en castellano, si así puedo decirlo, porque en lugar del periodo amplio, extenso y completo de los prosadores clásicos de España, empleaba las frases breves, sacudidas, amartilladas, incisivas, chispeantes y frecuentemente paradójicas de los modernos escritores franceses. Si Fernán Caballero era su modelo para la novela y el cuento por la sencillez de los cuadros y la descripción fotográfica de los caracteres, en poesía procuraba imitar el estilo de Trueba y en los artículos de costumbres y de travesura el de Selgas y Carrasco.
Grave defecto era, de suyo, el de la imitación de estilo, puesto que un ingenio tan rico, fecundo y original como el suyo debía tener un estilo propio, y más grave el haber escogido para su imitación el menos español de todos los estilos posibles (Samper 1885, xx-xxii).
El rasgo predominante de Vergara, perezoso en apariencia, informal de ordinario, era la travesura. Travieso con el espíritu, travieso con la lengua y la pluma, travieso con las manos, con el corazón y hasta con el apetito. A las veces comía con gula (dulces y golosinas de muchachos) por la travesura de comer de todo. Sentado junto al costurero de una señora, todo lo hurgaba y revolvía, en todo metía la mano, sin dejar de charlar deliciosamente, sobre todo hacía preguntas, observaciones y comentarios, y todo lo dejaba en desorden. Los papeles de su mesa andaban siempre tan revueltos como su ropa y sus negocios (Samper 1885, xxiii).

Amigos cercanos, las palabras de Samper expresaron la personalidad conflictiva, la falta de solidez sobre ideas específicas, que no fueran las marcadas por la tradición, la religión y las costumbres, por las cuales entraba en pugna contra el que fuera. Señaló como características distintivas de Vergara: el ser paradójico, el poseer espíritu de partido, ánimo para la contradicción e instinto por la polémica, el tener ideas añejas, el culto por las viejas tradiciones, la tendencia a la sátira y a la burla, el desconocimiento general que poseía, el no ser razonable en la ideas ni en las creencias, el ser fanático tanto en religión como en política. Como fiel amigo, Samper informó la realidad e inmediatamente la suavizó diluyéndola para no ofrecer una visión completamente negativa del hombre que fue Vergara. A esto agregó una crítica sobre su manera de escribir y por la forma en que mimetizaba su escritura hasta llegar a no poseer un estilo propio.

La versión de Samper del hombre maduro que era Vergara al morir, hace pensar en lo que pudo haber sido tres lustros atrás, cuando apenas empezaba en las lides públicas del tormentoso medio siglo y a solo dos años de haber retornado de su estadía en Popayán; lugar en que había sido maestro en el colegio Seminario y había participado con fruición «del entusiasmo político que lanzó al partido conservador a la guerra en el año de 1851» (Martínez Silva 1958, 14); además, donde lo habían amenazado con «el perrero».[114] época en que su vida se cruzó con la de Eugenio Díaz Castro, quien le doblaba la edad y expresaba su ideología liberal y socialista tanto en su forma de vestir como en las ideas que plasmó en su novela.

A finales del siglo XIX, uno de los miembros de la Academia Española de la Lengua, Marcelino Menéndez Pelayo, emitió sus conceptos sobre la escritura y la labor de Vergara en la *Antología de poetas hispanoamericanos: Colombia, Ecuador, Perú, Bolivia*:

> [N]o fue grande escritor, pero sí escritor muy ameno y simpático. La bondad y la efusión de su carácter, su entusiasmo por la belleza moral, su fe viva y ardiente, su caridad inagotable, su patriotismo de buena ley, su gracejo natural é inofensivo, se reflejan fielmente en sus artículos de costumbres, novelitas é impresiones de viaje, y en todos sus escritos fugitivos, en prosa ó en verso, no muy correctos de lengua, pero muy sanos y muy españoles en el fondo. Era hombre de devociones literarias ardentísimas, y que perdía mucho de su propia originalidad por caminar demasiado servilmente detrás de las huellas de los maestros que sucesivamente adoptaba: primero Larra y Mesonero Romanos; después Fernán Caballero, Trueba y Enrique Conscience, y últimamente Selgas. Sus poesías adolecen de este mismo prurito de imitación exagerada, y ciertamente que el *Libro de los Cantares*, con todo su mérito relativo, que no negamos, no justificaba bastante el empeño con que Vergara se dió á glosarle y á repetir sus temas, muchas veces más vulgares que populares, y á veces ni vulgares siquiera, sino trivialmente sentimentales. La afectada llaneza de Trueba contagió á Vergara como á tantos otros, y es lástima, porque algunas poesías humorísticas suyas prueban que hubiera podido distinguirse en este género sin deber nada á nadie. Improvisó demasiado, y el periodismo devoró su ingenio, como el de tantos otros escritores de Colombia y de España (Menéndez Pelayo 1894, lxxix).

Este investigador afirmó de Vergara, lo mismo que él había hecho con Díaz Castro, que sus escritos eran: «no muy correctos de lengua»; pero además agregó que perdía «originalidad por caminar demasiado servilmente» detrás de los escritores que eran sus modelos y a los que admiraba (y

---

114 «Perrero llamaban en el Cauca el látigo con que los negros liberales, azuzados por los socialistas de casaca, azotaban a los blancos. Esas brutales vejaciones eran calificadas entonces por el jefe del partido radical de simples retozos democráticos» (Martínez Silva 1879, 374 // 1958, 14).

que imponía como norma). Hubiera sido un golpe mortal para Vergara, si él hubiera tenido idea de que un escritor de la talla de Menéndez Pelayo lo iba a juzgar en su obra total por uno de los aspectos con que él había desacreditado a Díaz Castro.

Carlos García Prada, Miembro de la Academia de la Lengua, recopiló de diversas partes y transmitió sobre Vergara en el *Boletín de la Academia*, como anticipación a la celebración del primer centenario de la fundación de la institución:

> Pertenecía a una antigua familia santafereña de origen andaluz. No concurrió a las aulas universitarias ni ocupó ningún cargo público (1971, 98).
>
> José María Vergara y Vergara es una de las figuras más simpáticas y meritorias de la literatura colombiana. No fue hombre de sólida y varia cultura, ni fuerte capacidad creadora, pero sí atrayente e interesante, por lo versátil y contradictorio. Era a la par laborioso y desordenado, candoroso y picaresco, sentimental y realista, católico y volteriano, triste y alegre, espontáneo y travieso como un niño poeta, y satírico como un adulto experimentado y desengañado un poco de la vida y de los hombres. Conservador y tradicionalista, por costumbre de familia, tenía sus ribetes de radical y subversivo, por espíritu de contradicción o de adaptación, según las circunstancias. Leía mucho, pero sólo obras literarias, y no científicas ni filosóficas. Era impresionable, tenía delicados sentimientos y viva imaginación, y asimilaba ideas y maneras con facilidad (García Prada 1971, 99).[115]

Como se observa, después de muerto Vergara y Vergara conocidos y críticos valuaron su labor y sus logros. Samper, su amigo cercano, reconocía sus carencias, aceptaba que era paradójico en su comportamiento y ambiguo en política, aunque se proclamara conservador; además, de que polemizaba por costumbre y criticaba por predisposición. Menéndez Pelayo juzgó su escritura encontrándola improvisada, con problemas en el manejo de la lengua y sin originalidad en el estilo. Lo que él criticó a otros, no lo poseía y tampoco lo adquirió jamás, no obstante la compañía y la amistad de los otros intelectuales con los que se rodeó hasta su muerte. Del mismo modo, uno de los miembros de la Academia repitió lo que Samper había dicho sobre la personalidad conflictiva, intolerante y paradójica que lo caracterizaba.

Aquí debe señalarse, que después de hacer una investigación en bibliotecas y archivos acerca de la vida de José María Vergara, existe una decidida desinformación organizada por sus amigos Borda y Martínez Silva, y continuada por sus familiares (Julio C. Vergara), en la que los miembros de la Academia de la Lengua o no intervienen o no se ponen de acuerdo. De este modo, no se encuentra una biografía seria y autorizada que informe sin exagerar,

---

115 Estas aseveraciones se publicaron primero en una publicación colectiva que se hizo en Washington (1959), y posteriormente fueron plasmadas en el *Boletín de la Academia* para conmemorar los cien años de su fundación.

acomodar, rellenar e inventar sobre su vida y la obra[116] de quien fuera el fundador de la Academia Colombiana de la Lengua.

2.6. Influencia de los Prólogos de Vergara en la crítica

Una persona puede tener la fuerza suasoria de influir a grupos y a generaciones si se halla bien posicionada dentro de la sociedad y convence de lo acertado de sus ideas, hasta el punto en que éstas se imponen y se establecen en la opinión pública; especialmente si no hay elementos para contradecirlas o ponerlas en duda.

Como ya se demostró, Vergara condicionó la recepción[117] de la novela de Díaz Castro con las estrategias retóricas que empleó y con los juicios que emitió sobre la falta de conocimientos generales que, según él, poseía el escritor, así como por no respetar las convenciones de la cultura y la tradición. Ideas que críticos e historiadores de la literatura repitieron, como se observa en las siguientes afirmaciones.

En 1879, Carlos Martínez Silva, amigo cercano de Vergara y Vergara y uno de los ideólogos del conservatismo colombiano, difundió la afirmación que se viene repitiendo hasta el presente en cada edición que se efectúa de la *Historia de la literatura en Nueva Granada*, parte de la cual ya se destacó anteriormente:

> Junto con los señores Carrasquilla y Marroquín corrigió Vergara la Manuela de don Eugenio Díaz, obra que estaba plagada de defectos. El lenguaje era por todo extremo incorrecto; el estilo vulgar y desaliñado; la narración estaba interrumpida a cada paso por disertaciones trivialísimas sobre política y moral; las descripciones de costumbres urbanas (que el autor no conocía) eran deplorables. Merced a los dilatados esfuerzos de Marroquín y Carrasquilla y sobre todo a los de Vergara, que refundió el capítulo La muerte de Rosa, y arregló el desenlace, conservando el estilo de don Eugenio, la obra vino a quedar bastante buena para que en ella brillara el raro ingenio del autor, sin que descubriese mucho su falta de letras y de gusto (Martínez Silva, 1879: 386 // 1958, 26-27).[118]

---

116 En 1931 se publicó una colección de 5 libros de sus escritos bajo el título: *Obras escogidas de don José María Vergara y Vergara* que se dividió en t. I. Cuadros de costumbres. t. II. Artículos literarios. t. III. Biografías, con notas aclaratorias de Guillermo Hernández de Alba. t. IV-V. Historia de la literatura en Nueva Granada, desde la conquista hasta la independencia (1538-1820).

117 Elisa Mujica ya había hecho una breve reseña de esta situación de la crítica (véase: Mujica 1985, 15, 19).

118 Junto a este juicio aniquilador, Martínez Silva ofreció otros, con el mismo color, sobre los redactores de *El Mosaico*: «Mucho de lo que se publicó en los primeros números, se escribió sobre las cajas de la misma imprenta, y pronto empezó a gravitar todo el peso

Este comentario fue calificado por Elisa Mujica como: «juicios muy descomedidos y pugnaces» (1985, 15). El desprestigio que conllevan las palabras de Martínez Silva es intencional; ya que en el siglo XIX, era normal que los escritores/editores corrigieran las obras de otros escritores –situación que continúa hasta el presente–. Eso sucedió con *María* de Jorge Isaacs en 1867. La primera edición de la obra fue revisada, primero en Cali por su hermano Alcides, maestro de gramática; luego en Bogotá por Ricardo Carrasquilla, José María Vergara y Vergara, Ricardo Silva y José Manuel Marroquín (véase: Rodríguez Morales, 1995); mientras que el texto de la segunda edición fue examinado y corregido por Miguel Antonio Caro (véase: Rodríguez-Arenas 2008, x). Este texto tuvo no sólo los mismos correctores que Martínez Silva mencionó para *Manuela*, sino otros más, anterior y posteriormente. No en vano se habla de la calidad de escritura que se explicita en el texto. Lo curioso es que nadie a lo largo de la historia (excepto cuando Caro lo ridiculizaba entre sus allegados, movido por la inquina producto del cambio ideológico que llevó a Isaacs a dejar el partido conservador) ha hecho hincapié en las correcciones, como sí ha sucedido a lo largo del tiempo con el texto de Díaz Castro.

En esta acerba crítica, Martínez Silva afirmó que muerto Díaz Castro, Vergara cambió la novela al modificar capítulos y variar la conclusión, pero conservando el estilo original; estilo y escritura que fueron las constantes detracciones que Vergara realizó en los dos Prólogos contra esa labor escritural. Verdad hubo en la declaración de Martínez Silva: los capítulos fueron modificados, como ya se probó; falacias, también, puesto que no es cierto que «El lenguaje era por todo extremo incorrecto; el estilo vulgar y desaliñado». Díaz Castro, poseía su propio estilo y éste era diferente al de Vergara;[119] los parlamentos de los personajes expresaban variedades diastráticas de nivel medio y bajo según las clases representadas, e incluso también diatópicas, propias de una comunidad geográfica determinada, porque en esa representación el autor seguía de cerca los dictados del Realismo. Lo que hizo Vergara, fue situarse dentro de la comunidad elitista, con su uso de la lengua en un nivel diastrático alto, para expresar sus juicios y desinformar sobre la labor que había efectuado el autor; porque además de rechazar los contenidos ideológicos y políticos que emitía, la representación en la que mostraba el habla de miembros de diferentes capas sociales no era lo castizo español. Desacreditó

---

de la redacción sobre los hombros de VERGARA. Don Eugenio Díaz no escribía artículos sueltos sino rarísimas veces; el señor Carrasquilla creía, como lo ha creído siempre, que no podía ni debía escribir sino letrillas; el señor Borda (don José Joaquín) no cultivó nunca el tono juguetón y maleante que debía predominar en *El Mosaico*; y el señor Marroquín, que tanto interés daba al periódico con sus preciosos artículos de costumbres, era y ha seguido siendo perezoso (Martínez Silva 1879, 376 //1958, 15-16). Dejando de lado a Díaz Castro, los otros escritores no eran como los caracterizó Martínez Silva. Fueron amigos leales y compañeros de empresas literarias hasta en la última publicación que Vergara emprendió: *Revista de Bogotá* (1871-1872).

119 Léanse *Viene por mí y carga con Usted* de Bernal Orjuela y *El Mudo* de Eladio Vergara y Vergara para observar que el estilo de escritura de Díaz Castro no era tan diferente. Especialmente la del hermano de Vergara, que sigue muy de cerca su modelo narrativo: *Los Misterios de París* de Eugène Sue y los dictados de la escuela realista.

a Díaz Castro por el manejo del lenguaje; mientras que años después, Menéndez Pelayo juzgó al crítico, con mayor razón y conocimiento, por la misma causa.

Es probable que Martínez Silva haya conocido las verdaderas razones de los juicios de Vergara; ellos eran amigos y compartían la misma ideología política; tal vez por eso, sus palabras estaban teñidas de acritud y de desprecio. Ya se sabe bien la manera en que circulan las informaciones que se convierten en rumores, como también la forma en que se va matizando el mensaje original cuando circula a través de los interlocutores; especialmente cuando sirve de escape a las tensiones emocionales, y termina por explicitar simplemente los prejuicios y las características de sus emisores.

Un aspecto de lo que señaló Martínez Silva con tanta acrimonia debe destacarse: «la narración estaba interrumpida a cada paso por disertaciones trivialísimas sobre política y moral». Esta referencia habla de las evidentes manifestaciones de crítica socialista que se hallaban en el texto original de Díaz Castro, comentario que además de enunciar la censura incuestionable por la ideología expresada, muestra también la incapacidad de comprensión de los modelos narrativos provenientes de la ficción de Eugène Sue, Balzac y Dumas (padre) como expresión del movimiento Realista de mediados del siglo, cuyos referentes y parámetros siguió el autor en *Manuela* para representar tanto una sociedad en transformación como para buscar la justicia social y con ella el cambio de las situaciones representadas.

En 1882 tres años después de Martínez Silva, Isidoro Laverde Amaya, quien realizó una seria labor de recopilación y preservación de datos importantes para la historia de la literatura colombiana, transmitió como una realidad efectiva la falta de dotes de Díaz Castro: «Lo cierto es que si otros sobrepujan al autor de *Manuela* en pulcritud de estilo,...» (1882, 30). La aserción sobre las carencias escriturales de Díaz Castro pasó ya efectivamente a la literatura colombiana como ley que no admitía refutación, debido al peso crítico que se le otorgó a las palabras del fundador de la Academia Colombiana de la Lengua; insuficiencias que muchos repitieron posteriormente.

Ocho años después, agregó: «Y téngase en cuenta que la cultura literaria del señor Díaz podía reducirse a la lectura de las novelas francesas que por entonces privaban en nuestra sociedad, y, por consecuencia, muy poco se le alcanzaba de las interioridades científicas ó siquiera de formas y de lenguaje del vasto campo de las letras» (Laverde Amaya 1890, 32-33). Aunque le concedió a Díaz Castro ser lector, inmediatamente emitió el juicio de valor sobre su insuficiencia de conocimiento y su precaria habilidad como escritor (no conocía de letras ni de literatura), repitiendo lo dicho por Vergara en sus textos.

En 1889, se publicó en París en dos tomos la edición de la novela de Díaz Castro, para la cual Salvador Camacho Roldán (1827-1900) escribió el prólogo. Ahora nuevamente se le modificó el título a la novela (como ya se señaló): *Manuela. Novela de costumbres colombianas*. Decisión arbitraria y catastrófica que sumió la novela dentro del costumbrismo, alejándola de las intenciones originales de su autor.

En su escrito, Camacho Roldán transmitió sus pensamientos sobre Díaz Castro y su texto:

> (...) Manuela. Estrictamente realista, no se distingue por las galas del estilo ni tal vez por la pureza del lenguaje ni menos por las creaciones de la fantasía: (...). / No es un cuadro que pueda llamarse nacional en toda la acepción de la palabra, porque un país como el nuestro de grande extensión, aspectos físicos, climas, producciones y razas diversas, tiene que presentar grupos de población de gran diversidad de rasgos y costumbres (1889, I: iv).
>
> Algo de esta lucha de las ideas de ese tiempo se encuentra también en las frecuentes alusiones de la *Manuela* cuyo autor, afiliado en el campo conservador, nos presenta en el cura y uno de los propietarios rurales más respetables, los representantes del bando conservador; en don Demóstenes una caricatura simpática en lo general, –pero injustamente ridícula en algunas de sus manifestaciones– del partido Gólgota, y una figura repugnante y odiosa del liberal antiguo, en el tinterillo don Tadeo (Camacho Roldán 1889, I: xiv-xv).

En ese ensayo, Salvador Camacho Roldán, intelectual considerado el iniciador de los estudios sociológicos en Colombia, criticó la novela de Díaz Castro, reclamándole al autor aspectos que éste jamás le atribuyó; además, calificó *Manuela* como «novela costumbrista»,[120] así como también afirmó que lo relatado eran «costumbres colombianas». Éste es uno de los problemas que la historiografía y la crítica colombianas ha repetido desde entonces, por inercia y copia; ya que Díaz Castro jamás siguió el costumbrismo como modelo narrativo, ni se interesó en los dictados de la escuela literaria proveniente de España.

Camacho Roldán no sólo refrendó la falta de aptitudes literarias del autor, sino que efectuó una crítica enfática a lo que posiblemente él mismo contribuyó a forjar para la posteridad: «No es un cuadro que pueda llamarse nacional». ¿Por qué hacer esta objeción? El mundo novelístico nunca intentó generalizar la totalidad del país, el autor la tituló: *Manuela*. Novela bogotana y dentro de la historia especificó claramente que su referente se circunscribía al área de la Provincia de Bogotá y al de «La Parroquia»: «En las caidas de la gran sabána de Bogotá se encuentran algunos caseríos con los nombres de ciudades, villas o distritos, de los cuales uno, que ha conservado entre sus habitantes el grato nombre de parroquia, es el teatro de esta narracion» (Díaz, 22 de enero de 1859, 39).

---

120 Sobre este aspecto, véanse más adelante los modelos narrativos de Díaz Castro para *Manuela*.

Del mismo modo, Camacho Roldán reprodujo la adscripción que hizo Vergara de que Díaz Castro era conservador, por tanto atacaba a gólgotas y liberales por ser opuestos a su ideología política; mientras que el cura y un hacendado, los conservadores, eran la representación de lo bueno. Como ya se demostró, todos critican al escritor por lo que hizo Vergara con la novela al imponer su ideología política en la corrección, mutilando la obra. Con Camacho Roldán, la crítica intensificó los reclamos sobre las fallas y las afirmaciones tanto sobre el autor como sobre el contenido de la obra. No obstante, este autor fue incapaz de observar cada uno de los aspectos de crítica sociológica que Díaz Castro había efectuado en su texto sobre la situación de diversas capas de la población, pero especialmente sobre la realidad de las mujeres en la sociedad.

Roberto Cortázar, en 1908, escribió una tesis de grado con el título «La novela en Colombia» para el doctorado en Filosofía y Letras en el Colegio Mayor de Nuestra Señora del Rosario, establecimiento donde después permaneció 18 años como profesor. La tesis circuló como libro de historia de la literatura y volvió a reeditarse en 2003. En ella, efectuó los siguientes comentarios sobre Díaz Castro:

> No es un cuadro de costumbres que pueda llamarse nacional y entre los habitantes de la República se encuentran peculiaridades de clima, raza, educación, etc., que marcan perfectamente el límite que existe entre los moradores de las distintas secciones del país. Se descubre fácilmente que el propósito del autor fue pintar fielmente la vida íntima de una región de las orillas ardientes del Bogotá, del Tequendama abajo, inventando una trama sutil que se desvanece poco á poco hasta obtener la primacía los cuadros de costumbres propiamente dichos, en que la heroína de la novela representa un papel secundario. Hay capítulos netamente tomados del natural como, por ejemplo, los de San Juan, Ambalema y otros en que el autor no hizo sino narrar sencillamente las cosas que tenía ante la vista. Podrían esos capítulos entresacarse de la obra, la cual nada perdería con ello.
>
> (...)
>
> Para tales alusiones de partido, el autor pone en boca de sus personajes puramente novelescos –Manuela, Rosa, etc.,– frases políticas, elevados conceptos que poco se avienen con el modo de ser de esa gente acostumbrada á la vida del trapiche que no piensa más sino en Dios y en el pan cuotidiano sin que nada les importen las cosas de la política; y aun cuando el autor en alguna parte de su libro dice sobre el particular que no debe extrañarse semejante lenguaje en boca de sus personajes por estar ellos al tanto de lo que pasaba, siempre es verdad que aquella manera de hablar nos parece no estar

en todo conforme con la realidad que D. Eugenio Díaz ha querido pintar en la novela.

Semejantes deslices bien pueden excusarse en un escritor de costumbres que apenas nos dejó una obra digna de consideración, la cual hubiera podido dar margen á otras de más alto aliento, de mayor precisión en la traza de los personajes, de mejor colorido en la pintura de algunos cuadros, pues el autor de *Manuela* puede ser tenido como realista instintivo, porque el género que á tanta altura llegó en España con Fernán Caballero, Pereda, Alarcón y otros, aún no había empezado á desarrollarse perfectamente, al tiempo que en este jirón de los Andes veía la luz pública la novela del Sr. Díaz; quien tal vez habiendo tenido á la vista las obras de los grandes maestros y empapádose en ella, hubiera adquirido más extensa fama, ya que la naturaleza le dotó de excelentes cualidades. Hombre de mucho ingenio, la literatura colombiana le debe á más de la novela que estamos examinando, varios cuadros de costumbres y sus primeras novelitas llenas de mucha gracia, entre las cuales se citan El rejo de enlazar, Los aguinaldos en Chapinero, Bruna la carbonera y otras.

Habiendo comenzado á escribir en la madurez de su vida, logró escasamente dejar una muestra que lo acredita como escritor del natural de bastante significación; además, la falta de una buena educación literaria que encauzara sus facultades, es causa de sus imperfecciones, lo cual demuestra una vez más que el talento sin la ilustración necesaria no llega nunca á producir fruto en perfecta sazón (Cortázar 1908, 7-10).

Estudiante en las clases de Antonio Gómez Restrepo, quien además de profesor de literatura, fue su director de tesis, Roberto Cortázar hizo varias objeciones a la novela, basándose ciegamente en lo transmitido por la crítica anterior y repitiéndolas palabra por palabra: «No es un cuadro de costumbres que pueda llamarse nacional», a pesar de señalar inmediatamente «Se descubre fácilmente que el propósito del autor fue pintar fielmente la vida íntima de una región de las orillas ardientes del Bogotá, del Tequendama abajo». Díaz Castro explicitó este hecho a través de la voz narrativa; Cortázar leyó la novela, sabía claramente que ése había sido el propósito de la creación del mundo narrativo, pero aún así reiteró lo dicho por Camacho Roldán. ¿Cómo explicar esta posición?

Al seguir lo dictaminado por Vergara y canonizado por Camacho Roldán, también vio cuadros de costumbres en la narración, que según él diluyeron la trama hasta llevarla a la fragmentación, donde Manuela, personaje, pasó a ocupar un papel secundario. Para este crítico, el hilo narrativo que es la fiesta de San Juan, que une y explica muchos de los episodios y ofrece un gran aporte psicológico para la comprensión del personaje de Manuela y su huida a Ambalema y los sucesos que allí suceden (incidentes que conforman uno de los núcleos centrales de la crítica social de la novela): «Podrían esos capítulos entresacarse de la obra, la cual nada perdería con ello». Estos comentarios y posturas del crítico revelan tanto la incomprensión del tipo de novela que es *Manuela*, como el peso que la voz del pasado (Vergara, Camacho Roldán, Gómez Restrepo) posee indiscriminadamente en la crítica de la literatura y en la historiografía colombianas.

Guiado por la posición crítica del pasado, Cortázar fue incapaz de ver las características de la novela; puesto que sus temas, la estructura, la abierta crítica social y las denuncias no deberían existir en una obra costumbrista que debía dedicarse a plasmar «tipos». Pero sí objetó la representación de personajes de los estratos bajos de la sociedad como críticos de su entorno, ya que: «poco se avienen con el modo de ser de esa gente acostumbrada á la vida del trapiche que no piensa más sino en Dios y en el pan cuotidiano sin que nada les importen las cosas de la política». Con estos juicios, Cortázar demostró desconocer el momento histórico en que vivía Díaz Castro cuando escribió la novela y la politización de la población de la Nueva Granada.

Del mismo modo, Cortázar también demeritó la producción escritural del autor: «apenas nos dejó una obra digna de consideración», para concluir su juicio: «además, la falta de una buena educación literaria que encauzara sus facultades, es causa de sus imperfecciones, lo cual demuestra una vez más que el talento sin la ilustración necesaria no llega nunca á producir fruto en perfecta sazón»; palabras con las que continuaba los juicios negativos de Vergara había iniciado.

Antonio Gómez Restrepo (1869-1947) fue autodidacta. Fuera del Establecimiento de Enseñanza Objetiva, colegio de educación primaria de Ruperto Segundo Gómez, su progenitor y educador de trayectoria, «no ingresa a ninguna otra institución académica, ya sea de orden secundario o universitario. (...) Su carencia de academia no es inconveniente para que el poeta y posterior presidente, don Manuel Marroquín, director del Colegio Mayor de Nuestra Señora del Rosario, lo invite a dictar una cátedra de literatura» (Miranda 2006) y de que en 1931, El Colegio del Rosario le otorgue el doctorado Honoris Causa de la Facultad de Filosofía y Letras.

Entre diversos cargos que obtuvo, Gómez Restrepo fue secretario del Presidente Carlos Holguín entre 1888 y 1892, Secretario de la Legión de Colombia en Madrid de 1892 a 1896; fue electo Miembro correspondiente de la Academia Española de la Lengua, también fue Miembro de Número de la Academia Colombiana de Historia y de la Academia Colombiana de la Lengua. Ocupó la cátedra de literatura en el Colegio de Nuestra Señora del Rosario desde 1891; en 1924 fue nombrado decano de la Facultad de Filosofía y Letras de la misma institución. En 1918, escribió sobre Díaz Castro en una sección del estudio sobre literatura colombiana publicado en *Revue Hispanique*:[121]

> Ofrece éste una curiosa fisonomía literaria. (...) Vino a hacer estudios en Bogotá pero hubo de suspenderlos, por un accidente imprevisto que minó su salud. Adquirió, pues, Díaz, una mediana instrucción; mas no llegó a poseer una verdadera educación literaria. Debió más a su ingenio nativo que a sus conocimientos y escribió en medio de ocupaciones rústicas, por inclinación imperiosa de su talento perspicaz y observador, pero sin la menor pretensión de obtener fama como literato. Presentóse a Vergara un día en traje de campesino y le llevó sus manuscritos, con la sencillez de un aldeano que ofrece al señor los frutos de su heredad. (...)
> La fama no alteró las patriarcales costumbres de Díaz, quien alternaba con los literatos de *El Mosaico* en su mismo traje de *orejón* sabanero. (...) Acerca de *Manuela* y demás producciones de d. Eugenio debe tenerse en cuenta que (...) son productos espontáneos de ingenios sanos y vigorosos, que le debieron más a la naturaleza que al arte. El enredo novelesco es muy escaso en *Manuela* y *El rejo de enlazar*, y casi nulo en *Los aguinaldos en Chapinero*. Más que novelas, son series de cuadros escritos sin pretensiones efectistas, pero con paciente estudio de la realidad. Díaz pinta lo que ha visto con sus propios ojos, lo que ha observado por sí mismo, los tipos y panoramas en cuya intimidad ha pasado largos años. Y esa observación es exacta, y esa pintura es animada y vivida, y en esas páginas queda un cuadro revelador de un estado social que fluctúa entre la civilización y la barbarie, entre la vida primitiva y la modificada; mas para el mal que para el bien, por confusos impulsos de renovación, por convulsivas influencias revolucionarias. (...)
> El estilo de Díaz es descuidado e incorrecto, pero expresivo y pintoresco, y tiene rasgos que revelan hasta que altura hubiera podido elevarse don Eugenio con una más completa educación de su talento. (...)
> Comparada la *Manuela* con *María*, salta a la vista la diferencia entre la índole literaria de los dos novelistas. Isaacs es un sensitivo, que infunde en los objetos exteriores las emociones íntimas de su alma y tiñe la naturaleza con el colorido de su sentimiento. Díaz es un artista objetivo, nada sentimental, que narra con cierta impasibilidad los más dolorosos casos y que observa la naturaleza, sin querer difundirse en ella ni hacerla participe de sus impresiones (Gómez Restrepo 1918, 145-148).

---

[121] Gómez Restrepo no le dedicó ni una línea a Díaz Castro en los volúmenes III y IV que abarcan el estudio del siglo XIX en su *Historia de la literatura colombiana* (véase: Gómez Restrepo 1957).

Gómez Restrepo fue apoyado desde adolescente por los amigos de su padre, entre los que se contaban: Ricardo Carrasquilla, Carlos Martínez Silva, Miguel Antonio Caro, Rufino José Cuervo, José Manuel Marroquín y otros reconocidos conservadores, quienes le publicaron sus primeras obras, le ofrecieron sus primeros puestos, sus primeras comisiones; para ellos, el que él no tuviera un título universitario no fue un problema para auspiciarlo. Apoyado por ellos y por su trabajo personal, Gómez Restrepo se estableció como intelectual dentro de la cultura colombiana.

No obstante sus circunstancias personales, o tal vez por ellas mismas, al transmitir para la posteridad sus estudios sobre literatura colombiana, lo que los conservadores Vergara, Martínez Silva y otros habían emitido sobre Díaz Castro, no lo puso en duda. Palabras más, palabras menos, lo que escribió, era lo que había dicho Vergara en 1858. Aceptó las falacias sin cuestionar, las entronizó y se convirtió en vocero de ellas, difundiéndolas. Para él, también la supuesta falta de educación de Díaz Castro era lo que no había dejado avanzar su talento (ideas que había transmitido en sus clases, de las que Cortázar hizo eco). No había tenido medios, entonces no había estudiado; por tanto, no había aprendido, ni se había cultivado; no había recibido una base educativa para poder construir sobre ella; había vivido y muerto en la pobreza, así que ni siquiera había tenido la oportunidad de ser autodidacta como él. Díaz Castro, según él, fue un hombre sin oportunidades; además, fue un zafio «orejón sabanero»,[122] que: «Presentóse a Vergara un día en traje de campesino y le llevó sus manuscritos, con la sencillez de un aldeano que ofrece al señor los frutos de su heredad». Con estos enunciados Gómez Restrepo y desde una óptica elevada, señaló clase y posición social, juzgando a Vergara superior y a Díaz Castro inferior; pero al mismo tiempo, mostró el desconocimiento de la época y de la diferencia de edad entre los implicados, como de las circunstancias sociales del momento. Sobre estos juicios, Enrique Santos Molano afirmó: «El influjo que ejerció Gómez Restrepo como crítico muy acatado, ha hecho prevalecer la noción de pobreza en el estilo de Díaz» (Santos Molano 1965, 3).

Del mismo modo, Gómez Restrepo explicitó públicamente la comparación que se ha hecho entre la novela de Díaz Castro y la de Jorge Isaacs (alabando a éste por la carga emotiva del relato y expresando frialdad de censura con el primero por la imparcialidad de la voz narrativa; intención que llevaba a demeritar más la obra). Este crítico, como conocedor de literatura en el momento, debió haber concluido que por las características intrínsecas, los modelos literarios en que se basaron y las escuelas literarias a las que se adscribieron los dos autores para estructurar sus obras (realismo, el primero; romanticismo, el segundo) habían sido diferentes. Mientras Isaacs regresó décadas atrás mentalmente, hacia los románticos franceses de finales del siglo XVIII y comienzos del XIX: Bernardin de Saint-Pierre y François René de

---

[122] Concepto definido por Rafael Uribe Uribe en 1887 como: «Orejón: sabanero bogotano; persona zafia y tosca» (2006, 274). Mientras que Renán Silva lo definió como: «Orejón: Sabanero de Bogotá y por extensión persona zafia, tosca, rústica. A finales del siglo XVIII y durante el siglo XIX palabra con que se distinguía a cierto tipo de propietario rural de los alrededores de Bogotá, sin perder la connotación cultural» (Silva 1994, 144).

Chateaubriand, Díaz Castro estaba indiscutiblemente al día, al emplear como modelos a los realistas franceses que eran sus contemporáneos: Eugène Sue, Balzac, Dumas (padre), entre otros. Igualmente, Gómez Restrepo expresó rechazo al emplear el artículo con el nombre para *Manuela*, pero no para María («la *Manuela* con *María*») con lo cual recurrió al decremento del estatus del referente para la obra de Díaz Castro.

Ahora, Daniel Samper Ortega (1895-1943), director de la Biblioteca Nacional de Colombia de 1931 a 1938 y editor de 100 volúmenes publicados como la "Selección Samper Ortega de Literatura Colombiana", divulgó la siguiente aseveración, en el libro N° 23 de esa colección que también se conoce como La Biblioteca Aldeana de Colombia:

> [N]uestro costumbrista había vivido cincuenta años sin la menor intención de aventurarse por los vericuetos de la gramática, los que apenas había entrevisto durante su breve estancia en el Colegio de San Bartolomé (...). Por fortuna para él y para el costumbrismo colombiano, don Eugenio tropezó con José María Vergara y Vergara espíritu generoso que sabía como pocos estimular los ajenos talentos. Vergara leyó los incorrectos borradores de «Manuela», hizo cuanto pudo para restarles rustiquez y desmaña y echó a los vericuetos de la publicidad el nombre del original y novel escritor (Samper Ortega 1936, Vol. 23: 5).

Además de reproducir los juicios de Vergara, Samper Ortega precisó que la incultura que era característica de Díaz Castro, se debía a que no sabía gramática porque no había tenido tiempo para estudiarla a causa de su breve paso por las aulas de clase. De ahí que *Manuela* se conociera, gracias a que el magnánimo Vergara le hizo al inculto Díaz grandes favores, porque valoró, leyó, quitó, pulió, difundió, impulsó la obra, animó al hombre, lo sacó del anonimato. Vergara era el gran mecenas.

De este modo, en palabras de Samper Ortega, no es en la habilidad e inteligencia de Díaz Castro y en la labor que realizó en la novela en donde se ve el discernimiento, la inventiva y el genio, tampoco en la idea que tuvo de fundar el periódico literario que luego se conoció como *El Mosaico*, ni en la búsqueda que emprendió para hacerlo al hablar con uno y otro; como tampoco al ofrecer su novela para fundamentar la publicación, en cuyos números, durante la vida del escritor, no se le dio crédito como fundador. Nada de eso tenía valor, lo que poseía mérito era el generoso desprendimiento de Vergara.

En estas afirmaciones se expresa la complejidad de las concepciones sociales que han entrado en juego y que se han solidificado alrededor de las operaciones retóricas que efectuó Vergara en los Prólogos de *Manuela*. Ya el siglo XX, existe la certeza entre los críticos acerca del desconocimiento que poseía Díaz Castro y de su incapacidad como escritor.

Estas versiones se perpetúan y se aumentan al transcribirlas, como se observa en el texto que el historiador Germán Colmenares escribió en 1988:

> Vergara, como muchos críticos después de él, insistía en la exactitud verista del escritor. Este rango parecía quedar confirmado por la vestimenta misma de Díaz y por una supuesta falta de educación que debía haberse suplido con «los libros que había leído en la naturaleza». Nada de esto podría inducirnos hoy a pensar favorablemente sobre las cualidades literarias de una novela. Pero parecía ser suficiente para alimentar una imaginería del siglo XIX sobre los milagros del oficio literario. *El libro que Díaz le traía al señor Vergara* se presentaba como el testimonio de primera mano de un mundo extraño y remoto para este último, una especie de emancipación directa de lo que don José María admitía graciosamente como «nuestras costumbres populares». Con los detalles del relato de su encuentro con Eugenio Díaz, Vergara y Vergara certificaba la autenticidad del novelista y una competencia indiscutible sobre las materias que trataba (1988, 250) [Itálicas agregadas].

Estas sesgadas aseveraciones sobre la escritura, el estilo y la composición de Díaz Castro llaman poderosamente la atención, cuando las efectúa un investigador como Colmenares.[123] Obsérvese la manera en que en el fragmento, el historiador se refiere a los involucrados, jerarquizando a los dos hombres: «*El libro que Díaz le traía al señor Vergara*», disminuyendo al primero al mencionarlo sólo con el apellido; mientras que dignificaba y elevaba al segundo al otorgarle el título antes del apellido. En este juicio se observan la influencia directa de Gómez Restrepo y la de Camacho Roldán. No obstante, esta aserción hecha a finales del siglo XX señala sin ningún tipo de duda el poder suasorio irrebatible de los enunciados de la crítica anterior.

Una de las voces disonantes en esta lista de repeticiones y aceptaciones sin raciocinio de los críticos es la de Baldomero Sanín Cano (1861-1957).

> Se ha insistido mucho de parte de la crítica en lamentar sin hacerlas visibles, las incorrecciones de estilo en la obra de don Eugenio. Aún se ha dicho que sin la lima de Vergara y Vergara *La Manuela* habría perdido mucho de sus innegables cualidades. Grande fue la munificencia del más admirado de los pocos Mecenas de nuestra literatura, pero no es creíble que su virtud reformadora pudiese llegar a hacer de un mal zurcido manuscrito una verdadera obra de arte.

---

123 Colmenares escribió una fuerte crítica a Díaz Castro en la sección: "La visión complaciente de Eugenio Díaz" dentro del capítulo: «Las fuentes del conservatismo» en el libro: *Partidos políticos y clases sociales* (1968: 104-110), su primera obra histórica; que surgió como tesis en 1962 y publicó en capítulos en 1965 y 1966 en el *Boletín Cultural y Bibliográfico*; libro que sigue reeditándose. Sobre este texto, Safford escribió: «Su primer gran trabajo, un análisis social imaginativo de la política Colombia de mediados del siglo XIX, apareció primero redactado como una tesis para su grado de leyes en el Colegio del Rosario de Bogotá cuando tenía únicamente veintidós años. Lo retrabajó en 1963 en Francia con una beca del gobierno francés. Posteriormente apareció como *Partidos políticos y clases sociales* (1968)» (Safford 1991, 865).

Además si se compara la destreza y corrección de Díaz en el uso del lenguaje con las formas literarias de sus contemporáneos, las diferencias no son rechinantes y, sobre todo, no están siempre en contra de Díaz (Sanín Cano 1977, 418).

Sanín Cano rechazó la aceptación de los críticos sobre las pretendidas imperfecciones de la escritura de Díaz Castro; y, a la vez, puso en duda lo que se venía difundiendo acerca de la habilidad de Vergara de convertir un «mal zurcido manuscrito» en una obra literaria, como lo era *Manuela*.

Como dije no hace mucho:

> Desde el momento en que entró en la escena letrada en la Nueva Granada en 1858, Eugenio Díaz Castro comenzó a sufrir rechazos, incomprensiones, malas percepciones dentro del cerrado mundo intelectual santafereño; situación que muy pronto se difundió y llevó su obra a un lugar secundario dentro de las letras de Colombia. Década tras década, críticos e historiadores de la literatura han leído y han repetido información sobre las faltas y carencias que poseía el autor, lo cual ha trasmitido a las generaciones de lectores, la idea de que su obra es defectuosa. Estas circunstancias han producido consecuencias de diferente índole en la literatura colombiana. Por un lado, se promovió una negación del valor de la escritura de Díaz Castro; pero más grave aún, con ello se guio la literatura por un sendero estético que convenía a determinadas ideologías y se produjo un momento fundamental en la política de silencio, eliminación y tachadura en la historia de la literatura colombiana (Rodríguez-Arenas 2011b, 13).

Al seguir los juicios con los que los críticos reseñados historiaron la labor de Díaz Castro, se destaca una visión clasista, controlada por ideologías políticas. Valoración que tuvo origen en una serie de dictámenes sesgados y movidos por circunstancias partidistas, que se siguieron repitiendo porque convenía a algunos, pero había convencido a otros. No obstante, con el paso del tiempo, los juicios se estatificaron mostrando la manera en que la crítica de la literatura colombiana del siglo XIX, salvo contadas excepciones, se caracteriza por la repetición y por la falta de investigación.

3. La literatura en la Nueva Granada

En la década del cuarenta del siglo XIX, se promovieron cambios sociales y políticos que fueron producto de transformaciones graduales de organización que se habían gestado en los años anteriores en la Nueva Granada.[124] Esas trasformaciones incidieron en la vida sociocultural del territorio, permitiendo que se produjera una escisión en determinados aspectos que repercutieron en las conductas, modificaron los imaginarios sociales[125] y encausaron los hechos que ocurrieron durante esos años.

En 1846, Próspero Pereira Gamba,[126] bajo el seudónimo de Fray Junípero Tafur, hizo un recuento de la situación de las letras en la Nueva Granada en *El Albor Literario. Periódico científico, literario i noticioso*,[127] órgano de la Sociedad Literaria fundada por un grupo de estudiantes. En el ensayo, como vocero de los jóvenes estudiantes y futuros intelectuales, explicitó los problemas que observaba en los ámbitos culturales y educativos, los cuales eran resultado de actitudes psicológicas y sociales que repercutían y afectaban condicionando la literatura:

> Poco mas ó poco menos, han continuado las cosas de la misma manera con la pequeñísima diferencia de haberse difundido el gusto por la literatura entre la juventud estudiosa, una migaja mas. Hé aquí lo que sucede entre nosotros: la sociedad (no hablo de la vuestra sino de la popular) se halla dividida en secciones (...).
> Constituyen la primera los mandatarios ó gobernantes de *alto co-*

---

124 Desde la década del veinte de ese siglo se comenzó a impulsar la navegación por el río Magdalena, al tiempo que se desarrollaba la construcción o el mejoramiento de vías de comunicación; se emprendió la gestión de reestructuración y reorganización de las finanzas públicas, la inmigración recibió un fuerte impulso, se implementaron diversos cambios en la educación, con lo cual la creación de asociaciones aumentó, etc.

125 «Los imaginarios sociales serían precisamente aquellas representaciones colectivas que rigen los sistemas de identificación e integración social y que hacen visible la invisibilidad social» (Pintos 1995, 108). «Tiene que ver con la 'visiones de mundo', con los metarrelatos, con las mitologías y las cosmologías, pero no se configura como arquetipo fundante, sino como forma transitoria de expresión, como mecanismo indirecto de reproducción social, como sustancia cultural histórica» (Pintos 1995, 111). «Lo que aquí más nos interesa es su incidencia en el presente como forma de configurar, de modos y a niveles diversos, lo social como realidad para los hombres y mujeres concretos. Por ello no se constituye como campo específico de conocimiento objetivo o de proyecciones o deseos subjetivos, sino que establece una matriz de conexiones entre diferentes elementos de la experiencia de los individuos y las redes de ideas, imágenes, sentimientos, carencias y proyectos que están disponibles en un ámbito cultural determinado» (Pintos 1995, 112).

126 Próspero Pereira Gamba (Bogotá 1825-Fusagasugá 1896). Doctor en jurisprudencia del Colegio del Rosario; escritor y diplomático (empleó los seudónimos El Marquetano, Lúpulo, P. P. G., Frai Junípero Tafur). Fue hijo de Francisco Pereira, nacido en Cartago en 1789, y de María de la Paz Gamba. Contrajo matrimonio en Italia con la condesa Cecilia Eboli. Publicó: *Don Anjel Lei, Amores de estudiantes, Aḳimen-Zaque* o *La conquista de Tunja*; poema épico en doce cantos, diversos ensayos, artículos científicos y un libro de poesía (véase: Rodríguez-Arenas 2006, II [M-Z]: 140-144).

127 Ver el estudio de este periódico literario en Rodríguez-Arenas (2007, 94-114).

turno —estos no se ocupan en niñerias sino en cuestiones de *alta política*, (que maldito lo que entiendan) i en intrigas democráticas i estrategias republicanas, faltándoles por consiguiente el tiempo para poner sus ojos encandilados en un periódico literario. (...)
Forman la segunda seccion los empleados de cualquier ramo ó ajentes de la administracion; de estos, unos que son aspirantes no piensan sino en sus planes, y como las *bellas letras* no se los suministran, no tienen necesidad de ellas: y otros, aun cuando son aficionados, diz que no les alcanza el sueldo para suscripciones, ni la consagracion al trabajo les deja lugarcito para esto.
Entre la escala descendente ó los que van para abajo nos encontramos primero con los viejos, que van como si dijéramos por la posta... La lei de su gravedad no les permite detenerse en la literatura que es un centro tan poco denso como su crisma.
Siguen despues los sabios que debieran estar antes, y no se estrañe que los coloquemos aqui si se atiende á que entre nosotros ni los hai, ni aunque los hubiera estarian en un paraje elevado, sea por lo alternativo del sistema ó porque tales plantas son ecsóticas en un territorio tan sabido.
La cuarta seccion parece que la forman los *terceros* y mojigatos, y como las *bellas letras* no son el *Mes de Maria ó el rosario de los vivientes* (como ellos dicen) de nada les aprovechan para la salvacion de sus almas.
La quinta seccion es compuesta de los republicahos antiguos que de puro liberales carecen de sustento y de vestido; pero en medio de su miseria saborean aun las dulzuras de una independencia absoluta (...). Para estos todo es política, chispas y noticias y la literatura es un absurdo. Estos son los que toman un periódico noticioso, lo ecsaminan con escrupulosa atencion y despues sostienen con enerjia que, Rosas es mejicano y Santa-Ana del Perú; item mas que Mejico queda en la América meridional cerca de la península de Colombia. Estos tales sacrifican su haber para comprar un periódico de política ó si no pegan la gorra (que es lo mas general); pero háblenles UU de versos, artículos de costumbres ó cosa parecida...
Coloquemos en la sesta seccion los comerciantes: estos no se suscriben mas que á las mercancías (...) y las bellas letras les son conocidas por el forro. Me esplicare. En el dia la amena literatura esta consignada en los periódicos y los comerciantes cuando ven uno de estos, se comen la corteza y desprecian lo sustancial; es decir, devoran el forro donde estan los precios corrientes, las entradas y salidas y las listas de las casas de comercio, y arrojan el contenido donde esta la materia.
De militares no hablemos porque son la escepcion de la sociedad.

—*De jente non santa liberanos Domine*.
Del clero nada casi habrá que decir: la consagracion absoluta al cumplimiento de su ministerio, no les permite recrearse en el mundo, en sus pompas y vanidades.

Réstannos solo tres secciones, á saber, las mujeres en general y las beatas en particular; (los artesanos que ahora llaman artistas) y el populacho o guacherna, comprendidos en el nombre jenérico de plebe, y los jóvenes bien sean estudiantes, empleados ó profesores. El bello secso (...), la mas bella de todas las mitades, sí es un tanto afecta á ciertas composiciones literarias, como novelitas y cuentecitos, romancitos y leyendas, y sobre todo á los versos... ya se vé, ellas son mas sensibles que los hombres *secundum opinionibus ille*, y por consiguiente tienen el gusto más delicado. Esta probabilidad se corrobora al presentarles una poesía pues al ver aquello de *ánjel de amor* (anjeles quoque *asendentes et descendientes*), *mas bella que la gloria, princesa del Eden y archiduquesa del Cielo*, se entusiasman y nada casi les falta para enloquecerse– porque creen de muy buena fe que ellas son querubines, que estando junto al trono de Dios bajáronse al mundo como por culebrilla para consolarnos en este valle de lagrimas. ¿Y que me dicen UU de las composiciones filosóficas? Eso se quedan para los machos, se dicen, que a nosotras las hembras no nos quedan sino nuestros hechizos para rendirlos: y tienen razon principalmente cuando esto lo aseguran las feas.

Ocupémonos rapidamente de las beatas, asi como ellas se ocupan rápidamente del mundo. Entre las innumerables conquistas de los padres de la compañia, cuéntase como la principal la de las mujeres de Bogota que parecian inconquistables, si consideramos sus tendencias al coquetismo en unas y la coquetería inveterada en otras; mas Dios ha querido ya que reducidas á la fe de sus mayores, no se ocupen de nosotros los hombres sino para torcernos los ojos. ¿Pensais quo tengan acojida las *bellas letras* en ellas? Os equivocais grandemente, pues cuando median escrúpulos y gazmoñerías, viene á ser pecado un *himno a la libertad ó la historia de dos amantes*; no es esto solo –se considera como un delito leer la biblia en la *edicion de la Vulgata* (única reconocida por los padres del Concilio de Trento) dándose par razon que carece de notas, como si la palabra de Dios tuviera necesidad de comentarios... En el dia, en que toda accion es un crimen á los ojos del fanatismo, nada se puede hacer (...).

La penúltima seccion –de este mi fastidioso catálogo–, es la que forman lo que los demócratas llaman *pueblo* y los aristócratas *plebe*. Acerca de esta materia, vosotros sabeis rnejor que yo, que *populus, populi* se declina por *dominus domini*, porque como dice mui bien mi eruditisimo padre frai Jerundio, el *pueblo* siempre va por donde camina el *señor*. (...).

Al ocuparme de los jóvenes de mi patria séame lícito espresar un sentimiento de gratitud; porque efectivamente son ellos la parte mas florida de la sociedad (sin ofender por esto al secso privilejiado) pues si no me equivoco asi lo demuestra su educacion y cultura, su conocido amor al estudio y su probada moralidad. En ellos se fundan las esperanzas de la patria, como suele decirse, (aunque a mi me parece que la patria esta desesperanzada). Tres clases abraza esta seccion: estudiantes, empleados y profesores. (...) Los *estudiantes nobles* y los jóvenes empleados sí son afectos a las *bellas letras*; sirva de prueba su decisión por la lectura de libros y periódicos de este jénero y su pasion por el teatro. Los profesores gustan algo de esta materia, siempre que no se oponga a los trámites judiciales si son letrados ó al uso espedito del escarpelo y la lanceta si son médicos (...). (Tafur 1846, 14-16).

Tratando de buscar sentido a la situación sociocultural que veía en la Nueva Granada, este joven (entonces contaba veintiún años de edad) destacó aspectos sociales de educación y de instrucción que marcaron su escrito con una diferencia obvia de pertenencia ideológica, que era socioeconómica. Él emergía de un sector reducidísimo y privilegiado de una generación que comenzó como grupo a valorar el saber y el conocimiento como una función socialmente necesaria; por tanto, percibía ilusorio cualquier cambio en el territorio, debido a la estructuración de las prácticas sociales tradicionales y a la rigidez de comportamiento existente.

En esa percepción intervenían el género y la edad; es decir, las circunstancias etarias establecían las especificaciones que se destacan en el escrito, con las que el autor diseñó una estructura diferenciada entre los otros (hombres y mujeres que no compartían circunstancias de edad, cultura, género, profesión) y nosotros (los miembros del grupo que poseían la experiencia histórica común de ser estudiantes y de estar tanto interesados en la literatura, como en producirla e impulsarla).

Específicas circunstancias históricas aportaban a este grupo de estudiantes una identidad generacional que condicionaba las actitudes de los miembros. El autor expuso una estratificación social que se basaba en juicios de edad y de circunstancias históricas comunes, con las que construyó un sistema de adjudicaciones de rechazos, desprecios, valoraciones y privilegios de acuerdo al rol que desempeñaba la edad de la mayoría de los miembros de su asociación en ese momento.

Así, la generalidad de la sociedad neogranadina se presenta en el escrito como completamente dedicada a las labores diarias dentro de las cuales no cabía la literatura. Los hombres de todas las edades, que no formaran parte de ese grupo de jóvenes, no tenían tiempo, no querían o no podían (por edad, dinero, entendimiento, carencia de preparación, falta de tiempo o interés) acceder a las bellas letras. Varias de esas personas leían únicamente lo que les era necesario y para su conveniencia. Mientras que el resto no podía o no quería hacerlo, lo que significaba que las experiencias y las perspectivas que poseían estaban limitadas por el clima cultural en el que habían vivido y determinado sus circunstancias.

Los jóvenes estudiantes, como el autor del ensayo, revelaban rasgos de una situación cultural: desencanto político e institucional, no creencia en los discursos imperantes, deterioro de las imágenes sociales cohesivas, sentido de crisis social e incertidumbre, conciencia de una necesidad de cambio social, reconocimiento de una identidad de grupo que sentían que los diferenciaba del resto de la sociedad y que los apremiaba a generar medios para modificar la situación cultural. De ahí que se valieran de una forma convencional de sociabilidad que daba importancia al conocimiento para transformar la cultura. ésta requería de un esfuerzo consciente que les proporcionaba sentido como individuos dentro de la sociedad, y que les permitía situarse al margen de la rutina social y de lo tradicional que criticaban.

El entendimiento que poseían de la literatura, lo expuso José María Rojas Garrido, otro de los miembros:

> [O]s convidamos al estudio de la literatura lo que hay de bello y grande, sublime y sentimental en el universo. Permitidme trazar un cuadro de las materias á que consagra sus trabajos la sociedad de que soy miembro. Lengua española, historia, retórica, crítica, bibliografía y poesía, (...) La retórica es la poesía de la gramática, la bibliografía y la crítica vienen á constituir la policía de la literatura: las ideas, el lujo de las formas, la manera de enunciarse, la cadena de los pensamientos, ecsijen el gusto delicado de un jenio critico para tildar los defectos del discursoy pronunciar anatema contra los libros usurpadores de un título literario (Rojas Garrido 1846, 31).

Es decir, el grupo como asociación impulsaba un momento de la discursividad crítico literaria, apegada a la retoricidad y a una concepción del conocimiento histórico, que junto con la comprensión de la manera en que las Bellas Letras iban progresando en países específicos de Europa, les ofrecía un proyecto para estimular la producción de textos críticos y literarios.

Pereira Gamba, en apartes de los fragmentos citados arriba, juzgaba sarcásticamente las lecturas que gustaban a las mujeres, la manera en que las afectaban, además del modo en que los religiosos las manipulaban; de ahí que les dedicara unos versos:

> Las mujeres de mi patria
> Se van á los dos estremos,
> Unas por carta de más,
> Y otras por carta de menos.

Unas viven en San Carlos
Comiendo y bebiendo rezo
Y otras en sus tocadores
Comiendo y bebiendo ungüentos.
Y entre estas dos entidades
No es fácil hallar el medio (Tafur 1846, 14-16).

Para él, a pesar de que un sector femenino leyera, no lo hacía porque entendiera los escritos; sino porque les agradaban partes del mensaje o porque creían que los textos hablaban de ellas; no obstante, con lecturas e instrucción elemental, las mujeres neogranadinas estaban polarizadas entre la iglesia y el espejo: manipuladas y vacías; precaria percepción, producto de la ausencia de educación sólida y de la reproducción de las relaciones de clase y de género, que se ejercía en la sociedad neogranadina, provenientes de cierto capital cultural (en el sentido de Bourdieu) y del conjunto de posturas con respecto a lo social y al conocimiento que poseían los miembros del grupo; cuyo efecto, como se observa, era la desvalorización y el empobrecimiento de los actos de la mujer y su consiguiente aislamiento y sumisión.

La mujer neogranadina fue adquiriendo el manejo de la letra precariamente, puesto que la educación que recibía era muy rudimentaria;[128] así que las que podían leer (número exiguo), pero no necesariamente tenían la capacidad para entender críticamente, buscaban textos de ficción o de poesía. Si adquirían alguna erudición, no debía ser tanta como para mostrarla en público, porque se las tildaba sardónicamente de bachilleras, sabiohondas, petulantes. El que la mujer tuviera la habilidad de aprender nociones, no significaba que pudiera expresar su inteligencia públicamente. Eso era intentar romper sólidos esquemas mentales tradicionales impulsados tanto por hombres como por mujeres, y, a la vez, someterse a la irrisión e incluso a consecuencias sociales, como el escarnio y la censura, como se observa en el texto de Pereira Gamba.

«El conocimiento que adquiriera debía ser clandestino y oculto, ha de centrarse en la recepción, sin que ésta sirva para ahorrar ideas que exponer después; ha de almacenar sin más, ha de ser un conocimiento estéril y, en consecuencia, quietista e inerte» (Gabino 2008, 19). Este hecho sucedía igualmente en España; allá lo mismo que en la Nueva Granada los hombres se mofaban de esas lecturas: «Las mujeres no leían, "devoraban" novelas, pues, habitualmente se había asociado a nuestro sexo, junto al don de la imaginación y la emotividad, la limitación intelectual y la frivolidad, y este tipo de lecturas buscaba el placer y no exigía profundos conocimientos. (...) No debemos olvidar que las mujeres eran muy vulnerables emocionalmente y confundían con facilidad realidad y ficción. Esta práctica promovió un enorme número de críticas» (Jiménez Morales 2008, 116).

Pereira Gamba, como miembro de este grupo de jóvenes, reprochaba a

---

128 En noviembre de 1844, el gobierno dictó un decreto general que reglamentaba la instrucción primaria, donde estatuía que en los Distritos parroquiales, sólo después de que las escuelas de niños tuvieran todos los gastos cubiertos y asegurados, podían establecer

la mujer el tipo de lecturas que efectuaba y el tiempo perdido que invertía en
ellas; así como también el creer lo que los clérigos decían, lo cual las convertía

> una escuela para niñas (Capítulo 28. Escuelas primarias para niñas. art. 244). «Art. 245.
> La enseñanza en las escuelas elementales de niñas comprenderá precisamente la instruccion moral i relijiosa, la urbanidad, la lectura, la escritura, los principios de la gramática i de la ortografía de la lengua castellana; los principios de la aritmética, *la costura i las labores propias de este sexo, i principios i reglas de economia doméstica.* / Cuando la Directora tenga instruccion en el dibujo i el canto, dará tambien lecciones de estos ramos» (53). «Art. 153. En las escuelas de niñas no habrá la diferencia de alumnas obligadas i voluntarias, todas deberán considerarse de esta última clase, *i por lo mismo no podrán ser compelidas a continuar en la escuela contra la voluntad de sus padres*» (55) (Ospina 1845, 53-55) [énfasis agregado].
>
> En 1849, la viuda de Francisco de Paula Santander, Sixta Pontón de Santander estableció el exclusivo Colegio del Corazón de Jesús para niñas en el que se enseñaba: «1°. La moral cristiana en su pureza, i su práctica en el establecimiento: 2°. Lectura, escritura i gramática castellana, frances e ingles: 3.° Aritmética adaptada a los cálculos domésticos i comunes, i estendida a la teneduría de libros, por partida doble: 4:° Nociones de jeometría: 5.° Jeografía: 6.° Dibujo: 7.° Piano: 9.° Bordados en blanco, con seda, oro, plata &c. &c. 10. Labores de lana &c. 11. Costura de toda clase: 12. Flores de mano: 13. La economía doméstica en la práctica de todos los trabajos, oficinas i quehaceres del Establecimiento» (Pontón de Santander 1849, 1-2).
>
> Para 1854, Sixta Pontón de Santander abrió una escuela gratis para niñas, que dependía del Colegio del Corazón de Jesús. El texto del comunicado anunciaba: «El acto de apertura de las Escuela tendrá lugar el dia 6 de enero de 1854 por la tarde, en la capilla interior del Colejio del Sagrado Corazon de Jesus, en esta capital. /La educacion que se dará en ella á las niñas se contraerá á los ramos siguientes: 1° *Doctrina i moral cristiana* en su pureza i práctica en el establecimiento. 2° *Relijien*; 3° *Historia Sagrada*; 4° *Urbanidad*: 5° *Lectura*; 6° *Escritura*; 7° *Gramática castellana*; 8° *Aritmética*; 9° *Bordado* en blanco, *labores* de lanas i dulces de toda clase. / La enseñanza de estos ramos se dará en el órden, i de la manera mas conveniénte á cada niña. / Los padres deben proporcionar á cada una de sus hijas, un asiento pequeño; una cajita para la costura; libros i cuadernos, papel, plumas, las telas, sedas, lanas i demas útiles que se necesiten para la costura; i últimamente, todos los instrumentos u objetos indispensables para aprender los respectivos ramos. / Las condiciones para que una niña sea admiitida en la Escuela, son: 1ª tener mas de siete i ménos de diez i seis años de edad: 2ª no padecer enfermedad alguna contajiosa. Las alumnas entraran á la Escuela a las ocho de la mañana i saldrán a las doce; i volverán á las dos de la tarde, i estarán en ella hasta las cinco. / Serán despedidas de la Escuela de una manera prudente, las que, á juicio de la Directora i de las Maestras, sean incorrejibles. / El personal de la Escuela se compondrá de la Directora del Establecimiento señora Sixta Ponton Santander, i de las Maestras necesarias, que lo serán las Hermanas de la Sociedad del *Sagrado Corazon de Jesus*. Bogotá, 7 de noviembre de 1853. SIXTA PONTON SANTANDER» [*El Catolicismo* (12 de noviembre de 1853): 195-196].
>
> Mientras que 1856, Clelia Peña instituyó en Bogotá el Colegio de Santa Teresa de Jesús para niñas donde se impartía: «Lectura, Escritura, Relijion, Moral cristiana, Urbanidad, Gramáticas castellana, francesa, inglesa e italiana, fijándose principalmente la atencion en la version de los idiomas estranjeros, Aritmética, Jeografía en todas sus partes, Elementos de Jeometría, Historia, Música vocal e instrumental, aplicada esta al piano i a la guitarra, Dibujo, Bordado de todas clases, con hilo, seda, oro i plata, Labores de lana, hilo i seda, Costura i flores artificiales. Tambien se enseñará a cortar i coser trajes, capas, sombreros, gorras, &.a Las enseñanzas se estenderán a otros ramos, siempre que los adelantos de las niñas lo permitan. (...). La Directora pondrá especial cuidado en observar la disposicion particular de cada educanda, así como su inclinacion respecto de los ramos que no sean de primera necesidad, para consagrarlas a las enseñanzas en que puedan alcanzar mayor aprovechamiento; pero ninguna será dispensada de aprender a leer, escribir, Relijion, Moral, Urbanidad, Aritmética, Castellano, Costura i Bordado. / Las alumnas serán instruidas tambien preferentemente en todo aquello que deben saber para el gobierno económico de una casa» (Peña 1856, 1).

en objeto de su manipulación.¹²⁹ Como integrante de la asociación, el ensayista se integró y se identificó con la manera de proceder de los miembros de la agrupación, sintiéndose especial; lo que le permitió recriminar a todos, excepto a su mismo grupo. Por su situación: joven y estudiante, se consideró experto; sabía que pertenecía a un sector privilegiado, por la formación que recibía, la que le generaba confianza de ubicación social y lo autorizaba a construir relaciones de poder; por eso, siguiendo una costumbre establecida, criticaba y censuraba a todos los sectores diferentes al suyo; con lo cual reproducía una arbitrariedad cultural ya establecida: un *habitus*.¹³⁰

Su crítica, con todo el sesgo ideológico que poseía, expone características sociales del momento; rasgos importantes para comprender la situación de las letras en la Nueva Granada: falta de educación general y ausencia de interés por la literatura; control de los religiosos sobre amplios sectores de población, especialmente el femenino; casi ausencia de hombres respetados culturalmente; además, la masa de la población, «el populacho o guacherna» actuaba como le indicaban: «siempre [iba] por donde camina[ba] el señor», era dirigida y gobernada fácilmente por quienes tenían la habilidad y el poder. Peculiaridades que explicitaban parte de la realidad social que conformaba las condiciones materiales de la existencia específica de los habitantes de la capital, y por extensión las del mundo social neogranadino.

El grupo de *El Albor Literario* estaba conformado por: «José María Rojas Garrido (redactor principal), Próspero Pereira Gamba, Rafael Eliseo Santander, Lázaro María Pérez, Antonio María Pradilla, José Eusebio Ricaurte (véase: Los Editores. «Aviso». p.112). Mientras que entre los colaboradores estuvieron: José Caicedo Rojas, Lorenzo María Lleras, Domingo A. Maldonado, Ulpiano González, Manuel María Madrid, Manuel María Madiedo, José Gregorio Piedrahita, Gregorio Gutiérrez González, Germán Gutiérrez de Piñeres, José María Samper, F. Useche, Scipión García Herreros, además de otros» (Rodríguez-Arenas 2007, 94).

---

129 No obstante como ya se vio, cuatro años después, Pereira Gamba fue una de las voces liberales que se levantó públicamente en favor de la educación de la mujer: «¿Por qué la mujer en la Nueva Granada no ha de ser tan libre como el hombre? Porque es mas débil, se nos contestará; pero esto depende de que hace millares de años que se le ha dado una educación erronea que la mantiene aislada i sujeta. *Emancípese la mujer* i todo será diverso. Veremos entonces a la sierva convertida en criatura digna del mundo» (Pereira Gamba 1850, 51). Con el tiempo y las ideas socialistas que se habían difundido en la Nueva Granada, tuvo la oportunidad y los medios, razonó y reclamó la necesidad de modificar aspectos sociales perjudiciales a toda la comunidad. Así, se separó del sentir general y emitió sus conceptos para mejorar la calidad de vida de todos los miembros de la sociedad; ya que reconocía a la mujer como integrante vital social.

130 «Los condicionamientos asociados a una clase particular de condiciones de existencia producen habitus, sistemas de disposiciones duraderas y transferibles, estructuras estructuradas predispuestas a funcionar como estructuras estructurantes, es decir, como principios generadores y organizadores, de prácticas y representaciones que pueden estar objetivamente adaptadas a su fin sin suponer una búsqueda conciente de fines y el dominio expreso de las operaciones necesarias para alcanzarlos; objetivamente reguladas y regulares, sin ser el producto de la obediencia a reglas, y a la vez que todo esto, colectivamente orquestadas sin ser producto de la acción organizada de un director de orquesta» (Bourdieu 2007, 86).

De ellos, algunos miembros de ideología liberal se unieron a la primera administración de Tomás Cipriano de Mosquera (1845-1849), quien a su vez en ese mismo año, nombró en su gabinete a hombres como Florentino González y Lino de Pombo, cambiando lentamente las anteriores designaciones dentro del partido Ministerial. Situación que se ha explicado como resultado de un aspecto de sociabilidad y de relaciones políticas y económicas:

> Hacia 1846, en la Nueva Granada, la vinculación al gabinete del general Tomás Cipriano de Mosquera de un grupo de liberales no podía estar garantizada por una explícita formación partidaria que aún no existía. Aunque las tendencias liberales y conservadoras ya empezaban a perfilarse y a manifestarse en órganos de opinión, las alianzas con el poder político se construían con base en otra especie de fidelidades, y la más evidente fue la filiación masónica del general Mosquera y la de algunos miembros de su gabinete que orientaron su primer gobierno hacia un reformismo liberal modernizante. Los militares que se vincularon a la masonería y cumplieron la labor de protectores encontraron en esa forma de sociabilidad una alternativa para lograr cuotas de poder en la dirección del Estado (Loaiza Cano 2004, 133).

De esta manera, los lazos de proximidad y filiación apoyaron una estructura gubernamental que propició la democracia política, impactando primero las mentalidades de un grupo, quienes gradualmente impusieron cambios en la vida social. De forma que entre 1846 y 1849, comenzó a surgir un fuerte movimiento renovador tanto en lo político como en lo cultural; se impulsó la música, el teatro, el estudio, arrojando así algo de luz sobre la vida neogranadina. Con la apertura a la cultura se crearon nuevas avenidas de difusión y se reclamó más ilustración; de este modo se dio una mayor difusión al conocimiento y una expansión a los bienes de consumo; entre ellos los libros. En ese ambiente, las lecturas de obras especialmente francesas empezaron a ejercer una fuerte influencia en la vida social; por esto en el periódico *El Museo*,[131] que contaba entre sus editores a José Caicedo Rojas (el reconocido Duende) se publicó en 1849 en contra de cierto tipo de novelas que tenían gran aceptación:

> Mucho habrá que decir acerca de la moderna escuela a cuya cabeza están Eugenio Sue, Victor Hugo, Alejandro Dumas, y otros cuyas obras han hecho una completa revolución en este género. Sus novelas en extremo interesantes son una especie de grandes melodramas que llaman la atención del literato, del filósofo y del ciudadano; preciso es estudiar todas sus fases, pues las tienen también social y humanitaria. Su lectura es de moda actualmente, mas diremos. Es un furor que ha hecho olvidar las demás novelas. ¿Será

---

[131] Ver estudio de este periódico en Rodríguez-Arenas (2007, 133-142).

conveniente su lectura? Esta es una cuestión muy vaga comprendida en esta otra general. ¿Conviene leer novelas? ...No hay duda que las novelas distraen y pulen el gusto y las costumbres; pero siempre diremos nosotros que su lectura disipa el ánimo, estraga la sensibilidad, excita las pasiones, y ejerce malas influencias sobre las personas muy impresionables, en especial sobre las mujeres[132] [Anónimo (abr. 1°, 1849): 8].

Cuando en esa época se publicaba este sentir sobre las obras que provenían de la nueva corriente literaria y a la vez se establecía la duda mediante la pregunta retórica impugnando la lectura de ese tipo de novelas, se lo hacía tanto como censura contra lo foráneo, porque empezaba a afectar la vida social en lo moral y en lo práctico: el manejo del lenguaje,[133] como también para explicitar la postura crítica del ensayista, quien continuaba la polémica situación que venía desde el siglo XVIII en la novela española, la cual por confusiones entre tratadistas de retórica y de poética había dejado de tener fuerza narrativa (véase: Ferraras 1973).

Lo que hoy significamos con tales conceptos [cuento, novela corta, novela] no se corresponde con lo que dichas palabras designaban durante el siglo XVIII. Desde el punto de vista de la preceptiva, literatura era lo escrito en verso; la prosa no tenía valor. La novela, desde ese mismo punto de vista, no existía porque no tenía consideración literaria: estaba escrita en prosa (Álvarez Barrientos 1991, 11-12).

De ahí que en España a comienzos del siglo XIX, la novela careciera de una concreta definición (oscilando entre «historia fingida», «ficción posible», «romance» o «poema épico romancesco» (véase: Checa Beltrán 1998, 260-274); además, al género le faltaba prestigio: «la opinión negativa sobre la novela era común en España a fines del siglo XVIII» (González Alcázar 2005, 112). Durante el primer tercio del siglo, la opinión negativa que venía de la

---

132 Posición que consideraba que la lectura era nociva para las mujeres, por el tipo de imágenes que la representación podía causar en las frágiles mentes femeninas, cuyas dueñas debían únicamente seguir conservando el puesto que socialmente habían ocupado a través de las épocas: ser buenas hijas, obedientes esposas, inmejorables madres; conceptos que obedecían al papel doméstico secundario que tradicionalmente habían desempeñado.

133 En el periódico *El Día* se escribió sobre los libros y las novelas traducidas: «la pureza de la lengua, que no se nos oculta, aun que por desgracia no podamos conservarla siempre cuando hablamos ó escribimos, á causa de lo poco ó nada que nos aplicamos al estudio de los buenos autores españoles, tanto antiguos como modernos, *leyendo acaso cien volúmenes de obras mal traducidas del francés por cada una orijinal [en] español*. No sospechamos siquiera que en muchas ó la mayor parte de estas malas traducciones, no se lea el nombre del que las ha hecho; quien parece avergonzarse de su pésimo desempeño en tan árdua tarea, y oculta su nombre como para no hacer invendible la obra que ha estropeado. Estos mercenarios trabajan á destajo, en beneficio de libreros codiciosos, que, conociendo que en América se compra sin escrúpulo toda clase de libros, no piensan mas que en vestirlos con una pasta elegante que nos deslumbre y oculte las mas groseras faltas contra la lengua, si por dicha no se hace decir al original lo que no ha querido, y si muchas veces se puede entender lo que quiso decir» (Un suscritor 1846, 3). [énfasis agregado].

centuria anterior, unida a la censura moral contra la ficción, especialmente la que proviniera de Francia, favorecía al descrédito del género. Mientras que en el resto de Europa, ya se manifestaba un cambio de sensibilidad en la concepción de la novela, a través de la introspección y la representación de la realidad (F. Schlegel, Chateaubriand, Goethe o Hugo).

En 1842 en Madrid, Gil de Zárate publicó el *Manual de literatura: principios generales de poética y retórica*, obra que ejerció una influencia decisiva durante mucho tiempo sobre la ficción a los dos lados del océano;[134] para él,

---

[134] Las ideas preceptivas que difundió este *Manual* sobre la novela, fueron propicias en Hispanoamérica para los defensores a ultranza de la tradición y de lo español; ideas que no tenían en cuenta las concepciones más modernas sobre el género que se habían producido hasta ese momento. Gil de Zárate ajustó sus conceptos a las prescripciones de la legislación española y de la Iglesia sobre la educación, definiendo el debate entre retórica y poética: «Las composiciones en prosa pueden tener por objeto: primero, persuadir á una ó mas personas á quienes se dirige la palabra: entonces son oratorias: 2.° Contar hechos verdaderos ó fingidos: en el primer caso son *históricas*, y en el segundo se llaman *novelas* ó *cuentos*: 3.° Instruir en algun objeto de ciencias ó artes; toman entonces el nombre de *didácticas*. 4.° Hablar por escrito con alguna persona ausente; y entonces son epistolares» (159). «Walter Scott, es en nuestro juicio, el que ha llevado esta clase de composiciones [novelescas] á su mayor perfeccion, dándoles toda la utilidad de que son susceptibles. Sus novelas son históricas, pero no á la manera de las Clelias y Cleopatras, sino reproduciendo los personajes y las épocas con admirable exactitud, y con tal talento, que parecen revivir y creemos verlos obrar y hablar como si realmente existieran» (220). «Los franceses, por su lado, cultivando en estos últimos tiempos la novela con una especie de furor, le han dado sin embargo una tendencia funestísima. Esceptuándose unas cuantas obras de indisputable mérito, la mayor parte tienen por objeto presentar los vicios, mas torpes é inmundos de la sociedad, desencantando el corazon de todas las ilusiones, y persuadiendo que no existen en el mundo virtudes; pues hasta estas se reputan en aquellos libros inmorales, como infame hipocresía ó como viles juguetes de la perversidad triunfante. Esta escuela que representa á la humanidad aun mucho peor de lo que es, solo sirve para desmoralizar al hombre ó desconsolarle» (221). «Cuando la sociedad se perfeccionó corrompiéndose, y se perdieron las costumbres patriarcales, cuando otros espectáculos se ofrecieron á la ardiente curiosidad de hombres ansiosos de sensaciones, cuando la novela pasó de la sociedad al retiro para ser un remedio contra el fastidio del solitario, hízose mas estensa, mas variada, y vino á ser, de mero cuento, un libro» (222). «La novela entonces, tenia dos rumbos que tomar: ó hacerse política, ó representar la anarquía moral y religiosa, producto de aquellos trastornos. Uno y otro camino ha seguido, siendo política en Walter Scott, anárquica en los novelistas franceses. // La novela es un género fácil cuando se trata solo de contentar el gusto poco delicado del comun de los lectores; pero ofrece sumas dificultades cuando ha de cumplir con su objeto y de satisfacer á las gentes morigeradas y entendidas. Es la obra donde mas trabaja la imaginacion: supone originalidad, sensibilidad esquisita, conocimiento profundo del corazon y de las costumbres: pide fuerza, vigor, y al propio tiempo flexibilidad de ingenio; exije un gran caudal de erudicion para delinear con exactitud el carácter de los hombres célebres; y hace ademas indispensables las galas del lenguaje, exigiendo facilidad en el manejo de toda clase de estilos. Instruir y deleitar debe ser su lema: instruir y deleitar el fin que se proponga en todas sus producciones... // Por consiguiente, es necesario que ante todas cosas reine en la novela la moral mas pura, y que sus autores no se permitan la menor liviandad, ni siembren máximas opuestas á las buenas costumbres: se requiere ademas en ella una sérié de sucesos tales, que por su novedad, por lo variado de los acontecimientos y lo sorprendente de las situaciones, interese del modo mas vivo á los lectores; pero estos lances no han de ser increibles, ni los sucesos estravagantes, ni las situaciones violentas. Como la monotonía es la muerte de toda obra literaria, conviene variar y diversificar mucho los caractéres, dibujarlos con suma exactitud, contrastarlos debidamente, y sobre todo sostenerlos; y por medio de una sensibilidad esquisita, pintar toda suerte de escenas patéticas, ya tiernas, ya horrorosas, ya tristes, conmoviendo por este medio el corazon

la novelística de Walter Scott llevaba el género a la total perfección al representar fielmente los hechos y las vidas familiares, mientras que su contrapartida eran las novelas del Realismo francés por perversas y desmoralizantes. De este modo en el *Manual*, el objetivo de la novela continuaba regido por la preceptiva, ya que debía: «Instruir y deleitar», además de poseer una sólida base moral y tener variedad para no ser monótona.

En esta postura, como lo afirmó González Alcázar: «Quedaba así la novela encajada en un lugar fijo junto a la Historia (género literario no poético), liberada de los yugos de los géneros fuertes y de gran jerarquía de la Poética, pero también degradada en sí misma por la inconsistencia de su naturaleza imaginativa: "Las novelas no son más que castillos en el aire que otros levantan para nuestro recreo"» (2005, 116).

Las ideas preceptivas sobre el género que Gil de Zárate difundió, fueron las concepciones que el autor del ensayo expuso en el periódico *El Museo* en 1849. Como se observa, el rechazo a la novela del Realismo francés ya se llevaba a cabo con fuerza desde la década del cuarenta de ese siglo tanto en España como en la Nueva Granada. Lo que se explicitaba, con este tipo de difusión sobre esa clase de obras de ficción, era una faceta de la lucha por el control del público lector; ya que los periódicos, según su tendencia ideológica, comenzaron a ofrecer novelas, bien por medio de traducciones de producciones extranjeras, o bien mediante el gradual desarrollo de la narrativa neogranadina, al estilo del folletín francés que había empezado a conocerse pocos meses después de que surgió como fenómeno en Francia en esa década.

---

de los lectores. Finalmente, el conjunto de los sucesos debe disponerse de tal suerte, que haya en el todo, unidad y cierta combinacion tan bien entendida, que camine la accion desembarazadamente, sin tropiezos, sin confusion, interesando cada vez mas, complicándose si se quiere, pero sin embrollo, y desenlazándose naturalmente aunque sorprenda. Todo esto acompañado de un estilo acomodado á la índole general de la obra, y que varíe oportunamente segun lo exijan las situaciones, los lances y los caractéres; pero siempre puro, elegante, correcto, aun en los pasages mas sencillos y familiares; pues como la novela es una obra de mera imaginacion, son mas imperdonables en ella que en otra obra alguna, las faltas de lenguaje» (224-225) (Gil de Zárate 1842, 159-225).

3.1. Las novelas neogranadinas a partir de 1845

Entre diversos textos de ficción (novela, cuento) que se publicaron bien en la sección de Folletín en periódicos de la época o bien como libro en la Nueva Granada se encuentran: «El oidor de Santafé. Leyenda bogotana» de Juan Francisco Ortiz (El Día, 1845); las novelas y relatos: «Mi tío el canónigo» de Eugène Mirecourt; «Versos de gorra. Artículo de costumbres» de Fulano de tal; «El doctor» de Gismero; «Mi entrada en el mundo» de Zafadola; «Un loco» de autor anónimo; «El cura párroco» de Alphonse Marie Louis de Prat de Lamartine; «Amores de estudiante» de Lúpulo y «Amor y coquetería» de Jean Alexandre Paulin Niboyet (traducción de T. A. Cistiaga) se difundieron en *El Albor Literario* (1846). «El oidor» de Juan Antonio de Plaza (*El Día*, 1848); «La guerra de las mujeres» de Alexandre Dumas (padre) (El Día, 1848); «Una familia víctima» de Celestino Martínez (*El Neogranadino*, 1848); «Mis recuerdos de Tibacui» de Josefa Acevedo de Gómez (*El Museo*, 1849); «Predicciones o el collar de la reina» de Alexandre Dumas (padre) (*El Neogranadino*, 1851); «Rafael» de Alphonse Marie Louis de Prat de Lamartine en *El Suramericano* (1850).

Pedro Neira Acevedo tradujo novelas de autores franceses (Dumas padre, Souvestre, etc.) y las dio a conocer en la colección: *La Aurora Granadina o Colección de novelas* (1848). Lo hizo para las mujeres neogranadinas, con explícitos objetivos didácticos y moralizantes:

> Casi todas las novelas que me he propuesto traducir contienen una moral excelente amenizada por la narración. Afortunado me creeré si ellas pueden distraer los ratos de ocio de mis compatriotas; i sobre todo del bello sexo á quienes son dedicadas» (3). «Dignaos aceptar este rendido tributo de adoracion i respeto ácia vosotras, si lo juzgais digno de vuestro aprecio, que yo me creeré feliz si puedo hacer que las escenas que he tratado de reproducir, las apacibles descripciones, los cuadros risueños ó májicos, las tétricas ó sublimes conclusiones, hagan asomar una lágrima a vuestros ojos ó una sonrisa á los labios de coral de vuestras hijas. Mil veces dichoso si no he cojido en vano estas fragantes flores en extranjeros jardines, para ofrecerlas como un humilde obsequio, i si he logrado que no hayan perdido del todo su perfume; en fin si vuestra aprobación proteje mi obra (Neira Acevedo 1848, 4).

En esas palabras resuena el siglo XVIII español, en la censura sobre diversos temas. Sin embargo, se explicita un intento de difusión narrativa extranjera que no fuera inmoral o escandalosa, que distrajera y a la vez guiara a las lectoras, grupo muy reducido de la sociedad que formaba el receptor real de ese trabajo de traducción.

Ese mismo año, Eladio Vergara y Vergara, con el seudónimo Un bogotano, divulgó *El mudo* (1848). La publicación se hizo por entregas,[135] para pasar luego a formar una novela de 696 páginas, divididas en 112 capítulos, distribuidos en tres libros, en los que representó una imagen de Bogotá y su gente, y de los serios problemas que se debían corregir; labor, cuyo modelo narrativo fue *Les Mysteres de Paris* de Eugène Sue. De ese modo, las acciones narrativas desarrollan las desventuras que en la ciudad originan la codicia, la maledicencia, la envidia, el rencor y la venganza del comerciante conservador y protomonarquista Don Donato y de Doña Teresa, su amiga.

El mundo novelístico de *El Mudo* presenta quince historias: 1) Teresa y Donato. 2) Doña María y sus hijas Solina y Magdalena. 3). Huberto, novio de Solina. 4) Aurelio, novio de Magdalena. 5) Rosa, ahijada de doña Teresa, y Lucas. 6) El Marqués de la Chamiza = don Cato y Marciana. 7) La viuda de don Beltrán y sus 5 hijas. 8). Rufa y el Maestro Perinola. 9). Lea. 10) Marta y Alejo. 11) Sampatarás. 12) Los esclavos. 13) Simón y Ángela. 14) Don Benito y la de 15) Don Proto. La relación que existe entre la pobreza, la honestidad y la buena fortuna es lo que vincula estas historias. Mientras que Donato, el personaje que efectiva o agencialmente aglutina los personajes y situaciones, es la representación del ultraconservador (véase: Rodríguez-Arenas 2006b, 259-276). El esquema gráfico de la estructura narrativa de las historias de *El Mudo* es el siguiente:

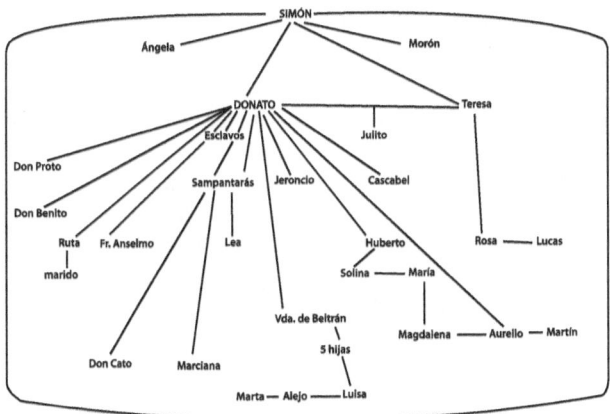

En la novela, cuyo referente era la vida en Bogotá entre 1827 y 1830, (época histórica donde la especulación económica a nivel gubernamental y personal era una constante) funcionan fuertemente tanto el misterio y el sus-

---

135   En el periódico *El Día* se publicó este aviso: «EL MUDO. SECRETOS DE BOGOTA, POR UN BOGOTANO». Cada seis dias una entrega de 32 pájinas; vale un real, y se vende en esta capital en la tienda del señor Juan Garcia Campuzano, plaza de Bolívar, y fuera de ella, en la ajencias de este periódico. Esta publicacion constara de 18 entregas, y ha salido ya la primera» [Anónimo. *El Día* (Bogotá) XLV.571 (dic. 13, 1848): 4].

penso, que producen incertidumbre y ansiedad por la suerte de los personajes, como las coincidencias narrativas, que resultan de las casualidades que ocurren entre los personajes (la mayoría de ellos de las capas sociales media baja y baja). Por medio del narrador se conoce cómo el dinero legisla una economía de pasiones y, en los misterios de su origen, organiza el interés de las diversas historias en las que Donato manipula y destruye a través de la arbitrariedad de las deudas, de las transferencias y de los intercambios.

Ya desde el título, se observa el manejo que hace Eladio Vergara y Vergara de la técnica de las técnicas de la novela social francesa de mediados del siglo XIX: «El mudo» es una denominación, cuyas connotaciones son sugestivas, porque posee misterio e indeterminación. Simón, criado mudo de Donato, conocedor de la maldad de su patrón y de los turbios planes que fragua ayudado por Teresa, auxilia disimulada y certeramente a muchos de los que son el blanco de la iniquidad de la taimada pareja.

El autor, apoyándose en las nuevas circunstancias sociopolíticas del país: la inauguración de la época más importante en el desarrollo político de la República (con la elección de José Hilario López como Presidente, la implantación de la plena libertad de prensa, la abolición de la pena de muerte para los delitos políticos, la supresión de la aduana de Panamá y el libre comercio del tabaco y la exportación de oro; todo lo cual iba en contra de la posición de los grupos conservadores protomonarquistas), estructuró su novela, basándose en hechos determinantes históricos como el terremoto de 1827 (referente histórico), y en la secuela de explotación y expropiación que se vivió en la ciudad en esa época; como también en el candente ambiente de hostilidad creado alrededor de la presencia de los miembros de la Compañía de Jesús nuevamente en el territorio, durante su presente. Eladio Vergara de abierta ideología liberal y deseoso de producir un nuevo conocimiento y de incidir en la formación del nuevo Estado que se estructuraba, creó el mundo novelístico de *El mudo*.

En 1850, Juan José Nieto[136] escribió la novela epistolar, *Rosina o la prisión del castillo de Chagres*,[137] durante su estadía en la penitenciaría de Chagres, a que fue condenado por motivos políticos en el año de 1848. Posteriormente

---

136 Juan José Nieto Gil (Cibarco 1804-Cartagena 1866) fue político, historiador y novelista. Sus padres fueron Tomás Nieto y Benedicta Gil. En 1840 después de participar en la guerra contra Mosquera, tuvo que ocultarse. En esa época escribió su novela *Yngermina, o la hija de Calamar*. Cayó prisionero y fue condenado a muerte; pero la sentencia le fue conmutada por el destierro. En Jamaica publico *Yngermina* (1844) y *Los moriscos* (1845). Regresó a Cartagena en 1850, ese mismo año fue encargado del gobierno de la Provincia de Cartagena; en 1851, José Hilario López lo nombró gobernador de la misma. En 1853, proclamó la liberación de los esclavos de la Provincia. En 1854, el gobierno lo destituyó del cargo por mostrarse a favor del golpe de estado que Melo había dado. En 1859, lo vuelven a encargar temporalmente del gobierno de la provincia. En 1860 firma con Mosquera un tratado que desconoce la presidencia de Mariano Ospina Rodríguez de la Nueva Granada. Creados los Estados Unidos de Colombia en 1861, asumió el cargo de Presidente de la Unión por ausencia de Mosquera, declarando a Cartagena capital de Colombia. En 1862, fue el primer presidente del Estado soberano de Bolívar (Camacho, Zabaleta, Covo 2007, 811-812).

137 La historia desarrolla las vicisitudes que la joven Rosina y su padre deben sufrir, al ser el progenitor condenado injustamente a pagar condena en el castillo de Chagres por un

la publicó en *La Democracia*, periódico que él había fundado en Cartagena en compañía de Rafael Núñez, Vicente A. García, Antonio Bendetti y José Araujo. La novela epistolar, como bien sabía Nieto, además de haber sido una de las grandes formas de la ficción europea[138] durante más de un siglo, había ayudado a la difusión de la novela como género en Europa; ya que se apoyaba en la misiva escrita, cuyas características de naturalidad, espontaneidad y exclusión del periodo retórico, la hicieron forma preferida del público lector durante el siglo XVIII.

Apoyado en las características básicas del metagénero epistolar: la recurrencia de las cartas, su acercamiento a la verdad sicológica, la tendencia dominante a emplear el mensaje de las misivas como advertencia contra las fallas morales tanto individuales como sociales; además del hecho de que la escritura de las mismas, casi siempre se produce cuando ha pasado un tiempo relativamente breve de los hechos que ellas relatan (Watson 1979, 31-32). De este modo, la voz narrativa ofrece dos parcelas de la realidad que poseían una fuerte interrelación con la vida social cartagenera: el aislamiento territorial de los centros que detentaban el poder y en donde se desarrollaba la vida social y cultural, representados en la novela por España; y las injusticias sociales que se cometían al condenar a prisión a alguien no culpable del delito que se le imputaba.

S. G. E. LM-9.M.»-a, n." 131
«Plano del Castillo de San Lorenzo de Chagre, y sus inmediaciones». Año 1779.

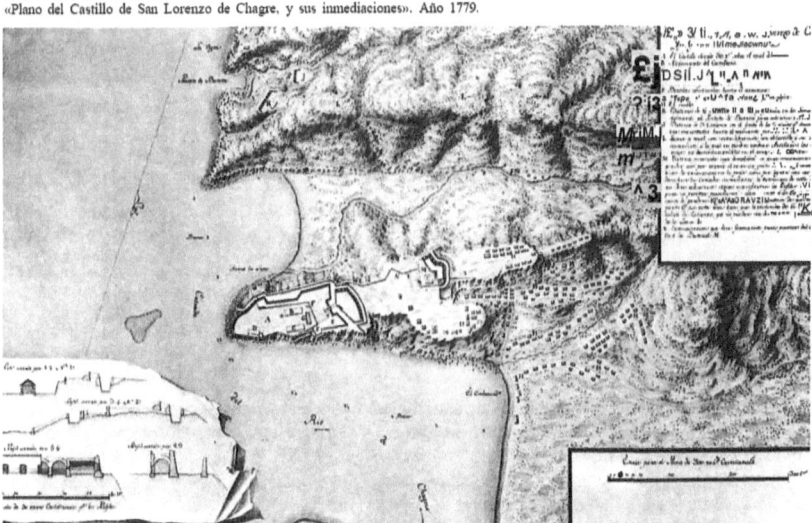

(Zapatero Diez 1985, 23)

---

hecho que no había cometido. Clemencia, hija del alcaide del castillo, relata los hechos en cartas a su mejor amiga, quien vive en Sevilla, cuando el padre de Clemencia viaja a desempeñar el cargo en Chagres. Por medio de las misivas, la narradora cuenta los horrores que le produce su nuevo entorno, habla de los prisioneros y de la vida que llevan, comenta sus ilusiones de muchacha enamorada y pide comunicación sobre amigos y conocidos a su amiga, quien fielmente le responde y la mantiene en contacto con su España natal.

138 Las tres grandes formas de la ficción en Europa en amplio orden histórico fueron: la novela de memorias, la epistolar y la novela en tercera persona. Cada una de ellas corresponde a los pronombres personales: Yo, Tú, El/Ella (Watson 1979, 30).

Externamente la novela consta de un apartado que funge como prólogo, donde el autor informa el lugar y los hechos del momento de la escritura y pide disculpas por si en algún momento la narración es muy dramática o melancólica, ya que lo relatado puede reflejar las intensas emociones y padecimientos que sufriera en el momento de su prisión. Al mostrarse conocedor de las circunstancias y del medio sobre el que narra, propone a los lectores un pacto literario, en el que ellos deberían participar a medida que fueran efectuando la lectura de las cartas.

Los males públicos que se representan mediante el subgénero epistolar, están fuertemente imbricados con estrategias de la novela de folletín como: el misterio, el suspenso, las diversas historias que se desprenden de la historia central, el anticipar a los lectores datos que el personaje desconoce, la seguridad de un final donde se resuelven los conflictos presentados, etc. El empleo del metagénero epistolar está caracterizado por una tendencia realista cruda, que presenta 18 cartas, cada una encabezada por un número romano, con sus respectivos emisores y destinatarios enunciados y algunas de ellas con fecha.[139]

La novela epistolar, como técnica, le permitió a Nieto el enfoque de la visión de un hecho o de un personaje desde diferentes puntos de vista. Este procedimiento lo habilitó para continuar con los pensamientos de la narradora básica en primera persona incluso después de la última carta, en el fragmento que funciona como epílogo cuando ella ya no escribe; de esta forma, reemplazó la perspectiva interna por una externa, e hizo la narración más verosímil y objetiva.

En 1851, Pedro A. Camacho Pradilla con «Una de tantas historias» propugnó la educación de la sociedad, en especial la femenina. En la narración, en voz de uno de los personajes se oyen las frustraciones que soportaban los jóvenes escritores que intentaban solidificar la narrativa:

> [A]llá [en París] no se camina sobre el misterio, que forma crímenes de crímenes, como aqui, donde una producción sobre costumbres es desechada con horror aún por personas inteligentes» (33).

---

[139] Esas misivas, instrumento de comunicación entre emisores y receptores, estrechan el abismo que se ha creado tanto por la carencia de sentimientos generosos que se producen al estar la joven Clemencia ausente de los seres y de los lugares conocidos, como por el tener que residir en ese lugar alejado y hostil que es Chagres. Como forma de contacto, esas cartas crean la mayor parte del tiempo una imposibilidad total de comunicación, al transmitir sólo la realidad percibida y la verdad parcial que Clemencia y su amiga conocen. Esto lo reitera en el relato el padre de Clemencia y Rosina, autores de tres breves misivas. Este impedimento contribuye a demorar el desenlace del hecho que se relata creando suspenso para el lector. Las primeras misivas sirven como transición a una retrospección, mediante la que se reconstruye y se revive el pasado inmediato, que con el tiempo y la nueva escritura se va poblando de un nuevo mundo de personajes e incidencias ajenas a la vida de la joven Clemencia. Estas situaciones gradualmente van configurando series de acontecimientos que en cartas posteriores se van relacionando hasta entrar en estrecha conexión por causas lejanas e inesperadas. Estas técnicas del metagénero folletinesco ofrecen soluciones a los conflictos planteados. De ahí que al concluir la novela, las amigas se encuentren inesperadamente en Sevilla, después de un lustro de haber perdido la comunicación y hallen que la vida les había solucionado positivamente los problemas que las aquejaban.

[N]o sabes lo que es la sociedad en que vivimos...! (...) ¿Se comprende acaso aqui lo que es un artículo de costumbres? no! Si el artículo de costumbres es moderado, se le tacha de simple y su escritor se pierde; pero si es como debe ser, una cosa que levante ampolla, mejor seria haber cavado antes la tumba (Camacho Pradilla 1851, 50-51).

Estos comentarios destacan los tropiezos que afrontaban los escritores para la difusión y recepción de sus escritos, puesto que los pocos lectores que había, eran de dos clases: unos, entrenados y acostumbrados a normas retóricas y estructuras controladas por la preceptiva española; y otros, influenciados totalmente por los nuevos modelos foráneos, especialmente los franceses que imperaban en la época. La función de este texto fue hacer énfasis en la mala educación que recibían los jóvenes. Sin embargo, las mujeres son el centro de la crítica.[140]

Para Manuel, uno de los cachacos representados, la mayoría de las mujeres que componen la sociedad santafereña son: «(...) tontuelas que leen dos o tres romances... medio aprenden a escribir... saben oir misa por librito... algo de coser, bordar y hablar como unas cotorras y se lanzan en medio del mundo, como padres de la patria, a corregirlo todo... defender toda cuestion... dar su voto, que no vale un comino, aunque se este hablando griego... en fin, tantos otros vicios que se les notan al cuarto de hora de conversacion y que para apuntarlos necesitaria tomos como el Diccionario de la Academia» (32). Pero la culpa no era totalmente de ellas, pues como dice María: «Y nosotras, qué obligacion tenemos de saber tanto como ellos (los hombres)? A nosotras nos

---

140   La novela narra la historia de dos jóvenes amigos: Enrique (Demóstenes): cínico e incrédulo con la vida y las mujeres y Alberto (Petrarca): soñador y poeta, enamorado de María, veleidosa joven de 15 años. Se oyen las aventuras y hacen comentarios sobre todas las posibilidades y alternativas de que Alberto sea correspondido por María, quien ya ha aceptado ser su novia. Enrique le aconseja que no se haga muchas ilusiones, ya que las mujeres no se detienen ante nada en sus caminos perversos. Para ayudarlo en un encuentro que los jóvenes tienen con María y con la madre de ella, Enrique entretiene a la señora para que los dos enamorados puedan hablar. Se desata una tormenta y María a pesar de que cree querer a Alberto, tiene un mal presentimiento sobre su relación con él. Ese mismo día por la noche, 4 cachacos se reunen en la calle para conversar sobre sus trapisondas y galanteos y para transmitirse los nuevos chismes emanados de los salones. Los cachacos son parte de la «bella sociedad» santafereña: «embozados hasta las cejas en sus capas cortas, que antes eran esclavinas; con su sombrero enfundado, calado hasta las orejas; apoyados descuidadamente en sus garrotes, que son la masa de Hércules», se hallan discutiendo la «materia mujeres». Uno de ellos, Manuel, afirma que en 8 días hará que María, a quien no conoce, acepte casarse con él; ya que la poca educación de la muchacha y la costumbre lo autorizaban para hacer de Juan Tenorio en suelo santafereño. Al despedirse de los otros, Manuel entra en una tienda de pueblo donde las caritativas matronas del lugar le "hacen compañía" para ayudarle a pasar la fría noche. Manuel comienza el cerco de la joven, al día siguiente se presenta a los salones de la madre de María y se dedica a entretener a las señoras, quienes al terminar la reunión están completamente encantadas con el simpático y amable joven que se ha unido a las tertulias. En las noches siguientes se gana la total confianza y la protección de la madre de María y luego de mirar apasionadamente a la joven y suspirar cerca de ella, la sexta noche la convence de que lo acepte, haciéndole escribir y firmar su promesa en un lado de un papel y hacer que por el otro lado, la madre consienta en el matrimonio. Con el papel en la mano, Manuel sale a reunirse con los otros amigos y a hacer mofa de toda la situación.

ponen en colegio para aprender sólamente a coser, bordar, hacer, flores, tocar el piano y cantar... cosas propias de nuestro sexo... nada mas necesitamos» (55). Era una situación endémica que corroía la misma base de la sociedad. La mala educación que habían recibido las madres se transmitía a las hijas en un continuo intercambio, sin buscar mejorarla. Pero los hombres no quedaban muy atrás en la severa crítica que hacen las diferentes voces del relato.

El empleo de la observación minuciosa y atenta de la vida cotidiana, con elevadas dosis de intención moralizante y didáctica, señalan el evidente deseo que tenían los escritores de mejorar y, en muchos casos, aceptar la realidad diversificada que les tocaba vivir en la época. Los cultivadores de estos tipos de escritura intentaban colocarse un poco al margen de su sociedad para observarla desapasionadamente y criticarla en los aspectos que juzgaban negativos. No significaba esto que los lectores aceptaran todo lo que se publicaba, ya que la novela quedó inconclusa «por razones que no es del caso espresar»; el autor ofreció la lectura de los manuscritos, para quienes estuvieran interesados en saber cómo terminaba la historia.

También en 1851, se publicó póstumamente *El doctor Temis* de José María Ángel Gaitán; cuya estructura integra técnicas de la novela social francesa y de la novela detectivesca, para desarrollar el tema de una famosa banda de ladrones, cuadrilla comandada por el malhechor conocido como el doctor Temis que asolaba las calles bogotanas. Con una tendencia realista cruda, la narración presenta bajo la forma de una novela de amor, entreverada por las técnicas del suspenso y las de la novela policiaca, los vertiginosos sucesos que vive Martín, uno de los protagonistas de la historia y los que sufre la gaviota, una joven lugareña que tuvo que soportar primero la destrucción familiar, la muerte del padre y la ruina total debido a las malversaciones y engaños a que Monterilla, taimado tinterillo y leguleyo, somete a su progenitor, dejándolo en la ruina total, y posteriormente huérfana a ella; situación que aprovecha para vender a la infortunada joven al jefe de la cuadrilla para ganarse un dinero más.[141]

Una de las estrategias evidentes en la narración es el suspenso, el cual se acrecienta no bien llega Martín a la ciudad. Como bien afirma Dove, esta técnica se presenta bajo dos formas: las convenciones y las invenciones (1989, 29). Las primeras se muestran en una estructura básica donde existen la amenaza para el protagonista, (el desconocer las convenciones sociales de la ciudad) y para la joven (el hecho importantísimo de ser mujer y desamparada)

---

141 Los hilos narrativos del protagonista y los de la joven se cruzan después de que cada uno ha vivido diversos acontecimientos. Para la joven los sucesos son cada vez más peligrosos, hasta que el protagonista interviene, gracias a circunstancias imprevistas, y se enemista con el tinterillo y éste al querer destruirlo, hace que las dos vidas se crucen. Al final del relato la gaviota está en vísperas de contraer matrimonio con Martín. La configuración estructural de las tramas argumentales es básica y sus acontecimientos se desarrollan a través de la relación causa-efecto. La primera trama corresponde al presente de la historia y se fundamenta cronológicamente en la línea que desarrolla la existencia de Martín y sus correrías amorosas como provinciano recién llegado a la ciudad. La segunda trama argumental tiene una «duración» temporal que encompasa el término de dos generaciones: la del padre y la de la hija conocida como la gaviota. En esta trama, la voz popular, el chisme y la especulación tienen gran incidencia.

y posteriormente para la cuadrilla de bandidos. Las segundas se explicitan en la serie de historias que el narrador presenta alternadas con la historia principal y la forma en que todas ellas se resuelven. La dinámica del suspenso se genera por medio de la acumulación de tensiones entre las amenazas y las víctimas. En los primeros capítulos, la amenaza principal es la ingenuidad pueblerina del protagonista que lo lleva a creer en espejismos. Las características que se observan del personaje en esos capítulos no son gratuitas; posteriormente se tornan importantes para el desenlace de los acontecimientos.

Los innumerables detalles y personajes que conforman la estructura del relato deben entenderse dentro del contexto de los metagéneros de la novela social francesa y de la de detectives, porque los numerosos pormenores, los diversos personajes y los nutridos incidentes, al ser leídos por un lector desatento o impaciente, que no tiene en cuenta las características de la literatura imperante en la época, que se hallan imbricadas en la composición del texto, creerá que simplemente funcionan como un abigarramiento desproporcionado, que contribuyen a forjar una idea de confusión narrativa.

En 1856, Juan Francisco Ortiz[142] dio a conocer *Carolina la bella*, novela epistolar compuesta por cartas: 1) de los primos Pepe y Roberto, 2) de las amigas Carolina y Anita, 3) de Teodomiro y Roberto, 4) de las amigas Felipa y Anita, 5) una carta que Roberto le dirige a Carolina, 6) la misiva de Teodomiro a Carolina, 7) las cartas de Teodomiro a Pepe y 8) la de un amigo a Pepe.[143] Una de las características más evidentes de estas cartas es que ellas no

---

142 Juan Francisco Ortiz nació en Bogotá en 1808 y murió en Buga en 1875. Estudió en el Colegio de San Bartolomé y fue protegido por el general Francisco de Paula Santander por recomendación de Simón Bolívar como forma de recompensar los servicios que el padre, José Joaquín Ortiz Nagle, prestara a la campaña libertadora. (La historiografía repite una y otra vez el año de 1861, como el de su muerte, tomando las fechas de una obra de memorias del autor: *Reminiscencias de d. Juan Francisco Ortiz (Opúsculo autobiográfico, 1808 a 1861)*. Bogotá: Librería Americana, 1907). Se recibió de abogado en 1833.

143 Las primeras misivas presentan a los personajes principales: Carolina, hija adolescente de don Gaspar, quien junto con su familia viaja a Chiquinquirá; asimismo muestran la reacciones y la atracción que Roberto siente por ella y los conflictos que se crean cuando Roberto sabe que Teodomiro ama a Carolina; de la misma manera relatan el incidente fatal que surge entre los dos. Estas cartas sitúan la acción del relato entre Simijaca y Chiquinquirá. Las segundas expresan los sentimientos de la protagonista, mostrándola con un alma sentimental cargada de los conflictos de la adolescencia y por la debilidad causada por el deseo de ser admirada. Estas cartas también hablan sobre Teodomiro, primo de Roberto y amigo de las dos jóvenes que siente atracción por Carolina; finalmente expresan sentimientos de soledad, vergüenza y culpabilidad y presentan los equívocos que se forman por falta de comunicación. El tercer grupo da a conocer el parentesco entre Carolina, Roberto y Teodomiro. El cuarto grupo informa las incidencias en la relación de los primos Roberto y Teodomiro y la manera en que ellas afectan la vida de Carolina. El quinto grupo acusa de infiel y coqueta a Carolina y de culpable de la situación que acabará con la vida de Teodomiro (un duelo); pues Roberto le informa que él es diestro en el manejo de las pistolas y quedará vivo para recordarle sus actos. El sexto grupo informa sobre los sentimientos exaltados y hasta equivocados de Teodomiro por Carolina, y el presentimiento de una desgracia. El séptimo grupo informa el rechazo que Teodomiro siente hacia Roberto, quien era casi como su hermano; la manera como se desarrolló el duelo a muerte entre los primos; la forma como murió Roberto; la fuga y la pérdida de toda esperanza para Teodomiro. La octava misiva da a conocer la muerte de Teodomiro en Guaduas causada también por las heridas físicas y síquicas provocadas en el duelo con Roberto.

son por lo general respuesta a otra carta. Todas las misivas informan una serie de acontecimientos desde la perspectiva de sus autores. Las únicas que expresan sentimientos son las últimas cartas de Roberto, de Teodomiro y la de Carolina que cierra la obra. En estas misivas se explicita la serie de equivocaciones que condujeron a un final trágico para los involucrados principales. La ideología de las cartas en su totalidad muestra el rechazo violento a una de las costumbres de moda en la época: el duelo. Con el resultado final: la muerte de los primos y la pérdida de Carolina de toda ilusión.

En 1856, Felipe Pérez comenzó a difundir su ciclo de novelas de tema peruano: *Atahuallpa* (1856), *Huayna Capac* (1856), *Los Pizarros* (1857), *Jilma o continuación de los Pizarros* (1858). Estas novelas forman un ciclo novelístico histórico, cuyo referente es la historia de los hermanos Pizarro, conquistadores del suelo peruano y las de Huayna Capac y Atahualpa, últimos Incas del Tawantinsuyo.

Como novelista, Felipe Pérez adoptó técnicas de Walter Scott sobre la novela histórica y representó una parte de la historia indígena y de la conquista española. Empleó situaciones climáticas, sucesión de constantes aventuras o acontecimientos que alteran la trama, para crear suspenso y con él diversas historias secundarias; del mismo modo, los hechos históricos en esos mundo novelísticos surgen de la complicación provocada por el surgimiento de esas tramas. Con estas técnicas compuso esos mundos ficcionales con los modelos proporcionados por Dumas y Sue en Francia, con lo cual se alejó del inglés Scott.

Como estrategia narrativa primordial, Pérez empleó en sus novelas una trama principal con muchos detalles secundarios, logrando efectos realistas, al partir de hechos históricos con los que elaboró complicadas tramas novelescas, que están cargadas de suspenso y tensión. Con estos procedimientos hizo que todos los detalles que se ofrecen, por pasajeros que sean, se hagan importantes para el relato total; es decir, en esas historias no hay detalles superfluos. Además, utilizó pasiones humanas como la venganza, la ira, la codicia, el rencor, los celos; con ellas buscó explicar hechos concretos, pero lo hizo siempre pensando en persuadir y luego convencer al lector. Igualmente empleó la intensificación de las motivaciones, y restó importancia a posibles hechos históricos que si eran verídicos no necesariamente eran llamativos para el lector.

En 1856, Raimundo Bernal Orjuela, quien nació en Turmequé, Cundinamarca y fue comandante del ejército Liberal en 1860, difundió *La familia del proscrito*. Poco tiempo después publicó: *Viene por mi i carga con usted; travesura histórico-novelesca de un curioso desocupado* (1858). En la primera, una voz autorial, que se circunscribe a hechos históricos que conmocionaron a la Nueva Granada, informa:

> El fondo de la narracion es verdadero, terriblemente verdadero: los nombres propios i algunas circunstancias secundarias, no mas, son

ideales. / Levántense ahora los fariseos, los escribas, los publicanos i los sayones de este país, i atrévanse a dirijir palabras melífluas i aduladoras a los artesanos, a la tribu que tenian i tienen marcada con la señal de su abominacion para ir tomando de allí sus víctimas como un rebaño predestinado al sacrificio. / ¿Imajinan ellos que el pueblo-obrero es tan olvidadizo que puedan presentarle hoy trastocados i adulterados los hechos de ayer i hacerle creer que el brazo que lo azotó hasta henderle las carnes i descubrirle los hueso es un brazo amigo? / Farsantes! a vuestras declamaciones insidiosas contestamos con la historia. Tomad, pues, esa copa que llenásteis de hiel i vinagre para que el pueblo la apurase: teneis que tragar las hezes que aun contiene. Los tiempos han cambiado! (1856, 3-4).

Las acciones desarrollan la vida de Antonio desde que era miembro del grupo de artesanos en 1838, donde expresaba sus opiniones y actuaba por sus derechos,[144] pasando por su matrimonio con Graciela, hasta cuando en 1854 como oficial de la guardia nacional fue llamado al servicio activo.[145] En esta situación en diciembre, cayó entre el grupo que el gobierno condenó al destierro en Chagres, «las mortíferas rejiones del Istmo» (1856, 17); dejando abandonadas y sin ningún tipo de protección a su esposa y a su hija; lo cual la voz narrativa censura:

---

144 El movimiento de artesanos tuvo muchas implicaciones sociales y políticas a mediados del siglo XIX en la Nueva Granada. En 1850 en el periódico *El Artesano* de Cartagena se leía: «Nosotros, artesanos humildes, pero deseosos de conservar nuestra dignidad política de hombres libres, contestamos a estos apóstoles de la abyeccion, diciendo: "Zapatero, como artesano, ve por tus zapatos; como ciudadano ve por tus derechos i observa tus deberes". –I secundando con el ejemplo este principio, nos presentamos ante la sociedad atendiendo cumplidamente a nuestros respectivos talleres, haciendo uso del derecho que nos da la constitucion de manifestar nuestros pensamientos por la imprenta, i llenando el sagrado deber de velar por la conservacion de las libertades públicas, el cual estamos resueltos a llevar hasta el estremo de sacrificar la vida por la Patria» (Anónimo 1850, 1).

145 El referente del mundo narrativo es la situación social que ocurrió entre 1853 y 1856, cuando la sociedad neogranadina hizo uso por primera vez del voto universal y secreto (para todos los hombres casados o mayores de 21 años) para obtener los cargos gubernamentales; así surgieron tres corrientes: el partido conservador, el partido liberal radical y el partido liberal neto (draconianos, compuestos por los artesanos, los empleados públicos y otras capas populares) que lucharon para consolidar el gobierno de Obando. Por las alianzas entre los conservadores y los radicales en contra de los draconianos, los militares y los artesanos, las Sociedades Democráticas se sublevaron, apoyaron a Melo y se produjo el golpe de estado del 17 de abril de 1854. Los artesanos pasaron a conformar el ejército de este gobierno; mientras que los otros grupos se aliaron, derrotaron a Melo y apresaron a miles de artesanos. Muchos de ellos fueron sentenciados a Chagres en Panamá. «Arrancados a la fuerza de su medio natural, sin medios de subsistencia, mal llevados a una distancia tan lejana y apartada, ninguno tenía la posibilidad de sobrevivir y todos murieron. En la Colombia del año 2004, es como si de una población como Guasca (Cundinamarca) sacaran, rumbo a la muerte, a 300 de sus habitantes, el escándalo sería universal y, sin embargo, un silencioso velo ha cubierto esta terrible masacre de unos artesanos condenados a muerte por luchar por sus ideas, por atreverse a desafiar a la clase gobernante. Bogotá tenía un poco menos de 30.000 habitantes, luego el 1%, por lo menos, fueron condenados a muerte por fiebre amarilla; sería lo mismo que condenar a muerte, en la actual megacapital de Colombia (año 2005) a 85.000 personas sin que nadie elevara su voz de protesta y no se le diera dimensión al acto horrible y criminal de Tomás Cipriano de Mosquera y su cauda de gólgotas y conservadores» (Llano Isaza 2005, 190).

> Pero ¡ah! Los que asi partieron para Panamá son guaches, jente de ruana. ¡Ah, democracia, democracia! La democracia en Paris la representa la blusa: por eso se la deporta para Cayena: en Madrid, la chaqueta; por eso se la deporta a las Baleares o a las Filipinas; en Bogotá, la ruana, por eso parte maniatada para Panamá: las fórmulas están por demas cuando se trata de esa jente, i gobiernan los conservadores» (1856, 18).

La ideología de estas palabras inserta el texto dentro de la historia claramente con una posición liberal testimonial, proartesanos, draconiana, que promovía un cambio social, porque los hechos pasados no habían emancipado a los trabajadores; por el contrario, denunciaba cómo los habían engañado, usado, burlado y por desprecio, los habían eliminado, porque eran «guaches, jente de ruana». La novela efectúa una retrospección histórica para mostrar que la sociedad no se había transformado, porque la democracia no representaba a la mayoría. No obstante, lo trágico de la situación, la voz narrativa muestra optimismo de que el cambio se produciría con el tiempo; a la vez que, expresa certidumbre de que su crítica a ese presente tendría un fruto liberador. La narración termina con la destrucción de la familia de Antonio a manos de dos hombres que engañan, acosan, abaten, deshonran y abandonan a las desamparadas mujeres, llevando a la hija a la perdición y empujando a la madre al suicidio. Con esto, condenan a Antonio a buscar venganza para resarcir los ultrajes recibidos. La voz narrativa cierra con este mensaje:

> ¡He aquí vuestra obra, *Ciudadano José de Obaldía*, i la de vosotros ¡conservadores! que acertásteis a esplotar la vanidad i el miedo de aquel tránsfuga! / ¡Vendísteis la amistad, traicionásteis la bandera liberal e inmolásteis a los mismos a quienes precipitásteis a la revolucion! / Vuestras víctimas son mui desgraciadas; pero aun lo son ménos, porque creen que para vos hai... el infierno! (1856, 23).

Palabras que señalan el sentir de un grupo de la población que se sabía traicionado y que buscaba ser oído al exponer el caos social creado en la base de la sociedad; ya que los que habían sido acusados, condenados y eliminados, habían sido artesanos, gente de trabajo, que había aspirado a tener una vida mejor; pero al sostener el poder del gobierno; pero como no tuvieron apoyo de las clase altas, los habían usado para dar un castigo ejemplar al resto de la masa de la población.[146]

En 1858, El marco narrativo de *Viene por mí i carga con usted; travesura histórico novelesca de un curioso desocupado* lo forman los amores de Alfonso con una joven trabajadora y hacendosa, quien es rechazada por Beatriz, tía del muchacho. En realidad ese marco, sirve para presentar la actuación extrema que las mujeres adoptan cuando entienden mal la religión y se dedican a la beatería y al chisme. La narración también ofrece una acerba crítica a los

---

[146] El historiador conservador José Manuel Restrepo consideró consideró que hubo justicia, por lo cual plasmó para la posteridad: «Un excelente método para purgar a Bogotá de la peste democrática» (Restrepo 1954, IV: 523).

sacerdotes libidinosos, quienes amparándose bajo la dignidad que han aceptado cometen toda clase de transgresiones y abusos. Junto a esto, expone del mismo modo las atrabiliarias reacciones de malentendido honor y falso comportamiento de los "respetables" caballeros santafereños como Ignacio.

Las acciones narrativas suceden entre 1857 y 1858; por tanto, son totalmente contemporáneas al momento de escritura. Todas tienen como eje central que las comunica: la iglesia y sus ritos; puesto que cada una de las historias que surge, se halla conectada por hilos narrativos que llegan a la institución o salen de ella. La representación es de un crudo realismo, lo que permite comprender mejor lo que era el grupo humano caracterizado, el cual estaba controlado por la manipulación de unos y las creencias equivocadas de otros.

El personaje de Beatriz en nombre de la religión destruye reputaciones y vidas humanas, soborna y engaña, finalmente intenta convencer a Alfonso de que acepte las relaciones que le propone con Carmelita, quien es hermana carnal del joven, hecho que la primera sabe con certeza. Beatriz está convencida que su actuación siempre es correcta, por eso se encoleriza cuando Alfonso se niega a seguir sus designios, hasta el punto de sufrir un ataque de bilis:

> Beatriz cayó al suelo exánime y sin aliento; Alfonso corrió a ausiliarla pero tarde, porque ya no daba señales de vida. Pocos momentos despues dió, sin embargo, un fuerte estremeson de cuerpo, y una horrible serpiente salio de su boca ennegracida; las facciones se le contrajeron, y variando rápidamente de colores durante el ataque, se le pusieron hinchadas y de un color cárdeno negruzco, que le daba un aspecto horroroso: la mano sacrílega conque habia hurtado unas cartas ajenas, para emplearlas como base de un crimen, se deshizo completamente. En suma, ya no existia sino una mole inanimada que se iba corrompiendo por grados, y bien pronto un olor repugnante a piedra-azufre, se extendio por toda la sala (188).

Además de una acertada descripción de lo que el chisme, las intrigas y la maledicencia causan socialmente, y junto a la complicada estructura narrativa que proviene de la vinculación intrincada de las diversas historias, modeladas tanto en la novela folletinesca, como en la del Realismo francés de mediados de siglo, la narración emplea lo sobrenatural como técnica, para explicar el dicho que titula la novela: «Viene por mí y carga con usted». En el uso de lo asombroso y de lo fantástico en este final del personaje se manifiesta la influencia de la narrativa francesa, que desde la década del 30 de ese siglo había revalorado estas estrategias fantásticas,[147] con la traducción de *Phantasiestücke*,

---

147 En 1830, Charles Nodier y Gérald de Nerval publicaron ensayos sobre lo fantástico. Pero desde 1772, Jacques Cazotte había divulgado *Le diable amoureux*, que influenció en el siglo XIX a Ampère, Nerval, Nodier, Balzac y Gautier entre otros. Entre los textos fantásticos que estos escritores publicaron están: Charles Nodier: *Une heure ou la Vision* (1806), *Smarra, ou les démons de la nuit* (1821), *Infernalia* (1822), *Trilby ou le lutin d'Argail* (1822), *L'Histoire du roi de Bohême et de ses sept châteaux* (1830), *Le vampire de bien* (1831), *La Fée aux miettes* (1832), *Mademoiselle de Marsan* (1832). Théophile Gautier: *La cafetière* (1831), *La morte amouruse* (1836), *Le pied de momie* (1840). Gérard *de Nerval: La Main*

colección de cuentos de E. T. A. Hoffmann realizada por Jean-Jacques Ampère.[148]

Fuera del aspecto fantástico del final, la captación de la realidad que se observa a lo largo de la historia de *Viene por mí i carga con usted; travesura histórico novelesca de un curioso desocupado* es totalmente verosímil, es convincente. De este tipo de intención explícitamente realista se ha dicho que: «una aptitud para la representación identifica a la obra con una imago mundi –la imagen es a la vez la de los realia, de las acciones, de los símbolos y de las creencias. Esta es la vulgata de los realismos y de los naturalismos literarios que se constituyeron a partir del siglo XVIII» (Bessière 1993, 356). «Decir realismo equivale a señalar los programas y los efectos puestos en acción para garantizar el "pacto referencial" –*efecto de real*– (Barthes, 1968); *efecto de autoridad*» (Bessière 1993, 358). Esta cercanía a la realidad social, a la representación precisa expone no sólo la intención del escritor, sino el movimiento literario al que se adscribió: el Realismo de medio siglo.

Como ya se señaló, José María Vergara impugnó este texto en *El Mosaico*:

> [E]sa novela esta escrita al servicio de un partido i en contra de otro. (...). La idea de contraponer i contrastar un sacerdote según la lei del Cristo; con otro que carga venenos i puñales hasta debajo del solideo, viene desde la publicación del Judio Errante: los tipos del padre Rodin i del padre Gabriel andan por el suelo. Creo que no hai palabras bastantes para deprimir al mal sacerdote, pero yo obro de otro modo en mis creencias. (...) / No: la novela del señor Bernal no es novela de costumbres! Esas costumbres no son las de mi noble país! (Areizipa 1859, 139-140).

Vergara estaba determinado ideológica y culturalmente por su enseñanza española y religiosa a ultranza y su ubicación dentro del partido conservador; era incapaz de aceptar nada que no estuviera dentro de los parámetros mentales que poseía y se pensaba con autoridad para demandar e imponer a los autores cómo y qué escribir; como ya señaló, a su hermano mayor Eladio, quien le llevaba 10 años, le había censurado directamente la representación que él había efectuado en *El Mudo*, calificándola de: «barbaridades como la

---

de gloire (1830), *Le Monstre vert* (1849), *Aurélia* (1855). Prosper Merimée: *Charles XI* (1829), *La Vénus d'Ille* (1837). Balzac: *La peau de chagrín* (1831) (*La piel de zapa*), *Melmoth réconcilié* (1835), *Le Colonel Chabert* (1835). Frederic Soulie: *Les Deux cadavres* (1832), *Les Memoires du diable* (1837-1838). *Alexandre Dumas Histoire de la dame pâle* (1849) (véase: Hollier, 1989).

148 Junto con la literatura española, la francesa ejercía fuerte influencia a mediados del siglo XIX en la Nueva Granada. Por esta razón, es una afirmación equivocada, la que hizo Pineda Botero al estudiar: *Viene por mi i carga con usted* de Bernal Orjuela, sobre el empleo de lo sobrenatural y de lo fantástico en la novela, como producto de que los neogranadinos «continuaban dándole cabida a tópicos fantásticos, de origen medieval, transmitidos por vía oral, dentro de la más arraigada tradición española; las ideas de la Ilustración seguían siendo patrimonio exclusivo de una élite» (1999, 130). Con el desarrollo que tuvo el género fantástico en Francia a partir de 1830, no hay que pensar que la oralidad medieval española pervivía y era la causa de que este tipo de escritura se representara en la ficción. Los escritores decimonónicos, especialmente los liberales, estaban al día en lo que sucedía en Europa.

introducción violenta de los R.R. P.P. que no apruebo» (Vergara y Vergara 1852, 131). De ahí que criticara ácidamente la labor de Bernal, porque no se adaptaba al tipo de narración tradicional que a él le gustaba e impulsaba: la costumbrista, y, a la vez, porque se explicitaban relaciones de la Iglesia y su influencia y permisividad en las conductas humanas. De ahí que Vergara rechazara rotundamente la intención, los modelos narrativos y los resultados de la escritura de Bernal.[149]

Entre Ud. que se moja (novela enteramente bogotana i dedicada a mi amigo el señor Eugenio Díaz), de José David Guarín, se publicó paralelamente a *Manuela* en *El Mosaico*. En ella, el narrador al salir de la imprenta del diario *La Nación*, donde acaba de comprar la obra *Don Ventura Ahumada*, encuentra un vendaval que le impide caminar sin peligro de tener un accidente por la cantidad de agua y el temporal que se ha desatado. Al acercarse a un alero de una casa, una señora le abre la puerta y le dice: «Entre Ud. que se moja». La invitación le llega tarde porque ya está completamente empapado; adentro le suceden una serie de circunstancias curiosas producto de casualidades, donde se halla involucrado y tiene que descifrar los enigmas.[150]

La estructura de esta novela corta se basa tanto en técnicas de la novela folletinesca: el enredo, las aventuras con misteriosos personajes, la anécdota sentimental, como en las del Realismo francés de medio siglo, para estructurar un argumento de coincidencias, que adquiere su punto central más fuerte en la reunión de extraños, que por una situación especial se cruzan en el tiempo y en el espacio con circunstancias que se conjugan aparentemente

---

149 Curcio Altamar escribió sobre esta novela: «con un embrollo felizmente ejecutado, de amenísima lectura, entreverada con gracejos maliciosos e irreverentes, donde se ridiculizan los dimes y diretes de las beatas y gazmoñas santafereñas y la afectación religiosa en general. A causa de ridiculizarse en ella la figura del sacerdote católico fue duramente criticada esta novela por José María Vergara y Vergara, quien la consideró puesta al servicio de "una idea de partido", reprochándole lo mismo que Quijano Otero criticaba en *Olivos y aceitunos*» (1975, 98).

150 Cuando el narrador entra a la sala ve a dos hombres disfrazados que lo miran; poco después sabe que eran transeúntes como él, que habían sufrido los mismos percances por causa del agua y que a él, al cambiarse la ropa mojada y aceptar la que la señora le ofrece, le toca formar parte de la comparsa que se forma en la sala de la casa de la anfitriona. Mientras pasa la borrasca, todos forman una tertulia y comienzan una conversación a raíz del título de la obra que el narrador lleva. La dueña de casa dice haber sido comadre de don Ventura y uno de los otros hombres asevera que don Ventura había sido la causa de que él no hubiera podido casarse. Se prometen contarse todas las historias. De esta forma el hombre que había llegado primero comienza a contar cómo a través de una serie de equívocos desafortunados había ido a parar a la cárcel de don Ventura y éste casi lo había obligado a contraer matrimonio con la criada de la muchacha a quien él amaba, creyendo que él la enamoraba. Cuando el joven le confesó amar al ama y no, a la criada, don Ventura le dijo que él había obligado a casar a un oficial con la joven. Quien contaba, comunica que se había entristecido y casi había muerto de pesar, ya que el militar era su amigo y éste pretendía a la criada y no al ama. Quiso entonces hacerse religioso, pero don Ventura le hizo cambiar la resolución diciéndole que era mejor irse de militar. Así, estuvo siete años en el servicio, siete viajando y más de cinco deambulando por diversos lugares, después de saber que su amada, al quedar viuda, había muerto. En este punto, la dueña de la casa, interrumpe al hombre, le pregunta datos de la joven que él ha amado y de la familia. Él se los da y para sorpresa de los dos, gracias a una carta se reconocen después de más de 20 años de estar separados. Deciden casarse e invitan al narrador en calidad de padrino de la boda.

al azar y sin que medie un intento directo de reunión por parte de los implicados. El momento del reconocimiento sucede por la serie de coincidencias que se acumulan y que comienzan a resolverse, creando incertidumbre y anticipación tanto dentro del relato en la actuación de los personajes, como extratextualmente en los receptores de la narración. Las coincidencias y el suspenso, el reconocimiento y la resolución de misterios son parte de las técnicas que con lo fantástico y las del Realismo se harán muy familiares para los narradores del medio siglo.

En el conjunto de relatos y novelas que se produce a partir de 1845 en la Nueva Granada no existen los manidos tipos del *costumbrismo*;[151] por el contrario junto a las novelas históricas de Felipe Pérez, entrelazadas de sucesos movidos por la casualidad y tejidos por el suspenso que vincula los recursos narrativos de la novela histórica, con los de la novela de folletín, en las otras también predominan las técnicas de las novelas francesas de Balzac, Sue o Dumas; en todas ellas se ponen en juego numerosos artificios para representar junto al suspenso y al melodrama, la realidad movida por la complicada relación de los personajes con su medio ambiente; por las intenciones realistas en la plasmación de los mundos ficcionales, por los relatos completamente gobernados por la causalidad y por la objetividad de los narradores. La amplitud del ámbito social de esos mundos abarca diversas capas, ofreciendo así una percepción de fenómenos más generales; por tanto, en ellos se proporciona una comprensión más racional de la sociedad del momento que les sirve de referente. Los novelistas del medio siglo eran asiduos y concienzudos lectores, conocedores de lo que se producía en Francia y de quién lo producía; de esos modelos obtuvieron estructuras narrativas, observaron rasgos, descubrieron temas, encontraron aplicaciones y construyeron sus relatos en los que a la vez que combinaron el drama, el suspenso y la aventura, propusieron soluciones narrativas a problemas sociales esenciales que denunciaban y criticaban. Estos textos, testimonio de una época, conforman la parte de la novelística colombiana que antecede a *Manuela*.

---

151 Mientras Vergara demandaba e imponía el costumbrismo a todo el que escribiera ficción, Quijano Otero, su amigo, al presentar *Olivos y aceitunos*, única novela de Vergara, explicitó: «¿Pero qué clase de novela ha escrito mi compadre? Es cierto que todos los episodios que en ella narra tienen completa verosimilitud; pero no hay esa trama que se requiere en la novela de nuestros días para darle tal nombre (...). Pero ¿entonces qué es lo que ha escrito mi compadre? Indudablemente un artículo de costumbres» (1972, 6, 7).

3.2. El contexto político-social de la Nueva Granada

Como ya se ha señalado, el clima político neogranadino de la década anterior a la escritura y al comienzo de la publicación de las obras de Díaz Castro lo marcaron varias circunstancias: La administración de Tomás Cipriano de Mosquera (1845-1849) comenzó una serie de cambios para modernizar el Estado, entre ellos la de contratar extranjeros especializados en diversas áreas científicas y técnicas que laboraron como ingenieros, arquitectos, profesores de colegios y universidades, acuñadores de monedas, etc.; además, en ese gobierno se aspiró a la creación del Banco Central y del Colegio Militar, y se adquirieron cinco mil libros en Europa destinados a la Biblioteca Nacional.

Asimismo, con ayuda de capital extranjero, se creó en Londres una compañía para reanudar la navegación por el Río Magdalena, cuyo presidente fue Manuel María Mosquera, hermano del Presidente de la Nueva Granada. Pocos meses después, se establecieron dos nuevas compañías: «La Nacional» de Santa Marta y la «Compañía de Cartagena» para apoyar la organización fundada en Londres, para desarrollar la navegación a vapor por el Magdalena, que muy pronto recibió mucho impulso. Esta circunstancia hizo que el correo del exterior se agilizara y se hiciera más frecuente su llegada a las costas del país.[152]

También se dio comienzo a la construcción del ferrocarril interoceánico de Panamá, lo mismo que a la construcción del Capitolio de Bogotá, contratando al arquitecto Thomas Reed para diseñarlo; se estimuló la imprenta y la litografía; se centralizaron las cuentas del Tesoro, se estructuró mejor el sistema de correos interno; ya que el externo se había hecho más efectivo; se popularizó el sistema decimal francés para el dinero, las pesas y las medidas; además se introdujo el estudio de muchas materias útiles (véase: Pérez 1883, 61). Del mismo modo, se construyeron o mejoraron caminos importantes: el de Ibagué a Cartago, el de Cali a Buenaventura, el de Bogotá a Honda. Asimismo, en 1847 se concedió la libertad de cosechar tabaco, la cual garantizó la navegación por el río Magdalena, por la cantidad de carga del producto que comenzó a movilizarse por ese medio. También, se hizo una rebaja sustancial en las tarifas aduaneras, que abrió la puerta a importaciones de productos extranjeros, en especial las telas de lana y algodón, la harina, las manufacturas de cuero, los sombreros y la loza (véase Guerra Vilaboy 2000, 94-97).

El establecimiento del nuevo plan de estudio que se ideó desde 1842 y 1844 y que finalmente se impuso en 1847, estableció en el área universitaria una disciplina más rigurosa para los estudiantes; pero se retornó a la influencia del

---

152 El trayecto de la costa a Bogotá antes de establecerse la navegación a vapor por el Río Magdalena era extremadamente largo. De la costa (Cartagena o Santa Marta) a Mompox duraba de 7 a 15 días; de Mompox a Honda de 20 a 40 días, y el tramo de Honda a Bogotá que debía hacerse por mula duraba de tres a cuatro días con buen clima (véase: Guzmán 2002, 126).

clero en la educación superior; además de que se centralizó el currículo, y se eliminaron autores y obras de éste (Bentham, Destutt de Tracy). Sin embargo, esa reorganización tuvo éxito parcial en la formación de una juventud conservadora, pero fue abiertamente rechazada por los nuevos jóvenes liberales (véanse Helguera 1958, 168-178; Martínez 2001, 53-63; Samper 1881, 102).

(Plaza Mayor de Bogotá. Acuarela de Edward Walhouse Mark, 1846. Colección del Banco de la República)

Para 1848,[153] El gobierno de Mosquera inauguró la Escuela Militar para cadetes; del mismo modo, instaló el Instituto Caldas, cuyo fin fue impulsar la instrucción y la cultura, fomentar la industria, promover los trabajos científicos, desarrollar las comunicaciones y el progreso general del país. El instituto se dividió en cuatro clases: 1. de Educación, 2. de Beneficencia, 3. de Fomento y Mejoras materiales, y 4. de Inmigración, Estadística y Vías de Comunicación. La clase de Educación, tenía por objetivo: «propagar la instruccion popular sólida i pronta: su fin afianzar las instituciones republicanas en la bien entendida ilustración del pueblo» (Ancízar 1848, 8). Entre las diversas metas, promovió y protegió el establecimiento de gabinetes de lectura, de bibliotecas circulantes y de periódicos pequeños, e impulsó la publicación de libros escogidos que estuvieran al alcance de todos (véase: Ancízar 1848, 8-9).

La clase de Beneficencia tenía por objetivo: «morijerar a fondo el pueblo jornalero». Para eso se intentó estimular el aprendizaje de artes oficios; promover el establecimiento de sociedades; impulsar la consolidación de las Cajas

---

[153] «Una tarde del mes de mayo de 1848 la buena nueva de la triunfante segunda revolución francesa despierta a la fría y conventual Bogotá. La noticia corre de boca en boca: el 24 de febrero anterior había caído Luis Felipe de Orleans, pues había triunfado la revolución en París. Eran vencedores los nuevos postulados políticos con su ideal prédica social a favor de los desamparados y en contra de la injusticia económica, los cuales se habían convertido en la bandera del proletariado naciente. (...) En Bogota, la noticia significaba el triunfo de la libertad. (...) La prensa santafereña de la época – *El Aviso, El Neogranadino* y otros más– se dedicaron a divulgar los sucesos parisienses de febrero, en forma detallada. Publicaban las proclamas, los decretos, las arengas de los líderes franceses, y lo hacían como si defendieran una causa propia. Sabían y divulgaban igualmente la existencia de la **Sociedad Democrática** que habían organizado los obreros de París, así como el papel destacado que ella desempeñó en las jornadas revolucionarias» (Rodríguez 1984, 231-232).

de Ahorros; propagar nociones sencillas de higiene y desarrollar el estudio de enfermedades como el bocio y la lepra; del mismo modo, establecer y mejorar hospicios, hospitales y casas de refugio. También propuso la abolición absoluta de la pena de muerte y la reorganización de las prisiones (véase: Ancízar 1848, 9-10). La idea de la organización provino de Manuel Ancízar; sin embargo la organización efectiva del Instituto fracasó y dejó de existir oficialmente en 1850. No obstante, de la institución se originó la concepción de la Comisión Corográfica, la organización de la nomenclatura urbana de Bogotá, el estudio cartográfico del territorio y la publicación estadística general de la Nueva Granada.

De la estructuración social que se emprendió ayudando a las industrias, a la educación, a las asociaciones y también como reacción a la legislación sobre eliminación de impuestos a las importaciones, durante este gobierno los artesanos comenzaron a organizarse para protegerse contra la disminución y casi eliminación de sus productos por la competencia de la industria extranjera.[154]

Los artesanos se habían agrupado y en 1846 habían fundado la Sociedad de Artesanos y Labradores de Bogotá, que en 1848 cambió el nombre a Sociedad Democrática de Artesanos;[155] cuya mayor preocupación era lograr una protección para sus industrias. Especialmente cuando por la ley de 1847 se unificaron en un solo derecho de importación todos los derechos que gra-

---

154 «[L]a mayor parte de los artesanos de esta capital han determinado formar una sociedad con el objeto de promover todo lo que puedan i crean conveniente para el adelanto i fomento de sus respectivos oficios, lo mismo que la instruccion de sus miembros en otros ramos de necesidad é interes; i como en la junta preparatoria que tuvo lugar ayer, me cupo la honra de ser nombrado Presidente, pongo en conocimiento de U. dicha determinacion, con el objeto de que sepa que la sociedad de que voi hablando no se reunirá con ningun fin prohibido por la lei, i que antes bien merece la proteccion de las autoridades. Con sentimientos de consideración i respeto me suscribo de U. su mui obediente servidor

Q. B. S. M. El Presidente, *Ambrosio López*» (López 1851, 56).

155 «La *Sociedad Democrática* en Bogotá, creada en 1848, fue invención de varios *Lopiztas*, entre ellos José María Vergara Tenorio (joven de gran capacidad, considerable instrucción y mucho valor moral) y Fernando Conde que redactaban *El Aviso*, Ricardo Venegas, redactor de *La América*, y otros liberales entusiastas, a quienes pareció conveniente mover las masas populares por medio de los artesanos, con el fin de hacer triunfar la candidatura del General López. Los artesanos de Bogotá, en su gran mayoría, habían sido hasta entonces gobiernistas, mejor dicho, materia disponible para servir como soldados y sufragantes al Gobierno, bajo influencia de los jefes y capitalistas conservadores y del clero. ¿Cómo sustraerles a esta influencia y ponerles del lado del liberalismo? Se creyó que lo más eficaz para este fin era halagar sus pasiones (porque ideas no tenían), hablándoles de *emancipación, igualdad* y *derechos* (jamás de deberes), y su amor propio, con la perspectiva de convertirse ellos, a su vez, en una potencia política y social, mediante la asociación permanente de sus unidades dispersas. Por eso la sociedad fue llamada Democrática de *Artesanos*. (...) convenía neutralizar su fuerza material con otra más inteligente; y tanto por esta conveniencia, como por entusiasmo democrático, centenares de jóvenes e individuos que no eran artesanos se hicieron recibir miembros de la Democrática. Yo fui de este número y entré con todo el calor de un liberal sincero (...).

¿Qué hacíamos todos en la Democrática? Perorar, diciendo casi todos los más estupendos dislates, agitar las pasiones, practicar la política tumultuaria y organizar las fuerzas brutas del liberalismo. Jóvenes y artesanos proponíamos y proclamábamos las cosas más estrafalarias (...). En breve las Democráticas se multiplicaron en toda la República» (Samper 1881, 189-191). Véase la narración de Samper sobre la manera en que se separó definitivamente de la Sociedad Democrática (1881, 207-209).

vaban las importaciones de mercancías extranjeras, permitiendo la importación de un mayor volumen de éstas con precios reducidos, lo que ponía en seria desventaja la producción artesanal de la Nueva Granada.

Al mismo tiempo, las divisiones políticas dieron origen a la fundación del partido liberal colombiano en 1848[156] y a la del partido conservador[157] en 1849; sufriendo el liberal poco tiempo después, una escisión entre gólgotas y draconianos. Los primeros eran los radicales, grupo conformado por la élite económica, social y política del partido, quienes promovieron muchos de los cambios políticos del momento y quisieron establecer el libre cambio: «hijos de letrados o de comerciantes acomodados; jóvenes de origen más modesto pero dotados de un buen nivel de educación, que sabrán aprovechar al entrar en la arena política» (Martínez 2001, 68). Mientras que los draconianos eran moderados, deseaban una institución castrense fuerte, buscaban la preservación de los privilegios sobre las tierras baldías, eran partidarios de la pena de muerte, sostenían el poder del gobierno y poseían intereses proteccionistas.[158] Los miembros de ambas facciones liberales se acercaron a los artesanos para conseguir votos para sus elegidos; pero al poco tiempo, los gólgotas[159] se separaron de ellos. La vida política de los draconianos[160] como

---

156 «[E]l 16 de julio de 1848, aparece publicado en el periódico bogotano *El Aviso* un extenso artículo de Ezequiel Rojas bajo el título "La razón de mi voto". En él proclama a José Hilario López como candidato liberal del grupo liberal y a la vez expone la primera plataforma doctrinaria de liberalismo colombiano, con sistema y unidad» (Rodríguez 1984, 219-220).

157 El 4 de octubre de 1849, Mariano Ospina Rodríguez y José Eusebio Caro publicaron, en el periódico *La Civilización*, un artículo titulado «Declaratoria política», que se conoce como el primer programa del partido conservador (véase: Ospina Rodríguez, Wise de Gouzy 1990, 24-27). «Para la misma época que se inició el proceso de integración del partido liberal, se empezó a agitar en sectores de los ministeriales la necesidad de unir las diferentes corrientes que en esos momentos dividían al partido ministerial, en un partido, que a semejanza de los europeos en principio y en nombre se denominase conservador. / Julio Arboleda, terrateniente esclavista y destacado dirigente de los ministeriales, en un discurso en la Cámara de Representantes en la legislatura de 1848, se pronunció a favor de organizar en la Nueva Granada el Partido Conservador» (Escobar Rodríguez 1990, 162).

Sobre los conservadores de la época se ha dicho: «El conservatismo, podía, sin embargo, exhibir una lista bastante extensa de notabilidades que había figurado desde siempre en posiciones más o menos importantes dentro del gobierno o a las que distinguía cierta celebridad local. Entre ellos figuraban Eusebio Borrero, Joaquín Barriga, Mariano Ospina, Manuel María Mosquera, Ignacio París, Eusebio María Canabal, Juan de Francisco Martín, José Joaquín Gori y Rufino Cuervo» (Colmenares 1968, 101-102).

158 Entre los draconianos se contaban: Lorenzo María Lleras, José Antonio Gómez, Francisco Antonio Obregón, Ramón Mercado, Lisandro Cuenca, Rafael Eliseo Santander, Juan Francisco Ortiz Rojas, Patrocinio Cuéllar, Vicente Lombana, Joaquín Pablo Posada y otros (véase: Llano Isaza 2005, 10). «Ni todos los artesanos fueron draconianos, ni todos los draconianos fueron artesanos: hubo draconianos que fueron militares (Obando, Melo, Mantilla, Mallarino, Madiedo, Góngora), otros fueron curas (Azuero, Aláix, Girón, Afanador), los hubo abogados (Obregón, Cúellar, Cuenca, Lombana, Lorenzo María Lleras, Rafael Eliseo Santander) y hasta periodistas (Posada, Gutiérrez de Piñerez, Del Villar, Pedro Neira Acevedo). (...) Seis exgobernadores eran de la cúpula draconiana: Ramón Mercado en la Provincia de Buenaventura, que tenía por capital a Cali. Francisco Obregón de Antioquia; consuegra de Sabanilla; Beriña en el Cauca, Tunja y Cundinamarca; Ramón Ardila en Pasto y José María Maldonado Neira en Chocontá» (Llano Isaza 2005, 26-27).

partido fue muy corta, entre 1850 y 1854, extendiéndose máximo hasta 1856, al punto que para 1860, eran apenas un recuerdo político (véase: Llano Isaza 2005, 40).

Los problemas entre los jóvenes radicales y los artesanos empeoraron después de que éstos obtuvieron una victoria contra los conservadores por la abolición de la esclavitud; debido a que las peticiones de los artesanos fueron rechazadas en el Congreso, que estaba controlado por los gólgotas. Éstos empezaron a aliarse con los conservadores; de esta manera surgieron enfrentamientos entre los terratenientes y los grandes comerciantes contra los artesanos y los militares (véase: Escobar Rodríguez 1990, 170).

En todas esas situaciones sociopolíticas que mantenían la vida neogranadina del medio siglo alerta y en completo movimiento, la prensa desempeñó un papel esencial; ya que los partidos emplearon las páginas de los periódicos, los panfletos y las hojas volantes para difundir tanto la lucha ideológica, como para hacer llegar información sobre todo lo que sucedía en el exterior que era pertinente para sus intereses. Desde esas páginas se libró un cerrado combate de ideas, se estructuró la visión de lo que deseaban, se informó y desinformó sobre situaciones polémicas y puntos programáticos, movilizando opiniones, atribuciones, actitudes, propaganda para influenciar a los lectores, y así lograr adeptos para los fines propuestos.

> La prensa liberal se convirtió en el vínculo efectivo entre los artesanos, los jóvenes estudiantes, pequeños comerciantes y otros sectores populares. (...) La prensa conservadora combinó en su polémica el análisis político e ideológico con la calumnia y la difamación.[161] (...) La prensa socialista estuvo representada en ese periodo por *El Alacrán, La Revolución* y *El Comunismo Social*. (...) fue una toma de posición junto a los artesanos y sectores pobres del pueblo, contra los ricos terratenientes, grandes comerciantes, agiotistas, usureros y especuladores, en fin fue una despiadada e implacable crítica contra los privilegios y la oligarquía del país. (...) La actividad propagandista de los artesanos se llevó a cabo principalrnente a través de panfletos y hojas volantes, y la publicación de algunos periódicos de vida efímera. (...) Puede decirse que las Sociedades Democráticas fueron organizaciones liberales y que la inmensa mayoría de los artesanos afiliados a ellas fueron liberales; pero en la medida en que el congreso de mayoría liberal negaba las

---

159 «Los gólgotas se dejaron llevar por las teorias que preconizaban Locke, Malthus, Bentham, Adam Smith, Spencer, Byron y Walter Scott» (Llano Isaza 2005, 38).

160 «Los inspiradores de los draconianos fueron los socialistas utópicos franceses como Lamartine, Sue, Proudhon, Cabet, Condorcet, Fourier y Saint-Simon» (Llano Isaza 2005, 38).

161 «La calumnia y la difamación a los miembros del gobierno, a los dirigentes del partido liberal, a los representantes de la Sociedad Democrática y a los congresistas liberales, fueron argumentos muy usados por la prensa conservadora» Escobar Rodríguez 1990, 187).

peticiones de los artesanos en defensa de su industria y de sus intereses, se va produciendo un viraje en la propaganda artesana de abierta oposición a la mayoría liberal de los Gólgotas; y posteriormente a los sucesos del 17 de abril de 1854 –la insurrección artesano militar–, se manifiestan abiertamente contra los partidos liberal y conservador, pero sin dejar de ser liberales» (Escobar Rodríguez 1990, 186-192).

Periódicos existentes entre 1848-1853							
Ciudades	1848	1849	1850[162]	1851	1852	1853	Total
Bogotá	23	38	31	12	21	14	139
Otras	22	28	56	16	27	21	170
Total	45	66	87	28	48	35	309

(Gustavo Arboleda en Escobar Rodríguez 1990, 184).

La elección de José Hilario López (1849-1853), sucesor de Mosquera en el gobierno, dio pie a una serie de cambios liberales: se pidió la remoción de todos los empleados conservadores hostiles al gobierno y la expulsión de los jesuitas del territorio, defendidos por Mariano Ospina Rodríguez y José Eusebio Caro, lo cual creó mucha tensión social. Sin embargo, entre diversos decretos, se abolió la pena de muerte, se protegieron los grados académicos, se terminó de derogar el monopolio del tabaco, se disminuyó el ejército en más de una tercera parte, se dio franquicia completa al Istmo de Panamá y se reorganizó administrativamente la hacienda nacional. En junio de 1850 se dictó el decreto de expulsión de los jesuitas y se continuó la remoción de los empleados conservadores. Ese año se decretaron la ley de descentralización de gastos y rentas, la ley sobre libertad de enseñanza, la ley de disolución de los resguardos. Posteriormente, se eliminó el fuero eclesiástico, se abolió completamente la esclavitud, se ordenó que los cabildos eligieran a los curas, se decretó absoluta libertad de prensa, se eliminó la prisión por deudas, Así mismo, se intentó lograr la descentralización del gobierno; también se instituyó el matrimonio civil, se instauró el sufragio universal masculino y se reconoció el derecho de cada provincia a diseñar su propia constitución (véanse: Tirado Mejía 1981, 41-48; Martínez 2001, 66).

Al final del periodo presidencial de López, los grupos se dividieron: los gólgotas por la candidatura del general Tomás Herrera, se denominaban: Gran Partido Liberal Moderado; la mayoría liberal compuesta por draconianos y por las Sociedades Democráticas por la de José María Obando, de-

---

[162] En 1850, se publicaron 87 periódicos en la Nueva Granada: 31 en Bogotá, 9 en Medellín, 3 en Cali, 7 en Cartagena, 10 en Santa Marta, 2 en Pasto, 6 en Popayán, 6 en Panamá, 4 en Riohacha, 4 en Santa Rosa, 1 en Pamplona, 1 en Socorro, 2 en Tunja, 1 en Barranquilla, 1 en Ciénaga (véase: Escobar Rodríguez 1990, 185).

nominándose partido liberal obandista; mientras que el partido conservador se abstuvo de presentar candidato. Obando, liberal draconiano, fue elegido como Presidente; pero no bien posesionado, los conservadores y los liberales gólgotas obstaculizaron su gestión. Intentaron eliminar el cargo de Vicepresidente, porque José de Obaldía se había convertido en el funcionario que los gólgotas odiaban más, por oponerse al programa radical.

En el Congreso, como mayoría, dictaron la constitución de 1853. En ella se limitó el poder del Presidente, quitándole la facultad de nombrar a los altos empleados y se abrió el camino al federalismo. Para contrarrestar a los draconianos se decretó: la separación total de Iglesia y Estado, absoluta libertad de cultos, absoluta libertad de prensa y de pensamiento, descentralización administrativa; el libre comercio de armas, se redujo el ejército nacional y se suprimieron los grados en el ejército (véase: Nueva Granada, 1853). Después, en septiembre y octubre de 1853, se realizaron las elecciones para los otros cargos gubernamentales. A estas se presentaron tres corrientes claramente definidas: el partido liberal (draconiano), el partido radical (gólgotas) y el partido conservador, con el nombre de constitucionalista. Ganaron rotundamente los conservadores, porque «tuvieron a su favor las masas movidas por las palancas de la religión» (José María Restrepo en Escobar Rodríguez 1990, 258).

Con ese triunfo se agudizaron las divisiones entre los partidos y la decisión de los radicales de disolver el ejército permanente polarizó las opiniones. Este último decreto puso en una situación difícil a los oficiales que desde la época de Bolívar habían trabajado como servidores del Estado; ese grupo no era terrateniente, sino profesionales castrenses, que dependían de su sueldo como militares, por lo cual estaban con Obando, los artesanos y los draconianos. «Para defender al Ejército, el general Melo había fundado, el 14 de noviembre de 1852, el periódico *El Orden*, dirigido por el "alacrán" Joaquín Pablo Posada y en cuyas páginas colaboraba también el exconservador Juan Francisco Ortiz con el seudónimo de "El Sabanero"» (Guerra Vilaboy 2000, 200).[163]

Sin embargo, la alianza entre radicales y conservadores y el monopolio del Senado y las Cámaras que las elecciones les habían otorgado a éstos, llevó a los artesanos, a los militares y a los draconianos a la insurrección y la toma del poder. «En la Semana santa de 1854 se registraron violentos enfrentamientos entre miembros del ejército y jóvenes gólgotas y entre los llamados "cachacos" o sea los ricos y los "guaches" artesanos y pobres de Bogotá» (véase Escobar Rodríguez 1990, 262).

---

163 Como los artesanos ya se enfrentaban en verdaderas luchas callejeras con todo aquel que llevara casaca, e incluso pasaron de las palizas (a Florentino González y a Eustorgio Salgar y otros), al asesinato (de Antonio París), el gobierno intervino e impuso un castigo ejemplar: pena de muerte al victimario y 21 años de cárcel a los acompañantes (véase: Guerra Vilaboy 2000, 202). El diplomático brasileño Manuel Lisboa, que había sido testigo de varios de estos actos, juzgó que los gólgotas habían causado un gran problema social al haber incitado desde el principio a los artesanos: «predicaron a una plebe sin instrucción y únicamente acostumbrada al dominio del clero, las doctrinas comunistas y socialistas más exaltadas, organizaron esa plebe en sociedades democráticas, y creyendo imbécilmente que marchaban a la cabeza de la civilización del mundo (...) llevaron a la República al borde del abismo» (en Guerra Vilaboy 2000, 203).

En esas circunstancias, el general José María Melo[164] derrocó el 17 de abril de 1854 el gobierno liberal de José María Obando, quien se negó a aceptar el mando supremo que el primero le ofreció. El ejército proclamó a Melo, quien asumió la dictadura y se mantuvo en el poder hasta diciembre del mismo año. Ese golpe de estado había comenzado con el grito dado por Melo de «¡Abajo los gólgotas!» y contó con el apoyo de los grupos de artesanos.[165] Como reacción, gólgotas, draconianos y conservadores unieron sus fuerzas para retomar el control del gobierno; lo cual sucedió en diciembre del mismo año (Martínez Garnica 2005, 605-618).

En lo social, además de que se habían iniciado las expediciones de la Comisión Corográfica[166] y se difundían los trabajos que sus miembros producían comenzando a divulgar aspectos físicos, políticos, económicos y culturales sobre el territorio neogranadino y su gente; en 1851 se había abolido defini-

---

[164] El 29 de marzo de 1854, se acusó a Melo, Comandante General de la fuerza armada de Bogotá, del asesinato del cabo Pedro Ramón Quirós en el cuartel de caballería de Bogotá; de ser hallado culpable sufriría la pena de muerte. Ese mismo día, las cámaras legislativas comenzaron la destrucción de la institución del Ejército permanente y la abolición de la carrera militar. Esto significaba que Melo, militar de honrosa carrera, quedaría sin puesto y posiblemente arrostraría graves cargos; situaciones que pesarían fuertemente en su decisión de dar el golpe de estado (véanse: Cordovez Moure 2006, 223; Camacho Roldán 1892, 112).

[165] Este gobierno tuvo una raíz fuertemente popular e intentó controlar los abusos que se cometían con los aranceles y los monopolios; además quiso detener la venta de las tierras indígenas para prevenir más el empobrecimiento de las comunidades indígenas (véase: König 1994, 493-502). «La toma del poder del 17 de abril no fue un golpe mediante el cual un caudillo buscara satisfacer intereses políticos y económicos propios. Su valor radica más bien en el intento de fijar otras prioridades para el desarrollo nacional de la Nueva Granada proclamando y buscando realizar un proyecto nacional propio. El gobierno del general Melo constituido por una coalición de artesanos, soldados liberales moderados, duró sólo ocho meses y tuvo por demás que concentrarse en el enfrentamiento militar con el gobierno destituido y sus partidarios. (...) En contraposición al proyecto de la burguesía de comerciantes que había dado inicio al desarrollo económico de la Nueva Granada incorporándola en el mercado internacional, en la división internacional del trabajo, arriesgando al mismo tiempo la integración nacional, Melo y los artesanos siguieron una política nacional orientada hacia la igualdad social y la unidad nacional que habrían de romper con el papel predominante de los estratos altos, así como también lograr las condiciones necesarias para que la sociedad neogranadina se desarrollase hacia una nación» (König 1994, 494).

[166] «Entre enero de 1850 y febrero de 1859 el territorio de la Nueva Granada fue sometido, por primera vez, a estudio geográfico sistemático. Durante nueve años la Comisión Corográfica, dirigida por el geógrafo militar italiano Agustín Codazzi, visitó la mayor parte de las regiones habitadas del país, llevando registro de sus características geográficas y topográficas, así como de sus recursos naturales, sus industrias y sus condiciones sociales. Fue ésta una empresa de proporciones heroicas. Codazzi recorrió más de 50.000 kilómetros por un territorio virtualmente desprovisto de caminos, y confrontando las formidables dificultades de los Andes colombianos, o los peligros de la selva tropical, estudió un área cercana a un millón de kilómetros cuadrados, equivalente a la actual superficie conjunta de Francia, Alemania y Portugal» (Sánchez 1999, 17-18). «En el contexto de la Comisión Corográfica de la Nueva Granada, la palabra *corografía* hace referencia tanto a la descripción como al levantamiento del mapa de cada una de las provincias del país, y de éste en su conjunto. Diez años antes de iniciarse la Comisión Corográfica, Codazzi había definido el concepto de "mapa corográfico" como el de "un reino, república o imperio"» (Sánchez 1999, 17).

tivamente la esclavitud; pero los terratenientes que empleaban la mano de obra campesina continuaban ejerciendo prácticas que perpetuaban las formas de sujeción extraeconómicas. Con la nueva legislación sobre aduana, industria, inmigración e importaciones y con la eliminación de los trabajos artesanales neogranadinos se lanzó a grandes sectores de las masas de población a engrosar las filas de peones de las haciendas de la Nueva Granada, para alcanzar un salario, pero sin esperanza de lograr ser propietarios.

Los latifundios aumentaron, gracias a la eliminación, usurpación o venta de los resguardos indígenas, que pasaron a manos de hacendados. Éstos convirtieron a los trabajadores en mano de obra barata y muchas veces prescindible; a esto se sumó la manera en que el mismo Estado ofreció tierras baldías o tierras expropiadas como recompensas a militares-terratenientes. A partir de 1845, se produjo el fenómeno de que las mismas personas eran latifundistas, comerciantes y financieros, convirtiéndose muy pronto en compañías productoras-exportadoras, así surgieron las compañías de Montoya, Sáenz, Caycedo y Samper, entre otras. Siempre velando por sus intereses y consolidando la dominación hacendataria controlaban la política y la burocracia (véase: Guillén Martínez 1996, 300-310).

Muchos de los hacendados del territorio seguían practicando de diversas maneras el concertaje.[167] En las haciendas de la Sabana de Bogotá, los trabajadores que vivían en ellas debían prestar servicios de ordeñe, vaquería, siembra y trilla de trigo y cebada (véase: Kalmanovitz 1992, 248-249). Además, existía un alto grado de sumisión de los arrendatarios hacia los dueños de la tierra, tanto por la dependencia económica, como por los mecanismos de coerción que los últimos empleaban (véase: Kalmanovitz 2003, 149-150).

Mientras que en las haciendas paneleras del Sumapaz: "La explotación que ejercían los terratenientes era mucho más despiadada y sin el paternalismo y las pretensiones aristocráticas que caracterizaba a los hacendados de la Sabana de Bogotá" (Kalmanovitz 1992, 249). El principal elemento que prevalecía entre terrateniente y campesino era la renta y la coacción externa (véase: Kalmanovitz 1992, 253).

Para las haciendas tabacaleras como en Ambalema, los apareceros realizaban la recolección del tabaco; estos trabajaban en pequeños terrenos propios o arrendados, pero debían vender toda su cosecha al terrateniente a un precio que representaba el 30% de ganancia para el hacendado (véase: Kalmanovitz 2003, 159). Estas formas de producción eran un elemento de coacción, residuo del concertaje que provenía del sistema colonial, en que existían derechos desiguales y obligaciones sin contraprestación alguna por parte de los terratenientes.

---

167 El concertaje o mita: «Lo predominante en esta relación residía en la obligación laboral de los mitayos a prestar el servicio, impuesta institucionalmente por una combinación de autoridad ancestral, cepo y autoridad real y, finalmente, adoctrinamiento religioso. No hay entonces nada en este tipo de explotación que se asimile al capitalismo (...). Ni existe, en consecuencia, ninguna razón para ver en el mitayo el antecedente del moderno proletario. / Mientras subsistió, la mita cobró importancia en la asignación de la decreciente fuerza laboral del indígena., siendo especialmente favorable para el desarrollo de las haciendas» (Kalmanovitz 2003, 44).

3.3. La sociabilidad, los libros y los cambios en el imaginario colectivo neogranadino

Dadas las circunstancias sociales y políticas que ocurrieron a finales de la década del cuarenta y principio de la del cincuenta del siglo XIX, producidas varias de ellas por influjo de la revolución francesa de 1848, los sectores liberales impulsaron mecanismos de oposición y movilizaron grupos del pueblo en nombre de la democracia. Así se produjo una alianza entre liberales y artesanos, lo cual promovió la creación de las Sociedades Democráticas e impulsó una serie de reformas constitucionales. A esto, los sectores conservadores activaron medios para defender la tradición y la religión, teniendo siempre como centro la Iglesia y sus regulaciones. De este modo, se multiplicaron los medios para crear o solidificar imaginarios sociales y así reglamentar el interés y la opinión de las comunidades. En esas circunstancias se incrementaron las asociaciones públicas en Bogotá movilizadas por fines políticos y sociales. En la novela *Sombras i misterios* o *Los embozados* (1859) de Bernardino Torres Torrente, la voz narrativa informa sobre la situación en que la sociedad se veía involucrada, los organizadores, las intenciones; e igualmente, la división y el enfrentamiento entre los sectores:

> Ese espíritu de asociacion, dominaba en Bogotá desde 1850 a 1851. Se formaron siete sociedades, antagonistas unas de otras, a saber: la de «Congregacion» formada por los jesuitas: la «Popular» i la «Filotémica» formada por los conservadores: la «Democrática» i la «Republicana», formadas por los liberales: la «Filantrópica» compuesta en su mayoría de liberales i la del «Niño Dios», formadas por los conservadores i compuesta de mujeres. (...)
>
> La sociedad llamada «Congregacion», fué establecida por los jesuitas, quienes invitaron al pueblo para que concurriera al templo a instruirse en la doctrina cristiana. Concurrió en efecto alguna jente, la mayor parte de artesanos sencillos; las reuniones podían tener un fin político, como entónces se aseguraba, pero las pláticas de los jesuitas eran sobre la doctrina cristiana; se exortaba a la devocion i se hacian procesiones por las calles, saliendo los congregados en dos filas rezando en voz alta. Es de notarse que los que pertenecían a esta sociedad eran conservadores.
>
> La sociedad «Democrática»[168] fué creada por los liberales, con el

---

168 «En 1848, la Sociedad de Artesanos no se ocupaba de política; en sus sesiones nocturnas se daba enseñanza de lectura, escritura, aritmética y dibujo lineal. Atraídos por el objeto simpático de la institución, nos incorporamos en ella varios jóvenes recién salidos de los colegios, que después debíamos figurar en las luchas políticas; recuerdo los nombres de los señores José María Samper, Medardo Rivas, Carlos Martín, Antonio María Pradilla, Januario Salgar, Próspero Pereira Gamba y Narciso Gómez. Enseñábamos a leer y escribir, y concurríamos con este objeto dos o tres veces a la semana a las escuelas nocturnas.

objeto de escitar al pueblo al sostenimiento del sistema republicano i especialmente para que sirviera de apoyo al gobierno rejido por el Jeneral José Hilario López. Era compuesta de ciudadanos de todas las clases del pueblo i asistían algunas veces a sus sesiones, altos personajes, haciendo uso de la palabra. En los discursos se preconizaban los principios de «Libertad» «Igualdad», «Fraternidad» i se inspiraba al pueblo la propagacion de la democrácia, condenando las doctrinas contrarias como absolutistas i enemigas del progreso social. Se imputaba al partido conservador, la perturbacion del reposo público, i se le enrostraban los desaciertos i conspiraciones contra el gobierno republicano en los doce años que manejó los negocios del Estado, citando hechos i remitiendo el auditorio a documentos públicos en comprobacion de las acersiones. Se aseguraba que el triunfo de la democrácia reconquistaría los derechos del pueblo, i aun se dejaba comprender que se alzarían los impuestos de internacion a ciertos efectos estranjeros manufacturados, con el objeto de mejorar la clase obrera del pais. Estos discursos influyeron de un modo enérjico en el pueblo i la sociedad «Democrática» aumentó considerablemente el número de sus socios. Esa propaganda republicana encarnada en la «Sociedad Democrática», produjo buenos efectos, puesto que el partido liberal triunfó en las elecciones que se hicieron para cabildantes, miembros de la cámara provincial i diputados al congreso, i ademas apoyó las disposiciones de espulsion de los jesuitas, abolicion de los derechos de estola i libertad de esclavos.

La sociedad «Popular»[169] fué creada por los conservadores con el objeto de contrariar las doctrinas del partido liberal i para que sirviera de apoyo a la oposicion que por medio de la tribuna i de la prensa, se hacía al gobierno. Tambien era compuesta de ciudadanos pertenecientes a los distintos grados de la escala social. Sus directores eran los mas recalcitrantes partidarios del sistema conservador, entre estos, muchos de los que habian perdido sus destinos públicos i su influencia en el gobierno a causa del triunfo del partido liberal

---

En 1849, después de la inauguración de los nuevos mandatarios, la Sociedad se puso de moda y era raro el liberal que no quisiese inscribirse en sus filas, principalmente los de las clases militar y de empleados públicos. Empezaron a asistir a las sesiones personas que deseaban hacer notorias sus opiniones liberales, (...) sólo se hablaba de política y se hacías proposiciones extraordinarias discutidas con calor como si ese fuera un cuerpo deliberante» (Camacho Roldán [s.f], 81-82).

169   Dos testimonios de la época informan sobre esta asociación: «La Sociedad Popular, presidida por el señor Simón J. Cárdenas (Pan de yuca), notable taquígrafo que murió en la toma de esta ciudad el 18 de julio de 1861, tenía sus sesiones en el antiguo Coliseo» (Cordovez Moure 2006, 638). Otro testimonio informa: «La *Sociedad Popular,* compuesta en su principio de una reunión que, con pretextos religiosos, había formado la Compañía de Jesús. Esta Sociedad mostró desde un principio sentimientos fuertes de animadversión al gobierno y a los liberales. Los señores Simón J. Cárdenas, Juan Malo, Juan Esteban Zamarra y otros, eran los inspiradores principales de la asociación conservadora» (Camacho Roldán [s.f], 82).

en la eleccion del «7 de marzo». Atacaban en sus discursos a los democráticos, pero no presentaban principio alguno que sirviera de fundamento a su doctrina. Imputaban al partido liberal una coaccion ejercida contra el congreso en la eleccion de Presidente de la República el 7 de marzo, con el objeto de escitar a la rebelion, desconociendo la autoridad del primer mandatario de la Nacion. Censuraban todos los actos del gobierno i daban a sus antagonistas el dictado de «Rojos» enardeciendo así las pasiones i provocando a la parte del pueblo que los seguía a la perturbacion del órden público.

La noche del 15 de enero de 1850 se reunieron los miembros de la «Sociedad Popular» en el coliseo: la exacerbacion de las pasiones del partido habia llegado al estremo de insultar en público a los gobernantes: esa noche, uno de los populares tomó la palabra i se espresó así: «Señores, es preciso salvar esta patria que ha costado sangre i sacrificios a nuestros padres: la relijion está perseguida, la inmoralidad cunde en el pueblo, los impíos se han apoderado del gobierno. Es necesario confundirlos, anonadarlos, perderlos. Nosotros tenemos en nuestras filas hombres hábiles, inteligentes i beneméritos que han sido pospuestos en la administracion de los negocios públicos, a esos rojos malvados; es necesaria una reaccion. La causa que defendemos es justa, es la causa de Dios, la de su Iglesia, la de los Sacerdotes; miéntras que los liberales no tienen otra que la del vandalismo impío: han trabajado por la espulsion de los jesuitas, persiguen al clero i atacan al Ilustrísimo Arzobispo Mosquera. Un esfuerzo i salvaremos la patria. (...)

El dia 25 de setiembre de 1850 se instaló la sociedad llamada «Escuela Republicana»[170] en el salon de grados de la Universidad. Estaba compuesta de jóvenes entusiastas, audaces e inteligentes. Su objeto ostensible era propagar las doctrinas republicanas, esplicando el socialismo como fuente de progreso i libertad, haciendo emanar de su planteamiento la verdadera República. (...)

El 28 de octubre del mismo año de 1850, dia notable en la época de

---

170   Esta asociación tuvo su sesión de apertura en el aniversario de la fecha en que se produjo el intento de asesinato de Bolívar; el grupo tomó como modelo a Santander: «El 25 de septiembre de 1850 tuvo lugar la reunión pública de una sociedad de jóvenes estudiantes del Colegio de San Bartolomé, con el nombre de *Escuela Republicana* (...). Allí hicieron su aparición los hombres que en los veinticinco años siguientes debían figurar de diversos modos en la escena pública: Domingo Buendía, Manuel Suárez Fortoul, José Joaquín Vargas, Ramón Gómez, Leopoldo Arias Vargas, Mario Lemos, Alejandro Roa, Aníbal Galindo, Camilo A. Echeverri, Milcíades y Marcelino Gutiérrez, Narciso y Clímaco Gómez Valdés, José María Samper, Miguel Samper, Francisco E. Álvarez, Santiago Pérez, José María Rojas Garrido, Peregrino Santacoloma, Joaquín Morro, Antonio María Pradilla, Nicolás Pereira Gamba, Próspero Pereira Gamba, Guillermo Pereira Gamba, Celso de la Puente, Tomás y Lisandro Cuenca, Leonidas Flórez, Olimpo García, Narciso Cadena, Pablo Arosemena, Januario Salgar, Manuel Lobo Guerrero, Juan Bautista Londoño, Octavio Salazar, Eustorgio Salgar, Vicente Herrera, Foción Soto, Antonio María Domínguez, Horacio González y otros» (Camacho Roldán [s.f], 199-200).

Colombia por ser el de San Simon, nombre del Libertador, se instaló la Sociedad Filotémica[171] en la quinta de Bolívar (casa de recreo). Estaba compuesta de personas notables pertenecientes al partido conservador entre ellas varios jóvenes de talento. El lugar i el dia de la instalacion eran bien significativos, ademas de que algunos miembros habian pertenecido al antiguo partido boliviano; así, fué bien puesto el nombre de «Escuela boliviana,» por un liberal. Era completamente antagonista de la «Escuela Republicana» i ademas oposicionista apasionada del gobierno López. Al concluir la sesion salieron sus miembros i se dirijieron a la plaza de la Constitucion en donde depositaron coronas de laurel a los pies de la estatua de Bolívar. (...) Dicha sociedad fundó un periódico titulado el Filotémico. (...)

La sociedad Filantrópica fué formada con el único fin de discutir i adoptar todas las medidas conducentes a librar la Capital de la enfermedad asoladora llamada «cólera Morbus», que amenazaba la poblacion, sus fines eran santos i sus trabajos correspondieron a su mision.

La sociedad del «Niño Dios»[172] era compuesta de mujeres, dirijida por los conservadores, con miras políticas aunque con el ostensible pretesto de un objeto relijioso; la mayor parte de las asociadas sufrieron un estravío disculpable es cierto, en sus facultades morales, que las condujo hasta el punto de injuriar a los liberales en la calle, dandoles los calificativos de rojos, picaros, herejes, impíos i otros de que no haré mencion por respeto a su sexo (Torres Torrente 1859, 73-79).

---

171 En contrapartida, la asociación se inició en la fecha del aniversario del nacimiento de Bolívar: «Los miembros más notables de la Sociedad Filotémica eran los jóvenes Carlos Holguín, Manuel María Medina, Antonio J. Hernández, Fortunato Cabal, José María Pinzón Rico, Juan E. Zamarra, Pedro A. Camacho Pradilla, Belisario Losada, Vicente Vargas, Joaquín F. Vélez y Emilio Macías Escovar. Algunos de ellos terminaron su carrera en las filas liberales, como los señores Hernández, Pinzón Rico y Vicente Vargas. Poca fue la duración de esta Sociedad. Fundada a fines de octubre de 1850, terminó su carrera en julio de 1851, durante la rebelión conservadora, en la que, habiendo querido tomar parte, fueron sorprendidos y aprisionados por los de la Escuela Republicana. Estos trataron a sus prisioneros con mucha generosidad y obtuvieron que se les dejase libres a los pocos días» (Camacho Roldán [s.f], 203).

172 «La Sociedad del Niño Dios fue una organización creada por el partido conservador para movilizar a las mujeres contra la politica del gobierno de José Hilario López. La sociedad estaba constituida por las más notables damas conservadoras, cuya presidenta fue Gabriela Barriga de Villavicencio, como presidente honorario figuraba Mariano Ospina R. A raíz de la medida de expulsión de los jesuitas las señoras de la "Sociedad del Niño Dios" movilizaron el 9 de junio de 1850 a más de 200 damas con una petición al presidente López, en demanda de la permanencia de los jesuitas en la Nueva Granada; el 18 de junio del mismo año organizaron la visita a la hija del presidente, con cuarenta niñas vestidas de blanco y con flores, para solicitarle interviniera en favor de los jesuitas. Esta sociedad "...aunque aparentemente tenía miras platónicas y místicas, se ocupaban, muy por debajo de cuerda en la confección de vestuarios, divisas y escapularios que salieron a lucir los primeros guerrilleros de la rebelión de 1851"» (Escobar Rodríguez 1990, 172).

Esta recapitulación de la situación real social de mediados del siglo XIX, la proporcionó un testigo de los hechos, como referente de un mundo ficcional. Esas palabras describieron acciones y reacciones de sectores sociales que movilizaron a los conglomerados humanos, que se hallaban unidos en la lucha contra aspectos de lo estatuido, o a favor de las instituciones tradicionales. La participación asociativa determinó actitudes y orientaciones, creó comportamientos participativos y estableció conexiones entre diversos sectores de la población. De este modo, los miembros recibieron información, adquirieron niveles de conocimiento sobre asuntos públicos, desarrollaron confianza como grupo, acrecentaron afectos y rechazos hacia otros, y acoplaron sus conductas de acuerdo a sus intereses. Pero sin importar los lados, lo que se buscaba en general era la intervención en la vida pública de las comunidades.

Con el incremento de las asociaciones, además de los estudios geográficos y científicos que se realizaron, se produjo una difusión de ideas, de valores y por tanto un inicio de transformación de la sociedad. Esto, a su vez, permitió la adopción de nuevas prácticas que obraron en la modificación de estructuras socioculturales y en la construcción de situaciones que permitieron rupturas y adopciones en los imaginarios sociales conocidos; puesto que se dio un vínculo entre la actividad intelectual y el espacio común al que pertenecían estos grupos y en el que sus miembros funcionaban, según pautas específicas de conducta; de este modo, se dio lugar a formas de acción colectiva, que llevaron a promover acciones, las cuales tuvieron repercusiones sociales.

Las situaciones culturales y las condiciones del saber que estas agrupaciones tenían en común eran la lectura y la difusión de información oral y escrita; actividades que integraron las relaciones interindividuales que se desarrollaron en el interior de esas asociaciones; las que luego pasaron a insertarse en el centro de los grupos familiares, llegando a operar en las relaciones entre los integrantes tanto en los comportamientos, como en las conveniencias; situación que se produjo en todos los niveles privados y públicos, promoviendo reacciones diferentes para los involucrados, según como ellos se representaran y se relacionaran con la realidad.

Ignacia Vergara de Vergara, madre de José María Vergara plasmó, en cartas, aspectos de los efectos de las modificaciones que sufría la vida social en ese momento histórico. En algunos casos, registró el comportamiento de los individuos o de sectores que se ofreció a su percepción de testigo presencial, explicitando la manera en que los grupos sociales reaccionaban, lo que hacían, lo que sentían y lo que los incitaba; del mismo modo como afectaban a otros y las respuestas que se producían. La existencia era concreta, los comportamientos se recibían sin mediación, las agresiones eran directas y las reacciones eran contestatarias:

> La otra noche hubo música por las calles y los democráticos le pa-

saron el corazón al retrato del Papa con un puñal; luego lo bajaron, y cada uno lo injuriaba, y por fin lo tiraron al caño y lo arrastraron por traidor. Los rojos se han vuelto locos, porque las cosas que hacen no se pueden sufrir entre cristianos (Samper Ortega 1931, 52).
Al otro día de comenzar el octavario, dicen que pasó Obaldía, nombre que me horroriza y vio aquel Jesús grandísimo de piedra en la portería de San Bartolomé, y dijo que ¿cómo sufrían los jóvenes ese oprobio?, y lo tiraron al suelo, lo metieron adentro, arrastrándolo con un rejo y voladores, música y una gritería espantosa. Lo arrastraron por los claustros, llenándolo de injurias, y luego lo patearon cada colegial a su turno, menos Vásquez, que les hizo ver lo malo y escandaloso del hecho; y luego lo llevaron con pregón hasta el cuarto de San Alejo, que a veces sirve de letrina, pusieron un cepo, y con las formalidades de un preso, lo metieron allí. Ya lo supe el domingo, y desde ese día estoy haciendo diligencias para sacarlo... no omití diligencia, ayudada de la buena y religiosa educación de Vásquez, y lo tengo en el oratorio, no como preso, sino como dueño de la casa y familia. ¡Lo que hacen los rojos ya no hay cómo contarlo! (Samper Ortega 1931, 52-53).

Mientras que en otra carta después de escuchar los intercambios verbales y de observar el desarrollo de los sucesos, le transmitió a uno de sus hijos la manera en que la gente de diferente ideología actuaba o protestaba a raíz de la promulgación (20 de mayo) de la constitución de 1853, que entró en vigencia el 1º de septiembre de ese año:

Hace cuatro días que pasó el proyecto de la emancipación religiosa y dar libre la entrada del comercio; y los artesanos se pusieron furiosos: se amotinó el pueblo: era un aguacero de piedras, sacaron puñales, los representantes con pistolas, otros con estoques; y mataron un albañil y un herrero. Fueron a sacar a Obando en auxilio, y no quería salir; por fin salió, cuando ya se acababa el bochinche, y le temblaban las piernas. A Mateus lo hirieron junto a la nariz. Y el runcho Neira quiere bajar a Obando; todos están contra él, ya no tiene partido. Don Fernando está que se muere: ya pide rey español. Lombana está disgustado con Obando; son tres partidos: cachacos, gólgotas y guaches. Ya no se sabe esto cómo es (Samper Ortega 1931, 53).

La vida cotidiana se alteró provocando reacciones populares; se relativizaron los valores hacia las concepciones absolutas, lo mismo que la credibilidad y la obediencia ciega al culto religioso; para muchos, los parámetros de conducta conocidos dejaron de existir, las frustraciones afloraron y permitieron la adopción de una postura crítica que se manifestó en agresiones simbólicas y en reacciones efectivas ante lo que consideraban era un obstáculo para el mejoramiento social o para el logro de los intereses. Mientras que otros, ante la emergencia de sentimientos de fidelidad y deber, rechazaron los acontecimientos y los interpretaron como agresiones personales ante los que tomaron acción, porque el disgusto y la desolación no se podían pasar por alto.

Al lado de la interacción personal y de la comunicación oral, la propagación de información surgió de la lectura, y de la comprensión que proporcionaron los hechos que sucedían en puntos específicos de Europa con la conexión ideológica y social circundante. Francia fue el país de referencia, al cual dirigían las miradas muchos de los intelectuales neogranadinos; por tanto, los sucesos franceses impactaron el proceso de transformación de la sociedad. La recepción de lo francés se efectuó en el idioma o en traducción a través de libros, de periódicos y de impresos; formas de comunicación que mediatizaron las formulaciones culturales que se quisieron adoptar.

Desde el siglo XVIII, Francia fue un país en donde la gente, en los gabinetes o salas de lectura, podía leer lo último que salía, por muy poco dinero y sin tener que comprar el texto; así estaban al día en información, pero a la vez, desarrollaban una distancia crítica con la autoridad. Esa influencia francesa llegó hasta la Nueva Granada, como ya se observó. Cuando se fundó el Instituto Caldas, una de sus funciones fue la de promover el establecimiento de gabinetes de lectura (véase: Ancízar 1848, 8). Hecho que se efectuó inmediatamente, ya que para noviembre de ese mismo año, se promocionaba públicamente uno de estos establecimientos:

> Gabinete de lectura: Fundado por los esfuerzos del Sr. Ignacio Gutiérrez, el Gabinete ha pasado ya por sus pruebas de existencia. Hoy cuenta con más de 40 miembros, i hai un copioso surtido de periódicos nacionales i extranjeros. El Sr. Gutiérrez nombrado Director por fallecimiento del siempre lamentado José I. París, ha determinado trasladar el gabinete a un buen salón de la calle del Comercio. Allí habrá lectura i tertulia para los socios, quienes por la módica cuota de 1 peso mensual disfrutarán de más de 25 periódicos, i de un decente lugar de reunión. Deseamos larga vida a este útil establecimiento [«Gabinete de lectura». *El Neo-Granadino* (nov. 18, 1848): 122].

Las asociaciones y la lectura trajeron un nuevo discernimiento en el imaginario social neogranadino, lo que permitió tomar decisiones y solidificar o redefinir relaciones sociales, gracias a las nuevas experiencias locales que se impulsaban en las agrupaciones. Para lograrlo, los pensadores se valieron de mecanismos para la apropiación y el consumo de los referentes y signos que los dispositivos de información proporcionaban tanto en los impresos (libros, periódicos, panfletos, etc.), como por las ideas y mensajes difundidos por víajeros, como Manuel Ancízar, Florentino González, Rufino Cuervo, Thomas Reed, Aimé Bergeron y Agustín Codazzi, entre otros (véase: Martínez 2001, 53-58), quienes interpretaron y transmitieron la realidad social, económica y cultural de los lugares de procedencia o de los visitados.

Del mismo modo, durante la época comenzaron a surgir una serie de compañías teatrales y de organizaciones para desarrollar la cultura, el teatro y la música; así en 1848 se estableció La Sociedad Protectora del Teatro; en 1855 se organizó la Sociedad Dramática o compañía de aficionados; Así como ya se había establecido la Sociedad Filarmónica en 1846.

Además entre 1841 y 1858, existieron al menos 46 imprentas,[173] que contribuyeron a la difusión de información. A estas empresas se sumaban los diversos establecimientos comerciales que aparte de dedicarse a la venta de productos específicos (muebles, mercería, etc.), también vendían libros nacionales o importados, como el del doctor Andrés Aguilar[174] y la botica del doctor Lombana.[175] Sin embargo, el pedido de libros extranjeros comenzó a au-

---

173 En Bogotá hubo 19: la Imprenta de Ancízar i Pardo, la de El Día, la de Espinosa, la del Estado, la de Echeverría Hermanos, la de J. Ayarza, la de José María Cifuentes i Comp., la del Neo-Granadino, la de Ortiz, la de Torres Amaya, la de N. Lora, la de José Antonio Cualla, la de Pizano i Pérez, la del Imparcial, la de M. Sánchez Caicedo i Compañía, la de "El Núcleo Liberal", la de Vicente Lozada, la de Nicolás Gómez y la de Zoilo Salazar. En Cartagena, 4: la Imprenta i Librería de Antonio Labiosa, la Imprenta de Eusebio Hernández, la de los Herederos de J. A. Calvo, la de Francisco de B. Ruiz. En Cali, 1: la Imprenta de Velasco. En Ibagué, 1: la Imprenta Provincial. En Medellín, 2: la Imprenta de Jacobo Facio Lince, la de Manuel Antonio Balcázar. En Mompox, 1: la Imprenta del Dr. Manuel Salvador Rodríguez. En Nóvita, 1: la Imprenta de Nicolás Hurtado. En Panamá, 4: la Imprenta de A. Morel, la de "El Panameño", la José ángel Santos, la del "Centinela". En Pasto, 2: La Imprenta Pastusa, la de Pastor Enríquez. En Popayán, 4: la Imprenta de la Democracia, la de Hurtado, la de M. Sánchez Caicedo i Comp., la de La Universidad. En Riohacha, 3: Imprenta de la Unión, la de M. Macaya, la de "El Riohachero". En Santa Marta, 2: la Imprenta de La Gaceta Mercantil, la de Antonio Locarno. En Socorro, 1: la Imprenta de Villarreal i Gómez. En Tunja, 1: la Imprenta de Vicente de Baños (véase: Uricoechea 1874, 1-48). Todos estos establecimientos, desde la ley del 3 de mayo 30 de 1834, debían remitir a la Biblioteca Nacional un ejemplar de todo lo que imprimieran, fuese libro, cuaderno, hoja suelta o impreso (vése: Pombo 1845, 234).

174 «La tienda donde se encontraban los mejores libros era la del doctor Andrés Aguilar, y yo iba con frecuencia a comprarle los que necesitaba. (...) En breve el doctor Aguilar, con la mejor buena fe del mundo, según creo y lo creí siempre, me proporcionó sucesivamente todas estas obras: *Deontología y Legislación*, de Bentham. Ideología, de Destutt de Tracy. *Las Ruinas*, de Volney. *Moral universal*, de Holbach. *El Emilio* y el *Contrato social*, de Rousseau. *Diccionario filosófico, de Voltaire*. Varias obras de Diderot y D'Alembert. *Historia de la decadencia del imperio romano*, por Gibbon; y otras que he olvidado» (Samper 1881, 154-155).

175 En 1846 se anunció en un periódico de la capital: «libros. En la botica del Dr. Lombana, calle 2ª del Comercio, número 117, se encuentran a la venta los libros siguientes: (...). [ofrecía 66 libros, la mayoría de autores franceses: diccionarios, gramáticas, geografías, historias, químicas, físicas, botánicas, anatomías, fisiologías, de medicina, de derecho civil y romano, religiosos, de educación, políticos, literarios, etc.]. Junto a ellos se anunciaba: «En el mismo establecimiento se encuentra un completo surtido de drogas, perfumes, instrumentos de cirujia, licores finos, lacre, obleas, tinta, papel de cartas, papel de colgaduras, lápices, colores, foetes, cabezadas de freno, tubos para comparar de diversos colores, bujías de la corona, y varios otros artículos de utilidad y de gusto, á precios mui equitativos» (Anónimo 1846, 4).

mentar, hasta que muy pronto tuvo tal demanda, que le permitió al doctor Vicente Lombana establecer una librería como negocio separado de la botica; situación que se observa en los dos anuncios que se publicaron en el periódico El Día en agosto de 1847:

> En la Librería del doctor Lombana, Calle 3ª del Comercio no 135 se hallan de venta los libros siguientes. —El Arte Esplicado, edicion mejicana, obra utilísima tanto para los que enseñan como para los que aprenden la lengua latina -Arte de Nebrija –Arte de hablar frances por Chantreau –Anatomia Jeneral por Bichat –Investigaciones sobre la vida y la muerte por el mismo –Idem por Boscasa –Idem Topográfica por Blandin –Atlas de las literaturas antiguas y modernas por Manci –Botica por Richard –Cartas sobre la América del Norte por Miguel Chevalier –Clinica quirurjica por Dupuitren. –Compendio de farmacolojía por Carrasco. –Comentario sobre el espíritu de las leyes por Traci. –Constituciones de los pueblos libres por Sismondi. –Compendio de anatomía por Maigrier. –Curso de Patolojia por Broussais. –Curia filípica. –Diccionario castellano. –Idem latino por Balbuena –Idem de drogas. –Idem de términos de ciencias naturales. –Idem Español ingles –Idem Español italiano; –Idem francés español por Martinez Lopez. –Idem Idem por Núñez Taboada. –Idem de Ciencias medicas. –Derecho constitucional por Benjamin Constna. –Delitos y penas por Becaria.-Doctrinas médicas por Broussais; –Idem por Goupil. –Economia política por Traci. –Escritores contemporáneos por Ochoa –Elementos de medicina operatoria por Begin. –Enfermedades venereas por Ricord. –Errores populares por Cabanis. –Farmacopea universal por Jourdan. –Fisiolojia por Broussais. –Idem por Begin. –Flegmacias gástricas por Broussais. –Idem crónicas por Idem. –Gramática inglesa por Urcullu. –Grado de certeza de la medicina por Cabanis. –Historia de Italia en italiano por Botta. –Historia del Consulado y del Imperio por Thiers, –Historia universal por Segur. –Historia de las drogas simples. –Historia de Frai Jerundio de Campazas. –Hijien por Londe. –Horacio políglota. –Horas divinas. –Irlanda social, políticas y relijiosa por Gustavo de Beaumont. –Irritacion y locura por Broussais. –Jimnástica médica por Londe. –Leyes de la revolución por Sabatier. –Litroticia por Civiale. –Misal romano. –Manual de materia médica por Edwards. –Medicina doméstica por Buchan. –Medicina legal por Foderé. –Idem por Orfila. -–Idem por Briere de Boismond. Medicina operatoria por Velpeau. –Novísima Recopilacion castellana. –Odas de Anacreonte y Safo, edición políglota. –Ordenanzas de Bilvao. –Ovolojia humana por Velpeau. –Obras de Quevedo. –Pa-

tolojia jeneral por Broussais. –Proposiciones de patolojia general por Broussais. –Química aplicada á las artes por Bouchardad. –Química elemental. –Química por Tenard. –Revolucion de la medicina por Cabanis. –Relaciones de lo físico y de los moral del hombre por Cabanis. –Ritual romano. –Romances históricos. –Salterio español por Olavide. –Sermones panejíricos y morales por Sanches Sobrino. –Tratado de partos por Moreau. –Idem por Maigrier. –Trtado de las enfermedades del útero por Madama Boivin. –Idem por Duparque. –Tratado de lejislacion por Carlos Comte. –Viajes de Ali Bei. –Biblia de Vence. –Rosier diccionario de agricultura en español. –Mil y una noches: Ilustradas con seiscientos gravados. –Blanqui, historia de la economia política. – Jimenez diccionario latino español. Zurista catecismo del Santo Consilio de Trento. –Gutierres práctica criminal. –Marti derecho romano. –Macarel derecho público. –Colon procesos militares. –Goyena reglas del derecho romano. –Instruccion de infantería y penas militares. –Manual del Veterinario. –Manual del cocinero. –Manual para las señoras del buen tono. –Mil y doscientos secretos. –El libro negro ó la majia. –Diccionario de invenciones. –Crímenes célebres por Alejandro Dumas. –Impresiones de un viaje por la Suiza y el Piamonte por el mismo. –Influencias de las costumbres sobre las leyes y de estas sobre aquellas por Matter. –Lecciones sobre la historia de lejislacion castellana por don Antonio Rodriguez de Zepeda. –Hermosilla juicio critico. –Idem Arte de hablar. –Cornelio Neponte, comentario por don Vicente Salvá. –Fábulas de Fedro en latin y castellano. –Idem Profanas en latin. –Autores selectos de la mas pura latinidad. –Virjilio latino anotado e ilustrado para el eso de las escuelas. –Selectas sagradas en latin y castellano. –Idem Profanas en latin. –Biblioteca infantil. –Xerica colección de cuentos y fábulas. –Fábulas de Samaniego. –El abuelo obra sobre educacion adoptada para la enseñanza primaria en todas las escuelas de Francia. –Esplicacion de la doctrina cristiana segun el método de las escuelas pías por el padre Cayetano. Jamin pensamientos teolojicos. –Catecismo de aljebra. –Muestras de letra inglesa. –Tablas de las cuatro reglas. –Idem para aprender á contar. –Tratado de aritmética comercial por Bermudez de Castro. –Colección de refranes y locuciones familiares. –Elementos de física esperimental por Poullet. –Tratado elemental de física por Beudant. –Letrona curso completo jeografia universal. –Sanchez Bustamante nuevo curso completo jeografia universal. –Ultimas cartas de Jacobo Ortiz. –Obras de Silvio Pellico. –Viaje a Oriente de Alfonso Lamartine. –Nuestra Señora de París por Victor Hugo. –Capmani filosofía de la elocuencia. –Heinecio recitaciones del derecho civil.

–Las siete partidas del rei don Alfonso el sábio. –Resumen analítico del sistema del doctor Gall. –Arte de prolongar la vida por Hufeland. –Medicina práctica fundada en la esperiencia de cincuenta años por el mismo. –Tratado de las calenturas por Boisseau. –Formulario médico farmacéutico de Foi, recientemente traducido al español por Olmedilla. –Espíritu de San Francisco de Sales. –Despertador eucarístico. –Novisimo devocionario. –Ramillete de divinas flores. –Instrucción para confesar y comulgar por frai Manuel de Jaen. –Oficio de la Semana santa y Octava de pascua por don Luis Montfort. –Práctica de los ejercicios espirituales de San Ignacio de Loyola por el padre Torrubia. –Oraciones y meditaciones para el santo sacrificio de la misa por don Jose Antonio de la Valle. –Cristo ante el siglo, tercera edicion notablemente correjida y aumentada por el abate Orsini. –El protestantismo comparado con el catolicismo por don Jose Balmes. –Memorias de un joven jesuita. –Heydec Fé triunfante. –El diamante, librito de oír misa para niños. –El judío errante por Eujenio Sue traducido al español por don Pedro Martinez Lopez, bellísima edicion ilustrada por Gavarni y adornada con muchísimos gravados entre los cuales se encuentra un perfecto retrato del autor.

☞ **En la botica del espresado doctor Lombana. Calle 2ª del Comercio no 117 se encuentra permanentemente un completo surtido de medicinas frescas de primera calidad y de los artículos siguientes.**
–Rapé de Naar. –Vino tinto de Burdeos. –Blanco chablis. –Oporto tinto. –Lacre. –Obleas. –Papel marquilla. –Idem de cartas común. –Id finísimo llamado tela de huevo. –Barnices. –Vidrios planos. –Bujias de la corona. –Tubos para lámpara. –Mechas para Idem. –Embudos. –Cedazos. –Cuenta gotas. –Pesos y medidas de botica. –Frascos de seno. –Esencia quita manchas de la ropa. –Cabezas de freno. –Foetes. –Agua de colonia. –Idem de lavanda. –Idem para el coto. –Opiata para Idem. –Cápsulas glutinosas de copaiva. –Jeringuillas de inyección. –Cloruro. –Javoneras. –Javones de olor. –Brochas para la barba. –Cepillo para Id. –Idem para dientes. –Idem de paño para friega. –Peines. –Correas metálicas. –Cuchillos de hueso para cortar papel. –Tinteros. –Carteras grandes y pequeñas. –Lentes. –Anteojos de larga vista. –Anteojos de colores con cuatro vidrios. –Agujas para sedales, lancetas, sondas, bragueros, estetoscopos, jeringas, escarificadores, ventosas, teteros, pesones, vitoques, guarda brazos, cornetas acústicas, fórceps, espejos del útero, cajas de dicesaron, ídem de amputación, ídem para el estrabismo, ídem para el hidrocele, ídem para dentistas, ídem para la operacion de los pólipos, carteras manuales para cirujanos, suspensorios y

varios otros instrumentos de cirujia. –Pinceles de todas clases, libros de oro y plata, cajas de colores, colores, lápices de Conte, id. de Brunel, id. comunes, marfiles, tinta de china, cola de boca, polvos para broncear, purpurina de oro y de plata, aceite graso para secante para pintura, barnis para cuadros, idem para papel, aceite de nueces, idem de claveles. –Y finalmente una colección completa y mui escojida de artículos de pintura que han merecido la aprobacion de los profesores mas distinguidos de la capital» (Anónimo 1847, 4).

Estos anuncios dejan ver aspectos de la vida neogranadina de la época: los productos que se vendían en ese establecimiento eran importados. En la botica, al lado de los instrumentos médicos y quirúrgicos, existían diversos artículos suntuarios que estaban destinados para las familias acomodadas que se habían establecido en la capital y en sus alrededores, quienes los consumían, puesto que había más variedad y cantidad de ellos. Si se comparan los productos que se anunciaban en 1846 con los que se publicaron en 1847 se observa la manera en que las medidas que se pretendían para modernizar la economía, que apenas empezaban a gestarse e impulsarse, ya estimulaban el comercio. Los que tenían los medios económicos, los aumentaron, hecho que se destaca en la forma en que Lombana incrementó de un año para el otro, tanto la mercancía como la separación de los negocios. Esta división también hace innegable la existencia de un desarrollo en el mercado cultural, debido a la ampliación de referentes, que provenían del modo en que los sujetos históricos de las diferentes capas sociales construían y propagaban estructuras de significado por medio de las asociaciones y de la instrucción; lo cual les permitía ser parte de la consolidación del sistema republicano que se realizaba.

Del mismo modo, los libros explicitan tanto el conocimiento del mundo y la aplicación que se hacía de lo extranjero a la vida cotidiana; lo francés era el modelo de ilustración, de ahí que hasta se difundiera una obra que se empleaba en las escuelas francesas para la enseñanza primaria. En el aspecto cultural de educación y distracción, el conocimiento y los adelantos franceses consignados en libros pasaban por traductores del francés al castellano y se distribuían luego para su consumo. Por eso, en el catálogo de libros ofrecido predominaban las obras traducidas; esa era una manera de divulgar conceptos y doctrinas que se presentaban como novedades; pero a la vez, con ello se patrocinaba, mediante la educación, la adopción de las ideas progresivas que llegaban.

Pero se observa una situación especial en cuanto a la difusión de los libros religiosos: En 1846 el mercado de libros piadosos se hallaba representado por 7 textos y una colección de 11 tomos;[176] en 1847, la variedad y los destinatarios aumentaron en el servicio que proveía la librería, lo que parece indicar que los lectores se habían incrementado. En este aviso, la posición ideológica y po-

---

176 Se anunciaron: «–Curia filípica, por don Juan de Hévia Bolaños, ediccion madrileña de 1841 –Diccionario enciclopédico de Teolojía, por el Abate Bergier, once tomos en español con el apéndice –Prontuano de predicadores Ritual romano –Horas divinas –Marganta Seráfica, Ordinario de la Santa Misa –Salterio español, y Salmos de David, traducidos en verso castellano por Olavide» (Anónimo 1846, 4).

lítica liberal de Lombana se hizo explícita: la sección de los textos piadosos clausuraba con una amplia descripción de la novela de Eugène Sue, obra que en el momento caldeaba los ánimos y dividía a la población en la «cuestión jesuitas»; además, produjo la reacción que llevó en 1850 a la segunda expulsión de la comunidad del territorio.[177]

Para junio de 1848, la librería continuaba como establecimiento separado de la botica; pero esta vez, Lombana anunció un amplio conjunto de libros dedicado a los sectores religiosos, devotos, estudiantiles y de artesanos. No obstante, la novela de Sue seguía en el anuncio, medio camuflada entre un libro técnico y un libro religioso.[178] La diferencia, con los anuncios de los años

---

[177] «[L]o cierto [es] que el Gobierno se apresuró á traer jesuítas y á establecerles con colegios seminarios en los principales centros de la República: Bogotá, Medellin y Popayan; y tal fué la pasion que á poco se apoderó de todos los ánimos, así en favor como en contra de la Compañía de Jesus, que en breve hombres y mujeres, ancianos y niños nos distinguíamos más por los calificativos de jesuíta y antijesuítas, que por los de retrógrados y progresistas, ó ministeriales y oposicionistas. Hubo luégo fanáticos del odio á los Jesuítas, lo mismo que fanáticos en la admiracion é idolatría; y ellos supieron despertar el entusiasmo religioso y apoderarse en gran parte de la enseñanza pública, sin ofrecer por esto motivo ni pretexto para que se les tachara con justicia» (Samper 1881, 149).

[178] «NUEVOS LIBROS. EN LA LIBRERÍA DEL DOCTOR LOMBANA, CALLE 3ª DEL COMERCIO NO 135. Tesoro de Paciencia, ó Consuelo del alma atribulada. –Las leyes de las siete sartidas, nueva edicion. –Gramática de Nebrija, nueva edicion. –Gramática de la lengua castellana por don Pedro Martinez López. –Compendio histórico de la lejislacion romana por don Jose Palanca y Gutierrez. –La inteligencia y la Fé, obra traducida al castellano por D. J. Bermúdez de Castro. –Anuario de María. –Arco Iris de paz cuya cuerda es la consideración y meditaciones por el padre Ulloa. –Recitaciones del derecho civil romano por Heinecio, edición de 1847 revisada de nuevo por don Vicente Salvá y mui mejorada en lo tocante al derecho español. –Elevacion del Alma á Dios. –Tratado de Economía Política por Juan Bautista Say, 5ª edicion enteramente refundida, aumentada y precedida de la vida del autor. –Filosofía fundamental por el presbítero don Jaime Balmes, edicion de 1847. –Catecismo del Santo Concilio de Trento para los párrocos, ordenado por disposicion de San Pio 5º y traducido por el padre Zorita, edicion de 1847. –Tratado elemental de partida doble por don Fidencio Catalan. –La Teneduria de libros en 21 lecciones por Jaclot. –La Teneduria de libros simplificada por Degrange. –Selectas Profanas. –Las aventuras de Telémaco en frances y castellano, edicion de 1846. –Tratado de aritmética segun los mejores autores por Bermúdez de Castro. –Memorias completas de don Manuel Godoy Príncipe de la paz, concluidas en 1841. –La mujer feliz dependiente del mundo y de la fortuna, obra orijinal dedicada a la reina católica Doña Luisa de Borbon por un filósofo incógnito. –La familia regulada por don Antonio Arbiol, edicion de 1846. –Autores selectos de la mas pura latinidad para el uso de las escuelas pías. –Nuevo Valbuena ó diccionario latino español por don Jose Vicente Salvá-Jimenes. –Diccionario latino español para uso de los niños. –Vocabulario latino por Requejo. –Curso de temas franceses, ó gramática práctica, edicion de 1847. –Catecismo dela doctrina cristiana esplicado por Garcia Mazo, 8ª edicion, 1847. –Principios jenerales de metalurgia, en español, edición de 1843. –Oficio Parvo de Nuestra Señora ilustrado con notas. –El cristianismo demostrado por las tradiciones católicas por el señor de la Chadenede. –Un sacerdote, ó la sociedad en el siglo 19º, novela moral traducida del frances al castellano por Escosura. –Sermones panejíricos y morales por Sanches Sobrino. –Sermones y obras de Santander. –Sermones de Neuville. –Pláticas de Cochin. –El catecismo grande y los dos pequeños del padre Pouget. –Fundamentos de la Fé por Aimé. –Pastorini. Historia de la Iglesia. –Continuacion de la historia de la iglesia por Berault Bercastel desde 1721 hasta 1830. –Compendio de la historia universal por Anquetil. –Catecismo de Astete. –Derecho público eclesiástico en español por Jorje Segismundo Lackies. –Práctico criminal por Gutierrez. –Teoría de las instituciones judiciarias, con proyectos de códigos formulados para España. –Elementos de derecho natural y de jentes por Hei

anteriores, fue que en ese año los artesanos comenzaron a ser una audiencia receptora y consumidora de ese producto. Ellos habían comenzado a configurarse como un grupo que empezaba a tener visibilidad social y recibían instrucción, guiados al principio por jóvenes liberales radicales; de esta manera gradualmente lograron la identidad como asociación, y surgieron las Sociedades Democráticas de artesanos en distintos puntos de la Nueva Granada. Asimismo, para poder ser ciudadano y tener el derecho de votar, los hombres necesitaban saber escribir. Estas fueron algunas de las causas de las nuevas adquisiciones bibliográficas que se observan en el aviso de Lombana, había un nuevo grupo consumidor de libros.

La librería de Vicente Lombana seguía como establecimiento efectivo en mayo de 1849, porque en el periódico *El Neogranadino* se publicó el siguiente aviso:

> REGALO!
> I MUI BUENO LO OFRECE V. LOMBANA al que le entregue una caja para rapé, la cual le fue sustraída de su almacén de libros el 16 del corriente. La caja es de oro i con mosaicos en relieve.

[*El Neogranadino* (Bogotá) II.43 (19 de mayo de 1849): 164].

Para la década del cincuenta de ese siglo existían dos librerías en la capital: la del Neogranadino y la de Jules Simonnot,[179] ciudadano francés que

---

necio, en latin y castellano. –Manual de lejislacion romana. –Cartilla real de escribanos, abogados, procuradores y curiales. –Manual del abogado. –Sala novísimo por Romero y Ginzo. –Diccionario de artes, oficios, economia industrial y mercantil. –Diccionario de agricultura por el abate Rozier. –Tratado e economía rural, ó cría, propagacion, mejora, conservacion y multiplicacion de todos los animales. –Instituciones de albeitería, arregladas á las ideas modernas por don Guillermo Sampedro, y publicadas en Madrid en 1845. –El judío errante. –El Diccionario Teolójico de Bergier. –Las mil y una noches. –El Por Que de las ceremonias de la Iglesia. –Instruccion sobre las rúbricas jenerales del Misal por Iraizos. –Misal romano. –Ritual romano. –Octavarios para clérigos. –Curso completo de jeografia universal por Letrone. –Tratado elemental de física por Despretz. –Idem por Beudant. –Diccionario frances. –Diccionario italiano. –Diccionario de medicina en 30 volúmenes. –Idem en 15. –Idem en 3. –Manual del ensayador» (Anónimo 1848, 4).

179 Este aviso que comenzó a aparecer el 17 de mayo de 1851, informó a los lectores bogotanos la llegada del librero francés: «NUEVA LIBRERÍA. Acaba de llegar de Europa el señor Juan Simonnot, con una magnífica colección de libros i estampas. / El público granadino, amigo de las ciencias, de las artes, de la historia, de la religión; encontrará todas las obras de los mejores autores publicadas en las principales librerías de París i de Madrid, las cuales están ricamente encuadernadas i de tipos mui hermosos, i se hallan de venta en la tienda que acaba de tomar el señor Simonnot en los portales de la Casa Consistorial, N° 28. / Las personas que quieran otras obras que las que están en la colección que ha formado el señor Simonnot, podrán también ocurrir a él i se apresurará a dirijirse a sus corresponsales de los principales almacenes de Europa, al efecto de satisfacer a la confianza que el público granadino se sirva poner en él» (Nueva Librería». *El Día* (mayo 17, 1851): 4; (mayo 27, 1851): 4; (junio 17, 1851): 4.

Mientras que en 1853, se anunciaba: «LIBRERÍA DEL SEÑOR SIMONNOT. Portales de vendía libros en español y en francés (véase: Martínez 2001, 114). No obstante, el reducido número de estos establecimientos, se sabe que para finales de la década del sesenta la Biblioteca Nacional contaba con: «22.457 obras de las cuales: 7.307 son en latín (es decir un 33% del fondo total), 5700 en francés (25%), 3.892 en castellano (es decir un 17% del fondo total) de las cuales 1.551 (7%) son obras nacionales , y 998 en inglés (4%); el francés por lo tanto se impone sobre el castellano como idioma moderno del conocimiento» (Martínez 2001, 110).

Esta última información atestigua los idiomas que los letrados manejaban: latín, castellano, francés[180] y, en menor medida, el inglés. También, pero en contados casos, empleaban el alemán, el sueco o el idioma del lugar de donde los viajeros fueran oriundos o a dónde los neogranadinos habían ido a estudiar o a visitar. Sin embargo, además de en castellano, en francés llegaba gran parte de la difusión de ideas del momento; hecho que corroboran las aseveraciones de José María Samper:

> Dos corrientes literarias, una española y otra francesa obraban sobre los espíritus: por un lado, las obras de Víctor Hugo y Alejandro Dumas, de Lamartine y Eugenio Sue, movían los ánimos en el sentido de la novela social, de la poesía grandiosa y atrevida y de los estudios de historia política; y esta tendencia era caracterizada por dos obras, a cual más ruidosa y apasionada: la *Historia de los Girondinos*, de Lamartine, y el *Judío errante*, novela revolucionaria de Sue. Por el otro, los libros de poesías españolas modernas, empapadas en romanticismo, entre los que principalmente llamaban la atención los de Espronceda y Zorrilla: obras que despertaron en la juventud un fuerte sentimiento poético, desarreglado y de imitación en mucha parte, pero siempre fecundo para las imaginaciones ricas y los talentos bien dotados (Samper 1881, 160-161).[181]

---

la Casa Consistorial N. 28. Acaban de llegar muchas obras nuevas, Diccionario de sinónimos de don Pedro María de Olive, i continuado por Santos Lopez Pelegrin á 3 pesos, el mismo que se vende en otra librería de los Portales á 5 pesos i á la rústica. / Diccionario de Salvá á 7 pesos. / Tomo octavo de la Biblioteca selecta de predicadores. Análisis del socialismo etc. etc.» [*El Catolicismo* (1º de enero de 1853): Pag. Noticias].

180 «Podría decirse, en rigor de verdad, que aquí estudiábamos más el francés que el castellano (...). Con las sederías y las pomadas nos venían de París los poemas, historias, dramas y novelas de los franceses, juntándose en la importación lo bueno con lo malo; (...) la invasión creciente de la literatura francesa, [estaba] implantada en gran parte, entre nosotros» (Samper 1953, 172-173).

181 Lo mismo afirmó Aníbal Galindo: «*El Judío Errante* de Eugenio Sue, contra los jesuitas, *Los Girondinos*, de Lamartine, y *Los Montañeses*, de Esquiroz, eran el evangelio de toda la juventud liberal" (Galindo, 1900: 31). Mientras que Ignacio Gutiérrez Vergara confirmó: "Todas estas escenas [francesas], cuya relación llegaba a Bogotá principalmente en *La Presse*, periódico socialista-ecléctico, que redactaba en París Emilio de Girardin, impresionaban vivamente a todo el mundo, sobre todo a la juventud escolar, la cual padecía en aquella época de un singular estado neurótico provocado por la lectura de variadísimos autores. Quizá no ha habido nunca allí mayor ansia de saber ni más férvida actividad intelectual. (...) cuales se aplicaban a estudiar a Helvecio, Condillac, Bentham,

Según estos testimonios, las circunstancias políticas y socioculturales de esos años permitieron que los distintos grupos enfatizaran diferentes aspectos, tomando conceptos particulares provenientes de países europeos para apropiárselos; así, cada uno valoró de manera distinta lo proveniente de Francia, Inglaterra o España, y efectuó elaboraciones conceptuales según su ideología, su inclinación política y sus creencias religiosas. Del mismo modo, para todos ellos, los impresos desempeñaron un papel importante en la reproducción y divulgación de las representaciones sociales que se produjeron, mediante las que se emitieron sistemas de códigos y principios orientadores de la forma en que se definió la conciencia colectiva de la sociedad neogranadina de la época.

4. Eugenio Díaz Castro: lecturas, conocimiento e ideología en *Manuela. Novela bogotana*

Los escritores colombianos que publicaron sus novelas entre 1845 y 1870, pero también escribieron para el periódico *El Mosaico* han sido clasificados férreamente como «costumbristas»[182] por la crítica y la historiografía colom-

---

Filangieri, cuales a Benjamin Constant, Víctor Cousin, Augusto Comte; (...) unos leían a Nodier y Balzac, Alejandro Dumas y Eugenio Sue; otros a Lamartine y Víctor Hugo, Byron y Walter Scott, Larra y Mesonero Romanos; y casi todos a Zorrilla y Espronceda» (Gutiérrez Ponce 1900, 471).

En este aspecto, sobre el grupo liberal moderado se ha explicitado: «Los Draconianos eran unos ávidos lectores (...) y el único medio de conocer diferentes teorías era leyendo lo que salía de las imprentas o lo que se importaba traducido de Francia, donde los socialistas utópicos gozaban de una amplia popularidad. En todos los talleres de los artesanos se leía a Lamartine y su *Historia de los girondinos*; *El judío errante* de Eugenio Sue; *Los talleres nacionales* de Louis Blanc; *El nuevo cristianismo*, del conde Saint-Simon; de Proudhon se estudiaba *¿Qué es la propiedad?*, *Advertencia a los propietarios* y *Filosofía de la miseria*; *El viaje a Icaria* de Etienne Cabet; de Condorcet el *Diseño de una descripción histórica del progreso de la mente humana* y de Charles Fourier todo lo referente a sus "falansterios". El común denominador de todos estos autores, además de ser franceses, era que pertenecían a la escuela del socialismo utópico» (Llano Isaza 2005, 61).

182 En París en 1847, en un artículo sobre Larra y Mesoneros Romanos ya se afirmaba: «España, y es de las más curiosas contradicciones del espíritu peninsular, se acomoda muy bien con estas falsificaciones de lo extranjero, a condición de que el extranjero finja no percibírselo. Este nacionalismo intolerante que salta a cualquier palabra de influencia francesa copia servilmente, desde nuestros modos y nuestras comedias ligeras hasta nuestras autoridades históricas y nuestras clasificaciones de partido, todas las manifestaciones de la vida exterior de Francia. Todo, excepto las condiciones morales de las que son el reflejo. Aquí, como en los informes del individuo al estado, el genio español percibe únicamente el lado palpable de las cosas. Esto es tan verdadero, que no hay término, por ejemplo, entre nuestros vecinos que responda a la acepción psicológica de la palabra moeurs: el español traduce moeurs por costumbres, hábitos, reproducción de tal hecho material. Este préstamo superficial adaptado mal que bien al arcaísmo batueco, debe producir, lo concebimos, acoplamientos encontrados de incoherencias barrocas que Larra nos ayudará a vislumbrar» (D'Alaux 1847, 230).

bianas. Alguno de ellos, le otorgó ese subtítulo a su novela; varios escribieron artículos con la palabra «costumbres» como parte del título o del subtítulo; algunos nunca titularon sus novelas empleando esa denominación, e incluso, alguno tuvo mucho cuidado en vincular sus obras directamente con la novelística francesa del momento (véase: Rodríguez-Arenas 2006). No obstante, en el presente, a todos ellos se los encasilla como «costumbristas», sin tener en cuenta ni las influencias ni los modelos literarios a los que esos escritores adscribieron sus textos, como tampoco las características estéticas e ideológicas que los constituyen.

Bajo esta clasificación se encuentran dispersas las obras de los representantes más señalados de la intelectualidad liberal del medio siglo: Eugenio Díaz Castro, Bernardino Torres Torrente, Raimundo Bernal Orjuela, Próspero Pereira Gamba, José David Guarín y José María Samper, entre otros; escritores que aprovecharon modos de leer paradigmáticos, pero emplearon procedimientos de apropiación de modelos narrativos en boga, ampliando las demarcaciones entre razón e imaginación y entre los discursos sobre la verdad, el conocimiento, el poder y su representación, para significar efectiva y verdaderamente la compleja realidad social y, así, construir un corpus literario que solidificara y avanzara la narrativa de ficción neogranadina / colombiana como una expresión cultural nacional.

Ese grupo de escritores liberales del medio siglo vincularon sus inquietudes intelectuales y las formas narrativas de sus empresas ficcionales a los cambios sociales y literarios que sus novelas atestiguan; de ahí que su referente fuera el estudio sagaz o el retrato indiscutible de su sociedad contemporánea, y el desciframiento de los mecanismos sociales constituyentes; es decir: el mundo familiar para los lectores de la época formaba las escenas de las novelas; el espacio narrativo conceptualizado lo constituía el lugar que habitaban o conocían y las situaciones sociales eran las que se vivían. Por eso, se privilegiaba el desencanto de la realidad resultado de la explicación social y científica, el debate público nacional, la mezcla de gente dispar con sus formas de hablar y sus gustos, y el conglomerado de cosas heterogéneas trabajadas por las amplias búsquedas sociales, que habían convertido al pueblo en protagonista político; por lo que denunciaban los desequilibrios sociales producto de la explotación y el abuso que originaban el crimen y la miseria.

De esos escritores, Díaz Castro[183] cruzó su vida con la de Vergara, pertinaz conservador-católico, quien (con su cerrada, clasista y tradicional visión de mundo, y habiendo sido amenazado con el «perrero» en los «retozos democráticos» que habían ocurrido en el sur del país) y con su auto atribuida autoridad de juez de la lengua y de la literatura, posiblemente creyó que ese hombre de ruana sería fácil si no de destruir, por lo menos de contener; lo censuró y limitó en vida, y a su muerte, a pesar de las directas afirmaciones públicas del autor de ser «*amante de las ideas liberales*» (Díaz junio 25 de 1859,

---

183 Consúltese el número monográfico que coordiné sobre Manuela en la revista *Lingüística y Literatura* (Universidad de Antioquia, Medellín) 32.59 (enero-junio 2011).

41-42) [énfasis agregado], o debido a esa decidida proclamación ideológica, no sólo mutiló el texto de *Manuela*, eliminado secciones completas, sino que también, empleó su conocimiento de la retórica para invalidar los alcances de esa labor escritural, al crear y esparcir falacias y ambigüedades, como la de que «su programa en política era conservador». Lo cual tenía la finalidad de producir diversidad de sentidos y crear el equívoco que críticos e historiadores de la literatura colombiana han aceptado como ley, interpretando que el autor pertenecía al partido conservador.

Hasta aquí se han mostrado facetas del clima intelectual que se vivía en la Nueva Granada, en los años anteriores a la publicación de *Manuela*, pero para continuar dilucidando las características que se observan en la estructuración y en el mundo narrativo de esta novela, se requiere efectuar un acercamiento a las circunstancias personales del autor[184] dentro del contexto neogranadino de la época en que escribió y comenzó a publicar el texto; así como al desciframiento de las influencias y modelos literarios y a la comprensión de las características estéticas del discurso con las que el escritor estructuró su obra cumbre. De este modo, se podrán entender los rasgos que la constituyen y la escuela literaria a la que se adscriben; datos que aportan una visión clara de la ideología que poseía este autor.

Inmerso en ese ambiente político y cultural, Eugenio Díaz Castro plasmó en *Manuela* un testimonio de lo que fue la situación sociocultural de la época,[185] de su ideología, de las lecturas que había efectuado, de los modelos literarios que lo influenciaron y de las características estéticas que configuraron su escritura. Para comenzar a esclarecer estos aspectos, debe prestarse atención a las referencias literarias que se explicitan en la novela. En ella, se mencionan directa o indirectamente por lo menos 47 escritores franceses, *1 inglés, 1 italiano y 7 españoles.

---

184 Los únicos textos con datos autobiográficos, que difundió, fueron: «La ruana» (1859d), «Mi pluma» (1859f), «El gorro» (1859b) publicados en *La Biblioteca de Señoritas* y «La variedad de los gustos» (1859e), artículo de crítica sobre la novela «La maldición» de Manuel María Madiedo, que vio la luz en *El Mosaico*. Estos textos se hallan recopilados en Díaz Castro (1985, 353-371), obra en la que se eliminó la información bibliográfica original.

185 Salomón Kalmanovitz empleó *El rejo de enlazar* y *Manuela* de Díaz Castro como fuente de información, en sus obras históricas y económicas, para explicar el régimen de trabajo que funcionaba en las haciendas del Sumapaz y de Ambalema, con lo cual no sólo aceptó la veracidad de los hechos que sirvieron como referente novelístico, sino que con esto consideró esta producción como un acervo de información referencial sobre lo que fue la vida de esa época (véase: Kalmanovitz 1992, 246-263), (2003, 148-164).

Lo mismo hizo Fernando Guillén Martínez para señalar que Díaz Castro habló del sistema hacendatario, pero también indicó que él expuso una de las causas centrales de la revolución de Melo, al poner «en boca de Marcelino Cogua (un indio veterano de Ayacucho, a quien la eliminación de los resguardos había privado de su pejugal, dejándolo en la miseria) una frase de prodigioso alcance sociológico: "Por eso soy melista, mi amo don Fernando, porque los melistas han hecho su revolución a favor del Ejército Permanente, de la religión y del gobierno fuerte, como lo quería el Amo Libertador de Colombia"» (Guillén Martínez [1979] 1996, 331). Germán Colmenares también empleó *Manuela* y *El rejo de enlazar* para estructurar apartes de su libro *Partidos políticos y clases sociales* (1968).

Los escritores franceses son: [1] Eugène Sue (1804-1857), mediante dos novelas: *Matilde (Mathilde: mémoires d'une jeune femme* [22 de dic. de 1840-26 de sept. de 1841]) y *Los misterios de París (Les Mystères de Paris,* [19 de jun. de 1842-15 de oct. de 1843]); además, por el personaje Rodín, de la novela *El judío errante (Le Juif errant* [25 de jun. de 1844-26 de ag. de 1845]); «tipo de organizador de "intrigas desenfrenadas" que no se detiene ante ningún delito ni asesinato» (Gramsci, 2000: 52). [2] Henri-Joseph Du Laurens[186] (1719-1793), con la novela filosófica: *El compadre Mateo (Le Compère Matthieu, ou les Bigarrures de l'esprit humain* [1766]). [3] Charles Antoine Guillaume Pigault-Lebrun[187] (1753-1835), con la novela satírica y libertina: *El hijo del carnaval (L'Enfant du Carnaval,* [1792]). [4] Charles Paul de Kock[188] (1793-1871), con la novela *La lechera (La laitière de Montfermeil,* [1827]). [5] Charles de Secondat, barón de Montesquieu, con la novela epistolar satírica y libertina: *Cartas persianas o persas (Lettres persanes,* [1721]).[189]

También se menciona: *El Diablo en París (Le Diable à Paris.* Paris: J. Hetzel, 2 vols.); antología planeada en 1843 y publicada entre 1845 y 1846. La compilación ofrece textos de [6] Honoré de Balzac, Eugène Sue, [7] George Sand, [8] P-J Stahl (seudónimo del editor Hetzel), [9] Alphonse Karr, [10]

---

186 Du Laurens fue uno de los autores comprendidos dentro de lo que se consideró la «Literatura prohibida» de mediados del siglo XVIII en Francia (prohibición que se extendió también a España); era: «un autor jocundo, popular, relacionado con Voltaire y Diderot, pero también con la tradición rabelesiana. Las cosas se dicen claras, a la tremenda, con gracia chocarrera, ciertamente, pero certera. Su influencia tuvo que ser enorme, precisamente en los ambientes populares, los menos refinados y preciosistas. Su intención es la exaltación de los valores primarios de la vida, frente a todas las convenciones de su época, enfrentándose directamente con la estructura político-social de entonces, incluida la propiedad, y pasando de un burdo y jocoso anticlericalismo a una neta posición antirreligiosa, de alcances filosóficos (...) a tal punto que algunos personajes de *Le Compère Matthieu* originaron periódicos y hojas volantes durante la Revolución Francesa» (Aymes 1983, 36-37).

187 Pigault-Lebrun empleó la novela para efectuar una continua denuncia del poder de la Iglesia y del despotismo político; sus lectores fueron miembros de los sectores populares, a quienes atraía por la pintura realista de hechos cotidianos de gente normal y por la fiel documentación histórica y geográfica del ambiente de sus novelas. Gracias a su habilidad para cautivar al público, se lo considera como uno de los más fuertemente responsables de la transformación de la escritura de novelas en una empresa mercantil (Ludlow 1973, 946-950).

188 Paul de Kock fue coetáneo a Díaz Castro. Fue un escritor muy popular, mencionado en muchas de las novelas europeas e hispanoamericanas del siglo XIX; con su pluma contribuyó al apogeo no sólo del periodismo, sino de la novela popular en Francia durante ese siglo, llegando a ser uno de los autores preferidos de los lectores de diferentes países. No obstante esa popularidad, en el presente ha sido completamente olvidado por la crítica y la historiografía literaria, incluso francesa.

189 «Publicadas cuando Montesquieu contaba 32 años de edad, las *Cartas persas* constituyen, no obstante, una obra de juventud. Vivamente impresionado por la lectura de aventuras y narraciones extraordinarias que tenían lugar en parajes exóticos que invitaban a toda clase de placeres sensuales, como los descritos en las Mil y una noches recién traducidas al francés y que, sin duda, le cautivaron, Montesquieu dando rienda suelta a su exuberante imaginación escribió, antes que nada, una novela del más refinado erotismo. Empleando el lenguaje de los salones, el de la galantería, describió, sin embargo, unas situaciones tan crudas, que cuando, algunos años más tarde, su hija abrió las páginas para leer el libro, Montesquieu se lo impidió diciendo, "Déjalo, hija mía, es un libro de mi juventud que no ha sido escrito para la tuya"» (Sebastián López 1992, 22).

Henry Monnier, [11] Octave Feuillet, [12] De Stendhal, [13] Leon Gozlan, [14] S. Lavalette, [15] Armand Marrast, [16] Laurent Jan, [17] Edouard Oubliac, [18] Charles de Boigne, [18] Altanoche, [19] Eug. Guinot, [20] Jules Janin, [21] E. Briffault, [22] Auguste Barbier, [23] Marquis de Varennes, [24] Alfred de Musset, [25] Charles Nodier, [26] Frédéric Berat, [27] A. Legoit, [28] P. Pascal, [29] Frédéric Soulie, [30] Taxile Delord, [31] Méry, [32] A. Juncetis, [33] Gérald de Nerval, [34] Arsène Houssaye, [35] Albert Aubert y [36] Théophile Gautier.

De igual modo, en la narración se habla de: [37] Héloïse d'Argenteuil (1101?–1164) y de [38] Pierre Abélard (1079-1142), con las cartas de *Eloísa y Abelardo*. También se alude varias veces a: [39] Pierre-Joseph Proudhon: (1809-1865), pensador francés, uno de los padres del pensamiento anarquista; cuyas obras se difundieron en la Nueva Granada; lo mismo que a: [40] Voltaire (François Marie Arouet, 1694–1778): escritor, filósofo y abogado francés, uno de los principales representantes de la Ilustración. [41] Ganelón: personaje, traidor despreciable, del *Cantar de Roldán* (*La Chanson de Roland*), poema épico francés de finales del siglo XI.

Igualmente, en cinco oportunidades, tanto el narrador, Demóstenes y el sacerdote Jiménez hablan o bien el "socialismo",[190] de "los clásicos de la es-

---

190 Las ideas francesas se divulgaban con rapidez en la Nueva Granada. En 1850, José María Samper explicitó en una reunión de la Escuela Republicana (grupo fundado por los liberales radicales), por qué ellos eran socialistas, y cuál era la diferencia entre el socialismo y el comunismo: «Es preciso hablar como Vergniaud, el jénio de la elocuencia tempestuosa, cuando al pié de la tribuna hai jóvenes que tienen cabeza i corazón de jirondinos. (...) Yo pediré su voz a la naturaleza, oríjen de la ciencia i de toda verdad; porque, señores, hablar con la voz de la naturaleza es predicar el cristianismo i la filosofía, la democracia i el socialismo. // Hai grandes ideas jerminadas por la naturaleza misma, sublimes como la creacion i jigantescas como la mano de Dios, que al brillar sobre la humanidad, ciegan como el relámpago i a aturden como la tempestad a aquellos que no alcanzan a comprenderlas. -Tal es la idea del socialismo. -Su misma grandeza la embaraza en su desarrollo; i el mundo fatigado, sacudiendo el marasmo de la vieja civilizacion, tiembla como un anciano decrépito ante el jigante socialismo. // La Escuela Republicana, como socialista, quiere hacer entender cómo comprende el socialismo, porqué lo acepta con entusiasmo i entera conviccion, i porqué desecha las doctrinas comunistas. -Tal es el objeto que me hace subir a esta tribuna. // Señores: para comprender el socialismo es necesario considerar la historia del mundo, el desarrollo de la humanidad, sus tendencias sobre la tierra, i el espíritu del cristianismo en su pureza primitiva. -Es necesario sobreponerse a las ruines pasiones cuyo soplo corrompe el corazon, para leer en el gran libro de la naturaleza, ese capitolio viviente, erijido por Dios, donde habitan la ciencia i la filosofía. (...) // Pero cuál ha sido el oríjen elel socialismo? El ha sido un resultado natural de las leyes sociales i el desarrollo del espíritu humano. -Se ha visto al hombre caminar por 18 siglos por la senda trillada hasta aquí, luchando entre constantes convulsiones i ajeno al bienestar que apeteciera. -En las Repúblicas como en las Monarquías, bajo todos los sistemas de gobierno, i en todas las épocas corridas, la opulencia del menor número ha contrastado con la miseria de la gran masa social; i por mas que los filántropos hayan trabajado con empeño por la emancipacion del proletario, siempre ha existido en todas las sociedades un círculo pequeño dueño esclusivo de las luces i de la riqueza, de los goces i el bienestar; en tanto que el mayor número no ha podido emanciparse de la miseria, el abandono i la desgracia. // Cuál es la causa de una situacion tan aflictiva como durable? He aquí la cuestion que ha venido a resolver el socialismo. –La gran desigualdad creada por las leyes en la distribucion de la riqueza pública, ha sido la causa de esa situacion desesperante. -Cómo destruir ese mal? Dividiendo acaso las fortunas, arrancando a las clases opulentas la riqueza adquirida? -No, señores. –Es nece

cuela social" o califican de "socialista" o "socialistas" a alguno(s) de lo(s) personaje(s); de esta manera, manifiestan directamente la ideología proveniente de lecturas que se efectuaban en ese tiempo en libros en francés o en traducciones, como la edición sobre el socialismo que Simonnot difundió en Bogotá en 1852, la cual presenta estudios de [42] «San-Simon (sic) y los sansimonianos» (pp. 31-109), [43] «Fourier y los falansterios» (pp. 110-157), [44] «P. Leroux» (pp. 158-192), [45] «L. Blanc» (pp. 193-198), [46] «Cabet» (pp. 199-219), [47] «F. Vidal» (pp. 220-233) y «Proudhon» (pp. 234-292).

En este texto se define el socialismo:

> Entendemos por *Socialismo* el conjunto de medios que deben hacer cesar ese estado de languidez que postra y consume las naciones y la mala inteligencia que reina entre sus miembros, tanto por las equivocaciones arraigadas como por el choque de intereses. Su fin inmediato es la transfiguración de la humanidad por la justicia, la

---

sario destruir la causa para que cese el efecto. -Echense por tierra esos sistemas de lejislacion que crean privilejios, restricciones i monopolios, i la distribucion i desarrollo de la riqueza i de la ilustracíon serán mas provechosas para el cuerpo social. // Es este el lugar de poner en claro la contradiccion evidente que hai entre el comunismo i el socialismo. -Cuál es el principio fundamental del primero? -Prudhom ha dicho:-"la propiedad es un robo"; i de tan estravagante premisa los comunistas han derivado todo un sistema de absurdos i contradicciones. —Pero cuál es el fundamento del socialismo? -el principio contrario. —La propiedad es un derecho natural; -i de aquí nacen grandes consecuencias que hacen del socialismo una filosofía profunda i perfectamente racional. —Si todo hombre, por el mero hecho de serlo tiene el derecho incontestable de la vida i la conservacion; si la libertad i la propiedad son una consecuencia de ese derecho, porque son una necesidad imperiosa de la existencia; i si el fin de la reunion social no es otro que el bienestar comun; el socialismo, que es la perfeccion de la vida social, no puede ménos que reconocer la propiedad como un elemento necesario, fundamental de la organizacion pública. // Pero, señores, esta oposicion palpable entre los principios del comunismo i el socialismo no ha sido comprendida, i Thiers queriendo combatir el socialismo con el principio de la propiedad, no ha hecho otra cosa que servir a la causa de sus adversarios. Cuáles son entónces, se dirá, las tendencias del comunismo i del socialismo? -El comunismo quiere mejorar la condicion del pobre haciendo descender al rico de su posicion; pero el socialismo busca esa mejora elevando al proletario a la altura del rico. -El comunismo desconoce la propiedad; el socialismo quiere hacer libre i productivo el uso de ese derecho incontestable. -El comunismo busca el bienestar de los unos destruyendo el de los otros:, los otros: el socialismo quiere el bienestar de todos por ausilio mútuo, organizando el Estado segun el principio de la equidad. -El comunismo destruye, el socialismo crea i mejora. —El comunismo quiere igualar a todas las clases de la sociedad en la pobreza i la desgracia; miéntras que el socialismo busca la igualdad en la riqueza i el bienestar. (...) // Cuál es, pues, la tarea del socialismo? Destruir todo lo que embaraza la accion de las facultades del hombre, todo lo que impide el desarrollo de la civilizacion. -El socialismo es, pues: // La libertad del trabajo, es decir, la abolicion de todo monopolio o privilejio: // La libertad del pensamiento, sin restricción: // El sufrajio directo, universal i libre: // La libertad de la conciencia relijiosa: // El impuesto único, directo i equitativo: // El derecho de asociacion sin trabas: // La libertad de la instruccion i la enseñanza: // La proteccion eficaz para el desvalido: // La seguridad individual perfecta: // La igualdad de garantías en los juicios: // La abolicion do los fueros: // La abolicion de la esclavitud i de la pena de muerte: // La adopcion del sistema penitenciario: // La igualdad bien entendida en las herencias: // La enseñanza gratuita del pobre: // Las garantías dadas al obrero i al proletario en sus relaciones con la clase rica: // En una palabra, la proteccion para todos, mas o ménos directa i vigorosa, segun las necesidades de de cada uno; i el desconocimiento de todo principio aristocrático» (Samper en Un amigo de la Ilustración 1850, 4-10).

belleza, la salud, la riqueza, la armonía; su fin inmediato es la extinción del pauperismo, el aumento de la riqueza, la difusión de las luces, la abolición de la prostitución, la consolidación de la salud y bienestar (...). Nuestra publicación se dirije especialmente, menos a las personas curiosas, literatas y ávidas de novedad, que á las que devora esa sed de justicia de que habla el Evangelio, y acosa un ansia incesante de perfección y felicidad para sí y sus hermanos. (...) Nuestra sociedad ha llegado a tal punto de desorden que todo el mundo se queja, todos reconocen el mal, muchos los diagnostican perfectamente; la inmoralidad extenúa los mas robustos estados, el comercio es en general un fraude organizado, el riesgo de una bancarrota general es cada vez mas inminente, la prostitución quita la nata y la flor del sexo más bello, mientras que la guerra y la paz armada absorben lo mas joven y robusto del mas fuerte; el adulterio, concubinage y otros tantos vicios carcomen los vínculos sociales, la envidia de poder amenaza de un modo implacable al rico, y la condición del mayor número es intolerable (Anónimo 1852, xi-xiv).

Los otros escritores mencionados: el inglés *Walter Scott, con la novela: *Ivanhoe*, publicada en 1819, pero este autor fue una adición de los editores no de Díaz Castro. El italiano Marco Polo (1254-1324): mercader y explorador veneciano, que fue uno de los primeros viajeros a la China, autor de *Il Milione* (*Los viajes de Marco Polo* o *Libro de las Maravillas*, traducido en 1503). Los siete escritores españoles: El Conde de Noroña: Gaspar María de Nava Álvarez (1760-1815), con su poema sobre la muerte. Jorge Juan y Santacilia (1713-1773): científico y marino español que formó parte de la expedición que determinó que la forma de la tierra no es perfectamente esférica. Tomás de Torquemada (1420-1498), Inquisidor general de Castilla y Aragón y artífice del «Edicto de Granada» que proscribió en 1492 a los judíos de España. Bernardo de Sierra, con el devocionario *Ramillete de divinas flores* (1670). Cervantes (1547-1616), con *Don Quijote* para mostrar que todavía en en el siglo XIX se «horneaba por el método de Dulcinea en el siglo XVI» (Diaz 1866, 256). José de Espronceda (1808-1842), escritor masón y liberal, perseguido por sus ideas; y José Zorrilla (1817-1893) poeta y dramaturgo. Además, la Biblia: específicamente el Libro de Judit en el Antiguo Testamento, al referirse a Judit cortándole la cabeza a Holofernes.

Con los nombres de escritores y títulos de textos que se designan directamente o se dan a entender en *Manuela*, se observa que en el relato se representan tanto las lecturas que el grupo liberal realizaba en el momento histórico, como la situación política del territorio (la división de la población en partidos políticos,[191] los conceptos y las rivalidades que se producían, la ma-

---

191 «Era aquel congreso verdaderamente notable, porque en él estaban representados no sólo los dos partidos de la parroquia, sino todos los matices políticos que existían en la Nueva Granada. Don Blas i el cura eran conservadores netos, i don Manuel conservador misto. Don Cosme i don Eloy liberales i, don Demóstenes, radical. Asistió también con

nipulación de la información que se efectuaba, la desinformación que se esparcía), las nociones sociales (la forma de estructurar, establecer creencias e implantar códigos de comportamiento en una sociedad donde la riqueza está concentrada en pocas manos y en donde existen grandes conflictos de intereses de clase); así como las orientaciones narrativas y los conceptos literarios en total vigencia durante la época de publicación de esta novela en *El Mosaico*.

> Tras las obras filosóficas de historia, nos invadió el tropel de novelas que cautivan la atención de los lectores por lo atrevido del argumento, la amenidad del estilo y el prodigioso atractivo para las pasiones humanas, que cada cual pone en práctica con el modelo que más le fascine.
>
> Alejandro Dumas, padre, que falseó los hechos en sus deliciosas concepciones de novela era considerado por el mayor número de sus asiduos lectores como historiador concienzudo.
>
> *Los misterios de París*, *Matilde Maran*, *Los siete pecados capitales* y *El judío errante*, de Eugenio Sue, ocupaban preferente lugar en los anaqueles de las casas donde había niñas inocentes que podían leer aquellas producciones de un cerebro que carecía de sentido moral y que, al escribirlas debió recibir inspiración del averno, especialmente en El judío errante (Cordovez Moure 2006, 2230).

Las novelas de Eugène Sue se dieron a conocer en Colombia bien en entregas que salían de las prensas de *El Neogranadino*, en un cuadernillo de 32 páginas, titulado «Semana Literaria del Neo-Granadino»[192] y después se coleccionaban en forma de libro, como sucedió con *Matilde*, traducida y publicada en 2 volúmenes en 1849; o bien en libro, como se difundieron *Los Misterios de París* o *El judío errante*. Asimismo, los periódicos de Bogotá, como *El Día*, divulgaban información sobre este autor y sus obras (véase: Anónimo 1845, 3), o *El Catolicismo*, que en un deseo de censura difundía aspectos de la obras:

> A la publicacion de los «Misterios de Paris» siguió inmediatamente la del *Judio-errante* que es una especie de epopeya vagarosa. Aquí la escena se cambia; las pinturas son igualmente feas i deformes pero de distinto jénero. El autor confiesa ingenuamente sus pretensiones

---

vidado por el dueño de la casa, el maestro Francisco Novoa, herrero, que se había ido de Bogotá a la parroquia a consecuencia de sus compromisos políticos en la revolución del jeneral Melo. En la parroquia era tadeísta; pero hombre de bien a carta cabal» (Díaz 1866, 281).

192 En enero de 1849, comenzó a aparecer en la sección de Avisos de *El Neogranadino* el siguiente anuncio: «SEMANA LITERARIA DEL NEO-GRANADINO. Comenzará a publicarse desde febrero un cuaderno semanal, bellamente impreso i conteniendo selectas obras nacionales i extranjeras. A los suscritores del NEOGRANADINO que quieran serlo tambien de la SEMANA LITERARIA se les rebajara el doce y medio por ciento del precio de esta. Cada entrega constara de 32 pájinas en 4°. Su valor dos reales. Se admiten tambien suscriciones a la SEMANA LITERARIA sola en todas las ajencias del Neo-granadino» [Anónimo (ene. 13, 1849): 16].

de *moralista-socialista* i economista politico. Nada menos pretende que resolver la trivial cuestion de la *organización del trabajo*. Es cierto, que de ninguna manera la resuelve que ni aun siquiera ofrece sobre ella nuevas luces; pero al fin quiere hacernos creer que ha agotado la cuestion i que ya no puede decirse sobre este punto ni una palabra. Habiamos sospechado que en los Misterios de Paris el autor se burla algo de sus lectores, pero despues de leido el *Judio-errante*, nuestras sospechas han pasado á ser convicciones.

Mr. Sue dirije constantemente en esta obra sus ataques contra la Compañia de Jesus, tratando, por todos los medios posibles, de hacerla odiosa; nosotros no perderemos el tiempo en hacer su apolojía ni en justificarla, porque el autor con sus exageraciones lo hace mejor que nosotros pudiéramos hacerlo. Pero no nosotros hemos creido ver (dice Mr. Valconceil), en el *Judio-errante* algo mas que un libelo contra los Jesuitas. En el fondo este libro ataca al sacerdote; pero de una manera embozada, disfrazando la víctima que se inmola en holocausto. El medio era mui sencillo, tomar al *Jesuita*, es decir al sacerdote que el pueblo frances no conoce, pero cuyo nombre se ha hecho odioso i se ha convertido en un insulto, i atribuirle todas las astucias, todos los crímenes que el espíritu humano puede imaginar. Asi se ha procedido; i como es tan corta la distancia que separa del jesuita al sacerdote, es claro que arrojando al lodo la sotana del primero, se ha envilecido al segundo, i que a uno i a otro se les ha herido con una misma puñalada. (...). [Estractos L' Université catholique].

El articulo precedente i el de los *Misterios de Paris* publicado en el número anterior de este periódico servirán no lo dudamos, a la juventud granadina de ambos sexos, i muy particularmente a los padres de familia para descubrir i evitar el veneno que entrañan las dos novelas de Mr. Sue que por desgracia han circulado con profusión en la Nueva Granada, traducidas al español, i que son tambien la causa de los males que experimentamos, como lo han sido de los que sufre la Francia desde que allí aparecieron. –Los EE. [«El Judio-errante» *El Catolicismo* 25 (oct. 1°, 1850): 201-203].

Al igual, *Le Diable à Paris. Paris et les parisiens: mœurs et coutumes, caracteres et portraits des habitants de Paris* es una antología de dos volúmenes (la primera compilación literaria y artística que se publicó en Francia en la década del cuarenta), que se emplea como referente en *Manuela* en el capítulo XXVI,[193] para el tema del diálogo que sostienen Demóstenes y *Manuela*, y

---

193 Este es parte del diálogo que sostienen al respecto Demóstenes y Manuela: «Al llegar Manuela a la puerta del cementerio, encontró a su huésped leyendo, recostado en la grama, y como tenía el libro abierto por una de las láminas, Manuela se sentó junto, por curiosidad, y se quedó mirando. / —Éste no es lugar de leer novelas dijo Manuela a su huésped —¿Qué libro es ese que está leyendo? / —*El Diablo en París*. / —Eso será alguna cosa mala. / —¡Cosa muy buena! –le contestó distraído el caballero y siguió leyendo en una hoja que decía: *Dans l'avenir inconnu que nous ouvre la mort, il y a*

para distraerla a ella de su tristeza con las láminas del cementerio del padre Lachaise, que él le va señalando y describiendo; una de las cuales (el mausoleo de Molière) funciona dentro de la historia, como modelo para la estructura que el bogotano ordena erigir para la tumba de Rosa. Esa obra circuló en la Nueva Granada, y Díaz Castro no solo la conocía, sino que la tenía a mano cuando compuso *Manuela*, puesto que Demóstenes puntualiza el contenido de las láminas, destacando aspectos relevantes y, también, le lee un fragmento de uno de los textos a Manuela: «Dans l'avenir inconnu que nous ouvre la mort, il y a quelque chose de grand et de saint...». Ésta es la primera línea del ensayo «Les Cimetiéres de Paris» de S. Lavalette (véase: Hetzel 1846, 244-247). Todo lo anterior explicita el conocimiento no sólo del francés que poseía el autor, sino la clase de lecturas que efectuaba.

(Hetzel 1846, 248).[194]

---

quelque chose de grand et de saint... / —¿Qué me suplo con oír inglés? No sea tan... / —¡Es francés, majadera! / —Las mismas yucas arranco. / —¡Cierto! –dijo don Demóstenes y le tradujo el pasaje así: "En el porvenir ignoto que la muerte nos abre, hay algo de grande y de santo; por eso el culto de los antepasados es de todos los países y de todos los tiempos". /—Eso no es cosa del Diablo, don Demóstenes (Díaz 1866, 401).

194 En los parlamentos continúa la maestría de la narrativa de Díaz Castro: «—*El Diablo en París* es un libro que trata de las costumbres de París y de muchos pueblos del mundo. Es una crítica muy ingeniosa, y por otra parte muy instructiva. ¿Quieres que te lea un

Casimir Périer. Molière. Héloïse et Abeilard.

(Hetzel 1846, 249).[195]

---

capítulo entero? / —No, no me lea. Señáleme todas las láminas, que me gusta tanto ver las pinturas de los libros. / —Pues entonces –dijo don Demóstenes–, aquí tienes el cementerio del padre Lachaise, que fue edificado por un jesuita confesor del rey Luis XIV. Ahí tienes la capilla, y éstos son los sauces babilónicos que adornan las callejuelas (Díaz 1866, 401).

[195] «—Y esta pintura, ¿qué es lo que representa? –dijo Manuela, mostrándole una lámina con el dedo. / —La tumba de Casimiro Perier. / —¿Y ésta que se parece a la tumba de Rosa? / —La de Molière, y de esa fue que tomé la idea de la que fabricó el maestro Pacho. / —¿Y aquélla era de guaduas? / —De verjas de hierro». / —¿Y de qué sirvió ese hombre en el mundo? / —De corregir las costumbres con su inmortales obras literarias. (...) / —Y esta casita con cuatro estantillos por el frente ¿qué viene siendo? –preguntó Manuela, apuntando con su dedo sobre otra lámina. / —La tumba de Eloísa y Abelardo, que hoy tiene más de 608 años y todavía es visitada con veneración; y algunos días amanece adornada con ramilletes de flores. Los granadinos que han estado en París no se han venido sin ir a tributarle sus respetos. / —¿Son los huesos de algunos santos? / —¿De dos amantes muy desgraciados? / —¿Amantes? Cuénteme; que todo lo que es desgracia, tristeza y melancolía es lo que hoy recibe mi corazón con agrado. Rosa murió también por resultados del amor, según lo que me ha parecido: por la pena de verse desechada sin dar motivo ninguno, y Rosa tiene también un monumento sobre su sepultura. La señora Eloísa de allí de Francia sería desgraciada por la persecución, y Rosa porque fue primero burlada por un rico y después traicionada y abandonada por un pobre. Yo no sé cuál merezca más las flores y los recuerdos por 600 años. Ya se ve que Rosa no era sino una pobre peona del Retiro, y la igualdad no alcanza hasta la pobreza, ni aun siquiera en la tumba, porque los ricos no quieren que los entierren en el suelo; ni aun en los sufragios de la iglesia, porque para los pobres no hay canto, pero ni siquiera dobles de campanas, como usted lo sabe» (Díaz 1866, 402).

Cimetière des Israélites.
(Hetzel 1846, 249).[196]

Le Diable à Paris. Paris et les parisiens: mœurs et coutumes, caracteres et portraits des habitants de Paris tuvo por editor a un polémico activista socialista, Hetzel, quien despreciaba el régimen de Louis Phillipe; fue ensayista y escritor del *National*, periódico antimonárquico; además había publicado completamente *La Comédie humaine* de Honoré de Balzac. El título y la idea de la colección fueron de Hetzel, pero muchas de las ideas para la composición y el contenido provinieron de diversos autores, especialmente de Balzac, George Sand y Gavarni.

En esta época, Sand sentía total frustración y desesperanza por la situación social francesa y efectuaba un arduo esfuerzo por difundir la falta de humanidad del reinado de Louis Phillipe. Acababa de publicar la novela *Le Meunier d'Angibault* (1845), que describía la situación del proletariado y se hallaba impulsando y apoyando económicamente a varios trabajadores socialistas radicales que eran poetas y filósofos, entre los que estaba Pierre Leroux, reconocido filósofo y economista (muy leído en la Nueva Granada).

Fue el momento en que Sand unió esfuerzos con Hatzel. Con él y con los otros escritores contribuyentes ofrecieron con *Le Diable à Paris. Paris et les parisiens: mœurs et coutumes, caracteres et portraits des habitants de Paris*, una crítica social, que mostraba a París como un lugar sobrepoblado y lúgubre donde abundaban el crimen y la enfermedad física y social; allí existía el desequilibrio entre ricos y pobres; por eso, el gupo de literatos, ensayistas, filósofos y publicistas mostraron los abusos y las violencias que sufrían las clases bajas y las necesidades que pasaban. Además, no sólo había información precisa y concreta sobre las condiciones de los más necesitados, sino que presentaron estadísticas y series de grabados donde se mostraban los aspectos de lo que trataban los relatos; de esta manera, el tono de los dos volúmenes favorecía a

---

196 «En Francia se premia a los que trabajan para la sociedad. Mira el cementerio de los israelitas, cubierto de sauces babilónicos, tilos y cipreses» (Díaz 1866, 402).

los pobres y llamaba la atención hacia la ceguera de las instituciones y del gobierno (véase: Sheon 1984, 140-142).

Del mismo modo, con la repetida alusión al socialismo,[197] a los clásicos de la escuela social o a los socialistas, en la novela se enfatiza la fuerza con que se recibían en la Nueva Granada las ideas filosóficas y políticas de los socialistas y de los teóricos franceses de 1848.[198] Conceptos que tuvieron mucho que ver con las rupturas, definiciones y adaptaciones de las realidades y procesos políticos, económicos y sociales del momento; los cuales se expresan de diversas formas en el discurso de *Manuela*. Texto en cuyo mundo ficcional se forja un estudio de la realidad neogranadina, que busca soluciones para las

---

[197] Algunas de las ideas que difundieron los liberales socialistas de la época fue otorgar el voto a la mujer, para que mejorara su condición: «Mientras que los señores trapicheros conversaban de esta suerte, las dos señoritas habían pasado a tratar del socialismo, cosa que les parecerá muy extraña a mis lectores. / —¿Y cómo es eso? Juanita, preguntaba Clotilde a su amiga. / —Pues que hay una escuela que quiere que hagamos nuestro 20 de julio, y nos presentemos al mundo con nuestro gorro colorado, revestidas del goce de nuestras garantías políticas. / —Será que dicen. / —Que escriben... Desean que votemos, que seamos nombradas jurados y representantes, y todo eso. / —¿Y para qué? / —Para elevarnos a nuestra dignidad, dicen. / —Con que respetaran nuestras garantías de mujeres, con que hubiera como en los Estados Unidos, una policía severa en favor de las jóvenes... / —¡Cómo, niña! / —¡Pues no ves que porque nos ven débiles y vergonzosas, y colocadas en posiciones difíciles nos tratan poco más o menos; y ahora ¡a las pobres!... eso da lástima. ¿Hay infamias por las que no hagan pasar a estas desdichadas arrendatarias, nada más que por ser mujeres y mujeres pobres?... Por eso te digo, Juanita, que con que nos trataran con la dignidad debida a nuestro sexo, aunque no nos invistieran de los derechos políticos, no le hacía (Díaz 1866, 198).

[198] Los personajes de clases bajas están al tanto de los cambios políticos que suceden en el gobierno y de la lucha ideológica que se libraba en la realidad. De esta manera el autor seguía las normas usuales de la estética del Realismo, donde lo verdadero y lo verosímil con su correlato de coherencia eran inseparables de la correspondencia entre los objetos de la narrativa con los del mundo real: «—Buenos días, mi amigo Dimas. / —Buenos días, patrón don Demóstenes. / —Desde que lo vi, concebí una esperanza. / —¿Luego me había visto? / —¿Por qué me lo dice? / —Porque los ricos no alcanzan a ver a los pobres. / —Eso no me diga usted, porque yo venero el dogma de la igualdad entre todos los ciudadanos. / —¿Luego hay igualdad? / —Sí, señor: la república no puede existir sin haber igualdad. / —¡Ja, ja, ja! Me *reigo* de la igualdad. / —¿Cómo no?, la igualdad social. ¿Luego usted no cree que todos somos iguales en la Nueva Granada? / —¡Ja, ja, ja, ja! / —¿Por qué se ríe usted? / —Porque sumercé es tan igual a yo, como aquel botundo a esta mata de ají. / —Está usted muy retrógrado, taita Dimas; el dogma de la igualdad es indispensable entre nosotros. / —¿Y por qué no me saluda su persona primero en los caminos y se espera a que yo le salude? ¿Y por qué le digo yo mi amo don Demóstenes y sumercé me dice taita Dimas? ¿Y por qué los dueños de tierras nos mandan como a sus criados? ¿Y por qué los de botas dominan a los descalzos? ¿Y por qué un estanciero no puede demandar a los dueños de tierras? ¿Y por qué no amarran a los de botas que viven en la cabecera del cantón, para reclutas, como me amarraron a yo una ocasión, y como amarraron a mi hijo y se lo llevaron? ¿Y por qué los que saben leer y escribir, y entienden de las leyendas han de tener más *priminencias* que los que no sabemos? ¿Y por qué los ricos se salen con lo que quieren, hasta con los delitos a veces, y a los pobres nos meten a la cárcel por una majadería? ¿Y por qué los blancos le dicen a un novio que no iguala con la hija, cuando es indio o negro? / —Eso consiste en que las cosas no se llevan siempre con todo el orden debido. / —¿Pues mientras que se llevan, le digo a sumercé que aquí en esta Nueva Granada no hay igualdad. Ya sumercé sabe que los dueños de tierras de por aquí se ponen muy bravos cuando uno no les dice mis amos? ¿Y todavía está pensando sumercé en las igualdades? De veras, que mi amo don Demóstenes tiene a ratos como a modo de rasgos de no sé qué...» (Díaz 1866, 315-316).

injusticias y el desequilibrio social;[199] pero a la vez, al observar en forma aguda y penetrante la vida cotidiana, ofrece explicaciones, busca crear conciencia sobre la inequidad de clases y al hacer una cerrada defensa de los oprimidos, intenta promover un cambio social.

Ahora, se debe regresar un par de años antes de la publicación de *Manuela*, para destacar un hecho importante. En julio de 1856, en las cubiertas del periódico *El Catolicismo* (Bogotá), el librero Jules Simonnot publicó los avisos: «Catálogo de Libros que se hallan de venta en la Librería de J. Simonnot, calle 1.a del comercio número 29», en los que ofrecía alfabéticamente, parte del inventario de su librería.[200]

---

199 Así en boca de doña Patrocinio se conoce la manera en que la leyes nunca llegan a los pueblos; pero los leguleyos se beneficias de la falta de educación o del desinterés de los lugareños: «—¿Y ese don Tadeo qué casta de pájaro es? / —Es una buena pava, señor don Demóstenes. / —¿Es liberal o conservador? / —Casi no lo puedo decir. Él echa contra los ricos, contra los curas, contra los monopolios, y todos los lunes predica en la calle y en el cabildo en favor de los derechos del pueblo. / —¡Liberal legítimo! / —Y cuando estuvieron las tropas del general Melo en la cabecera del cantón, él les mandó a avisar en que haciendas habían de coger bueyes, y mulas, y pailas de cobre. / —¡Draconiano! ¡Partidario del ejército permanente, de la pena de muerte, de las facultades omnímodas del Poder Ejecutivo, del centralismo, de la teocracia a medias y de los códigos fuertes! ¿De dónde salió ese sujeto que ustedes tanto veneran? / —Vino en clase de peón, de los cantones de más allá de la sabana. Al principio trabajó en la hacienda de don Blas, después se vino a vivir a la parroquia y se ocupaba en hacer boletas de compariendo. / —¿De comparendo? / —Eso es, comparendo; y luego comenzó a escribir documentos; y luego a sacar las listas del trabajo personal y de las elecciones, mordiéndoles a los jueces y alcaldes más de lo que valían; y luego se hizo director de los jueces y en este oficio empezó a ganar más plata enredando a los vecinos con alegatos y pleitos; luego se hizo director del cabildo y quedó mandando en todos los asuntos de la parroquia. Pero no paró en eso, sino que se los fue ganando a todos poco a poco, a unos porque lo necesitaban para que los sacase con bien de sus empeños, a otros para que les ayudase a hacer sus picardías, y otros la iban con él por el miedo; de modo que vino a lograr tenerlos a todos bajo de su dominio. Y lo peor es que es el único que entiende y registra la Recopilación Granadina. De modo que hoy el señor don Tadeo entiende en elecciones, cabildos, pleitos, contribuciones y demandas; pero sacando de todo su tajada, y haciendo que le sirvan de balde los que le necesitan; y todavía no es eso sólo, sino que don Tadeo interviene en los testamentos, y en los casamientos, y en las peleas de las familias, y en los bailes, y en las fiestas y en todo. Todo esto se le pudiera aguantar; pero ha de saber el señor don Demóstenes que el mismo partido que tiene entre los hombres, quiere tenerlo entre las muchachas del pueblo; y su empeño es que todas ellas, mayormente las más bonitas, estén sujetas a sus antojos. De unas consigue todo lo que quiere, como de la Cecilia, la hija de la vieja Sinforiana, y lo consigue con su poder y con sus intrigas. A las que lo aborrecen las persigue y las tiraniza para salirse con sus intentos. Y esto último es lo que está sucediendo con Manuela, que ya la tiene aburrida con leyes del cabildo para perseguirle sus animales, y armando peleas en los bailes, desterrándole al novio, poniéndoles sobrenombres a todos los de la casa, y haciendo que nos insulten y nos inquieten las mujeres de su partido. Para todo esto tiene él testigos falsos, y espías, y brazos secretos, y sabe falsificar todas las letras y las firmas, y sabe hacer y desbaratar los sumarios del modo que le tiene más cuenta» (Díaz 1866, 263-264).

200 Bajo la A anunciaba 12 títulos (22 vols). B = 12 títulos (69 vols). C = 18 títulos (53 vols). D = 6 títulos (6 vols). Diccionarios = 23 títulos (36 vols). E = 22 títulos (87 vols). F = 3 títulos (4 vols). G. 4 títulos (16 vols). H = 3 títulos (3 vols). Historias = 45 títulos (176 vols). I = 5 títulos (8 vols). J = 2 títulos (3 vols). L = 12 títulos (18 vols). M = 20 títulos (24 vols). Medicina = 21 títulos (39 vols). N = 3 títulos (4 vols). Novelas = 73 títulos (119 vols). Obras de derecho = 34 títulos (70 vols). O = 18 títulos (72 vols). P = 6 títulos (12 vols). R= 3 títulos (5 vols). S = 6 títulos (6 vols). T = 2 títulos (2 vols). V = 10 títulos (17 vols) [véanse: El Catolicismo 217 (1º de julio de 1856) y El Catolicismo 218 (4 de julio de 1856)].

En ese momento en la librería de Simonnot se vendían, entre muchas otras, las siguientes obras: **Dumas** (padre): *Historia de Luis Felipe* (2 vls); *Los cuarenta y cinco* (1 v); *La Reina Margarita* (1 v); *El caballero de casa rajo* (1 v); *La regencia* (1 v); *El caballero de Harmeutal* (1 v); *Los tres mosqueteros* (1 v); *El conde de Monte-Cristo* (1 v); *El vizconde de Bragelone* (4 vls); *La cámara de la reina* (1 v); *El capitán Pablo* (1 v); *Memorias de un médico* (1 v); *Mil y un fantasmas* (1 v); *El collar de la reina* (1 v); *Martir de Urbano Grandier* (1 v); *Ascanio* (1 v); *Actea* (2 vls); *La boca del infierno* (1 v). **Balzac:** *Historia de los trece* (1 v); *Rosita* (1 v); Novelas de Balzac. **Lamartine:** *Historia de los girondinos* (4 vls). **Sue:** *Los Misterios de París* (4 vls); *El judío errante* (4 vls); *El castillo del diablo* (1 v); *Martin el expósito* (3 vls); *Matilde* (3 vls); *Arturo* (2 vls); *Los siete pecados* (7 vls). **Feval**: *El hijo del diablo* (1 v); *Los amores de París* (11 vls). **Soulié:** *Los dramas desconocidos* (1 v). **Sand:** *Consuelo* (6 vls); *Lelia Spiridion* (1 v). **Kock:** *La hermana Ana* (1 v); *Lances de amor* (1 v); *El hombre de los tres calzones* (1 v); *Casa blanca* (1 v). **Pigault Lebrun:** *El hijo del Carnaval* (2 vls). **Victor Hugo:** *Nuestra Señora de París* (2 vls) [véanse: *El Catolicismo* 217 (1° de julio de 1856) y 218 (4 de julio de 1856)].

A la semana siguiente se publicó la siguiente información:

> Entre los mui buenos libros que contiene el catálogo de los que se hallan en venta en la librería de J. Simonnot, Calle 1.a del Comercio, N. 29, de esta ciudad i que se ha publicado por el impresor en la cubierta de los dos últimos números de *El Catolicismo*, se hallan algunos que estan expresamente prohibidos por la autoridad de la Iglesia, i otros cuya lectura es peligrosa para las buenas costumbres, aunque por otra parte manifiesten el talento i literatura de sus autores que hubieran podido emplearlo en escribir cosas mas útiles a la humanidad que romances i novelas. Pondremos a continuación una lista de esas obras perjudiciales; i antes de hacerlo, nos permitiremos reproducir la opinión i doctrinas de uno de los excelentes autores cuyas obras estan de venta en la misma librería del señor Simonnot; de modo que, con el testimonio de lo mucho bueno que se lee en aquel establecimiento, confirmamos lo pernicioso de la venta i lectura de lo malo que hai en él [*El Catolicismo* (8 de julio de 1856): 202].

De esta situación se deducen varias circunstancias. Simonnot era negociante y librero, sabía que el periódico *El Catolicismo*, que se había fundado en 1849, tenía una gran difusión, porque él había hecho publicidad anteriormente en él; de ahí que, buscando nuevos compradores volvió a pagar para publicar un aviso sobre parte de sus existencias por medio de ese órgano de difusión. Contrató dos emisiones, para anunciar 818 volúmenes que expedía en su establecimiento (el surtido que poseía era mayor, pues divulgó varios autores, en la misma forma en que lo hizo con Balzac).

La reacción de editores y lectores no se hizo esperar. En la siguiente edición de *El Catolicismo* N.219 (8 de julio de 1856), hubo una respuesta amplia de rechazo, de prevención y de recuperación del terreno perdido entre los lectores. Esa edición del periódico abrió en la primera página con un extenso artículo titulado: «Doctrinas socialistas», en el que se efectuaba un ataque doble; por un lado, partía de una de las frases clásicas de Proudhon: «La propiedad es un robo», para atacar todas las ideas del autor francés; a la vez que impugnaba la difusión que se había efectuado en un artículo publicado en *El Neo-Granadino*, 344 de ideas proudhonianas y socialistas. En 2 páginas del periódico, a doble columna cada página, los editores de *El Catolicismo* repasaron y rebatieron lo expresado en el otro periódico, explicando que el texto que ahora leían los lectores, tenía la finalidad de apoyar a los Editores de *El Porvenir*, quienes habían hecho el llamado a los hombres sensatos para que cooperaran en la publicación de los buenos principios y contribuyeran a su circulación en toda la república.

Esta colaboración entre periódicos de igual ideología proporcionaba un frente de defensa al grupo conservador ante el avance de las ideas liberales socialistas; al mismo tiempo que reforzaba en las mentes de los receptores el deber que tenían de objetar las doctrinas que ellos calificaban como malas, que se difundían a través de los impresos. Incluso del mismo *Catolicismo*, por cobrar dinero por la distribución de anuncios, como el que había realizado Simonnot para promocionar sus existencias, había informado qué se podía obtener y cuánto de las lecturas que calificaban perniciosas.

Después de ese texto, siguió la sección: «Crónica Interior», que anunciaba el resultado de rituales religiosos («Cuarenta horas en San Diego»), que los editores consideraban que eran señal de la manera en que había mejorado la vida de la comunidad. Continuaron con el «Capítulo de los Agustinos Descalzos», informando que habían elegido nuevo Provincial y Prior, y siguieron con «La Congragación de Caridad», asociación piadosa compuesta por las señoras de Bogotá, quienes habían nombrado a las superioras (Junta Directiva), para lo cual sus miembros habían hecho retiros espirituales antes y habían realizado una colecta para remediar las necesidades de los pobres.

En seguida, como para que no se los acusara de no informar sobre la actualidad, insertaron una comunicación sobre: «Candidaturas presidenciales», que comenzaba: «Mientras que la caridad se ejerce por la mitad que acabamos de hablar, la otra mitad debate por la prensa cuestiones personales, para lograr un Presidente i no teme echar lodo a la cara del contrario para recomendar el propio candidato», terminados los comentarios sobre este apartado, la sección total cerró con una noticia de un «Grupo de misioneros» que había llegado de Roma.

Con ese trabajo que habían hecho para moldear actitudes y pensamientos y para persuadir a los lectores, los editores pasaron inmediatamente a la sección: «Bibliografia» (p. 202), donde comunicaron y comentaron sobre la publicidad que Simonnot había efectuado en las cubiertas del periódico y hablaron de los autores que se hallaban en el índice de los libros prohibidos emitido por la Iglesia; a la vez que avisaron que otras obras era peligrosas por el daño que hacían; estos textos los importaba el librero y los suministraba en su establecimiento. Avisaban que darían la lista de los autores vedados; pero antes, dejaban que las palabras de Bergier en el *Diccionario teolójico* (que también vendía Simonnot) sirvieran de testimonio del daño que causaban esas lecturas. Para esta difusión, emplearon tres páginas a doble columna. Después, cerraron con los títulos prohibidos por la Iglesia, que se vendían en la librería:

> LIBROS PROHIBIDOS QUE SE REGISTRAN EN LA LIBRERÍA DE J. SIMONNOT. Arte de amar. Anacreon--Historia del reinado de Carlos V por Robertson--Julia o la Nueva Eliosa, por J. J. Rousseau--Cartas de Eliosa i Abelardo. / Obras de Eujenio Sue--a saber: Misterios de Paris--El judío Errante--Castillo del Diablo--Martin el Expósito--Matilde--Arturo--Los siete pecados capitales--Nuestra Señora de París, por Victor Hugo--Lelia Spiridion, por Jorge Sand--Las ruinas de Palmira, por Wolney--Las obras de Bentham./ nota. Si no estan prohibidas son por lo menos peligrosas, La moral universal de Holbac i las novelas de Dumas i de Balzac [*El Catolicismo* (8 de julio de 1856): 204].

Ahora bien, al revisar las ediciones del *Index Librorum Prohibitorum* compiladas para 1852 y para 1862 se hallan, entre muchos otros, los siguientes autores y títulos, que tienen relación con *Manuela*, con la fecha en que entraron al índice: las *Cartas de Abelardo y Eloisa* (1662); **Du Laurens:** *Le Compère Matthieu* (1804). **Pigault-Le Brun:** *L'Enfant du Carnaval* (1828). **Balzac** (obras indexadas: *Le Lys dans la Vallee*, 1841; *Physiologie du Mariage*..., 1841; *Le Livre Mystique*, 1841; *Les Cent Contes drolatiques*, 1841; *Nouveaux Contes philosophiques*, 1841; *Contes Bruns*, 1842. *L'Israelite*, 1841; *L' Excomunie*, 1841; *Un Grand Homme de Province a Paris*, 1842; *Berthe la repentie*, 1842; *Jane la Pale*, 1842; *Le Vicaire des Ardennes*, 1842; *La Femme supérieure*, 1842; *La maison nucingen*, 1842; *La Torpille*, 1842; *Le pére Goriot, Histoire des Treize. Splendeurs et miseres des Courtisanes*. Toda la obra escrita (1862). **Stendhal:** *Rome, Naples, et Florence* (1828). **Sand:** obra completa (1841-1842). **Sue:** obra completa en cualquier idioma (1852). **Dumas padre:** Toda la obra de ficción (1862). **Voltaire** (obras indexadas: *Lettres philosophiques*, 1752; *Histoire des croisades*, 1754; *Abrege de l' histoire universelle depuis Charlemagne*..., 1757; *OEuvres*, 1753; *Precis de l'ecclesiaste et du cantique*, 1759; *Traite sur la tolerance*, 1766; *Vide Philosophie de l'histoire*, 1768; *Commentaire sur le livre des delits et des peines*, 1768; *Les singularites de la nature*, 1770; *Romans, et contes*, 1804). **Soulié:** *Les Memoires du*

Diable y toda la otra obra del autor (1864). **Saint-Simon** (obra completa, 1813; Todos los libros que se relacionen con esa doctrina o con la religión saint-simoniana, 1835); **Fourier**: obra completa (1835); **Proudhon**: obra completa (1852) [véanse: *Index Librorum Prohibitorum* 1852 y 1862).

Es decir, casi todos los autores y libros que se mencionan en el mundo narrativo de *Manuela* estaban prohibidos por la Iglesia; lo cual significaba en la época que quien publicara, comerciara, contribuyera a difundir partes de esos libros o los leyera conscientemente y sin permiso eclesiástico incurría en una violación de las normas de la religión, cometía pecado y llegaba hasta la excomunión; pues con la lectura surgía el peligro de dañar la conciencia mediante el contagio ideológico que transmitían las obras. La censura de la Iglesia contribuía a contrarrestar las leyes que se habían dictado sobre libertad de prensa, de opinión, de expresión, de imprenta. Entre los dos polos, se debatía y se dividía la sociedad; pero las instituciones de la Iglesia y el Estado se aliaban o entraban en conflicto y decretaban leyes o las imponían en un esfuerzo denodado por el control físico y mental de los grupos sociales.

Los Editores del periódico *El Catolicismo* y sus amigos y consejeros desconocían que Du Laurens, Pigault-Le Brun, Balzac, Stendhal, Dumas, Voltaire, Saint-Simon, Fourier y Proudhon también estaban en el índice, lo cual significa que a pesar de su deseo de limitar la difusión de impresos que llevasen algún tipo de idea ya no sólo contra la fe y la religión, sino que difundiera alguna noción considerada inmoderada u ofensiva contra ideas establecidas para, de este modo, intentar detener el avance social, económico y cultural de la sociedad, culturalmente no estaban preparados (no poseían el conocimiento de lo que se había proscrito décadas atrás) sino que tampoco, al parecer, poseían los medios para lograrlo; ya que en las tres semanas que habían transcurrido desde la publicación de la primera publicidad de la librería no habían podido conseguir un *Index librorum prohibitorum* de comienzos de la década, como tampoco hubo ningún religioso que les pudiera informar.

No obstante, desconocimiento o incapacidad de discernimiento fue lo que explicitaron, los tres editores de la novela (Vergara, Carrasquilla y Marroquín) porque en su labor de eliminar la ideología de Díaz Castro, no cayeron en cuenta lo que significaba la permanencia de esos títulos de obras prohibidas en un texto que ellos intentaron disimular como «conservador».

A través de las menciones de autores y títulos franceses en la novela y del empleo de algunos de ellos como referente en el mundo ficcional se destaca tanto el conocimiento que Díaz Castro poseía sobre la sociedad de su momento donde a pesar de leyes y prohibiciones, los libros circulaban, las lecturas se efectuaban. También informan, sobre la total puesta al día de las lecturas del autor, y aportan más aspectos de su ideología política: era liberal, como lo afirmó él mismo en ese año de 1859 en el artículo «Mi pluma», donde además comunicaba que, incluso cuando trabajaba en las estancias de «tierra caliente» estaba al día sobre lo que pasaba política y socialmente, tanto en la Nueva Granda, como en otros países. En ese texto se lee: «De Ambalema fué que, en contestacion de una carta del señor jeneral Francisco V. Barriga,[201] en el año de 49, en que me noticiaba del nacimiento de la República en Francia, le dije yo: "Celebro la noticia como *amante de las ideas liberales*; pero no vaya a suceder que de las cenizas de la República se levante un segundo Napoleón"» (Díaz junio 25 de 1859, 41-42) [Itálicas agregadas]. Obsérvese que el lapso entre el momento de referencia y el de escritura es de diez años: 1849-1859; tal vez los años más turbulentos y de lucha ideológica en la Nueva Granada.

Además de que Díaz Castro era liberal, como él mismo lo afirmó, la situación narrativa en que aparece el personaje principal masculino Demóstenes[202] en *Manuela*, proporciona otra pista. Este personaje está caracterizado en diversos momentos de la historia en forma irónica o ridiculizada[203] (véase en el capítulo X: «Dos visitas», lo que le ocurre cuando va a ver a Clotilde al trapiche de el Retiro [Díaz 1866, 238-243], donde lo representó con concepciones culturales prefijadas por la clase, la educación y el dinero; ideas que no le permitían ver las diferencias culturales de una zona a la otra). Sus nociones ideológicas y sociales eran las de un negociante y miembro de clase alta, dedicado a velar por sus propios intereses. Su referente eran los jóvenes estudiantes liberales del sector radical que se opusieron a los liberales de mayor edad, los draconianos.

La representación de Demóstenes explicita claramente que la facción del liberalismo al que se adscribía Díaz Castro no era la gólgota, porque los ataques directos o indirectos que tanto algunos personajes como el narrador le dirigen al personaje, señalan que su representación tiene el propósito de criticar la actuación de ese grupo radical, compuesto por miembros de la clase mercantil emergente. Esta situación permite desligar la ideología de Díaz Castro de ese sector liberal.

Además, a esto hay que agregar la diferencia de edad, la trayectoria personal del autor, las amistades (como el general Francisco V. Barriga: veterano luchador de las diversas guerras, desde la de Independencia), además de las divergencias económicas entre él y los miembros de la facción liberal radical.

---

201   El presidente José Hilario López nombró en 1849 a Francisco V. Barriga como Secretario de Guerra y Marina en su gobierno (Ibáñez 1891, 367).

202   En el siglo XIX se afirmó: «Don Demóstenes es sin duda el mismo don Eugenio, quien como hábil narrador, para entrar en escena se disfraza tan por completo en sus sentimientos políticos que nadie le reconocería, y con el ítem de haber viajado, cuando él no había salido de su tierra» (Laverde Amaya 1890, 33-34).

203   Salvador Camacho Roldán fue uno de los fundadores del grupo liberal radical, por lo cual objetó que: «don Demóstenes [era], una caricatura simpática en lo general, –pero injustamente ridícula en algunas de sus manifestaciones– del partido gólgota» (Camacho Roldán 1889, xv). Con estas palabras rechazó la representación que Eugenio Díaz realizó en su mundo ficcional sobre la facción liberal de la cual él fue uno de los pilares.

Sin embargo, era liberal y partidario de las ideas socialistas que se habían difundido en el territorio.[204]

Así, el mundo narrativo de *Manuela* está articulado de denuncias producidas por un escritor que defiende un credo liberal-socialista específico, por tanto incómodo para aquellos que no compartían sus ideas: los conservadores y los otros liberales opositores, quienes veían como un peligro esas concepciones y visiones de mundo representadas con tanta eficacia que podían propagarse con mucha rapidez.

Por todo esto, gracias a su conocimiento, a la construcción simbólica que efectuó de la sociedad en que vivía, a su comprensión del ser humano, a la percepción aguda que poseía sobre su época y a su habilidad de abstracción e inventiva, Díaz Castro recreó en *Manuela* un universo narrativo que respondía a sus deseos de transmitir una realidad desde una postura ideológica definida; de esa manera, ofreció una certera mirada sobre las condiciones neogranadinas conocidas, para producir reacciones y lograr cambios sociales; del mismo modo en que lo habían conseguido algunos de los autores franceses aludidos, quienes le sirvieron de modelos narrativos.

4.1. Teoría de la novela en Balzac, Sue y Dumas

Con los testimonios presentados antes, debe entenderse la situación de la novela en Francia en la época que interesa en este estudio; prestando especial atención a los escritores que los neogranadinos citaron como los más influyentes en la época: Balzac, Sue y Dumas; para comprender tanto las influencias narrativas que modelaron *Manuela* y el movimiento literario en el que se inscribe, como también para entender los rasgos estructurales que se explicitan en el texto.

La novela como género narrativo se popularizó en Francia, gracias tanto a un aumento en el público lector[205] como al impulso que recibió en los periódicos; para que esto se lograra, la imprenta se transformó: dejó de lado su carácter completamente político y se orientó para hacerse accesible a un público más amplio y variado, ofreciendo periódicos más baratos, lo que per-

---

204 En 1890, Laverde Amaya escribió: «El actual dueño de la hacienda [de Junca] señala con marcado interés, la antigua mesa de nogal barnizada de negro y con signos masónicos, en que, según es fama, fue escrita toda la obra ya en las cubiertas de las cartas que el autor recibía de su familia y amigos, ya en otros desiguales pedazos de papel. Cuando estuvo terminada la copió en letra clara don Timoteo Gutiérrez, que aún reside en El Colegio y era amigo muy íntimo y admirador de don Eugenio» (1890, 31-32).

205 En 1833 por medio de la denominada ley Guizot, en Francia se organizó la instrucción primaria, permitiendo que los niños tuvieran a acceso a ella. Los estudiantes escolares pasaron de menos de un millón en 1820 a casi 4 millones en 1850, lo cual permitió que los hombres aumentaran como público lector (véase: Adamowicz-Hariasz 1990, 161-162).

mitió su distribución más fácilmente. Asimismo, para atraer a los lectores, se comenzó a difundir la novela de folletín o seriada. De esta forma se realizó una innovación que modificó tanto el periodismo, como a los lectores, porque creó un nuevo tipo de periódico que se basaba más en la difusión de información y en el entretenimiento que en moldear y forjar las opiniones políticas (véase: Adamowicz-Hariasz 1990, 160).

La Presse, de Émile de Girardin, publicó por entregas, la novela de Balzac *La vieille fille* (23 de oct.-30 de nov. de 1836); inmediatamente, los otros periódicos tuvieron que decidir entre la divulgación de novelas en folletín o la imposibilidad de alcanzar ventas. De esta manera, se publicaron diversos textos de Balzac; pero los escritores que verdaderamente tuvieron éxito con este tipo de difusión por entregas fueron: Paul Féval, Alexandre Dumas, padre; Frédéric Soulié y Eugène Sue (véase: Frappier-Mazur 1989, 696), quienes llegaron a producir una manifestación del género totalmente moderna social y culturalmente, al representar rasgos de la realidad para criticarlos y alcanzar cambios sociales. Entre las características de esos textos publicados en folletines estaba la habilidad de emplear técnicas narrativas para crear una estructura ficcional que despertara y mantuviera el interés del lector durante toda la obra.

Las ambiciones realistas

La mayor parte de los grandes éxitos de la novela de esta época inscriben la intriga en un decorado contemporáneo, porque se refieren a la actualidad o hacen de la sociedad contemporánea su terreno de operaciones privilegiado. (...) Novelas ancladas en la más ardiente actualidad social, *Los misterios de París* y *El judío errante* de Eugène Sue alcanzan entre 1841 y 1850 ediciones de 60.000 a 80.000 ejemplares. El más popular de los novelistas de la monarquía de julio,[206] Paul de Kock, autor despreciado por la crítica pero adulado por los gabinetes de lectura, inscribió todas sus novelas en el aquí y el ahora. Sus obras fueron concebidas como guías de la sociedad contemporánea. Cuando la *Revue des Deux Mondes* consagró en los años de la década del cuarenta varios artículos a la «Novela actual» presentó entre otros a Alexandre Dumas, Eugène Sue, Frédéric Soulié, Charles de Bernard, Honoré de Balzac y George Sand, todos autores de novelas localizadas en el mundo vigente (Lyon-Caen 2006, 29).

Estos autores se propusieron mostrar su mundo, mediante representaciones realistas de la sociedad, de los tipos, de las estructuras y de las leyes que la regían; pero no se contentaban con que sus textos fueran un espejo de lo local; así, la literatura se caracterizó por la fina observación de la realidad y

---

206 La monarquía de julio: periodo histórico que se desarrolló en Francia entre 1830 y 1848.

el descubrimiento de las estructuras ocultas que querían seguir manteniendo el «status quo» establecido. En su búsqueda para proporcionar leyes generales, el Realismo muchas veces fue más allá de lo inmediato, para describir al máximo lo que podía.

A Honoré de Balzac (1799-1850), Hippolyte Taine lo denominó «el padre del Realismo» en un largo estudio que publicó en el *Journal des débats* (Vachon 1999, 28); por tanto, es considerado la figura principal en el desarrollo de la ficción realista (Levin 1963, 151). Asoció el papel del escritor con el del observador científico racional; además, su aporte al Realismo fue el detalle sucinto con que captó el ambiente histórico, desarrollando de este modo la cualidad pictórica realista; lo que le sirvió para definir el contexto histórico y social de cada uno de sus personajes (Morris 2003, 59-62). Con esta ambientación histórica documentada, enfatizaba la autenticidad de los detalles que representaba; de ahí que se considerara un humilde copista y el secretario de la sociedad. Para él, el novelista debía tener la habilidad de dar forma artística a la aguda observación de la realidad; pero no la debía copiar servilmente; sino que debía dejar que los significados se manifestaran por sí mismos. El novelista describía el mundo para modificarlo; y debía combinar la exactitud del historiador social con la imaginación del visionario, para alcanzar el cambio que se deseaba (véase: Shroeder 1967, 3-10).

Como creador de mundos, Balzac dividía en regiones sociales y geográficas el espacio conocido; ya que cada área tenía características particulares. Las personas eran producto de su ambiente y el escritor debía captar esas señales; para esto se basaba en las ideas de Louis de Bonald y Augusto Comte. De ahí que sus personajes poseyeran talento y energía para revelar su capacidad, pero sólo contaran con ellos mismos para hacer frente a la adversidad (véase: Pavel 2005, 231-232). De esta manera, el determinismo marcaba la conducta humana resultado de las influencias ambientales; por eso, en sus creaciones, ofrecía un trasfondo del entorno que rodeaba a los personajes y en el cual habían existido, creando la red de detalles que eran importantes para entender sus conductas. Del mismo modo, reprodujo los diferentes niveles de la sociedad, proporcionando por medio de narradores y personajes un universo de información que llevaba al lector a tomar diferentes posturas sobre lo representado; empleaba diferentes puntos de vista en el mundo relatado para lograr este efecto.

Ya en 1842, Balzac escribió en el prefacio a la *Comédie humanine*, su teoría sobre lo que la literatura debía ser al hacer una comparación entre los humanos y los animales; porque para él, la sociedad afectaba al hombre de modo similar al que el medio ambiente actuaba sobre los animales; excepto que en estos, las diferencias que se producían, eran resultado de los diferentes medios en los que se desarrollaban. El tema de su narrativa fue la sociedad francesa para estudiar las causas de los efectos sociales y así entender el sentido oculto que movía a sus integrantes. De esa manera, logró representar que el dinero se hallaba en la base de los móviles sociales que movía todos los apetitos y esperanzas por alcanzar el poder.

Ahora, Eugène Sue (1804-1857) fue un escritor cuyas novelas estaban imbuidas de las aspiraciones humanitarias y socialistas de la época. Se hizo popular debido al éxito de *Los misterios de París* y de *El judío errante*, gracias a la manera en que los nuevos lectores recibieron estas obras, convirtiéndolas en un éxito comercial y reaccionando emocionadamente a las emisiones de los folletines que las contenían. Ellos se sentían tan implicados en la historia que le escribían cartas al autor felicitándolo, sugiriéndole, pidiendo ayuda, aportando información y haciendo pedidos y sugerencias para los nuevos capítulos, llegando a ejercer un influjo decisivo en la escritura de la novela (véase: Prendergast 2003, 13-14). Las masas lo celebraron como el apóstol de los problemas sociales, cuando el autor propuso reformas a través de sus mundos ficcionales; así, por medio de su escritura, reveló causas de las condiciones sociales inicuas que producían la miseria y el delito (Véase: Eco 1970, 13-17).

Sue inventó un mundo poblado de arquetipos movidos tanto por las estructuras de la narrativa de masas marcada tanto por el suspenso como por mecanismos de lo patético, que funcionaban como máscaras de la comedia ciudadana y política; pero que llevaban a los lectores a las relaciones que existen entre la ideología, las condiciones del mercado y la narrativa (véase: Eco 1998, 37-41). Sus mundos narrativos, por la construcción dramática de las acciones, están marcados como núcleos de relaciones sociales, donde causas, consecuencias, instintos y pasiones representan la conducta humana de la sociedad de su época y los grandes problemas sociales existentes.

En *Los misterios de París*, representó los aspectos más disímiles de la sociedad para revelar los hilos ocultos de las condiciones generales de los más desprotegidos que eran producto de la miseria, creada por la civilización industrial; mientras que los ricos y los legisladores seguían controlando, al establecer leyes que protegían los intereses de unos pocos en detrimento de la mayoría. La moraleja del libro es que los ricos podían subsanar «con sus actos de munificencia las lacras de la sociedad» (Eco 1998, 48) y estos, a su vez, «podían contar con la mediación de abates y párrocos» (Eco 1998, 50). En esta novela «la reivindicación social se encaminaba hacia un cristianismo oficial representado por el clero» (Eco 1970, 18).

En su mundo ficcional representó formas complejas de autoridad paternal provenientes tanto del estado como individuales, que eran inestables e ineficientes, de los cuales provenían muchos problemas sociales como: la lucha por sobrevivir de los trabajadores, el acoso y el abuso sexual, el uso de los prisioneros como mano de obra barata; la prisión como un lugar de rehabilitación social, la poca o ninguna importancia que se le prestaba a los crímenes de los de clase alta, contra el excesivo castigo hacia los pobres que robaban para subsistir; todo lo cual era un reclamo contra la ineficiencia de las instituciones gubernamentales y la situación precaria de la mayoría de los miembros de la sociedad.

Como «Misterio» este mundo narrativo explicita los lugares sociales escondidos que se desconocen o a los que se les presta muy poca atención; de ahí que el narrador comience desvelando la situación socio-cultural de los bajos fondos de París, llenos de criminales y prostitutas, pero también de familias y seres humanos que deben subsistir, combatir y resistir esos ambientes abominables, pero también los opresivos de las otras clases que los consideran seres desechables, por tanto excluidos de la vida social. De esta manera, en el lector se desarrolla la empatía hacia el sufrimiento representado y empieza con esto la comprensión de la realidad que sirve de referente.

La forma en que los lectores reaccionaron a lo relatado, muestra el realismo que caracteriza las situaciones que se representaron en la novela; realismo que era novedoso en la conciencia francesa del momento. Con lo cual, esta narración fue el paso de transición en literatura, entre lo que había sido el romanticismo y lo que evolucionó más tarde, en las novelas de Emile Zola, como el naturalismo francés (véase: Chevasco 2003, 13).

Mientras que Alexandre Dumas (1802-1870), reconocido mundialmente como el autor de *Los tres mosqueteros* (*Les trois mousquetaires*, [14 de mzo.-11 de jul. de 1844]) y *El conde de Montecristo* (*Le comte de Monte-Cristo* [28 de ag.-26 de nov. de 1844, 1ª parte; y 20 de jun. de 1845-15 de ene. de 1846, 2ª parte][207]), ha pasado a la historia en una forma bastante ambigua; ya que su fama de novelista, que empleaba ayudantes, secretarios, colaboradores y pagaba por manuscritos de obras que le ofrecían, ha hecho que la crítica académica, incluso en Francia, lo haya casi olvidado. Su contribución a la novelística fue en la transmisión de la historia de una época, estudiando características de distintas personalidades y las pasiones que crearon dramas durante una era; para revelar una particular visión dramática del mundo y, así, producir una ilusión convincente de una realidad histórica. De esta manera, trascendió los límites del país para lograr creaciones universales de personajes, de visión y de tema (véase: Stowe 1976, 70-74).

> Los textos más conocidos de Dumas, presentan la lucha personal de un individuo contra las grandes tensiones históricas ambientales y nacionales de una época. En cada instancia, las consideraciones políticas y los sucesos juegan un papel que determina las oportunidades que tiene el personaje para alcanzar con éxito la felicidad (amor), como también para lograr un lugar en el mundo. Así, intenta crear un sentido de las fuerzas que entran en juego y de la atmósfera y las prácticas de una época, mientras evita los extremos de la reconstrucción arqueológica y superficial del color local (Cooper 1992, 116).

---

207 Ambas novelas y las continuaciones de la primera: *Veinte años después* (*Vingt ans après*) y *El vizconde de Bragelonne* (*Le vicomte de Bragelonne*), las escribió en colaboración con Augusto Maquet (1813-1868) (véase: Stowe 1976, 113-115).

Las novelas más difundidas de Dumas padre son novelas históricas que se ubican en el pasado, en las que el bien triunfa sobre el mal; su representación es tan real que se aceptan las aventuras que viven los personajes, se sufre por ellos y se sienten grandes emociones cuando triunfan. De este modo son una sublimación de lo real, hasta de lo conocido, donde el pueblo está representado por medio de símbolos y de mitos y con arquetipos relevantes para la sociología. Esos procedimientos narrativos impactan la emoción y la sensibilidad de los lectores, hasta el punto que siente gran fe por ellos y hasta necesidad de intervenir en su ayuda. De ahí la nutrida recepción que se le continúa dando a estos textos y las aventuras que relatan.

Los tres escritores: Balzac, Sue y Dumas, influyeron poderosamente, cada uno en forma diferente, en la literatura francesa de su época y pasaron a ejercer predominio en otras literaturas al leerse sus obras en traducción, casi simultáneamente al momento de su publicación en Francia. Sus novelas se difundieron bien como folletines en la sección de los periódicos, bien por entregas, cada cierto tiempo los lectores recibían una parte de la novela, hasta formar el texto total. Así contribuyeron a atraer a los lectores, a aumentar el número de consumidores de la publicación; en general a aumentar las empresas editoriales, haciendo que la obra literaria dejara de ser un objeto casi prohibitivo para convertirse en una mercancía sometida a las leyes del mercado.

En el espacio cultural en Francia se produjo una serie de fenómenos durante la primera mitad del siglo XIX, que llegaron a conocerse como el Realismo. Este movimiento cultural fue tanto un procedimiento literario como un medio de oposición estética, ya que se sometió a las leyes que impusieron los teóricos antes de convertirse en agentes de reformas sociales. Como doctrina tomó los cimientos, que venían de la filosofía racionalista y antirreligiosa del siglo XVIII, que continuaban existiendo a pesar de la irrupción del romanticismo. Además, la necesidad de creer en algo había tomado la forma de una mística de la ciencia y del progreso material, no obstante, ese avance llegó acompañado de grandes problemas sociales.

En estas circunstancias, el Realismo fue:

> [U]na modalidad artística y primordialmente narrativa que plantea la convención de la identidad entre la realidad y el referente, de la igualdad entre el mundo contemporáneo de lo real y el mundo ficcional mimético y verosímil, provocando un efecto estético e intratextual de realidad.
>
> El término, ya utilizado aplicado a la literatura por F. Schlegel y Schiller, aparece en Francia en 1826 en el *Mercure de France* con el sentido literario de designar la nueva estética naciente y se generaliza sucesivamente con una crítica novelesca de Fortoul en 1834, el entronque que Castilla hace de Balzac con la escuela realista en

1846 y, sobre todo, con los artículos de defensa de Coubert firmados a partir de 1850 por Champfleury bajo el nombre de *Le réalisme* (...) (Valles Calatrava 2008, 118).

En ese medio cultural, los tres escritores, como los otros novelistas y folletinistas sociales, tenían como objetivo representar situaciones sociales dentro de la más fiel verosimilitud con lo real, para lo cual expresaron un uso retórico de la ficción, que supuestamente era una afirmación tácita de la realidad; de ese modo, lograron que los lectores respondieran a lo representado adecuando la novela al mundo en el que vivían y se reconocieran en los personajes y en las situaciones relatadas. Para eso, figuraron narradores omniscientes que describen y comentan los hechos desde su particular punto de vista subjetivo, que se localiza dentro de los sucesos y de los personajes involucrados; de ese modo, expresan la realidad social donde la descripción detallada de personajes y situaciones, lo cual es vital para producir (mediante la verosimilitud) un cercano efecto mimético de la realidad. Del mismo modo, mostraron al "otro", no como diferente o extraño, sino como inmediato y presente, como parte de la vida cotidiana.

4.2. Adscripción de *Manuela* al Realismo de mediados del siglo XIX

Hasta el presente, el término *costumbrismo* [208] no es transparente y literal, tal como se lo toma en la literatura colombiana. Desde el siglo XIX, se sostienen polémicas sobre el significado, el uso, a quién se debe llamar costumbrista, etc. En el año 2000, José Escobar Arronís, hispanista especializado en el Romanticismo español y asiduo investigador de la literatura de la primera parte del siglo XIX español, informó:

> [L]a diferencia fundamental entre los escritores costumbristas y sus críticos, en la primera mitad del siglo XIX, por una parte, y los críticos posteriores de la segunda mitad, por otra, es que mientras que éstos se esfuerzan en demostrar la filiación del nuevo costumbrismo decimonónico con la tradición literaria nacional definidora del carácter español, de lo que algunos creen que son sus «esencias autóctonas», los primeros piensan que se está inaugurando en España una manera moderna de hacer literatura, según cánones europeos. En efecto, ni Mesonero ni sus críticos consideran el localismo propio de la literatura de costumbres como una peculiaridad típicamente española, sino que la entienden con una visión mucho más amplia en relación con lo que estaba ocurriendo en la literatura europea moderna. (...) [C]*ostumbrismo* es un término crítico moderno, pe-

---

208 La palabra «costumbrista» entró al DRAE apenas en la décimoquinta edición emitida en 1925 (pág. 343, 3), mientras que el vocablo «costumbrismo» ingresó únicamente en la décimoctava edición publicada en 1956 (pág. 379, 1).

culiar de la crítica española, pero de alcance europeo, ya que designa una categoría literaria que, a pesar de que valora esencialmente las circunstancias locales, cae en el ámbito de estudio propio de la literatura comparada, (...) el principio fundamental de la mímesis costumbrista [es] la consideración de la naturaleza humana modificada por las costumbres locales, por la sociedad, en un momento histórico determinado (Escobar 2000, 5-7).[209]

Es decir, mientras los autores españoles de la primera parte del siglo XIX, como Mesonero, tenían conciencia de copiar un modelo narrativo proveniente de otros países (Francia e Inglaterra), que les permitía representar con «cánones europeos» aspectos del comportamiento humano para producir literatura; los críticos fueron reduciendo el ángulo de visión para considerar el costumbrismo como la representación de lo autóctono español para valorar las costumbres y los «tipos» locales; En esta forma de percibir lo que trataban de hacer en España en tan temprana época, la crítica posterior ha hallado una insuficiencia en la comprensión del término francés *moeurs* y su traducción al castellano con el vocablo *costumbres*, que produce una «superficialidad moral del costumbrismo, tanto más sensible cuanto más contrasta con su afición a lo pintoresco».

Otra voz que explicitó su desacuerdo con el empleo de esta clasificación en la literatura española fue la de Yvan Lissorgues, investigador francés especialista en los movimientos del Realismo y del Naturalismo español, cuando habló sobre Clarín en 1989:

---

[209] Al respecto, Escobar ya había afirmado algo un poco más restringido: «El costumbrismo que consagra Mesonero es una literatura limitada, según él mismo confiesa, a los usos populares, a la vida exterior... En general va a ser un género literario de corto alcance en que el escritor adopta una actitud comprensiva, con una ligera sonrisa ante las ridiculeces de sus vecinos, sin pretender -no le concierne- oponerse al orden establecido. Ésta es la vena de Jouy aplicada por el *Curioso Parlante* al pintoresquismo madrileñista. Se propone alternar "en la exhibición de estos tipos sociales con la de los usos y costumbres populares y exteriores (digámoslo así), tales como paseos, romerías, procesiones, viajatas, ferias y diversiones públicas...; la sociedad, en fin, bajo todas sus fases, con la posible exactitud y variado colorido". / Montesinos, comentando este pasaje, hace observar la "insuficiencia de traducción" que implica el término castellano *costumbres* en relación con el francés originario *moeurs* (mores): aunque la diferencia no la ignoraba Mesonero, "la significación corriente de la palabra costumbres se le imponía con demasiada fuerza y le hacía olvidarse de que las que importaba estudiar no se reducían a paseatas y procesiones. De aquí la superficialidad moral del costumbrismo, tanto más sensible cuanto más contrasta con su afición a lo pintoresco". Con esta explicación del término costumbres, Montesinos nos ofrece un concepto claro de la literatura costumbrista y de sus limitaciones. Hay que tener en cuenta, sin embargo, en relación con la génesis del costumbrismo español, que el término castellano *costumbres* corresponde a la limitación impuesta por Jouy al concepto general de *moeurs*, en el sentido de *moeurs locales*, que es como L'Ermite emplea el término francés para explicar la motivación originaria de su quehacer literario, señalando la diferencia entre sus artículos y la literatura de los "philosophes moralistes" (...). En este sentido determinado y limitado con que Jouy usa el término, es decir según la interpretación del concepto expresada por el modelo francés que Mesonero se propone imitar, la traducción española de la palabra moeurs por costumbres es bastante exacta; por ello el estudio de "moeurs locales" podía reducirse a las paseatas y procesiones a que se refiere Montesinos: *usos y costumbres*» (Escobar 1973, 267-268).

Por lo que hace a la naturaleza literaria de los relatos (cortos o largos) (...) ¿Son cuentos o "cuadros de costumbres"? Tampoco aquí las fronteras parecen muy bien deslindadas y, además, se plantea otra vez un problema de terminología. Es que, en tiempos de Clarín, las palabras *costumbres* y *costumbrismo* se han cargado del sentido bastante preciso que le han dado los cultivadores del género costumbrista (Mesonero Romanos, Estévanez Calderón, y luego, Fernán Caballero, Trueba e incluso Pereda). Es precisamente el sentido que ha recogido el Diccionario de la Real Academia: "*Costumbrismo*. En las obras literarias, atención especial que se presta a la pintura de las *costumbres típicas* de un país o región" (el subrayado es mío). Para todos los costumbristas, escribe José F, Montesinos, se trata de "dar fe de un cambio, de una revolución, de una evolución que ha transformado la faz de todo el país [...] y desahogar, entregándose al recuerdo, la nostalgia de lo desaparecido y olvidado". Bien se sabe que no es el caso de Clarín; así que emplear la palabra *costumbrismo* para caracterizar algunos relatos (o ciertos aspectos de ellos) no resulta satisfactorio. (...) Es cierto, porque además de la coloración ideológica que ha tomado la palabra, el término costumbres es de alcances mucho más limitado que el vocablo francés moeurs. Lo que cuenta para Clarín, (...), es el estudio del hombre y de la sociedad y no la pintura de "costumbres típicas". Hasta tal punto que, si es evidente que la palabra costumbrismo no se puede emplear en el caso de Clarín (...) tampoco es adecuada la denominación de cuadro de costumbres algunos de sus relatos cortos, primero porque son más relatos que cuadros y sobre todo porque, más que pintura de costumbres, son sátiras de mentalidades y de mecanismos políticos y sociales muy actuales. Aunque esas mentalidades y esos mecanismos sean, en cierto modo, costumbres, no son exclusivamente "costumbres típicas". La connotación "paseísta" que implica la palabra, después del *costumbrismo*, invalida el uso de ésta a nivel de una caracterización global de dichos relatos. / Así que, para distinguir esas narraciones de Alas del género costumbrista, lo mejor es considerarlas meramente como cuentos *satíricos* (Lysorges 1989, 20-21).

Como se observa, los críticos y estudiosos españoles y franceses disienten sobre la terminología inadecuada que se emplea para catalogar y al mismo tiempo marcar las obras de los escritores con características que no les corresponden, únicamente por el prurito repetitivo de la tradición, que mueve a muchos historiadores e investigadores de las literaturas. Por lo cual se entienden malamente los textos al ubicarlos dentro de una corriente literaria que no les corresponde o a la que las obras trascienden.

Pero en Colombia, la concepción superficial, pintoresca, ligera y característica del costumbrismo, que fue cara a escritores como Vergara en la Nueva Granada, a la cual se adscribieron y luego demandaron e impusieron (censurando a otros escritores que empleaban otros modelos europeos para configurar sus obras), se acepta casi sin ninguna discusión hasta el presente para clasificar un sinnúmero de textos transgrediendo movimientos, escuelas, épocas y siglos.

Así, bajo la denominación de costumbrismo se lleva a representar la totalidad del comportamiento de los habitantes de una región, desde el comienzo de la historia registrada, hasta llegar a afirmar que en el siglo XIX en Colombia, lo español trasmite las corrientes literarias más recientes, porque es universal: «Podemos decir que la influencia de los costumbristas españoles nos puso en contacto no sólo con la lengua en un sentido formal, evitando los peligros del afrancesamiento, y con las hondas raíces culturales más allá de la ruptura política, sino también con la lengua viva y las corrientes literarias más recientes, en la búsqueda de lo particular propio, dentro de un marco general hispanoamericano y universal» (Reyes 1988, I: 190).

En este cajón de sastre, el nombre infaltable en cada uno de los críticos es el de Eugenio Díaz Castro con su novela «*costumbrista*». Ninguno de ellos, hasta ahora, se tomó el trabajo de indagar en la escritura del autor, si esa clasificación en el título era propia; por el contrario, se aseveró que el costumbrismo surgió cuando Díaz Castro y Vergara se conocieron, «circunstancia muy personal y concreta (que) dio origen a la tendencia, o, por lo menos la protocolizó» (Maya 1975, 203-204). Como también, que el costumbrismo es el «estilo literario con el cual parece identificarse en forma más cabal» (Reyes 1988, I: 203); además de que *Manuela* es la «obra que inaugura la novela costumbrista» (Cristina 1992, 107)

Perspicazmente, Téllez reaccionó enfáticamente en contra de las afirmaciones globalizantes, desfasadas y falsas que había expresado Adel López Gómez en su discurso de ingreso a la Academia Colombiana como miembro de número,[210] sobre el costumbrismo «como elogio de la tarea cumplida en ese género literario por autores nacionales, a partir de Tomás Carrasquilla» (Téllez 1979, 561); para cuyo efecto afirmó:

> Las clasificaciones de los géneros y de los subgéneros literarios son de una gran utilidad pedagógica y de una gran comodidad crítica, Los apologistas del costumbrismo pueden reclamar para el género a Cervantes, a Dostoievski, a Tolstoi, a Shakespeare, a Balzac, a Flaubert. Si alguien afirmara que la característica del costumbrismo es su categoría literaria de segundo rango, podría contradecírsele, ciñéndose a la más vulgar definición del género –pintura literaria de las costumbres y de los hábitos– diciéndole que todos los genios de la novela y del cuento han hecho costumbrismo sin saberlo. Y no

---

210 El artículo se publicó originariamente como «Costumbrismo». *El Tiempo* (Lecturas Dominicales) (mayo 29, 1960): 1 y 3.

obstante la afirmación de verdad que esta índole encierra, en su totalidad es inexacta, puesto que más allá o más acá de los simples materiales, del costumbrismo, de su utilería, de su elenco humano previsible, existe algo que viola los límites que circunscriben el género, y lo sobrepasa estéticamente (Téllez 1979, 564).

Téllez reaccionó contra la ubicación tan tardía de la obra de Carrasquilla dentro del costumbrismo. En su crítica señaló la parcialidad de conocimiento y la intencionalidad de las palabras del discurso; ya que esa producción no podía adscribirse a ese movimiento, porque no poseía esas características estéticas; la inclusión por desfasada, era absurda. Efectuar esa caracterización, implicaba ya no sólo desconocimiento, sino también falta de comprensión de las escuelas y de los movimientos literarios, de sus particularidades y motivaciones; a la vez que era una desvalorización de ese quehacer escritural, porque Carrasquilla, como los otros escritores mencionados en el discurso, conocía lo que ocurría nacional e internacionalmente en la ficción y había impulsado la marcha de las letras colombianas.

Otra de las voces disonantes es la de Enrique Santos Molano, quien escribiera para el centenario del nacimiento de Díaz Castro:

> No fue el autor de *Manuela* un romántico; tampoco un naturalista, aunque sus descripciones tengan a veces este sabor; mucho menos un costumbrista, como hasta nuestro días se ha creído. (...) Puesto que en nuestro país se tiene una idea francamente despectiva, y se considera como de segunda categoría a los escritores de este género, intrascendentes y pasados de moda, deberemos afirmar que Eugenio Díaz no es escritor de segunda ni intrascendente, ni pasado de moda, y, por ende, no es costumbrista (Santos Molano 1965, 3).

Como ya se señaló, al prologar Vergara la novela de Díaz Castro en el número 1 de *El Mosaico* del 24 diciembre de 1858, la asoció con Larra y por extensión con el costumbrismo, basándose en el epígrafe que Díaz Castro seleccionó para su texto: «Los cuadros de costumbres no se inventan sino se copian»; cuando el autor empleó la palabra «costumbres» lo hizo en el sentido francés de *moeurs*. Obsérvese el título original de una obra de Balzac publicada en 1842: *Scènes de la vie privée et publique des animaux: études de* MOEURS *contemporaines*, la cual fue traducida como: *Los animales pintados por sí mismos: escenas y* COSTUMBRES *de la vida pública y privada de los irracionales*, para las ediciones en español.

Al emplear la palabra «costumbres», Díaz Castro explicitaba tanto parte de sus lecturas, como su intención de efectuar una representación verídica en el mundo narrativo. Nunca se vinculó de forma alguna con el costumbrismo español, puesto que las referencias sobre narrativa dentro de la narración son francesas; los pocos autores o textos españoles sobre narrativa que aparecen mencionados son de épocas más antiguas y de metagéneros dispersos para destacar algunas señales de la cultura en la sociedad (muerte, costumbres [forma de hornear], religión, inquisición, viajes); mientras que los contemporáneos, Espronceda y Zorrilla, eran seguidos por su poesía. A Díaz Castro le interesaban las prácticas sociales con su fondo ético y moral y el socialismo, como se observa en los siguientes parlamentos entre *Manuela* y Demóstenes:

> —Ya verá como ñuá Melchora y Pía y ñor Dimas le hacen conocer cosas mucho más importantes para el gobierno, que esas sus novelas que usted llama sociales, y sobre todo usted va a ganar mucho con haber visto cómo es el gobierno de la parroquia.
> —Por eso tengo intenciones de ir al congreso, porque he tenido algún estudio de las costumbres; pero necesito que tú me saques todos los votos de tu parroquia para senador de Bogotá, porque el año pasado fui representante por un pueblo de la costa, en donde los electores no me conocían ni aun por mi retrato (Díaz 1866, 350-351).

* * *

> —Y lo cito para un bambuco.
> —¡Mil gracias! Allá iré, no por bailar, sino por sacar algunos apuntamientos para mis artículos de costumbres; porque los artículos de costumbres son el suplemento de la historia de los pueblos (Díaz 1866, 360).

* * *

> —¿Eso no es cosa del Diablo?, don Demóstenes.
> —*El Diablo en París* es un libro que trata de las *costumbres de París* y de muchos pueblos del mundo. Es una crítica muy ingeniosa, y por otra parte muy instructiva (Díaz 1866, 401) [énfasis agregado].

Ya en la primera parte del siglo XIX, los mismos franceses habían señalado como errada la traducción que los españoles habían efectuado de la palabra «*moeurs*»; para el francés, «*moeurs*» y «*costumes/coutumes*» tienen significados diferentes, como se observa en el siguiente título: *Le Diable à Paris. Paris et les parisiens:* MŒURS *et* COUTUMES, *caracteres et portraits des habitants de Paris*. Por esa razón, los franceses no clasifican e inscriben a Balzac como costumbrista, a pesar de que el mismo escritor denominó la sección más importante de su producción: *Études de moeurs*;[211] por el contrario, se lo considera como uno de los grandes maestros del Realismo francés. Del mismo modo, la novela de Flaubert, *Madame Bovary. Moeurs de province* (1856), una de las obras cumbres del realismo, nunca se ha considerado dentro del costumbrismo a pesar de la segunda parte del título, el cual generalmente ignoran editores y críticos.

---

211 Título que encabeza 85 novelas y varios relatos y ensayos analíticos clasificadas como: (i) Scènes de la vie privée; (ii) Scènes de la vie de province; (iii) Scènes de la vie parisienne; (iv) Scènes de la vie politique; (v) Scènes de la vie militaire; (vi) Scènes de la vie de champagne.

Pero en Colombia, *Manuela*, novela que nunca recibió de Díaz Castro el calificativo «de costumbres» ni como parte del título ni como subtítulo, –porque su modelo narrativo era la novela francesa contemporánea que se producía en el momento en que él vivía, con cuyo modelo planeó y estructuró su texto: la novela realista, socialista–, Vergara, Carrasquilla y Marroquín la publicaron un año y tres meses después de la muerte del autor, ocurrida el 11 de abril de 1865, en el tomo 2 del *Museo de Cuadros de Costumbres i variedades*[212] (12 de julio de 1866), modificándole el título, se lo recortaron del original: «*Manuela*. Novela Bogotana, orijinal por Eujenio Díaz», para denominarla: «*Manuela*. Novela orijinal por Eujenio Díaz». De esta forma, excluyeron el significado geográfico dado por el autor a su obra y eliminaron, así, la intención que éste tuvo, de que tanto el referente, como sus denuncias se entendieran como provenientes y aplicables a una parte de la Provincia de Bogotá.

El eliminar ese segmento del título que le había dado Díaz Castro a su novela, servía propósitos específicos que los editores[213] de los dos volúmenes tenían y se ajustaba perfectamente a sus planes; efectuar la publicación de una colección de tipos costumbristas neogranadinos para ofrecerla a la mirada extranjera que leía en castellano; recopilación, cuya muestra más extensa parecía provenir de la pluma de un escritor que también mediante una falacia de ambigüedad había sido denominado «conservador»:

> [E]s el caso que este libro puede ir a Europa, (...) i como los señores europeos están tan atrasados en cuanto a nuestra historia i nuestra

---

212   Incluso los críticos desconocen que la novela no se publicó completamente en *El Mosaico*, como se observa en estas notas; situación que permite que se hagan asunciones equivocadas: «En este órgano [*El Mosaico*] apareció Manuela en varias entregas a partir del 24 de diciembre de 1858, precedida de un prólogo de Vergara y Vergara. La segunda edición tuvo lugar en París después de la muerte del autor (Garnier Hermanos, 1889) en dos volúmenes. (...) Como se ve por las fechas mencionadas, pasaron treinta años entre la primera y la segunda edición, siendo la primera en un periódico que, por las circunstancias de la época, tenía una circulación restringida» (Pineda Botero, 1999: 131). Además, este crítico en su estudio cerró la novela con un final que no tuvo: «Muere la joven y la población es invadida por las tropas del gobierno que vienen a controlar «la revolución» (Pineda Botero 1999, 135).

213   La labor de edición que ellos efectuaron, además de mutilar la ideología del autor del texto, fue bastante deficiente, porque no subsanaron errores evidentes. Al hablar de Clotilde, la primera vez que aparece en la narración, se lee: «la señorita siguió al interior a preguntar por su mama Patrocinio i por Manuela» (Díaz 1866, 177). Patrocino es la madre de Manuela, no es la de Clotilde; éste es un error que debió corregirse. Del mismo modo, confundieron los nombres de personajes: a Celia, la novia bogotana de Demóstenes, la llamaron Cecilia, personaje que era la hija de la Víbora y amante de Tadeo (Díaz 1866, 367).* Pero tal vez la parte que delata las intenciones ideológicas y políticas detrás de las palabras de Martínez Silva sea la afirmación: «la narración estaba interrumpida a cada paso por disertaciones trivialísimas sobre política y moral». En este aspecto no debe olvidarse la influencia de *Los misterios de París*, obra que para cumplir su cometido alargaba la narración mediante largas digresiones, que «llegan al límite de lo insoportable» (Eco 1998, 37). Esos fragmentos que tenían que ver con la ideología socialista fueron eliminados para ofrecer una visión diferente, que se adecuaba a la ideología conservadora de Vergara.

* Gracias a Linda Brousseau por señalar estos aspectos que los editores dejaron pasar en la edición de 1866.

jeografia, que hasta ahora empiezan a hacerse cargo de que en estas Indias occidentales hai algo mas que indias e indios y de que en ellas ha existido la Colombia primitiva, si llegasen a ver dicho título, nadie podría quitarles de la cabeza que la obra contenia descripción de las costumbres de los venezolanos i de los ecuatorianos juntamente con las de los que éramos neo i ahora somos ex granadinos (Los Editores 1866: ii).

Estos escritores recogieron textos provenientes de diferentes periódicos, que habían visto la luz, algunos desde la década del treinta de ese siglo, y los compilaron en esa publicación. Además, según se lee en el Prólogo (Los Editores 1866, ii), la colección había sido planeada unos seis años atrás y se iba a titular: *Los granadinos pintados por sí mismos*;[214] pero, como ya había pasado el tiempo,[215] «cuando pusimos por obra el antiguo proyecto de formar esta colección, ya los granadinos no éramos granadinos, i por consiguiente el nombre que teníamos prevenido venia tan mal a la obra» (Los Editores 1866, ii); por eso, el grupo escogió el título *Museo de cuadros de costumbres i variedades* (1866).[216] Así, al publicar *Manuela* al final del segundo volumen, hacían que los lectores dedujeran que era un texto compuesto de cuadros de costumbres, cuyos personajes eran tipos sociales, muchos de ellos en vías de extinción, como los presentados en otros textos de la compilación; con esto limitaban la manera de leer la novela, fijando los significados al contenerlos dentro de los límites de representación colectiva ofrecida.

Ya sin el referente que ofreció Díaz Castro en el título («novela bogotana»), *Manuela* pasó 23 años encerrada en las páginas de ese libro, hasta que se publicó separadamente en París en dos volúmenes en 1889. Esta vez, como ya se ha señalado anteriormente, también le alteraron el título pasando a conocerse como: *Manuela. Novela de costumbres colombianas*. Ahora la representación, que se circunscribía a una parte de la región de la Provincia de Bogotá, que abarcaba el área a partir de la capital e iba «desde los montes frios

---

214   Este plan seguía lo que escritores y literatos españoles habían hecho en Madrid entre 1843 y 1844, cuando publicaron: *Los españoles pintados por sí mismos*, colección destinada a representar tipos sociales; idea que a su vez había surgido de: *Les Français peints par eux mêmes* (París, 1842), la cual a su vez, provenía de: *Head of the People: or Portraits of the English* (Londres, 1840).

215   Durante los años, la imitación se difundió: *Las habaneras pintadas por sí mismas en miniatura*, (La Habana, 1847). *Los cubanos pintados por sí mismos* (La Habana, 1852). *Los mexicanos pintados por sí mismos. Tipos y costumbres nacionales por varios autores* (México, 1854), *Los valencianos pintados por sí mismos* (Valencia-España, 1859).

216   Una muestra de las publicaciones en este sentido en lengua castellana: en España, Mariano José de Larra había publicado: *Colección de artículos dramáticos, literarios, políticos y de costumbres* (Madrid 1835, 1837), lo mismo hicieron: Nicolás de Roda: *Artículos de costumbres, de literatura y de teatro* (Granada, 1845); Fernán Caballero: *Cuadros de costumbres populares andaluces* (Sevilla, 1852) y *Cuadros de costumbres* (Madrid, 1858); Ramón de Mesonero Romanos: *Tipos, grupos y bocetos de cuadros de costumbres, dibujados a la pluma por El Curioso Parlante* (1843-1860), (Madrid, 1862). En Cuba, José María de Cárdenas y Rodríguez: *Colección de artículos satíricos y de costumbres* (La Habana, 1847), Juan M. Villergas, *Colección escogida de artículos literarios y de costumbres* (La Habana, 1858).

de la cordillera de Subia hasta los ardientes arenales del Magdalena»[217] (Díaz 1859e, 42), pasó también por designios intencionales, pero desviados de la historia y de la crítica, a ser «costumbrista» y a englobar la nación. Esta edición se difundió por todas partes y trajo la novela al presente, pero además del subtítulo que los editores le añadieron, el texto de 1889 posee muchos errores de transcripción en relación con la edición de 1866.

Mapa de las acciones del mundo narrativo de *Manuela. Novela bogotana*

Ahora, hasta el momento son muy pocos los críticos e historiadores literarios, tanto colombianos como extranjeros, que han visto la modernidad narrativa de *Manuela* y la han ubicado dentro del Realismo de medio siglo, movimiento literario, al cual pertenece; sin embargo, ninguno de ellos ha estudiado las características de esa corriente en esta novela, aunque algunos han aseverado:

> Hízose, sobre todo, célebre por su hermosa novela realista, de costumbres, *Manuela*, en su género, la más fiel copia de la realidad por el arte y la más acabada de cuantas se han escrito en América (Cejador y Frauca 1918, 328).
> [D]on Eugenio fue el iniciador en Colombia, de un género literario que hoy se halla en plena vigencia, o sea la novela realista de carácter americano» (Maya 1982, 265).
> Asimilación discontinua de procedimientos realistas. (...) Mediado el siglo, varias obras aún incorporan el rótulo de "novela costum-

---

[217] Díaz Castro identificó el área específica que sirve de referente al mundo novelístico en el artículo «Mi pluma»: «Los últimos dos años de mi estacion en tierra caliente, mi pluma fue mi compañera constante en la hacienda de Junca, en la empresa de sembrar tabaco que me salio desgraciada unicamente por mi desgracia. Alli en medio del aliño del tabaco, en una pequeña mesa, escribí 'La ronda de don Ventura Ahumada', la novela titulada 'Manuela' y las 'Aventuras de un geólogo'» (Díaz 1859f, 42).

En la novela *Martín Flores* se precisa la ubicación de la hacienda: «En la falda occidental de la serranía, las haciendas de Junca, Trujillo i San Miguel aparecían formando un marco al pequeño pero gracioso pueblo del Colejio o Las Mesitas, situado sobre una linda llanura, que parece como el asiento de un nido de palomas formado en la mitad de la falda» (Samper 1866, 6).

brista" (...). Sin embargo, en algunas novelas, la perspectiva costumbrista va perdiendo pintoresquismo, para incorporar gradualmente juicios irónicos, intenciones polémicas, enfoques del realismo crítico. / En esta línea de vacilación estética está *Manuela* (1866), de Eugenio Díaz (1804-1865). El escritor colombiano, conocedor de los postulados del socialismo utópico de Proudhon y de las intrigas folletinescas de *Los misterios de París* (...) corrige la perspectiva costumbrista, con una postura más objetiva, abierta a la reproducción plástica de la naturaleza, de las fiestas populares, de los contextos ideológicos y las situaciones de marginación social (Valera Jácome 1987, 107).

Cada uno de estos investigadores observó las particularidades de la referencialidad de *Manuela*; sin embargo, Valera Jácome, como gran conocedor de las características de los movimientos literarios, notó la discrepancia entre el subtítulo «novela costumbrista» [que nunca le dio Díaz Castro] con la fidelidad de la representación del mundo narrativo proveniente del «realismo crítico», que permitía la explicitación mimética de los conflictos de clases, gracias a la hábil aplicación de la técnica realista.

Para entender la captación de las características del Realismo se deben observar las particularidades de las novelísticas de Balzac, de Dumas y de Sue, ya señaladas; de esta manera se pueden destacar algunos de los rasgos que le sirvieron de inspiración a Díaz Castro en la concepción y en particularidades de la estructuración de *Manuela*.

En la línea de Balzac, Díaz Castro representó detalladamente los personajes y sucesos de La Parroquia (la cruda situación de las jóvenes trapicheras encarnadas en Pía y Rosa; el abuso y la explotación con que a medida que acosaban y coercionaban a las niñas, los hacendados destruían a las familias de las jovencitas; la manipulación y el terrorismo que imponían los gamonales, como Tadeo quien controlaba por igual a ricos y a pobres; el determinismo que los marcaba, debido al medio en que habían existido, que imponían y que usufructuaban; la realidad de los trabajadores arrendatarios, mujeres y hombres, coaccionados y esclavizados por las estructuras coloniales de servidumbre; el asedio y la persecución que las mujeres, especialmente las jóvenes, como Cecilia, Marta, Paula y Manuela, sufrían impotentemente a manos de los más fuertes o poderosos; la prostitución de las mujeres; la violencia sexual generalizada que tiranizaba y destruía a las mujeres de todas las clases; el manejo impune de las leyes ejercido por hacendados y tinterillos; el desequilibrio entre los grupos sociales; el olvido del gobierno central de lugares como La Parroquia; la manera en que la gente del pueblo participaba en los conflictos políticos de las luchas por el gobierno; el enfrentamiento entre letrados e iletrados; la tradición vs. el cambio; la secularización de la sociedad; el estatismo de las tradiciones culturales heredadas, etc.); todo, dentro de la más explícita contemporaneidad neogranadina, con una aguda observación científico racional; asimismo, como Balzac lo hizo, Díaz Castro plasmó el habla de los distintos grupos sociales.[218]

De ese modo, captó el ambiente sociocultural que lo circundaba, estudiando las ideas y los principios generales que determinaban el comportamiento humano, para efectuar una severa crítica de la situación político-social, pero dejó al lector la libertad de reaccionar sobre los hechos representados. Su deseo era contribuir a cambiar el desequilibrio de las condiciones sociales y así buscar una solución a la miseria de los desprotegidos; sin embargo, para él, la capital y la Parroquia eran lugares diferentes con características peculiares propias (como el comportamiento diferente de hombres y mujeres en cada lugar), lo cual se debía tener en cuenta en el momento de legislar y aplicar las leyes.

Asimismo, como en las obras de Dumas, en *Manuela* se encuentra la lucha personal de los individuos (Demóstenes, Manuela, Dámaso) contra las grandes tensiones político-sociales del período. Cada uno de ellos busca su lugar en el mundo, pero las fuerzas históricas impiden que muchos de sus deseos se cumplan; de ese modo, esa búsqueda permite la representación histórica de la época que se vivió hacia 1856 en la Nueva Granada, marcándola con características verosímiles para que los lectores las reconocieran, se identificaran con ellas y pudieran tomar decisiones. La importancia que Díaz Castro le otorgó a las peculiaridades del momento histórico, lo facultó para presentar el estado de la patria, oponiendo en la representación de aspectos de la Provincia de Bogotá, la Parroquia vs. la capital, a través de la situación política, religiosa y cultural de su época.

De los tres escritores franceses, tal vez el modelo narrativo más fuerte que se observa en *Manuela* sea la influencia de la novela de Eugène Sue, *Los misterios de París*. Como en ese texto, la obra de Eugenio Díaz Castro abre invitando a los lectores a penetrar en un mundo desconocido y considerado por los letrados como bárbaro, en cuyos parajes remotos reinaba el abuso y el crimen; lugar, sin embargo, muy cercano a ellos, porque formaba parte de la misma Provincia de Bogotá. Asimismo, la narración gira con gran detalle alrededor de la vida de los pobres y desprotegidos; mientras que el vívido realismo de las escenas de privación y despojo proporciona un marcado contraste con una de las historias centrales, basada en el personaje Demóstenes, rico, letrado y gólgota quien, al igual que Rodolphe, el personaje principal de la obra de Sue, en la primera parte del mundo ficcional se distrae recorriendo los diferentes caminos que lo conducen a sitios lúgubres y desman-

---

218 «Desde que se convirtió al realismo, la novela se ha topado fatalmente en su camino con la copia de lenguajes colectivos, pero, en general, (...) nuestros novelistas la han delegado en los personajes secundarios, en los comparsas, que se encargan de la 'fijación' del realismo social, mientras que el héroe continúa hablando un lenguaje intemporal, cuya 'transparencia' se supone que casa con la universalidad psicológica del alma humana. Balzac, por ejemplo, tiene una aguda conciencia de los lenguajes sociales, pero cuando los reproduce, los enmarca, (...) con un índice pintoresco, folclórico; son caricaturas de lenguajes» (Barthes 2009, 143).

telados que sirven bien de vivienda a los indefensos habitantes o bien de refugio a malhechores como Juan Acero; pero al final, su compasión y generosidad lo llevan a poner en riesgo su vida al tratar de rectificar injusticias sociales y solucionar ignominias causadas a los inocentes que ha conocido.

Como en la novela francesa, en la Díaz Castro aparecen personajes como la Lámina, Rufina y Matea –prostitutas– que desarrollan aspectos importantes de la narración; a través de las dos primeras, arquetipos antiquísimos: son la belleza contaminada, jóvenes cuyos cuerpos se hallan mancillados, pero sus espíritus se conservan buenos a pesar de todo (véase: Eco 1998, 42); con ellas se proponen ideas de reforma sobre este mal social; mientras que con la última se muestran otros aspectos de la situación. Del mismo modo, al contrastar el papel de Rodolphe en *Los Misterios de París* con el de las otras clases, se destacan las condiciones sociales de los más desprotegidos y las causas de la miseria en que transcurre su existencia. Eso mismo sucede al contraponer la clase social de Demóstenes y su mundo con el de los habitantes de la Parroquia y las condiciones injustas que deben soportar.

Tadeo, el tinterillo, recuerda a Ferrand, el notario –personaje de Sue– que encubre con su actuación, sus crímenes y su corrupción; además, comete numerosos actos delictivos movido por la codicia; pero su mayor debilidad es la lujuria, que lo impulsa a perseguir a las jóvenes hermosas del lugar y a obtenerlas bajo cualquier medio. Con los actos de Tadeo, se revelan los misterios de pobreza, crimen e injusticia social que la ambición, la concupiscencia, el deseo desaforado de control y la inercia y el desinterés de los capacitados producían en las clases medias y bajas. De esta manera, la realidad de la región que servía como referente, se hacía incuestionable real y manifiesta, clamando por serias reformas sociales.

Así como Cecilia denuncia la manera en que Tadeo la ha forzado y la mantiene prisionera y como su servidora sexual, Cecily denuncia a Ferrand, en la novela francesa, por las mismas causas. Del mismo modo, la muerte de *Manuela* sin cumplir su destino y dejando inconclusas muchas expectativas es reminiscente de la de Fleur de Marie, protagonista de *Los Misterios de París*. Además, como en la novela francesa, en *Manuela*, en boca de Clotilde, hija de Don Blas –dueño del Trapiche del Retiro– se oyen algunas propuestas para subsanar la prostitución (véase: Díaz 1866, 206); mientras que, con la mediación del párroco del lugar se intenta acabar con el concubinato y la mancebía; en general, como en la obra de Sue, la reivindicación social se basaba en el cristianismo oficial; por esto, Demóstenes al final de la novela concuerda con ideas del párroco Jiménez.

Este aspecto muestra un nuevo punto de la mala intención de Vergara contra el autor de *Manuela* cuando afirmó que: «Díaz no conocía la literatura extranjera» (Vergara Vergara 1866, 166); pues al abrir libros escritos en francés, nunca traducidos al castellano, como: *Le Diable à Paris. Paris et les pa-*

risiens: mœurs et coutumes, caracteres et portraits des habitants de Paris se encuentran líneas completas y descripciones de ese libro en la novela, como ya se demostró. A esto se suman las influencias que se acaban de mencionar de las obras de Sue, Balzac y Dumas; además de las referencias a todos los otros escritores franceses del momento; lo cual explicita el interés en los procesos culturales y políticos, el conocimiento de las nuevas ideas sociales y la aplicación que efectuaba Eugenio Díaz Castro de ellas para buscar cambios sociales, entre los que se encontraba el avance del conocimiento mediante la educación, todo lo cual contribuiría a modificar situaciones establecidas.

Incluso ya en el siglo XIX, se habían señalado semejanzas y posibles influencias de una novela [*L'Âne à M. Martin*] de otro escritor francés con *Manuela*: «Pero donde luce el autor su ingenio espiritual, festivo y galano, comprobando que los asuntos más ligeros tratados con gracia revisten forma imperecedera es en la simulada Revolución: los ociosos instintos de los aldeanos, la parcialidad descarada a favor de los suyos y lo que pueden las preocupaciones en que cada uno se ha criado, están pintadas tan a lo vivo que no lo hizo mejor Paul de Kock en su novela de iguales tendencias llamada El asno del señor Martín» (Laverde Amaya 1890, 38). Así, a pocas décadas de publicada la novela, algunos lectores entendían que Díaz Castro había sido un gran lector de literatura francesa, a pesar de la influencia que ejercían Vergara y sus grupo de amigos conservadores en la vida cultural del país.

De esta manera en la estructura y composición de *Manuela*, el Realismo francés de medio siglo, el liberalismo y el socialismo se conjugaron en la mente del autor para producir una novela de crítica social que explicitaba aberraciones sociales para demandar cambios. Quehacer literario que llevó a Sanín Cano a afirmar que era: «una representación muy atendible de lo que eran las ideas políticas y las tendencias de los hombres que se preocupaban entonces por esta clase de asuntos». Del mismo modo que puso en duda la generosidad que se le ha atribuido a Vergara con la obra: «Grande fue la munificencia del más admirado entre los pocos Mecenas de nuestra literatura, pero no es creíble que su virtud reformadora pudiese llegar a hacer de un mal zurcido manuscrito una verdadera obra de arte» (Sanín Cano 1977, 418-419). Palabras con las que expresó, que el trabajo, la habilidad y el conocimiento que Díaz Castro empleó en su quehacer literario son los aspectos que se deben valorar.

* * *

Ahora en esta línea de pensamiento, a las arbitrariedades que le han hecho al texto de la novela, comenzando por el título y las mutilaciones al mundo ficcional, se debe agregar la incomprensión cultural de los críticos de las formas de sociotratamiento tanto a nivel diacrónico como sincrónico que se presentan en la narración; especialmente en la manera de llamar Demóstenes, primero a Rosa, cuando coquetea con ella la noche que la conoce: «Ven acá, graciosa negra» (Díaz 1866, 172) y luego con *Manuela*, la primera vez que la ve: «Que haces? preciosa negra» (Díaz 1866, 188). Tratamiento que también le confiere Dámaso a *Manuela*: «Vaya, diviértase un ratico, que bastante ha sufrido, mi negra» (Díaz 1866, 330).

Este tratamiento ha hecho que los lectores posteriores, que no son del área central de Colombia –aunque alguno haya vivido por años en la capital–, lean literalmente el texto y crean que ésta es una novela donde los personajes femeninos de la parroquia representados son de raza negra. Así se producen lecturas como las de Del Saz: «*Manuela* es una hermosa negra que rehúsa al gamonal don Tadeo» (1949, 45) o la de Díaz Plaja: «Es la sátira política contra el gamonal que pretende a *Manuela*, la bella negra que muere a consecuencia de las quemaduras que sufre» (1968, 496).

Recientemente, una de las lecturas equivocadas más difundida es la de Cristina Rojas, quien escribió en su Disertación de doctorado: «The desired object of civilization is represented by a poor black woman: *Manuela*» (Rojas de Ferro 1994, 312). Lo que repitió posteriormente en su versión de esa investigación publicada en forma de libro: «Manuela, a poor black woman living near Ambalema» (2002, 145). Afirmación que también pasó a la versión que circula de su investigación en español, con otras malas lecturas de la novela como se observan en este cortísimo fragmento: «Manuela, a quien llaman la pacificadora y *representa a los oprimidos de Ambalema*. Manuela, *una mujer negra y pobre* (...)» (Rojas 2001, 254) [énfasis agregado]. Esta lectura de Rojas es totalmente equivocada: Manuela no representa a nadie de Ambalema; pero las afirmaciones de raza y de clase de la protagonista, que también son erradas, sirven las intenciones del escrito de Rojas; no obstante, no son parte de la caracterización de la protagonista en la novela.

Todos estos lectores desconocen las formas de sociotratamiento tanto diacrónicas, como sincrónicas de las regiones de Colombia, en donde «negra», «negrita» en su uso pragmático, cara a cara, es un enaltecimiento semántico. Era y es una forma de llamar la atención para que la mujer (sin importar el color de su piel) sea receptiva a las peticiones; también se emite para agradar o contentar a alguien, para expresar cariño o estimación.

Son denominaciones que no señalan raza, como la voz narrativa indica en *Manuela*, cuando presenta a la protagonista: «nuestra heroina no pasaba todavía de los 17. El rostro de color *aperlado* de la parroquiana estaba *sonrosado* ese dia» (Díaz 1866, 224) [Énfasis agregado]. Mientras que de Marta, la prima hermana de Manuela e hija de la hermana de Patrocinio, dice: «Era blanca i tenia el pelo rubio, hermosos ojos negros» (Díaz 1866, 244). Manuela era la primera «notabilidad de la parroquia» y Marta, la tercera. ¿Cómo habría podido ser la primera «notabilidad» si hubiera sido negra? El referente del mundo narrativo era la realidad histórica de la Nueva Granada, donde a mediados del siglo todavía se exigían las Informaciones de limpieza de sangre para poder estudiar en los colegios principales.

A estas afirmaciones directas de que esos personajes no son de raza negra, se deben sumar las férreas convenciones de la narrativa, imperantes en la época de escritura y publicación de la novela. En ese momento del siglo XIX, con la situación de clases y razas, no se hubiera permitido la publicación del texto, si el personaje principal masculino, Demóstenes, rico y educado bogotano, miembro de la Escuela Republicana, liberal y gólgota, representante de esa facción política en la realidad, a la que pertenecía un nutrido grupo de lectores-escritores-editores-letrados de la élite neogranadina, quienes por muy liberales que hubieran sido, no habrían aceptado que una representación ficcional de alguno de sus miembros hubiera estado abiertamente en la narración, persiguiendo mujeres de raza negra, departiendo con ellas públicamente, nadando en su compañía públicamente, defendiéndolas con las leyes, alojándose en su casa y exhibiéndose con hijas y madre ante todos. Como tampoco el mundo narrativo de La Parroquia se dividiría entre los seguidores de «la niña» *Manuela* y los de «la niña» Cecilia.

Históricamente se habían dictado leyes para eliminar la esclavitud en 1851, pero para 1858 (momento de la publicación de *Manuela*) las generaciones criadas y educadas dentro de esos parámetros culturales no habían tenido tiempo para modificar el imaginario social de la preponderancia de la raza blanca sobre las otras establecido por siglos. Vergara y Vergara, como conservador, hijo de hacendado, que había sido amenazado con el «perrero»[219] en el Cauca, habría sido el primero en rechazar el texto, y lo mismo habrían hecho los otros conservadores y liberales del grupo. Además, en su labor de edición, Vergara hubiese eliminado esas secciones por aberrantes e inmorales.

Ahora, para poder comprender otra equivocación que se comete una y otra vez sobre *Manuela*, debe prestarse atención a los siguientes testimonios sobre una costumbre de los habitantes de la Nueva Granada. El historiador José Manuel Restrepo (1781-1863) informó el primero al hablar sobre los primeros tiempos de la república: «Los usos de los habitantes variaban conforme á su posicion en los climas frios, templados y ardientes. Acaso ninguno era tan general como el andar descalza la mayor parte del pueblo» (Restrepo 1833, 90). Mientras que el estadounidense Isaac Farwell Holton[220] comentó una de sus experiencias durante su viaje:

---

219 «El perrero» era el látigo que empleaban los esclavos negros, al ser liberados por las leyes, contra sus antiguos amos. Un historiador conservador escribió: «El perrero y las democráticas prueban las tendencias de ese partido. No se quería la libertad sino el libertinaje. Los primeros y más cruelmente perseguidos fueron los descendientes de los patriotas: los Arboledas, los Pombos, los Mosqueras, los Valencias, los Caizedos, los Angulos, los Cabales y mil más fueron perseguidos como enemigos irreconciliables de la República, y por quiénes? Por los partidarios de la Colonia que atizaban el odio salvaje de los negros y explotaban la ignorancia de los indios!» (Briceño, 1878: 62-63).

220 «Isaac F. Holton, profesor de química y de historia natural en Middlebury College, Estados Unidos, recorrió los Andes neogranadinos durante 20 meses a partir del 21 de agosto de 1852» (Cuartas 1995, 659).

Después del desayuno trajeron caballos para que saliéramos a dar un paseo. Hay una persona joven en la familia, de clase media, entre dama y campesina. Al ayudarla a montar, cuando ella puso su pie en mi mano, descubrí que estaba *descalza*. No puedo superar el prejuicio que siento de que la piel humana no sea agradable al tacto como lo es la piel curtida de una res (Holton 1857, 510).

Para la gente del común sin medios económicos o con ellos el llevar los pies protegidos no era una costumbre, como se observa tanto en las palabras de Restrepo como en las de Holton; sin embargo, la información de éste último sobre su experiencia en la hacienda la Aurora, propiedad de Miguel Cabal, gobernador de la Provincia de Buenaventura, atestigua que el uso del calzado todavía no era una práctica popularizada a mediados del siglo XIX, no importaba la clase social. La gente de las clases bajas y hasta la media alta iba descalza, con alpargatas o con quimbas, según la costumbre o las características del camino. Por esto en *Manuela*, el narrador dijo: «suscitando el odio de los ciudadanos de quimbas contra los ciudadanos de botas fuertes» (Diaz 1866, 344). La población de la Nueva Granada estaba repartida entre «la clase de los descalzos y la clase de los calzados»; los que tenían poder y los que no; así no todos los que no llevaran zapatos «fuertes» eran pobres como la crítica ha interpretado las palabras de los personajes. Implicaba que la sociedad se dividía entre los que controlaban el poder y el dinero y decidían la vida política (calzados) y los otros, los que no tenían poder (descalzos) [clasificación estereotípica difundida por Tadeo para movilizar a aquéllos que componían el grupo tadeista]. De ahí que Juan Acero diga:

> —Se hacen los caritativos con los pobres, decia el hombre, pero lo cierto es que los calzados nos quieren tener por debajo a los descalzos, siendo los descalzos los que componemos la mayor parte de la República. Este cachaco está siempre hablando de la igualdad i de la proteccion a los pobres; pero en lo que ménos piensa él es en la igualdad. (...) Don Tadeo dice que no puede haber igualdad hasta que no acabemos con todos los cachacos de botas i de zapatos (Diaz 1866, 231).

Manuela no era pobre como Pía ni como Rosa, jóvenes trapicheras y arrendatarias, cuyas familias carecían de tierra y laboraban bajo las condiciones inclementes de la hacienda colonial que perduraban en el siglo XIX. La madre de Manuela, Patrocinio era la «propietaria de la casa», donde funcionaba la tienda del pueblo, «donde el público se surte de velas, guarapo o chicha, aguardiente, i algunas veces de pan» (Diaz 1866, 176); también considerada la posada del lugar. Cuando Clotilde y don Blas llegan a esa casa antes de la misa, doña Patrocinio los atiende con frutas. En el mercado, Manuela compró para comer: carne, arracachas, cominos, sal, lechugas, coliflor, repollo, alcachofas, arroz, huevos, manzanas. Es decir, madre e hija tenían un mediano bienestar: casa propia, alojaban visitantes y podían satisfacer algunos de los caprichos de los hospedados. Que usara o no zapatos, era el uso de la época, que como Holton lo plasmó, no reflejaba clase ni posición social.

Otra circunstancia seria surge de la crítica, bien por mala intención, bien por aceptación del argumento de ambigüedad explicitado con un equívoco que Vergara articuló después de muerto Díaz Castro: «Su programa en política era conservador» (Vergara Vergara 1866, 166). Ese enunciado se ha tomado como verídico y ha guiado las interpretaciones sobre los textos del autor; como sucedió con los que efectuó Germán Colmenares tanto en "La visión complaciente de Eugenio Díaz" dentro del capítulo: «Las fuentes del conservatismo» en el libro: *Partidos políticos y clases sociales* (1968: 104-110) y en «*Manuela*, la novela de costumbres de Eugenio Díaz». En este último estudio, leyó *Manuela* en la siguiente forma:

> La creación literaria tardía parece haber sido una respuesta a los acontecimientos históricos que se precipitaron entre marzo de 1849 (la elección de José Hilario López) y diciembre de 1854 (la caída del general Melo). La avalancha de reformas liberales que ocurrieron en este lapso parecían (sic) amenazar las raíces más profundas del orden rural que el novelista había vivido. A pesar de su personal escepticismo sobre los cambios, su obra aparece como el testimonio excepcional de un momento cuya importancia histórica se ha subrayado una y otra vez. En parte, era la respuesta irónica pero complaciente en el fondo de un hombre maduro y conservador a la irrupción en la política de una generación que no quería saber nada de las glorias militares de la Gran Colombia. Una generación impaciente e idealista que quería su propia revolución y que estaba moldeada en los excesos retóricos de Lamartine. Más profundamente, la obra de Eugenio Díaz era la exploración sucesiva de frágiles equilibrios sociales que el novelista sentía amenazados (Colmenares 1988, 256-257).

Así para Colmenares, la representación que el «conservador» y «costumbrista» Díaz Castro efectuara en *Manuela* era producto de la nostalgia que le causaba el cambio que sufría la vida establecida, la tradición. De ahí que la preservara a través de ese «costumbrismo» que destilaba de su pluma, como un momento arcádico donde todo estaba bien; ilusión que su escritura, mediada por la evocación de esa quimera, contribuía a fijar para la posteridad los lugares estamentalizados de la vida cotidiana de la Nueva Granada, en la cual «el inmovilismo social» debía persistir. A este juicio, agregó que en *Manuela*: «Los infortunios femeninos son igualmente abstractos, pues el mundo de las mujeres es también un submundo. (...) Estos infortunios de la mujer surgen siempre porque no están suficientemente vigiladas y resguardadas de peligros infinitos, concebidos con una infinita gazmoñería» (Colmenares 1988, 258).[221]

Cualquier lector consciente y atento, que haya leído la novela prestando atención, se asombra de la aberrante situación de violencia sexual abierta, cotidiana y rampante que atraviesa el mundo representado en *Manuela*, desde la primera a la última página; donde uno tras otro de los personajes femeninos: Rosa, Pía, Marta, Paula, *Manuela*, Patrocinio, Cecilia, Melchora, la esposa de Cruz informan, denuncian y sufren diaria e impotentemente esas circunstancias, sin poder hacer nada para protegerse de la situación, evadirla o prevenirla.

De ahí que en el mundo narrativo cuando Tadeo les pregunta a los miembros de la sociedad baratera cuando regresa de haber quemado medio Ambalema, si saben quién fue la persona que lo hizo encarcelar en esa población; se dé el siguiente diálogo:

> —Sería alguna perillana por celos —dijo don Atanasio—, porque don Tadeo no se deja de esas vagabunderías a pesar de los cincuenta i cinco que tiene encima.
> —¡Nada de eso! I no sé cuál de los que me oyen se habrá dejado de la idea de introducírsele a las muchachas i de aprovechar la buena acogida que le brinden, *i de satisfacer sus caprichos por alguno de los medios que aconsejen las circunstancias* (Diaz 1866, 419). [Énfasis agregado].

En ese universo representado, el discurso social masculino dominante normalizado cosifica, degrada y destruye a los personajes femeninos y hace que las condiciones de hostigamiento sexual, violencia sexual, coerción, violencia física, privación arbitraria de la libertad para ejercer violación sexual sean un hecho consuetudinario. Todas ellas la han sufrido física y psicológicamente y la continúan sufriendo de una o de otra manera.

Todos los personajes masculinos, de todas las clases, practican esos actos como una norma, como un derecho, no hay discusión sobre la situación que asedia y destruye al sector femenino de todas las capas de la sociedad. Los hacendados violan a las trapicheras, los mayordomos hacen de la violencia la cotidianidad; los hombres de las clases altas (Alcibíades) seducen, engañan, abandonan y prostituyen, pero según Colmenares, en el mundo ficcional de Díaz Castro: «los malvados deben pertenecer al mismo rango social que los oprimidos. Si el sistema de las haciendas oprime, lo hace en la figura de mayordomos despiadados, seguramente sin que lo sepa el benévolo propietario y su encantadora familia» (1988, 259).

Tadeo persigue a Manuela incesantemente con leyes, con difamaciones, le levanta juicios, la sigue hasta Ambalema, intenta apoderarse de ella manipulando las leyes y los jueces, pero como la joven lo rechaza por todos los medios,

---

221 En 1968, había escrito: «sus ingenuas y bobaliconas heroínas poseen una afición marcada por las novelas sentimentales —sin que ninguna de ellas encarne siquiera por casualidad el prototipo de Emma Bovary—» (Colmenares 1968, 104).

recurre al incendio y al asesinato porque no la puede dominar y obtener. Esta aberración social la vio Colmenares como «un infortunio abstracto», que surge porque las mujeres «no están suficientemente vigiladas y resguardadas»; así consideró que la denuncia de esta destrucción física y psicológica de las existencias femeninas que había efectuado Díaz Castro, mediante su representación en el mundo ficcional, era de una «infinita gazmoñería».

Al aceptar que Díaz Castro era «conservador» de ideología y su ficción era «costumbrista», la visión que Colmenares impuso sobre *Manuela*, lo llevó a tratar de encajar esquemas prefijados, produciendo una lectura equivocada sobre la labor del escritor. De este modo, dedujo que a través de la representación de ese mundo narrativo se podía concluir que había un «evidente conformismo social»; por eso:

> [E]n el mundo de sus novelas estas relaciones abstractas no se concretan en un solo conflicto individual, no hay (y esto obedece a razones estéticas del autor) un enfrentamiento entre un propietario de carne y hueso y uno de sus arrendatarios. Toda relación entre estos extremos sociales está amortiguada por una turba de intermediarios y los universos de propietarios y desposeídos no llegan nunca a tocarse (Colmenares 1988, 258).

Con esas afirmaciones categóricas parece que Colmenares no leyó la novela cuando escribió el texto que se publicó en 1988, porque no hay que ir muy adentro en el mundo novelístico para encontrar el relato que Rosa le hace a Demóstenes sobre sus desgracias y la persecución a que la sometió el hacendado y las consecuencias para ella, para su familia y para sus amigos, cuando no se dejó abusar más:

> [U]n rico me acarició para reírse de mí y para desecharme luego, quitarme la estancia y arruinar a mi familia. (...) Pues fue de esta laya: como se fue, Matea para Ambalema con el novio de Pía, y como mi señora madre perdió su brazo en el trapiche, y Antonia no tenía sino diez años a lo sumo, yo tuve que ir al trabajo del trapiche y desde el mismo día me echó el ojo el amo de la hacienda, por mi desgracia. Yo andaba en los catorce años y medio, y mi viveza y mi genio les agradaba a todos. El amo no excusaba el decirme algo de mis ojos y mis pestañas siempre que me hallaba sola. (...) A mí lo que me daba era vergüenza y miedo al mismo tiempo, de hablar con el amo, y hacía todo lo posible por evitarlo; pero usted ha de saber que los amos, dueños de tierras, tienen el poder en sus manos para todo lo que quieren. Todos les ayudan para cumplir sus antojos. El mayordomo me mandaba a la casa grande con pretexto de llevar las raciones, o de llevar velas para el trapiche; y para que no me pudiera ir a dormir a la estancia, me puso de trapichera, que

es oficio en que muchas veces se trabaja hasta las once de la noche, comenzando a la madrugada. ¿Cómo estaría yo de molesta durmiendo entre la basura, a la vista de una docena de peones y algunas peonas sin ley ni rey, a distancia de tres cuadras de la casa grande de los amos y a cinco de la del capitán y el mayordomo? El amo se solía quedar una que otra ocasión en un cuarto que tenía en el trapiche para apurar la molienda, cuando había partidas de bestias detenidas en la plazuela esperando la miel, y llamaba los peones y peonas que necesitaba. A mí me llamaba algunas veces, pero como yo era tan vergonzosa, no iba sino acompañada de Liberata, una amiga que tengo, que vive allá en el trapiche desde que vino de su tierra, y es la caqueceña más bonita que ha venido a los trapiches. ¡Si usted la viera se quedaría *tuturuto*!

Por este tiempo se hallaba en el trapiche una mujer llamada Sinforiana, arrendataria de la misma hacienda; tenía a su cargo un destajo de siembra de un almud de caña, y había llevado a sus hijas Cecilia y Francisca, para que le ayudaran; y esta buena mujer se me metió de amiga, y me llenaba de cariños y de regalos para tenerme grata, y dio en convidarme a las visitas del cuarto del amo por la noche.

Antes de los dos meses comenzó el amo a tratarme con mucha dureza, haciendo creer que sobre mí tenía mayor mando que sobre todas las otras peonas; me quiso privar de ir a los gastos y a la parroquia, me mandó que no me chanceara con Celestino, un muchacho muy parcial que me cogió cariño. Entonces me dejé de ir al cuarto; pero el amo se puso en candela y regañó a mi mamá. Viendo esto, lo que hice fue decirle llena de miedo, que a trabajar en su hacienda me obligaría, porque yo era su esclava, en el hecho de ser su arrendataria, pero que a quererlo no me podría obligar. No tardó cinco días el comisario en ir al trapiche y amarrar a Celestino y llevarlo de recluta. Yo no quise volver al trabajo; pero el amo, por ver si yo me sujetaba por medio del temor, me mandó decir que si no lo iba a ver, me echaría de la hacienda. Tampoco hice caso de sus amenazas; pero le dio la orden a su mayordomo (que es un tigre cebado, a propósito para aterrar a los arrendatarios) de que nos echara de la estancia, con el plazo de veinticuatro horas para buscar casa y trastear.

Entonces fue cuando compramos esta estancia de Mal-Abrigo por veinte pesos al fiado, y de pronto nos pasamos, perdiendo las matas de maíz, que estaba rodillero, y unas cien matas de plátano hartón que teníamos en las orillas de la quebrada, y nos derribó los ranchos, dejando algunos arbolitos, que aunque no valgan nada, pero se les coge cariño. Usted ve que el amo me causó los mayores daños, de cuenta de mis hermosos ojos, y sin el recurso de darle mis quejas a ningún tribunal de la tierra. ¡Gracias a que el pobre Celestino se pudo fugar del cuartel! (Díaz 1866, 234-236).

Colmenares no vio conflictos explícitos dentro del mundo narrativo, para él «los universos de propietarios y desposeídos» nunca convergieron conflictivamente, porque el hostigamiento sexual, la violencia sexual y la física, la privación arbitraria de la libertad para ejercer violación sexual, la cosificación que sufren los personajes femeninos no son un problema, no hay enfrentamientos ni situaciones desgraciadas, como tampoco hay conflicto; la representación está concebida con «infinita gazmoñería», porque «los malvados» pertenecen «al mismo rango social de los oprimidos», los hacendados jamás destruyen a los arrendatarios.

Para él, lo que les sucede a los personajes femeninos, eran prácticas culturales normales de los hombres hacia las mujeres, y ocurrían por la ausencia de vigilancia. Sus juicios sobre las situaciones representadas explicitan una ideología del dominio masculino profundamente anclada en una percepción de mundo, que se basa en imaginarios sociales arbitrariamente establecidos, donde el hombre tiene todos los derechos sobre las mujeres que van desde el hostigarlas, violarlas, poseerlas, destruirlas y con ellas a sus familias y amigos, porque ellos son los amos y sus deseos deben ser satisfechos. Por tanto la «gazmoñería» de Díaz Castro no tenía fundamento, debía enunciarla y censurarla.[222]

Del mismo modo afirmó: «en los escritos de Díaz ni siquiera hay una naturaleza. Su tierra caliente no tiene textura, olor ni color»; según él, su escritura era producto de «fórmulas de un viejo manual escolar olvidado» (Colmenares 1988, 264-265). El desprecio y el rechazo que se observa en estas apreciaciones es evidente; por eso no extraña, entonces, que haya concluido su ensayo con esta nueva aseveración: «De allí que la obra de Eugenio Díaz aparezca como una etnografía elemental y no como lo que quería ser, la afirmación orgullosa y melancólica de una cultura» (Colmenares 1988, 266).[223]

Este historiador internalizó la filiación política que Vergara le adjudicó a Díaz Castro, y se acercó con ideas preconcebidas al mundo narrativo de *Manuela*; ideas que le impidieron comprender que la fuerte crítica social que Díaz Castro había efectuado sobre las terribles circunstancias que debía soportar la mujer de todas las clases, era todo lo opuesto a lo que él afirmó de ser una «respuesta irónica pero complaciente en el fondo de un hombre maduro y conservador». Era una profunda y perspicaz lectura de la realidad neogranadina de un liberal socialista que, tomando ideas de los socialistas y de los novelistas franceses, había expuesto en el mundo novelesco el problema

---

[222] Reyes ha sido el único crítico que intentó acercarse a esta situación, pero todavía la ambivalencia marca sus palabras: «El otro aspecto muy especial de la novela de Díaz Castro es el de la pintura que hace de la mujer y del universo femenino, marcado por un sino trágico, en el tejido de las relaciones existentes entre sus personajes (1988, I: 201).

[223] Veinte años atrás había escrito: «Eugenio Díaz aprueba tácitamente las diferencias que señalan a cada uno su puesto dentro de la sociedad y permite que la virtud de los buenos ricos brille en todo su esplendor. Pues si no existiera esta virtud, ¿qué sería de la sociedad?» (Colmenares 1968, 110).

de la propiedad, el de la explotación de unas clases por otras en nombre de la civilización, el del parasitismo, el de la injusticia social, el de la servidumbre y explotación de la mujer que produce la desigualdad jurídica y social de los sexos; como también era era una crítica a aspectos del liberalismo de la época, que predicaba la libertad y el progreso para hundir más a la gran mayoría en la profunda miseria.

Como antes se explicitó, si Vergara, muerto Díaz Castro, abiertamente mutiló la obra, eliminando las partes que no iban acordes con su ideología conservadora, sin importarle mucho que se pudiera probar el hecho, al cotejar los capítulos que se publicaron en *El Mosaico* con el texto de la edición que se difundió en 1866 [como se ha probado en esta investigación] y agregó también lo que quiso para adaptar ese mundo ficcional, como lo afirmo Martínez Silva, ¿se puede asegurar sin ninguna duda que las obras que quedaron en manuscrito no fueron «adaptadas» por manos amigas y «benévolas» para favorecer la ideología conservadora? ideología que Colmenares destacó y fustigó tanto en *Partidos políticos y clases sociales*, como en «*Manuela*, la novela de costumbres de Eugenio Díaz».

Dejando de lado las malas lecturas de la crítica, todos los aspectos antes señalados son prueba fehaciente de la adscripción de *Manuela* al Realismo de medio siglo, el mundo ficcional que se constituye, se ofrece minuciosamente detallado y se puede cuantificar y medir según las normas de la sociedad en que se produjo; por esto, la literatura, la historia, la sociología emplean *Manuela* para investigar, en su narración, aspectos de la época que representa, derivando consecuencias, emitiendo juicios.

Conclusiones

En las páginas anteriores se han demostrado varios aspectos: la historiografía literaria colombiana debe empezar a desmitificar las figuras del siglo XIX para intentar entender las causas y las consecuencias de sus acciones; se debe efectuar una investigación en las fuentes (archivos y periódicos) para realmente comprender cómo fue el proceso que siguió la literatura en épocas pasadas. De esta manera, dejarán de difundirse falacias que estigmatizan y desprestigian la historia literaria de las primeras épocas (Colonia y siglo XIX) volviéndola fragmentada, caduca, pretérita y sin importancia para las nuevas generaciones.

Eugenio Díaz Castro, por su posición familiar (era hijo de hacendado), social (pertenecía a la «nobleza» del área) y cultural (estudió en el San Bartolomé para abogado civil durante seis años, y cumplió con todos los requisitos que determinaba la legislación para obtener el título de bachiller en derecho civil; al estar sus Informaciones de limpieza de sangre en el Archivo

Histórico de la Universidad del Rosario, es muy posible que haya tomado cursos en esa institución al mismo tiempo que en el San Bartolomé, lo cual sería prueba de que estaba listo a «tomar puntos y tener tremenda» porque estaba preparado para tomar el examen y ser doctor en leyes, como hizo Florentino González);[224] estaba muy lejos de ser el campesino inculto que Vergara difundió. Preparado intelectual y culturalmente tanto por su educación, por sus experiencias y por sus lecturas, era liberal y lo afirmó públicamente; asimismo era socialista con ideas lógicas y sólidas sobre la propiedad, la inequidad de las clases, el fraude en los salarios, de ahí que en *Manuela* denunciara la situación social, para buscar una solución a los problemas de injusticias y miserias de la sociedad de su momento, causada por la mala distribución de las riquezas que surgía del abuso y de la explotación de grandes grupos para beneficio de unos pocos.

Los editores para publicar la novela, la mutilaron, eliminado todas las partes que mostraban la ideología liberal y socialista del escritor: en 1866, cortaron el título original y posteriormente, en 1889, le adosaron el calificativo «costumbrista», para que se adaptara a los deseos de Vergara. Además, éste hizo caso omiso a la declaración pública de Díaz Castro de ser liberal; y cuando el autor murió, escribió un enunciado ambiguo aseverando que «su programa en política era conservador», para limitar el poder de los mensajes que el texto emitía, como posiblemente para difundir una obra que el creyó que había mimetizado como «conservadora» y «costumbrista». A esto se sumaron los niveles de intencionalidad con los que él, sus amigos y seguidores ocultaron información y la deformaron tanto para manipular la recepción de la obra, como para solidificar la fama de Vergara como magnánimo y como «el más admirado de los pocos Mecenas de nuestra literatura». Esas labores (retóricas, ideológicas y sociales) tenían como finalidad silenciar una voz enérgica y problemática, cuyo fundamento era un fuerte pensamiento lúcido y sólido ideológicamente opuesto.

El autor de *Manuela*, no solamente fue un gran lector y profundo conocedor de la naturaleza humana, sino un agudo y perspicaz observador de la vida social y política, y como todo gran escritor, debió haber pasado tiempo planeando su obra, organizándola, estudiando el contenido y plasmándolo por medio de la escritura, ofreciendo así una presentación directa de las circunstancias que le sirvieron de referente a lo relatado. Nunca adscribió su quehacer literario al «costumbrismo»; por el contrario, su trabajo cumple con las reglas más básicas del Realismo francés del medio siglo: describir, presentar, explicar para reproducir objetivamente la realidad, aportando evidencia para documentar las condiciones socioculturales. Al observar la representación de La Parroquia, se hace incuestionable que como escritor realista creía en que la narración debía ofrecer las pruebas del fenómeno observado, para que el lector basándose en los aportes mostrados concluyera cuál

---

224 Aquí no debe olvidarse el número ínfimo de jóvenes que accedía a la educación durante esa época: en 1810, con una población de casi un millón de habitantes, había aproximadamente 200 estudiantes en todos los Colegios Mayores y universidades del territorio.

era el estado de la sociedad y, así, encontrara formas de corrección y mejoramiento. De este modo, por medio del narrador, pacientemente coleccionó una instancia después de otra para gradualmente producir una imagen coherente y completa de las situaciones.

Esa realidad concreta observable se concentraba en el escrutinio y en la descripción del mundo que rodeaba la existencia de la gente ordinaria; de ahí que enumerara los puntos altos y bajos de la vida de provincia; para él, ningún hecho por simple que fuera era insignificante, ninguna persona por humilde que fuera, dejaba de tener importancia; como tampoco ningún objeto era ínfimo en la representación de la realidad. En los parlamentos de los personajes expresó variedades diastráticas de nivel medio y bajo según las clases representadas, e incluso también diatópicas, propias de la comunidad geográfica, porque en esa representación el autor seguía de cerca los dictados del Realismo. Mientras más detalles proporcionó acerca de los objetos físicos en el ambiente de un personaje, la pintura se hizo más convincente y fue más fácil para que el lector la viera y la aceptara. Del mismo modo, esos detalles descriptivos le sirvieron para persuadir de que lo que presentaba a través de la letra era verdadero en relación con la vida; pormenores que lo ayudaron a anclar su escritura a un tiempo y a un lugar específicos: la vida en una Parroquia de la provincia de Bogotá hacia 1856.

Sus mayores modelos literarios fueron Honoré de Balzac, Alexandre Dumas, padre y Eugène Sue, y otros escritores franceses en menor medida; con ellos creó un mundo ficcional de un efectivo realismo, que en ocasiones anticipa la entrada del Naturalismo, como movimiento literario, al examinar las profundidades de la naturaleza humana y las relaciones del ser humano con su sociedad circundante. Entre las diversas escenas de cruda representación está el caso de Pía, que a los catorce años y medio tuvo que ir al trapiche y allí debió hacer frente al hostigamiento sexual del mayordomo, al de los peones, y lidiar con la Perla, mula resabiada que debía controlar para hacer su trabajo y así evitar ser castigada y violentada sexualmente por el capataz; pero quien poco después quedó embarazada, fue madre de un niño, luego el hombre la abandonó, vivía en una situación paupérrima y el bebé murió a los pocos meses (véase: Díaz 1866, 290-293).

La representación de este personaje, la de Cecilia como esclava sexual de Tadeo, que llegó a ese estado empujada por Sinforiana, su propia madre, quien la usaba como pretexto en sus tratos con el gamonal, y la de las otras trapicheras, ofrecen una visión del grupo femenino que carece de educación, sufre el abuso, el desprecio y el abandono; mientras que por el otro lado están Clotilde y Juanita, hijas de hacendados, protegidas, con la educación que se les daba a la mujeres en la época, pero dependientes, cuyo único fin era el matrimonio; entre esos dos polos se halla Manuela, de clase media pueblerina, relativamente acomodada, que ha recibido instrucción, es inteligentes y posee una comprensión efectiva de la sociedad en que vive. Sin importar la clase social, todos estos personajes tienen una situación común: el puesto social marginal de las mujeres, las que han recibido educación, ha sido precaria en comparación con la que se proporcionaba a los hombres; no obstante todas ellas están sujetas a los hombres y dependen de ellos. La representación de las situaciones de cada uno de esos personajes clama por un cambio social: mejorar la educación de la mujer para transformar su destino y, de este modo, estimular el progreso social.

Esas representaciones tienen bases y resonancias en el movimiento socialista francés de la primera parte del siglo, especialmente en las ideas de Fourier, que los liberales y socialistas neogranadinos expresaron, adaptaron e intentaron promover; como lo hizo Pereira Gamba en el *Tratado sobre el principio de la igualdad*, que publicó en 1850. Estos intelectuales comprendieron que a través de la educación se promovía la liberación de la mujer, lo cual contribuiría a mejorar diversos problemas sociales. Ideas contra las que reaccionaron los ultraconservadores porque eran contrarias a lo estatuido por la tradición.[225]

Eugenio Díaz Castro expresó esas mismas ideas criticando la marginalidad social de las mujeres y su falta de educación en dos artículos escritos posteriormente y publicados durante su vida: «La mujer en la casa» (1859c) y «La hija i el padre. (Anécdota de estos dias)» (1860). En el primer texto la voz narrativa expresa: «No faltan ejemplos de que la noticia de la venida de una nueva mujer al mundo haya sido contestada por su padre con esta declamacion: ¡Oh, si hubiera sido hombre! o con esta otra, de alguna pariente cercana: ¡tan linda: pobrecita!» (Diaz 1859c, 56). La historia relata la vida de los hermanos Celia y Artajerjes y las discusiones que los padres sostenían sobre ellos, en las que el esposo decía: «Tu chata no llegará sino a casada, decía el padre, cuando mi Artajerjes será Presidente, será un sabio, o será un rico, que es lo mejor de todo» (Diaz 1859c, 56). Así cuando llegó la hora de educar a esos dos hijos, el padre señaló para Celia la despensa y el manejo de la casa; mientras que en la educación del hijo, gastó una suma considerable, que incluía la parte que le correspondía a la hija. Durante el tiempo de sus estudios,

---

[225] Las creaciones culturales, las transformaciones sociales que surgían en la capital, sucedían en las provincias «El desarrollo económico había producido una clase comerciante y una naciente cultura burguesa. Liberal en materias económicas y políticas, informada del pensamiento científico de la época, afrancesada y anglicada en sus hábitos de consumo, en su actitud positiva ante el progreso técnico y en su laxitud religiosa, la emergente burguesía bogotana produjo tipos representativos y familias como los Camacho Roldán, los Samper, los Wills, los Pereira Gamba, los Cuervo, los Montoyas y Sáenz de Santamaría, que llevaron su influencia a la sociedad y a la política de la capital y de todo el país. Por otra parte, las viejas familias, descendientes de los antiguos funcionarios coloniales, terratenientes o militares de la gesta emancipadora, apegados a las costumbres de antaño y a la cultura española, católicos ortodoxos influidos por el pensamiento francés de los ultras, formaron el núcleo de las fuerzas conservadoras agrupadas en torno a figuras intelectuales como José María Torres Caicedo, José Manuel Groot, Vergara y Vergara, José Eusebio Caro, Mariano Ospina Rodríguez y más tarde alrededor del más conspicuo de todos, el vigoroso pensador político Miguel Antonio Caro» (Jaramillo Uribe 1989, 13-14).

madre y hermana lo cuidaban; cuando terminó las clases, Artajerjes se dedicó a enamorar y a jugar y fue el escándalo de la ciudad. Cuando Celia se enamoró, debido a su falta de educación pasó de las miradas, a las cartas y llegó a verse «con su querido»; se habló de matrimonio, «i ahora las visitas de su amante, aunque mas frecuentes son mas decorosas». La vida de hombres y mujeres en la familia era opuesta; si Artajerjes se pinchaba un dedo, había visita del médico, cama y cuidados de toda la familia; mientras que si alguna de las mujeres enfermaba, seguían trabajando, aguantaban calladas hasta que caían a cama. «Este es el sexo débil».

> El horizonte de Celia son las cuatro paredes de la casa. Ella navega el proceloso mar de la vida atada a ese suelo como los africanos iban al fondo del buque en que eran conducidos a las Antillas. Pero la casa tiene para Celia mil atractivos, siendo la unión de la familia el culto especial de la mujer: aquí se trabaja para los hermanos, aquí se alivian las dolencias del enfermo y del afligido, aquí se reza, se dan limosnas, se oyen y se pagan misas por el ausente, o que sufre, y este conjunto de voluntades es el lazo de familia, es la institution de la sociedad entera.
>
> Ocasiones hai que Celia dedica una semana para ganar con sus oficios profesionales aprendidos en la escuela i en el colegio: la costura y el bordado. En esos dias no levanta la cabeza de sus oficios, i cuando al fin de la semana hace la cuenta, sin olvidarse de lo que ha debido gastar, resulta que no ha ganado lo que una peona arneadora o segadora de la sabana. I lo raro es que ni Celia ni sus hermanas se quejan de las introducciones extranjeras ni de la competencia que les hacen los hombres con la aguja i el dedal. Celia sabe perfectamente el ramo de la cocina, i en la semana que le toca su turno de la despensa inspecciona muy de cerca todas las operaciones: las familias de buen tono i de buena educacion de Bogotá no desdeñan estos conocimientos (Diaz 1859c, 57).

Desafortunadamente, el novio *«se le arrepintió»*, se quedará soltera y su vida se diluirá entre las modas, las amigas, «y Celia no valdra (...) sino por los [encantos] de su alma, por sus virtudes, su instruction (...). En adelante cuidará Celia con mayor esmero de sus sobrinos, y frecuentará mas la devoción, pero sin ser menos exacta en los deberes de la casa, que cumplirá hasta su muerte» (Diaz 1859c, 57).

Cruel pero exacta representación de las vidas perdidas de las mujeres que por no tener alternativas, malogran futuro, esperanzas, existencia en espera de un hombre que las engaña para obtener el placer inmediato y efímero y que luego las rechaza y las cambia por un nuevo cuerpo joven. Vidas que nacen, crecen, vegetan y mueren dentro de «las cuatro paredes de la casa» por el orden social establecido de las relaciones entre los sexos y el del relegamiento de la mujer en la sociedad.

En «La hija i el padre» (anécdota de estos dias)», la voz narrativa informa que don Z*** llevó El Correo de Ultramar para que sus hijas lo leyesen, inmediatamente dejando la costura, una de ellas lo tomó y por algo que observó en una lámina, dedujo rápidamente que el escrito hablaba de sombreros. Inmediatamente leyó: «ASAMBLEA NACIONAL DE TOSCANA, *sesión en que se votó la caida de la casa de Lorena y la anexión de la Toscana al Piamonte*», de lo que dedujo que «El sombrero es el órgano del entusiasmo público, como lo es tambien de la urbanidad i cortesia en todos los paises civilizados del mundo. ¡Esta célebre la pintura! Hai mas sombreros que cabezas» (Diaz 1860, 62).

La hija no tenía el conocimiento para saber lo que decía el periódico; su aprendizaje estaba en un estadio muy incipiente y su interés se centraba en aspectos irrelevantes que no le permitían enfocarse en el mensaje para descifrarlo, lo que la hacía totalmente incapaz de obtener el significado de las palabras. Su única habilidad era imaginarse la historia que podría representar la fotografía que traía la publicación e inferir que se relacionaba con algo que ella veía diariamente: los sombreros. Al darle la vuelta a la página, de repente se puso «colorada como unas ascuas, lo soltó de las manos y volvió a tomar su mismo asiento». Ante tal reacción su hermana le preguntó qué pasaba y quiso averiguarlo. La respuesta fue inmediata: «No hagas tal, porque es una cosa mala. (...) Es una mujer desnuda vuelta de espaldas i tan sumamente fea!...» (Diaz 1860, 62).

La hermana no vio el periódico e inmediatamente la primera reaccionó en contra de los extranjeros y lo que probablemente pensaban sobre las mujeres neogranadinas: que no tenían vergüenza, que nunca la habían tenido; de ahí que mandaran «esas vagamunderías». El padre al oír el alboroto se acercó a preguntar la causa; al tomar el periódico, la hija le dijo «¡No, papá!, (...) es una cosa que no debe verse». El progenitor no hizo caso, vio la causa del escándalo, sonrió y les dijo:

> —¡Esto no es nada! Es la Venus de la Porta Portete: oigan to que dice El Correo: «Hace tres meses se descubrió en los antiguos jardines de Julio Cesar, *prope Coesaris hortos*, una estátua que representa una Vénus en la postura de la de Médicis, descubrimiento que puso en conmoción a todos los artistas de Roma, i que dió por resultado una verdadera romería de personas que iban a ofrecer su incienso y sus votos a los piés de la diosa, a la sazón humilde i oscuramente aposentada en casa del senor Guidi, cerca de las termas de Caracalla» (Diaz 1860, 63).

Ante lo que las hijas replicaron que teniendo a la Virgen como modelo para qué querían ellas ver y saber sobre cosas que iban contra el pudor; además le reclamaron que cuál había sido la intención que él había tenido para con ellas al llevar el periódico. El padre intento convencerlas con las siguientes palabras: «¡Ya! Hai escrupulosos que no quieren que a las muchachas se les ponga a la vista pinturas desnudas, o medio desnudas, ni pasajes expresivos de amor; pero estando fortalecida la hija por una educación bien esmerada todo lo demas es santimoñería, i mas que todo, intolerancia» (Diaz 1860, 63).

Pero la hija obcecadamente se aferró al pudor, al sufrimiento que causaba la visión, al posible daño que pudiera hacer lo que se observaba; además le recordó lo que decían las madres: «el pudor es el baluarte del honor». Ante la cerrada posición de la hija frente al conocimiento guiado, el padre se aburrió, se alejó mentalmente de la discusión absurda y «doblando el periódico en cuestión, lo guardó en el pupitre donde sus tiernas hijas no lo pudiesen ver» (Diaz 1860, 63).

Con estos dos textos, Díaz Castro vuelve a reiterar la necesidad de educar a la mujer, porque la cultura social que dominaba el ambiente mantenía en la ignorancia total a las mujeres. Cualquier situación que implicara avance, era negativo para un sector de la sociedad. La situación venía de la Iglesia, la reforzaban las madres y las transmitían a las hijas.

En ambos textos se explicita la presencia de la Iglesia en el control y en la división de la sociedad: «i en el mes de Maria, que hoi es un tácito *rendez-vous* de la brillante juventud bogotana, que asiste con furor a los sermones». (Diaz 1859c, 56). «Pero adorando nosotras una deidad que es el símbolo de la pureza i castidad virjinal ¿para qué (...)?» (Diaz 1860, 63). Las ideas impulsadas por la iglesia y por la tradición y sustentadas por los conservadores eran un murallón inamovible en las mentes de parte de los miembros de la sociedad; la religión estaba insertada en la cultura; el conocimiento era considerado perdición, era la destrucción del sistema simbólico que se manifestaba en todos los ámbitos sociales. En el primer texto es el padre quien decide, impone y mantiene el lugar relegado y prescindible de la hija, la encierra en la ignorancia y su vida termina dentro de las paredes de la casa que la vio nacer. En el segundo, el progenitor intenta transmitir ideas, solidificar la vida de las tres hijas que tiene, pero además de que no posee ni la paciencia ni las armas adecuadas para la enseñanza, encuentra que la cerrada visión de mundo que poseen (en que él mismo las ha educado), no les permite ser flexibles ante el cambio; así que la frialdad final con que reacciona parece querer decir que como mujeres, sus hijas no tenían el intelecto para entender nada serio; su actuación y reacciones eran expresión de la inferioridad intelectual de las mujeres, no de la mala educación que él mismo había permitido para ellas.

Díaz Castro expone en estos breves artículos, las mismas ideas que se observan en *Manuela* sobre el puesto relegado de la mujer en la sociedad. Para los polos de las clases sociales: alto y bajo, la mala educación o la carencia de ella era el problema. Para la clase media que había empezado a adquirir un grado de flexibilidad en la educación, como Manuela, la sociedad era el problema; porque no iba a permitir que surgiera un miembro como ella, porque era un peligro agitador para la sociedad y para la iglesia; ella iba a poner en duda la labor ideológica de prevención, retención y consolidación de la ignorancia que nutría a la mujer y que penetraba en todas las capas sociales. Era la expresión de la lucha entre la tradición y el cambio que traía la modernización

Con el aporte de esos artículos, la labor escritural que Díaz Castro efectuó en *Manuela* es de un vívido Realismo, que a medida que avanza preanuncia una de las características de la narración naturalista: la cálida sensualidad que descubre tímidamente la sexualidad como factor primordial de la conducta humana y la seducción como forma de ofrecer la supremacía masculina. Así se ve tanto en la manera en que son acosadas y violentadas las jóvenes, como en la forma de actuar de Demóstenes, cuyas acciones muestran la oposición apariencia vs. realidad, situación que se presenta desde el comienzo de la novela en la posada del Mal-abrigo con Rosa y que se explicita con otros personajes femeninos, pero se mantiene especialmente con Manuela, creando una tensión narrativa hasta el final de la historia, cuando el lector espera una conclusión diferente para lo relatado.

No obstante esto, como se demostró anteriormente, la complejidad de la interacción de las formaciones culturales que intervienen y se entrecruzan en la época y la velocidad de la circulación de ideas fueron parte integrante y principal de la ideología política y del desarrollo de la novelística para el grupo de escritores liberales que adoptaron el Realismo a mediados del siglo XIX; grupo al cual perteneció el liberal-socialista Eugenio Díaz Castro, quien afirmó sobre su propia escritura: «mi pluma ha sido alternativa, democrática y sumamente popular» (Díaz 1859f, 41).

Flor María Rodríguez-Arenas

Bibliografía

Abruzzese, Alberto. «Ser moda. Apuntes sobre los modos de afirmarse en el mundo o en el mercado de las identidades». *Pensar la publicidad. Revista Internacional de Investigaciones Publicitarias* IV.1 (2010): 15-44.

Acosta de Samper, Soledad. *Lecciones de historia de Colombia*. Bogotá: Imprenta de la Nación, 1908.

Adamowicz-Hariasz, Maria. «From Opinion to Information. The Roman-Feuilleton and the Transformation of the Nineteenth-Century French Press». *Making the news: modernity & the mass press in nineteenth-century France*. Dean De la Motte, Jeannene M. Przyblyski (Eds.). Boston: University of Massachusetts Press, 1999. 160-184.

Aguilar Peña, Mario. «Por primera vez la mujer tuvo derecho a votar en 1853. 150 años de la Constitución de la Provincia de Vélez» *Credencial Historia* 163 (jul., 2003). http://www.banrepcultural.org/blaavirtual/revistas/credencial/julio2003/inedito.htm

Albaladejo, Tomás. *Retórica*. Madrid: Editorial Síntesis S.A., 1991.

Álvarez Barrientos, Joaquín. *La novela del siglo XVIII*. Madrid: Ediciones Júcar, 1991.

Álvarez-Ossorio Alvariño, Antonio. «Rango y apariencia. El decoro y la quiebra de la distinción en Castilla (SS. XVI-XVIII)». *Revista de Historia Moderna* 17 (1998-1999): 263-278.

Amorós, Andrés. et ál. *Antología comentada de la literatura española: siglo XIX*. Madrid: Castalia, 1999.

Ancízar, Manuel. *Instituto Caldas*. Bogotá: Imprenta de V. Lozada, 1848.

Anónimo. «Actos literarios de la juventud de Bogotá». *Gaceta de Colombia* Trim. 11.147 (8 de ag, 1824): [s.p].

Anónimo. *Análisis del socialismo y exposición clara, metódica é imparcial de los principales socialistas antiguos y modernos y con especialidad los de San-Simon, Fourier, Owen, P. Leroux y Proudhon, según los mejores autores que han tratado esta materia tales como Reybaud, Guepin, Villegardelle, etc.* Bogotá: Librería de S. Simonot, 1852.

Anónimo. «Apuntes biográficos sobre Eujenio Sue». *El Día* (Bogotá) 271 (abr. 13, 1845): 3.

Anónimo. «Avisos». *El Día* VIII.442 (ag. 15, 1847): 4.

Anónimo. «Decreto del gobierno». *Gaceta de Colombia* Trim. 13.171 (ene. 23, 1825): [s.p].

Anónimo. «Florentino González». *Papel Periódico Ilustrado* (Bogotá) 111.v (mzo. 1, 1887): 230-231.

Anónimo. «Instrucción publica». *Gaceta de Colombia* (Bogotá) Trim. 16.197 (jul. 24, 1824): [s.p].

Anónimo. «Las novelas». Anónimo. *El Museo* (Bogotá) I.1 (abr. 11, 1849): 6-8.

Anónimo. «Libros». *El Día* (Bogotá) VII.373 (ag. 13. 1846): 4.

Anónimo. «Nuevos Libros». *El Día* (Bogotá) XLI.516 (jun. 3, 1848): 4.

Anónimo. «Zapatero a tus zapatos», *El Artesano* (Cartajena) 1.1 (feb. 1°, 1850): 1.

Archivo General de la Nación. Colegio Mayor de San Bartolomé. *Registro de Colegiales 1804-1829.* Archivo General de la Nación, Caja 70, Fondo Colegio Mayor de San Bartolomé, rollo 35, folios 40r.-52v.; 142v.-169v.

Archivo Histórico Universidad del Rosario. *Informaciones de legitimidad y limpiesa de sangre de Don José Eugenio Dias.* Archivo Histórico Universidad del Rosario, volumen 97, folio 488r.-495v.

Areizipa. [José María Vergara y Vergara]. «Bibliografía». *El Mosaico* (Bogotá) I.18 (abr. 25, 1859): 139-140.

_____. «El correista». Areizipa. *El Mosaico* (Bogotá) I.1 (dic. 24, 1858): 1-2; I.3 (ene. 8, 1859): 18-19.

Asamblea Constituyente de Cundinamarca. *Constitucion i leyes espedidas por la Asamblea constituyente del estado de Cundinamarca en sus sesiones de 1857.* Bogotá: Imprenta de la Nacion, 1857.

Aymes, Jean-René. *Revisión de Larra (¿Protesta o revolución?).* Paris: Presses Univ. Franche-Comté, 1983.

Barthes, Roland. *El grado cero de la escritura.* Madrid: Siglo XXI de España Editores S. A., 2005.

_____. *El susurro del lenguaje.* Barcelona: Editorial Paidós. 2009.

_____. *La aventura semiológica.* (1985). Barcelona: Ediciones Paidós Ibérica S.A., 1993.

Bello, Andrés. *Gramática de la lengua castellana.* (1847). Madrid: Instituto Cervantes, 2005.

Bernal Orjuela, Raimundo. «Viene por mi i carga con usted; travesura histórico-novelesca de un curioso desocupado». *El Núcleo* (Bogotá) I.II.31 (sept. 21, 1858): 3; 32 (sept. 28, 1858): 3-4; 33 (oct. 5, 1858): 2-3; 34 (oct. 12, 1858): 2-3; 35 (oct. 19, 1858): 3; 36 (oct. 26, 1858): 2-3; 37 (nov. 2, 1858): 3; 38 (nov. 9, 1858): 3-4; 39 (nov. 16, 1858): 3; 40 (nov. 23, 1858): 3-4; 41 (nov. 30, 1858): 2-3; 42 (dic. 7, 1858): 2-3. 2ª ed. *Viene por mí i carga con usted; travesura histórico novelesca de un curioso desocupado.* Bogotá: Imprenta de «El Núcleo Liberal», 1858. 212p. (Firmada R. B. O.).

Bessière, Jean. «Literatura y representación». *Teoría literaria.* Mark Angenot, Jean Bessière, Deowe Fokkema, Eva Kushner. (1989). México: Siglo Veintiuno Editores S. A., 1993. 356-175.

Borda, José Joaquín. «El Sr. J. M. Vergara i V.». J. J. Borda. *El Hogar. Periódico dedicado al bello sexo* (Bogotá) I.48 (dic. 19, 1868): 379-380.

_____. «El señor José María Vergara y Vergara». José Joaquín Borda. *El Mosaico, periódico de la juventud. Destinado exclusivamente a la literatura* (Bogotá) II.9 (mzo. 19, 1872): 65-66.

_____. *Historia de la Compañía de Jesús en la Nueva Granada.* Poissy: Imprenta de S. Lejay, 1872.

Bourdieu, Pierre. *El sentido práctico.* Buenos Aires: Siglo XXI Editores Argentina, 2007.

Blanco, Juancho (Ulpiano González). «Costumbres. Educación de la mujer». *El Neo-Granadino* 2 (12 ag., 1849): 10-11.

Briceño, Manuel. *La revolución, 1876-1877: recuerdos para la historia.* Tomo I. Bogotá: Imprenta Nueva, 1878.

Briz, Antonio. «Lo coloquial y lo formal, el eje de la variedad lingüística». *De moneda nunca usada. Estudios dedicados a José M.ª Enguita Utrilla.* Rosa Ma. Catañer Martín y Vicente Lagüéns Gracia (eds.). Zaragoza: Institución «Fernando el Católico» (IFC), 2010. 125-133.

Camacho Carreño, José. *Florentino González: (memorias), controversias bolivarianas.* Buenos Aires: Librería Cervantes, 1933.

Camacho Pradilla, Pedro A. «Una de tantas historias». *El Filotémico* (Bogotá) 8 (ene. 5, 1851): 32-33; 9 (ene. 12, 1851): 36-37; 10 (ene. 19, 1851): 40-41; 11 (ene. 26, 1851): 46-47; 12 (feb. 2, 1851): 50-51; 13 (feb. 9, 1851): 54-55; 14 (feb. 16, 1851): 58; 15 (feb. 23, 1851): 62; 16 (mzo. 2, 1851): 66-67; 17 (mzo. 9, 1851): 70-71; 18 (mzo. 16, 1851): 74; 19 (mzo. 23, 1851): 78; 21 (abr. 6, 1851): 86-87; 22 (abr. 13, 1851): 90-91; 23 (abr. 20, 1851): 94-95; 25 (mayo 4, 1851): 102-103; 26 (mayo 11, 1851): 106-107; 27 (mayo 18, 1851): 110.

Camacho Roldán, Salvador. «Alegato de conclusión en la misma causa». *Escritos varios de Salvador Camacho Roldán.* Bogotá: Librería Colombina, 1892. 90-143.

_____. «Prólogo». *Manuela. Novela de costumbres colombianas.* Eugenio Díaz. París: Librería Española de Garnier Hermanos, 1889. I: i-xvi.

_____. «Manuela novela de costumbres colombiana, por Eugenio Díaz». *Escritos varios de Salvador Camacho Roldán.* Bogotá: Librería Colombina, 1893. 494-513.

_____. *Memorias.* Medellín: Editorial Bedout, [s.f].

Camacho Sánchez, Miguel, Alberto Zabaleta Lombana y Pedro C. Covo Torres. *Bibliografía general de Cartagena de Indias: Desde el siglo XV hasta 2007.* Tomo II. Cartagena: Ediciones Pluma de Mompox, 2007.

Caro Baroja, Julio. *Historia de la fisiognómica. El rostro y el carácter.* Madrid: Ediciones Istmo, 1988.

Carreston. «Educación». *El Día* 2 (ag. 30, 1840): 8.

Cejador y Frauca, Julio. *Historia de la lengua y literatura castellana.* Vol. VII. Madrid: Editorial Gredos, 1918.

Charaudeau, Patrick. «El contrato de comunicación en una perspectiva lingüística: Normas psicosociales y normas discursivas». *Opción* 22.49 (2006): 3854.

Checa Beltrán, José. *Razones de buen gusto*. Madrid: Consejo Superior de Investigaciones Científicas, 1998.

Chevasco, Berry Palmer. *Mysterymania. The Reception of Eugène Sue in Britain, 1838-1860*. Berne: Peter Lang, 2003.

Chiari, Miguel. *Esposicion del Secretario de Estado en el despacho del interior y relaciones esteriores del gobierno de la Nueva Granada al Congreso constitucional del ano de 1841 sobre el curso i estado de los negocios del Departamento de su cargo*. Bogotá: Imprenta de José A. Cualla, 1841.

Cochrane, Charles Stuart. *Journal of a Residence and Travels in Colombia, 1823-1824*. Vol. 2. London: Henry Colburn, 1825.

Cohen, Margaret y Christopher Prendergast. *Spectacles of realism: body, gender, genre*. Minneapolis: University of Minnesota Press, 1995.

Colmenares, Germán. «Manuela, la novela de costumbres de Eugenio Díaz». *Manual de literatura colombiana*. Bogotá: Planeta–Procultura, 1988. I: 247-266.

_____. *Partidos políticos y clases sociales*. Bogotá: Ediciones Universidad de los Andes, 1968.

Colombia. *Cuerpo de leyes de la República de Colombia, que comprende todas las leyes, decretos y resoluciones dictados por sus congresos desde el de 1821 hasta el último de 1827*. Caracas: Imprenta de Valentín Espinal, 1840.

Cooper, Barbara T. «Alexandre Dumas père». *Nineteenth-Century French Fiction Writers: Romanticism and Realism, 1800-1860*. C. S. Brosman. (Ed.). Detroit, MI: Thomson Gale, 1992. 98-119.

Cordovez Moure, José María. *Reminiscencias de Santafé y Bogotá*. Bogotá: Fundación Editorial Epígrafe. 2006.

Cortázar, Roberto. *La novela en Colombia. Tesis para el doctorado en Filosofía y letras*. Bogotá: Imprenta Eléctrica, 1908.

Cristina, María Teresa. «Costumbrismo». *Gran enciclopedia de Colombia*. Vol. 4. Santafé de Bogotá: Círculo de Lectores, 1992. 101-110.

Cuartas R., Juan Manuel. «La Nueva Granada, la utopía continúa. Reflexión a partir de *La Nueva Granada: 20 meses en los Andes* de Isaac. F. Holton». *Thesaurus: Boletín del Instituto Caro y Cuervo* 50.1-3 (1995): 627-645.

Cuervo, Rufino José. *Diccionario de construcción y régimen de la lengua castellana. Tomo Primero A-B*. París: A. Roger y F. Chernoviz, 1886.

Cuervo, Rufino. *Estatutos universitarios de la Nueva Granada*. Bogotá: Imprenta de J. A. Cualla, 1847.

Curcio Altamar, Antonio. *Evolución de la novela en Colombia*. Bogotá: Instituto Colombiano de Cultura, 1975.

Curtius, Ernst Robert. *Literatura europea y Edad Media latina*. I. (1948). México: Fondo de Cultura Económica, 1975.
D'Alaux, Gustave. «Le pamphlet et les moeurs politiques en Espagne». *Revue des deux mondes* 19 (jul. 1847): 302.
Del Saz, Agustín. *Resumen de historia de la novela hispanoamericana*. Barcelona: Editorial Atlántida, 1949.
Díaz, Eugenio. *Manuela. Novela de costumbres colombianas*. París: Librería Española de Garnier Hermanos, 1889. 2 vols.
Díaz, Eujenio. «Manuela. Novela bogotana, orijinal por Eujenio Díaz». *El Mosaico* (Bogotá) I.I.3 (ene. 8, 1859a): 23-24; 5 (ene. 22, 1859): 39-40; 6 (ene. 29, 1859): 46-48; 7 (feb. 5, 1859): 55-56; 8 (feb. 12, 1859): 62-64; 9 (feb. 19, 1859): 69-72; 10 (feb. 26, 1859): 77- 80; 11 (mzo. 5, 1859): 87-88; 12 (mzo. 12, 1859): 95-96; 13 (mzo. 19, 1859): 103-104; 15 (abr. 2, 1859): 121-122. [Inconclusa. Se publicó hasta el capítulo VIII].
_____. «Manuela, novela orijinal por Eujenio Díaz». *Museo de cuadros de costumbres i variedades*. Bogotá: Imprenta a cargo de F. Mantilla, 1866. II: 169-446.
_____. «El gorro». *Biblioteca de Señoritas* (Bogotá) II.65 (jul. 16, 1859b): 66-68.
_____. «La hija i el padre. (Anécdota de estos dias)». *El Mosaico* al cual está unida *La Biblioteca de Señoritas* (Bogotá) II.8 (feb. 25, 1860): 62.
_____. «La mujer en la casa». *Biblioteca de Señoritas* (Bogotá) II.64 (jul. 9, 1859c): 56-57.
_____. «La ruana». *Biblioteca de Señoritas* (Bogotá) II.57 (mayo 21, 1859d): 153-156.
_____. «La variedad de los gustos». *El Mosaico* al cual está unida *La Biblioteca de Señoritas* (Bogotá) I.43 (oct. 29, 1859e): 348.
_____. «Mi pluma». *Biblioteca de Señoritas* (Bogotá) II.62 (jun. 25, 1859f): 41-42.
_____. *Una Ronda de don Ventura Ahumada y otros cuadros*. Bogotá: Editorial Minerva S.A., 1936.
Díaz Castro, Eugenio. «Aclaración». *El Patriota Imparcial* (Bogotá) 3 (mzo. 15, 1850): III.
Díaz Castro, Eugenio. «Artículos autobiográficos». *Novelas y cuadros de costumbres*. Bogotá: Colombia: Procultura: Presidencia de la República. 1985. II: 353-371.
Díaz Castro, Eugenio. *Novelas y cuadros de costumbres*. Bogotá: Colombia: Procultura: Presidencia de la República, 1985. 2 vols.
Díaz Plaja, Guillermo. *Historia general de las literaturas hispánicas*. Barcelona: Editorial Barna, 1968.
Dove, George N. *Suspense in the Formula Story*. Bowling Green, Ohio: Bowling Green State University Press, 1989.

Duarte French, Jaime. *Florentino González. Razón y sin razón de una lucha política*. Bogotá: Carlos Valencia Editores, 1982.

Duarte, Jesús y María V. Rodríguez. «La Sociedad Filarmónica y la cultura musical en Santafé a mediados del siglo XIX». *Boletín Cultural y Bibliográfico* 31.XXVIII (1991): [s.p]. http://www.banrepcultural.org/blaavirtual/publicacionesbanrep/boletin/boleti5/bol31/filarm.htm

Ducrot, Oswald. *Decir o no decir. Principios de semántica lingüística*. (1972). Barcelona: Editorial Anagrama, 1982.

Ducrot, Oswald y Tzvetan Todorov. *Diccionario enciclopédico de las ciencias del lenguaje*. Buenos Aires: 3ª ed. en español. Siglo XXI Argentina Editores, 1976.

Eco, Umberto. «Socialismo y consolación». *Socialismo y consolación. Reflexiones en torno a los misterios de París de Eugène Sue*. Barcelona: Tusquets Editor, 1970. pp. 7-37.

_____. *El superhombre de masas. Retórica e ideología en la novela popular*. Barcelona: Editorial Lumen, 1998.

Escobar, José. «Costumbrismo: estado de la cuestión». *Romanticismo 6; Actas del VI congreso. El costumbrismo romántico*. Joaquín Álvarez Barrientos (ed.). Rome, Italy: Bulzoni, 1996. 117-126.

_____. «*La crítica del costumbrismo en el siglo XIX*». *Insula: revista de letras y ciencias humanas* (Madrid) 637 (2000): 5-7.

Escobar Rodríguez, Carmen. *La revolución liberal y la protesta del artesanado*. Bogotá: Editorial Colombia Nueva, 1990.

Fajardo, Luis Eduardo, Juana Villaveces y Carlos Cañón. *Las reformas santanderistas en el Colegio del Rosario*. Bogotá: Centro Editorial Universidad del Rosario, 2003.

Ferraras, Juan Ignacio. *Los orígenes de la novela decimonónica (1800-1830)*. Madrid: Taurus, 1973.

Fourier, Charles. *Théorie des quatre mouvemens et des destinées générales: prospectus et annonce de la découverte*. (n.p): Pelzing, 1808.

Frappier-Mazur, Lucienne. «Publishing novels». *A New history of French literature*. D. Hollier. (ed.). Cambridge, Massachusetts – London, England. Harvard University Press, 1989. 693-698.

Gabino, Juan Pedro. «*In principio erat Verbum*: El léxico caracterizador de la letraherida o la mujer anda en lenguas». *La mujer de letras o la letraherida. Discursos y representaciones sobre la mujer escritora en el siglo XIX*. (Eds.). Pura Fernández y Marie-Linda Ortega. Madrid: Consejo Superior de Investigaciones Científicas, 2008. 17-32.

Galindo, Aníbal. *Recuerdos históricos, 1840 a 1895*. Bogotá: Imprenta de La Luz, 1900.

Galindo Hoyos, Julio Roberto. Rodrigo Llano Isaza. *El liberalismo en la historia*. Bogotá: Universidad Libre, 2003.

García, Bárbara Yadira. «La educación colonial en la Nueva Granada: Entre lo doméstico y lo público». *Revista Historia de la Educación Latinoamericana* 7 (2005): 217-238.

García Prada, Carlos. «José María Vergara y Vergara. Resúmenes biográficos de los fundadores de la Academia Colombiana». *Boletín de la Academia Colombiana* (Bogotá) 21.86 (feb.-mzo., 1971): 98-113. Publicado originalmente en *Diccionario de la literatura latinoamericana – Colombia*. Washigton D. C. Unión Panamericana – Secretaría General, Organización para los Estados Americanos, 1959. 19-21.

Gaviria Liévano, Enrique. *El liberalismo y la insurrección de los artesanos contra el librecambio: primeras manifestaciones socialistas en Colombia*. Bogotá: Universidad Jorge Tadeo Lozano, 2002.

Gil de Zárate, Antonio. *Manual de literatura: principios generales de poética y retórica*. Madrid: Boix, 1842.

Gómez Restrepo, Antonio. *Historia de la literatura colombiana*. Vols. III, IV. Bogotá: Publicaciones del Ministerio de Educación Nacional, 1957.

_____. «La literatura colombiana». *Revue Hispanique* XLIII.103 (juin 1918): 79-204.

Gómez Serrano, Laureano. *El control constitucional en Colombia: evolución histórica*. Bucaramanga: Editorial UNAB, 2001.

González Alcázar, Felipe. «*Teorías sobre la novela en los preceptistas españoles del siglo XIX*». *Dicenda, Cuadernos de Filología Hispánica* 23 (2005): 109-124.

González, Fernán E. «¿Teología de la liberación en el siglo XIX? El uso de la religión católica en las discusiones en torno a la Independencia». *Revista Credencial Historia* (Bogotá) 248 (ag., 2010). http://www.banrepcultural.org/blaavirtual/revistas/credencial/agosto2010/teologia.htm

Gramsci, Antonio. *Cuadernos de la cárcel / Prison Notebooks*. 6. Trad. Ana María Palos. Puebla: Ediciones Era, 2000.

Guarín, José David. «Entre Ud. que se moja» (novela enteramente bogotana i dedicada a mi amigo el señor Eugenio Díaz). *El Mosaico* (Bogotá) I.6 (ene. 19, 1859): 45-46. I.7 (feb. 5, 1859): 53-54. I.8 (feb. 12, 1859): 59-60. [reimpr] Bogotá: Biblioteca del Banco Popular, 1973. 53-70.

Guerra Vilaboy, Sergio. *Los artesanos en la revolución latinoamericana. Colombia (1849-1854)*. 2ª ed. Santafé de Bogotá: Ediciones Fundación Universidad Central, 2000.

Guillén Martínez, Fernando. *El poder político en Colombia*. Bogotá: Planeta Colombiana Editorial S. A., 1996.

Guillén de Iriarte, María Clara. *Los estudiantes del Colegio Mayor de Nuestra Señora del Rosario, 1773-1826*. Bogotá: Editorial Universidad del Rosario, 2006.

_____. *Los estudiantes del Colegio Mayor de Nuestra Señora del Rosario, 1826-1842*. Bogotá: Editorial Universidad del Rosario, 2008.

_____. *Nobleza e hidalguía en el Nuevo Reino de Granada. Colegio Mayor de Nuestra Señora del Rosario, 1651-1820*. Santa Fe de Bogotá: Ediciones Rosaristas, 1994. 2 vols.

_____. «Pasajes de la vida estudiantil en el siglo XIX bogotano». *Revista Credencial Historia* (Bogotá) 214 (oct., 2007): 3-6. http://www.banrepcultural.org/blaavirtual/revistas/credencial/octubre2007/vidaestudiantil.htm

Gutiérrez Ponce, Ignacio. *Vida de don Ignacio Gutiérrez Vergara y episodios históricos de su tiempo (1806-1877)*. Vol. I. Londres: Imprenta de Bradbury y Agnew & Cía Lda., 1900.

Guzmán, Ángela Inés. *La ciudad del río Honda*. Bogotá: Universidad Nacional de Colombia, 2002.

Helguera, Joseph León. *The first Mosquera administration in New Granada*, 1845-1949. Chapel Hill: University of North Carolina, 1958. [Disertación de doctorado].

Herrán Baquero, Mario. «Fundación del Colegio Máximo de la Compañía de Jesús y el Colegio de San Bartolomé en el Nuevo Reino de Granada». *Revista Historia de la Educación Colombiana* 1.1 (1998): 9-38.

Herrero, Javier. "El naranjo romántico: Esencia del costumbrismo". *Hispanic Review* 46.3 (1978): 343-354.

Hering Torres, Max Sebastián. «Limpieza de sangre ¿Racismo en la edad moderna?». *Tiempos Modernos* 9 (2003-2004): 1-16.

Hetzel, J. *Le Diable à Paris. Paris et les parisiens: mœurs et coutumes, caracteres et portraits des habitants de Paris, tableau complet de leur vie privée, publique, politique, artistique, littéraire, industrielle, etc., précéde d'une histoire de Paris par Teophile Lavallée*. 2 vols. Paris: J. Hetzel, 1845-1846.

Hollier, Denis (ed.). *A New History of French Literature*. Cambridge, Massachusetts London, England: Harvard University Press, 1989.

Holton, Isaac Farwell. *New Granada: Twenty Months in the Andes*. New York: Harper & Brothers Publishers, 1857.

Ibáñez, Pedro M. *Crónicas de Bogotá*. III. 3ª ed. Bogotá: Academia de Historia de Bogotá, Tercer Mundo Editores, 1989.

_____. *Las crónicas de Bogotá y sus inmediaciones*. Bogotá: Imprenta de La Luz, 1891.

Index Librorum Prohibitorum. Gregorii XVI Pontificis Maximi. Romae: Monteregalli, P. Rossi, 1852.

Index Librorum Prohibitorum. Gregorii XVI Pontificis Maximi. Neapoli: Excudebat Sacerdos Joseph Pelella, 1862.

Jaramillo Uribe, Jaime. «Perfil histórico de Bogotá». *Revista Historia Crítica* (Bogotá) 1 (1989): 5-19.

Jaramillo Mejía, William. *Real Colegio mayor y Seminario de San Bartolomé. Nobleza e hidalguía. Colegiales de 1605 a 1820.* Bogotá: Instituto Colombiano de Cultura Hispánica, 1996.

Jespersen, Otto. *The philosophy of Grammar.* (1924). Chicago: The University of Chicago Press, 1992.

Jiménez Arango, Raúl. «Reseña del libro: Código del buen tono». *Escaparate del Bibliófilo, Año de 1965.* http://www.banrepcultural.org/node/23187 Búsqueda realizada el 29 de mayo de 2011.

Jiménez Morales, María Isabel. «Antifeminismo y sátira en la lectora española del siglo XIX». *La mujer de letras o la letraherioda: discurso y representaciones sobre la mujer escritora en el siglo XIX.* Pura Fernández (ed.), Marie-Linda Ortega (ed.). Madrid: Consejo Superior de Investigaciones Científicas, CSIC, 2008. 115-136.

Kalmanovitz, Salomón. *Economía y nación. Una breve historia de Colombia.* Nueva edición, corregida y aumentada. Bogotá: Grupo Editorial Norma, 2003.

_____. «El PIB de la Nueva Granada en 1800: auge colonial, estancamiento republicano». *Revista de Economía Institucional* 8.15 (2º semestre, 2006): 161-183.

_____. «El régimen agrario durante el siglo XIX en Colombia». *Manual de Historia de Colombia.* Bogotá: Procultura S. A.–Tercer Mundo Editores, 1992. II: 211-324.

Kastos, Emiro. (Juan de Dios Restrepo). «Algo sobre las mujeres». *Colección de artículos escojidos.* Bogotá: Imprenta de Pizano i Pérez, 1859. 133-137.

König, Hans-Joachim. *En el camino hacia la nación. Nacionalismo en el proceso de formación del Estado y de la Nación de la Nueva Granada, 1750-1856.* Bogotá: Banco de la República, 1994.

Laverde Amaya, Isidoro. *Apuntes sobre bibliografía colombiana: con muestras escogidas en prosa y en verso.* Bogotá: Imprenta de Vapor de Zalamea Hermanos, 1882.

_____. *Fisonomías literarias de colombianos.* Curazao: A. Bethencourt e Hijos, Editores, 1890.

_____. *Bibliografía Colombiana.* T. I. Bogotá: Imprenta y Librería de Medardo Rivas, 1895.

Lausberg, Heinrich. *Elementos de retórica literaria. Introducción al estudio de la filología clásica, románica, inglesa y alemana.* (1963). Madrid: Editorial Gredos, 1975a.

_____. *Manual de retórica literaria. Fundamentos de una ciencia de la literatura.* (1960). Vol. 1. Madrid: Editorial Gredos, 1975b.

_____. *Manual de retórica literaria. Fundamentos de una ciencia de la literatura.* (1960). Vol. 2. Madrid: Editorial Gredos, 1967.

Levin, Harry. *The Gates of Horn; A Study of Five French Realists.* New York and Oxford: Oxford University Press., 1963.

Lissorgues, Yvan (Ed.). *Narraciones breves. Leopoldo Alas «Clarín»*. Barcelona: Anthropos Editorial, 1989.

Llano Isaza, Rodrigo. *Los draconianos. Origen popular del liberalismo colombino*. Bogotá: Editorial Planeta Colombiana, 2005.

Loaiza Cano, Gilberto. «La formación de la cultura política de la exclusión en América Latina durante el siglo XIX». *Cultura, política y modernidad*. Luz Gabriela Arango, Gabriel Restrepo, Jaime Eduardo Jaramillo (Eds). Bogotá: Universidad Nacional de Colombia, 1998. 196-215.

_____. *Manuel Ancízar y su época (1811-1882). Biografía de un político hispanoamericano del siglo XIX*. Medellín: Editorial Universidad de Antoquia –Fondo Universidad Editorial Eafit, 2004.

López, Ambrosio. *El desengaño o las confidencias de Ambrosio López primer director de la Sociedad de Artesanos de Bogotá, denominada hoi "Sociedad Democrática"*. Bogota: Imprenta de Espinosa, 1851.

Los Editores. «Prólogo». *Museo de cuadros de costumbres i variedades*. Bogotá: Imprenta a cargo de F. Mantilla, 1866. i-iv.

Lyon-Caen, Judith. *La Lecture et la Vie: Les usages du roman au temps de Balzac*. Paris: Tallandier, 2006.

Ludlow, Gregory. «Pigault-Lebrun: A Popular French Novelist of the Post-Revolutionary Period». *The French Review* Vol. 46, No. 5 (Apr., 1973): 946-950.

Martí-López, Elisa. *El realismo melodramático en España, 1840-1850: Fernán Caballero y la marginalización del folletín social*. New York: New York University. 1994. [Disertación de doctorado].

Martínez, Frédéric. *El nacionalismo cosmopolita. La referencia europea en la construcción nacional en Colombia, 1845-1900*. Bogotá: Banco de la República, Instituto Francés de Estudios Andinos, 2001.

Martínez Garnica, Armando. «Los liberales neogranadinos frente al ejército permanente». *Boletín de Historia y Antigüedades* vol. XCII.830 (septiembre, 2005): 585-622.

Martínez Garnica, Armando y Daniel Gutiérrez Ardila. *Quién es quién en 1810: guía de forasteros del virreinato de Santa Fe*. Bogotá: Universidad del Rosario, 2010.

Martínez Silva, Carlos. «José María Vergara y Vergara». *El Repertorio Colombiano* Vol. III. Bogotá: Librería Americana y Española, 1879. 368-394. [Reproducido]: *Historia de la Literatura en Nueva Granada*. José María Vergara y Vergara. Tomo I. Bogotá: Biblioteca de la Presidencia de Colombia, 1958. 9-35.

Martini, Mónica Patricia. «Lo modélico y lo antimodélico en la vida cotidiana del Colegio Mayor de Nuestra Señora del Rosario (1653-1810)». *Revista Estudios Socio-Jurídicos* 6.1 (ene-jun., 2004): 301-331.

Mauss, Marcel. *Sociología y antropología*. Madrid: Editorial Tecnos, 1979.

Maya, Rafael. «El Costumbrismo en Colombia, una modalidad del pensamiento nacional». *De perfil y de frente*. (1965). Bogotá: Instituto Colombiano de Cultura, 1975. 139-151.

_____. «La Manuela y el criollismo colombiano». (1965). *Obra crítica*. Bogotá: Ediciones del Banco de la República, 1982. I: 265-276.

Menéndez Pelayo, Marcelino. *Antología de poetas hispanoamericanos publicada por la Real Academia Española. Colombia, Ecuador, Perú, Bolivia*. III. Madrid: Est. Tip. «Sucesores de Rivadeneira», 1894. i-lxxxii.

Miranda, Álvaro. «Antonio Gómez Restrepo». *Notas biográficas de poetas de Colombia siglo XX*. Bogotá: Biblioteca Luis Ángel Arango, 2006. http://www.banrepcultural.org/blaavirtual/literatura/poet/poet/poet11.htm

Moliner, María. *Diccionario de Uso Español*. 2ª ed. Madrid: Editorial Gredos, 2001.

Mollien, Gaspard-Theodore. «Bogotá hace setenta años». *Repertorio Colombiano* XIX.5 (Marzo, 1899): 345-357.

Morris, Pam. *Realism*. London – New York: Routledge, 2003.

Mortara Garavelli, Bice. *Manual de Retórica*. Madrid: Ediciones Cátedra S.A., 1991.

Muñoz Redón, Joseph. «El amor utópico. Charles Fourier». *Las razones del corazón. Los filósofos y el amor*. Barcelona: Editorial Ariel S. A., 2008. 77-84.

Mujica, Elisa. «Nota crítico-biográfica sobre Eugenio Díaz Castro». *Novelas y cuadros de costumbres*. Eugenio Díaz Castro. Bogotá, Colombia: Procultura: Presidencia de la Republica, 1985. I: 9-36.

Nebrija, Antonio de. *Retórica*. Introducción, edición crítica y traducción de Juan Lorenzo Lorenzo. Salamanca, España: Ediciones Universidad de Salamanca, 2006.

Neira, Raúl. «La visibilidad de lo indígena o la independencia de pensamiento de Eugenio Díaz Castro en *Manuela* (1858)». *Lingüística y Literatura* 32.59 (ene.-jun., 2011): 47-69.

Neira Acevedo, Pedro D. *La Aurora Granadina ó Colección de novelas*. Bogotá: Imprenta de José A. Cualla, 1848.

Nieto, Juan José. Rosina o la prisión del castillo de Chagres. *La Democracia* (Cartagena) 32 (jul. 11, 1850): 2-3; 33 (jul. 18, 1850): 3; 34 (jul. 25, 1850): 2-3; 35 (ag. 1°, 1850): 2-3; 36 (ag. 8, 1850): 2-3; 37 (ag.15, 1850): 2-3; 38 (ag. 22, 1850): 2-3; 39 (ag. 29, 1850): 2-3; 40 (sept.5, 1850): 2-3; 41 (sept. 12, 1850): 2-3; 46 (sept. 26, 1850): 3; (oct. 3, 1850): 2-3; (oct. 10, 1850): 2-3.

Nueva Granada. *Constitución Política de la República de la Nueva Granada, sancionada el día 21 de mayo de 1853*. Bogotá: Imprenta de Echeverría Hermanos, 1853.

Ortiz, Juan Francisco. «Carolina la bella». *La Guirnalda* (Bogotá) (1856): 23-50.

Ortiz, Venancio. *Historia de la revolución del 17 de abril de 1854*. Bogotá: Imprenta de Francisco Tórres Amaya, 1855.

Ospina, Mariano. Decreto organizando la intrucción primaria dado en ejecución de la lei de 2 de mayo de 1843. Bogotá: Imprenta de José A. Cualla, 1845.

_____. *Esposicion que el Secretario de Estado en el despacho del Interior y Relaciones Esteriores del gobierno de la Nueva Granada dirije al Congreso Contitucional el año de 1842*. Bogotá: Imprenta de José A. Cualla, 1842.

Ospina Rodríguez, Mariano y Doris Wise de Gouzy. *Antología del pensamiento de Mariano Ospina Rodríguez*. Tomo I. Bogotá: Banco de la República, 1990.

Ortega Ricaurte, Carmen. «Díaz Castro, Eugenio». *La producción intelectual de los rosaristas, 1800-1899. Cuadernos para la Historia del Colegio Mayor de Nuestra Señora del Rosario*. Bogotá: Centro Editorial Universidad del Rosario, 2004. xv, 76-78.

Ortega T., José J. (Salesiano). *Historia de la literatura colombiana*. Segunda edición. Bogotá: Editorial Cromos, 1935.

Ortiz Rodríguez, Álvaro Pablo. *Historia de la Facultad de Filosofía y Letras: 1890-1930*. Bogotá: Centro Editorial Universidad del Rosario, 2003.

Otero Muñoz, Gustavo. «El costumbrismo en Colombia». *Santafé y Bogotá* (Bogotá) XIII (1930): 355-358; 401-403.

Palacios, Marco y Frank Safford. *Colombia: país fragmentado, sociedad dividida: su historia*. Bogotá: Editorial Norma, 2002.

Pardo Umaña, Camilo. *Haciendas de La Sabana*. Bogotá: Editorial Kelly, 1946.

Pavel, Thomas. *Representar la existencia. El pensamiento de la novela*. Barcelona: Editorial Crítica, 2005.

Peña, Clelia. *Nuevo colejio de niñas*. Bogotá: Imprenta de Echeverría, 1856.

Pereira Gamba, Próspero. «Ensayo descriptivo III: Cali». *Neo-Granadino* (Bogotá) II.38 (abr. 21, 1849): 126-127.

_____. *Tratado sobre el principio de la igualdad*. Bogotá: Imprenta de Nicolás Gómez, 1850.

Perelman, Chaïm y Olbrechts-Tyteca, Lucie. *Tratado de la argumentación. La nueva retórica*. (1989). Madrid: Editorial Gredos, 1994.

Pérez, Felipe. *Geografía general física y política de los Estados Unidos de Colombia y geografía particular de la ciudad de Bogotá*. Bogotá: Imprenta de Echeverría Hermanos, 1883.

Pérez, Rafael. *La Compañía de Jesús en Colombia y Centro-América después de su restauración*, 1. Valladolid: Luis N. de Gaviria, 1896.

Picard, Roger. *El romanticismo social*. México: Fondo de Cultura Económica, 2005.

Pineda Botero, Álvaro. *La fábula y el desastre: estudios críticos sobre la novela colombiana, 1650-1931*. Medellín: Fondo Editorial Universidad EAFIT, 1999.

Pintos de Cea-Naharro, Juan Luis. «Orden social e imaginarios sociales (Una propuesta de investigación)». *Papers* N° 45 (1995), pp. 101-127.

Pombo, Lino de. *Recopilación de leyes de la Nueva Granada*. Bogotá: Imprenta de Zoilo Salazar, 1845.

Pontón, Nicolás. «Don Eujenio Diaz Castro». *El Iris. Periódico Literario Dedicado al Bello Sexo* (Bogotá) III.14 (abr. 14, 1867): 209.

Pontón de Santander, Sixta. *Colejio del Corazon de Jesus para niñas*. Bogotá: [s.edit], 1849.

Prendergast, Christopher. *For the People by the People? Eugène Sue's Les Mystères de Paris. A Hypothesis in the Sociology of Literature*. Oxford: Legenda-Univesity of Oxford, 2003.

Quijano Otero, José María. «Advertencia». *Olivos y aceitunos todos son unos*. Novela de costumbres por José María Vergara y Vergara. Bogotá: Academia Colombiana, 1972. 1-8.

Real Academia Española. *Diccionario de la lengua Castellana por la Real Academia Española*. 10ª ed. Madrid: Imprenta Nacional, 1852.

Restrepo, José Manuel. *Compendio de la historia de Colombia*. París: Librería Americana, 1833.

_____. *Diario politico y militar; Memorias sobre los sucesos importantes de la epoca para servir a la historia de la Revolución de Colombia y de la Nueva Granada, desde 1819 para adelante*. Tomo IV. Bogota: Imprenta Nacional, 1954.

Restrepo, Juan Pablo. *La Iglesia y el Estado en Colombia*. Londres: Publicado por Emiliano Izasa, 1885.

Restrepo Sáenz y Raimundo Rivas. *Genealogías de Santa Fe de Bogotá*. Tomo I. Bogotá: Librería Colombiana, 1928.

Restrepo Sáenz, José María, et ál. *Genealogías de Santa Fe de Bogotá*. Tomo III. Santafé de Bogotá: Editorial Gente Nueva, 1993.

Reyes, Carlos José. «El costumbrismo en Colombia». *Manual de literatura colombiana*. I. Bogotá: Planeta Colombiana, 1988. 175-246.

Rodríguez, Gustavo Humberto. *Ezequiel Rojas y la primera república liberal*. Bogotá: Universidad Externado de Colombia, 1984.

Rodríguez-Arenas, Flor María. *Bibliografía de la literatura colombiana del Siglo XIX*. Tomo I (A-L). Buenos Aires: Stockcero, 2006.

_____. *Bibliografía de la literatura colombiana del Siglo XIX*. Tomo II (M-Z). Buenos Aires: Stockcero, 2006.

_____. «Díaz Castro, José Eugenio». *Bibliografía de la literatura colombiana del Siglo XIX*. Tomo I (A-L). Buenos Aires: Stockcero, 2006. 336-346.

_____. «El realismo de medio siglo en *Manuela* (1858) de Eugenio Díaz Castro: Revisiones de la historia y de la crítica literarias colombianas». *Lingüística y Literatura* 32.59 (ene.-jun., 2011a): 21-46.

_____. «*La novela folletinesca en los albores de la ficción colombiana en el siglo XIX:* **El mudo** *de Eladio Vergara y Vergara (1848)*». *INTI, Revista de Literatura Hispánica* 63-64 (2006b): 259-276.

_____. «La representación de Efraín entre la sensibilidad y la masculinidad en *María* de Jorge Isaacs». *María*. Jorge Isaacs. (Flor María Rodríguez-Arenas. Edición crítica). Doral, Florida, USA: Stockcero, 2008. ix-lviii.

_____. *Periódicos literarios y géneros narrativos menores: fábula, anécdota y carta ficticia. Colombia (1792- 1850)*. Doral, Florida, USA: Stockcero, 2007.

_____. «Pereira Gamba, Próspero». *Bibliografía de la literatura colombiana del Siglo XIX*. Tomo II (M-Z). Buenos Aires: Stockcero, 2006. 140-144.

_____. «Presentación. Eugenio Díaz Castro y *Manuela* en el siglo XXI». *Lingüística y Literatura* 32.59 (ene.-jun., 2011b): 13-20.

Rodríguez Morales, Ricardo. «Jorge Isaacs (1837-1895)». Revista Credencial Historia (Bogotá - Colombia) 64 (abril, 1995). http://www.lablaa.org/blaavirtual/revistas/credencial/abril1995/abril0.htm

Rodríguez Villa, Antonio. *Don Pablo Morillo, Primer Conde de Cartagena. Marqués de la Puerta (1778-1837). Estudio biográfico documentado*. Madrid: Establecimiento Tipográfico de Fontaner, 1908.

Rojas, Cristina. *Civilización y violencia. La búsqueda de la identidad en la Colombia del siglo XIX*. Bogotá: Grupo Editorial Norma, 2001.

_____. *Civilization and violence: Regimes of representation in nineteenth-century Colombia*. Minneapolis: University of Minnesota Press, 2002.

Rojas de Ferro, María Cristina. *A Political Economy of Violence*. Ottawa-Canada: Carleton University, 1994.

Rojas Garrido, José María. «Canto a la juventud granadina». *El Albor Literario, periódico científico, literario i noticioso* (Bogotá) 1 (1846): 30-32.

Romero, Mario Germán. *¿Un santo bogotano en la Independencia? La verdad sobre el Padre Margallo*. Bogotá: Empresa Nacional de Publicaciones, 1957.

Ruiz, Jorge Eliecer. «Prólogo». *Obra educativa de Santander, 1819-1926*. Tomo 1. Bogotá: Biblioteca de la Presidencia de la Republica, 1990. xvii-xlvi.

Safford, Frank. «German Colmenares (1938-1990)». *The Hispanic American Historical Review* 71.4 (Nov., 1991): 865-867.

Samper, José María. «Discurso de recepción en la Academia Colombiana». *Selección de estudios*. Bogotá: Ministerio de Educación Nacional, Ediciones de la Revista Bolívar, 1953. 167-200.

_____. «José María Vergara y Vergara». *Artículos literarios de José María Vergara y Vergara*. Primera serie. Londres: J. M. Fonnegra, 1885. xiii-xxix.

_____. *Historia de un alma. Memorias íntimas y de historia contemporánea escritas por José María Samper. 1834 a 1881*. Bogotá: Imprenta de Zalamea Hermanos, 1881.

_____. *Martín Flores*. Bogotá: Imprenta de Gaitán, 1866.

Samper Ortega, Daniel. «D. Eugenio Díaz». *Una Ronda de don Ventura Ahumada y otros cuadros*. Eugenio Díaz. Bogotá: Editorial Minerva S. A., 1936. 5-8.

_____. «José María Vergara y Vergara y su época». *Obras escogidas de don José María Vergara y Vergara*. Tomo 1. Publicadas por sus hijos Francisco José Vergara, Ana Vergara de Samper y Mercedes Vergara y Balcázar, en el primer centenario de su nacimiento. Bajo la dirección de Daniel Samper Ortega. Bogotá: Editorial Minerva, 1931. 35-96.

Sánchez, Efraín. *Gobierno y geografía. Agustín Codazzi y la Comisión Corográfica de la Nueva Granada*. Bogotá: Banco de la República / El Áncora Editores, 1999.

Sánchez Vargas, Andrés Felipe. «La prostitución, el "oficio" oculto de la cotidianidad en *Manuela* de Eugenio Díaz Castro». *Lingüística y Literatura* 32.59 (ene.-jun., 2011): 181-199.

Sanín Cano, Baldomero. «Eugenio Díaz». *Escritos*. Selección y prólogo J. G. Cobo Borda. Bogotá: Instituto Colombiano de Cultura, 1977. 417-419.

Santander, Francisco de Paula. *Apuntamiento para las memorias sobre Colombia y la Nueva Granada*. Bogotá: Lorenzo M. Lleras, 1838.

_____. *Obra educativa de Santander, 1819-1926*. Tomo I. Bogotá: Biblioteca de la Presidencia de la Republica, 1990.

_____. *Obra educativa de Santander, 1835-1837*. Tomo III. Bogotá: Biblioteca de la Presidencia de la Republica, 1990.

Santos Molano, Enrique. «Don Eugenio y *Manuela*: apariencia y efecto del costumbrismo en una novela colombiana». *El Tiempo* [Lecturas Dominicales] (Bogotá) 18647 (mayo 30, 1965): 3.

Scarpetta, M. Leónidas, Saturnino Vergara. *Diccionario biográfico de los campeones de la libertad de Nueva Granada, Venezuela, Ecuador i Perú: que comprende sus servicios, hazañas i virtudes*. Bogotá: Imprenta de Zalamea por M. Díaz, 1879.

Sebastián López, José Luis. *Felicidad y erotismo en la literatura francesa del Siglo de las Luces: de las Cartas persas (1721) a Las amistades peligrosas (1782)*. Barcelona: Icaria Editorial, 1992.

Sheon, Aaron. «Parisian Social Statistics: Gavarni, *Le Diable à Paris*, and Early Realism». *Art Journal* Vol. 44, No. 2 (Summer, 1984): 139-148.

Shroeder, Maurice Z. «Balzac's Theory of the Novel». *L'Esprit Créateur* VII.1. (1967): 3-10.

Silva, Renán. «Crítica, política y poética en los finales del siglo XVIII en la Nueva Granada». *Boletín Socioeconómico* 27 (1994): 140-152.

_____. *Los Ilustrados de Nueva Granada, 1760-1808. Genealogía de una comunidad de interpretación*. Medellín: Banco de la República - EAFIT, 2002.

_____. *Universidad y sociedad en el Nuevo Reino de Granada. Contribución a un análisis histórico de la formación intelectual de la sociedad colombiana*. Santafé de Bogotá: Banco de la República, 1992.

Silvestre, Luis Segundo de. «General Manuel Briceño». *Papel Periódico Ilustrado* II.44 (jul. 15, 1883): 313-316.

Sobrado, L. de. «Higiene pública». *Gaceta médica: periódico de medicina, cirugía, farmacia y ciencias auxiliares.* 2. Madrid: Imprenta de la Viuda de Jordan e Hijos, 1847. 116-118.

Soto Arango, Diana. «Aproximación histórica a la universidad colombiana». *Revista Histórica de la Educación Latinoamericana* (Rhela) 7 (2005): 101-138.

_____. *Las Universidades y los Colegios Mayores de Santafé, Quito y Caracas. Estudio biográfico y de fuentes.* Bogotá: Editorial Códice, 1994.

Soto Arango, Diana E. «El movimiento de estudiantes y catedráticos en Santa Fe de Bogotá a finales del siglo XVIII». *Movimientos estudiantiles en la historia de América Latina.* I. Renate Marsiske. (Ed.). México: Universidad Nacional Autónoma de México, 1999. 40-60.

Sowell, David. *The Ealy Colombian Labor Movement. Artisans and Politics in Bogotá, 1832-1919.* Philadelphia: Temple University Press, 1992.

Spang, Kurt. *Persuasión. Fundamentos de retórica.* Pamplona: Eunsa, 1984.

Starck, Nigel. *Life after death: the art of the obituary.* Melbourne, Australia: Melbourne University Publishing Ltd., 2006.

Stowe, Richard S. *Alexandre Dumas père.* Boston: Twayne Publishers, 1976.

Téllez, Hernando. «El costumbrismo». *Textos no recogidos en libro.* II. Bogotá: Colcultura, 1979. 561-565.

Tirado Mejía, Álvaro. *El estado y la política en el siglo XIX.* Bogotá: El Áncora Editores, 1981.

Tisnés, Roberto, «El clero y la independencia en Santafé, (1810-1815)». *Historia Extensa de Colombia.* vol. XIII. Bogotá: Ediciones Lerner, 1971.

Torres Londoño, Patricia. "Díaz Castro, Eugenio". *Gran Enciclopedia de Colombia.* Tomo de Biografías. Jorge Orlando Melo González *et ál.* (eds.). Bogotá: Círculo de Lectores, 2004. Publicación digital en la página web de la Biblioteca Luis Ángel Arango del Banco de la República. http://www.banrepcultural.org/blaavirtual/biografias/diazeuge.htm>

Torres Torrente, Bernardino. *Sombras i misterios o Los embozados: obra historica, contiene los sucesos mas notables de la capital de la República de la Nueva Granada en el trascurso de dos años, contados desde 1849 hasta 1851.* Bogotá: Imprenta de Francisco Torres Amaya, 1859.

Un amigo de la Ilustración. *Una sesión solemne de la Escuela Republicana de Bogotá.* Bogotá: [s.edit], 1850

Un filarmónico filólogo. «Remitidos». *El Duende. Periódico de buen humor, dedicado a los cachacos de ambos sexos* (Bogotá) 31 (nov. 15, 1846): 7.

Uno de sus contemporáneos. *Una gloria nacional: apuntes para la biografía del General Manuel Briceño, Comandante General de la 3a. División del ejército de operaciones sobre la Costa Atlántica*. Bogotá: Imprenta de Silvestre y Compañía, 1885.

Un suscritor. «Literatura española». *El Día* (Bogotá) VII.373 (ag. 13. 1846): 3.

Uribe Ángel, Jorge Tomás. *Historia de la enseñanza en el Colegio Mayor del Rosario 1635-1767. Cuadernos para la historia del Colegio Mayor de Nuestra Señora del Rosario*. Bogotá: Universidad del Rosario, 2003.

Uribe Uribe, Rafael. *Diccionario abreviado de galicismos, provincialismos y correcciones de lenguaje*. (1887). Medellín: Universidad EAFIT, 2006.

Uricoechea, Ezequiel. «Bibliografía colombiana». Apéndice. *Revista Latino-Americana*. París: Librería Española de E. Denné Schmitz, 1874. 1-48.

V. V., J. M. [José María Vergara y Vergara]. «El señor Eujenio Díaz». *El Mosaico* IV.12 (abr. 15, 1865): 89-91.

V. i V., J. M. [José María Vergara y Vergara]. *La cuestión española: Cartas dirigidas al doctor M. Murillo*. Bogotá: Imprenta de la Nación, 1859. [Firmado: J. M. V. i V.].

Vachon, Stéphane. *Honoré de Balzac. Mémoire de la critique*. Paris: Presses de l'Université de Paris-Sorbonne, 1999.

Valencia Llano, Alonso. *Empresarios y políticos en el Estado Soberano del Cauca. 1860-1895*. Cali: Universidad del Valle, Facultad de Humanidades, 1993.

Valera Jácome, Benito. «Evolución de la novela hispanoamericana del siglo XIX». *Historia de la literatura hispanoamericana. II: Del Neoclasicismo al Modernismo*. L. Iñigo-Madrigal. (Coord.). Madrid: Ediciones Cátedra S. A., 1987. 91-133.

Valles Calatrava, José R. *Teoría de la narrativa: una perspectiva sistemática*. Madrid: Iberoamericana Editorial, 2008.

Vásquez V., Claudia. «Felipe Pérez». *Gran Enciclopedia de Colombia del Círculo de Lectores, tomo de biografías*. 2004. Publicación digital en la página web de la Biblioteca Luis Ángel Arango del Banco de la República.

http://www.banrepcultural.org/blaavirtual/biografias/perefeli.htm

Velandia, Roberto. *Enciclopedia histórica de Cundinamarca. El departamento – Siglo XIX*. Tomo 1, Volumen 2. Bogotá: Editora Guadalupe, 2005.

Vergara Vergara, José María. «Biografía». *El Iris, Periódico Literario Dedicado al Bello Sexo* (Bogotá) III.14 (abr. 14, 1867): 210-214.

_____. «El señor Eujenio Díaz». *Museo de cuadros de costumbres i variedades*. Bogotá: Imprenta a cargo de F. Mantilla, 1866. II: 163-168.

_____. «Manuela. Novela orijinal de Eugenio Diaz. Prologo». *El Mosaico* (Bogotá) I.I.1 (dic. 24, 1858): 8; 2 (ene. 1°, 1859): 16.

Vergara y Vergara, Eladio (Un bogotano). *El mudo*. Imprenta de J. A Cualla, 1848. Vol. I. 257p. Vol. II. 348p. Vol III. 91p.

Vergara y Vergara, José María. *Historia de la literatura en Nueva Granada. Primera parte. Desde la conquista hasta la independencia (1538-1820)*. Bogotá: Imprenta de Echevarría Hermanos, 1867.

Vergara y Vergara, Julio C. *Don Antonio de Vergara Azcárate y sus descendientes*. Tomo II. La República. Madrid: Imprenta J. Pueyo, 1952.

Vico, Gambatista. *Elementos de retórica. El sistema de los estudios de nuestro tiempo y Principios de oratoria*. Madrid: Editorial Trotta, 2005.

Villegas, Benjamín (ed.). *Casa de hacienda: Arquitectura en el campo colombiano*. Bogotá: Villegas Editores, 1997.

VVAA. «Música en biblioteca virtual - El Granadino - La música en las publicaciones periódicas colombianas (1848-1860)». Bogotá: Biblioteca Luis Ángel Arango, 2005. Publicación digital en la página web de la Biblioteca Luis Ángel Arango del Banco de la República. http://www.banrepcultural.org/ blaavirtual/musica/blaaaudio/cdm/granadin/audioin.htm

Watson, Gorge. *The story of the novel*. New York: Harper and Row, 1979.

Weinrich, Harald. *Estructura y función de los tiempos en el lenguaje*. Madrid: Editorial Gredos, 1964.

Zapatero Diez, Juan Manuel. *Dos ejemplos de fortificaciones españolas en la exposición de Puertos y Fortificaciones en América y Filipinas*. Madrid: Comisión de Estudios Históricos de Obras Públicas y Urbanismo, CEHOPU. D.L., 1985.

Thank you for acquiring

Eugenio Díaz Castro: Realismo y Socialismo en
Manuela. Novela bogotana

from the
Stockcero collection of Spanish and Latin American significant books of the past and present.

This book is one of a large and ever-expanding list of titles Stockcero regards as classics of Spanish and Latin American literature, history, economics, and cultural studies. A series of important books are being brought back into print with modern readers and students in mind, and thus including updated footnotes, prefaces, and bibliographies.

We invite you to look for more complete information on our website, **www.stockcero.com**, where you can view a list of titles currently available, as well as those in preparation. On this website, you may register to receive desk copies, view additional information about the books, and suggest titles you would like to see brought back into print. We are most eager to receive these suggestions, and if possible, to discuss them with you. Any comments you wish to make about Stockcero books would be most helpful.

The Stockcero website will also provide access to an increasing number of links to critical articles, libraries, databanks, bibliographies and other materials relating to the texts we are publishing.

By registering on our website, you will allow us to inform you of services and connections that will enhance your reading and teaching of an expanding list of important books.

You may additionally help us improve the way we serve your needs by registering your purchase at:
http://www.stockcero.com/bookregister.htm

www.ingramcontent.com/pod-product-compliance
Lightning Source LLC
Chambersburg PA
CBHW031545300426
44111CB00006BA/185